U0793912

高职高专汽车类专业技能型教育规划教材

汽车车身修复及涂装技术

第2版

李庆军　主编

机 械 工 业 出 版 社

本书是高职高专汽车类专业技能型教育规划教材。书中系统地介绍了车身修复和涂装的理论知识、常用设备以及操作技能，内容包括：车身维修的基础知识、钣金修复的常用工具和设备、钣金维修的基本技能、车身维修的基本技能、车身整体变形的诊断与修复、涂料的基本知识及正确选用、涂装工具和涂装材料的使用，以及涂装的工艺等。书中还设置了实训项目，以方便教学实践环节使用。

本书特别录制了52分钟的车身修复及喷涂实操视频，扫描前言中的二维码即可观看学习；配套教学课件请任课教师登录 www.cmpedu.com 注册后免费下载。

本书可作为高职高专汽车类专业的教学用书，也可作为从事汽车维修、检测、驾驶，特别是汽车钣金和涂装工作的技术人员的参考用书或培训教材。

图书在版编目(CIP)数据

汽车车身修复及涂装技术/李庆军主编. —2版. —北京：机械工业出版社，2016.9（2023.7重印）

高职高专汽车类专业技能型教育规划教材

ISBN 978-7-111-54425-8

Ⅰ.①汽… Ⅱ.①李… Ⅲ.①汽车-车体-车辆修理-高等职业教育-教材②汽车-涂漆-高等职业教育-教材 Ⅳ.①U472.4

中国版本图书馆 CIP 数据核字(2016)第174570号

机械工业出版社（北京市百万庄大街22号 邮政编码100037）

策划编辑：母云红 责任编辑：母云红

责任校对：陈 越 封面设计：鞠 杨

责任印制：刘 媛

涿州市般润文化传播有限公司印刷

2023年7月第2版第6次印刷

184mm×260mm · 19.25印张 · 470千字

标准书号：ISBN 978-7-111-54425-8

定价：49.00元

电话服务

客服电话：010-88361066

010-88379833

010-68326294

网络服务

机 工 官 网：www.cmpbook.com

机 工 官 博：weibo.com/cmp1952

金 书 网：www.golden-book.com

机工教育服务网：www.cmpedu.com

“高职高专汽车类专业技能型教育规划教材”
编　委　会

序　言

本套教材紧紧围绕职业教育工作需求，以就业为导向，以技能训练为中心，以“更加实用、更加科学、更加新颖”为编写原则，旨在探索课堂与实训的一体化，具有如下特点：

1. 教材编写理念：融入课程教学设计新理念，以学生为主体，以老师为指导，以提高学生实践职业技能和创新能力为目标，理论紧密联系实践，思想性和学术性相统一。理论知识以够用为度，技能训练面向岗位需求，注重结合汽车后市场服务岗位群和维修岗位群的岗位知识和技能要求，使学生学完每一本教材后，都能获得该教材所对应的岗位知识和技能，反映教学改革和课程建设的新成果。

2. 教材结构体系：根据职业工作需求，采用任务驱动、项目导向的新模式构建新课程体系。理论教学与技能训练有机融合，系统性与模块化有机融合，方便不同学校、不同专业、不同实验条件剪裁选用。

3. 教材内容组织：精选学生终身有用的基础理论和基本知识，突出实用性、新颖性，以我国保有量较大的轿车为典型，注意介绍现代汽车新结构、新技术、新方法和新标准，加强“实训项目”内容的编写，引导学生在“做”中“学”。内容安排采用实例引导的方式，以激发学生的阅读兴趣，符合学生的认知规律。

4. 教材编排形式：图文并茂，通俗易懂，简明实用，由浅入深，深浅适度，符合高职学生的心理特点。每一章均结合人力资源和社会保障部职业资格考试要求，给出复习思考题，使教学与职业资格考试有机结合。

此外，为构建立体化教材，方便教师和学生学习，本套教材配备了多媒体教学课件，实训项目还配有规范性操作的视频资料（扫描前言中的二维码可观看学习），任课教师可在机械工业出版社教材服务网(www.cmpedu.com)注册后免费下载。

虽然本套教材的各参编院校在教、学、做一体化教学方面进行了有益的探索，但限于认识水平和工作经历，教材中难免仍有许多不足之处，恳请各位专家、同行给予批评指正。

高职高专汽车类专业技能型教育规划教材编委会

前　言

随着我国汽车工业的发展，汽车保有量急剧增长，城市交通日益拥挤；高速公路的快速发展，使得汽车的行驶速度提高；新驾驶人的数量不断攀升，这些都导致了汽车碰撞事故呈快速上升趋势。据相关资料统计，从2002年至2007年连续6年中，汽车钣金维修仅占全部汽车维修作业量的27%。在全国约30万家汽车维修业户中，只有10%的业户具有严重事故车的维修能力，其余只能进行一些简单的事故车维修。因此，汽车车身修复业从2007年以来，逐渐被业内看好。各类汽车维修企业、业户甚至美容店纷纷加大了在汽车车身修复业务的投资力度，使汽车车身修复显得尤为重要。

目前，家庭用车已成为车辆增长的主体。轿车车身多采用整体式车身。车身是构成汽车的主体，在满足汽车行驶要求和耐久性的前提下，汽车结构、工艺、技术和材料也在不断发展。为适应汽车运输和人民生活的需要，根据职业教育的特点，我们坚持理论与实践相结合的原则，突出实践能力的培养，以提高学生的专业能力、实践能力和社会能力为前提，遵照教育部高职高专教材建设的要求，从人才培养目标的实际出发，结合教学要求，以应用为目的，以能力为本位，确定了编写思路和教材的特色。

车辆撞击受损之后，车身修复工作也就随之开始。本书从钣金、喷涂所用工具、设备及钣金、喷涂的基本工艺出发，介绍了事故车进厂后的损伤分析及钣金维修人员的诊断测量。从车身校正仪上的拉伸校正到电焊机、镐、锤下的局部整修，从钣金件的装复到车辆的调试，在车身修复与涂装的各项工艺流程中，专业技术人员要用到种类繁多、形式各异的设备工具，如大梁校正仪、激光测量仪、电子测量系统、简单测量工具、钣金修复机以及各种打磨切割等工具；要采用各种各样的检测维修技术，才能确保车辆的几何尺寸和使用性能恢复到原车的水平；之后还要进行车身表面的涂装，以满足汽车的防腐性与装饰性的要求。本书内容编排是以车身修复工具和设备的使用、钣金作业的典型工艺、涂料的组成与分类、色漆的调配与表面喷涂为主线，逐项进行分析探讨，引领读者深入了解汽车钣金维修与喷涂技术工艺。

由于汽车维修业的发展和新的维修工具的出现，以及汽车制造工艺的提升和当前汽车划痕损伤逐渐攀升，再版时增加了车身修复和涂装中常用的工具，同时对划痕损伤的维修方法和工艺过程进行了详细的阐述；对损伤修复的外部机件及更换的外部机件的安装调整做了详细的介绍，以满足学生的岗位需求。

本书由海南科技职业学院李庆军老师编写前言和第一章，并担任主编；由黑龙江农业工程职业学院孙作山老师编写第二章，李向权老师编写第三章，李振宇老师编写第四章，王甲聚老师编写第五章，李效春老师编写第九章；由上海群益职业技术学校程德宝老师编写第六章和实践部分，沈琳老师编写第七章；由黑龙江生物科技职业技术学院刘恒学老师编写第八章。本书由本田4S店哈尔滨分店李向丰主审。

为了方便教师授课和学生学习，本书特别录制了52分钟的车身修复及喷涂实操视频，可扫描下方二维码观看学习。

在本书编写过程中，编者参阅了大量的参考文献，到维修企业进行了大量的调研和学习，在此对参考文献的作者及给予编者支持的企业领导和维修技术人员表示真诚的感谢。由于编者水平有限，不妥和错误之处在所难免，恳请读者批评指正。

编　者

目　　录

序言
前言
第一章　汽车车身维修的基础知识 ········ 1
第一节　汽车钣金常用材料 ········ 1
一、汽车钣金维修常用金属材料 ········ 1
二、钢材的预处理 ········ 4
第二节　钣金构件的放样与下料 ········ 5
一、放样 ········ 5
二、样板 ········ 7
三、下料 ········ 7
本章小结 ········ 7
复习思考题 ········ 7
实训项目一　放样图的制作 ········ 8
第二章　钣金修复常用工具和设备 ········ 10
第一节　钣金修复锤 ········ 10
第二节　钣金修复顶铁 ········ 13
第三节　钣金修复撬镐和冲头 ········ 14
一、撬镐 ········ 14
二、冲头 ········ 15
第四节　钣金修复匙形铁 ········ 15
一、专用匙形铁 ········ 15
二、冲击匙形铁 ········ 16
三、成形匙形铁 ········ 16
第五节　钣金修复锉 ········ 17
第六节　常用工具 ········ 18
一、扳手 ········ 18
二、钳子 ········ 21
三、螺钉旋具 ········ 21
四、手锯 ········ 22
五、锉刀 ········ 22
第七节　常用设备 ········ 22
一、振动剪床 ········ 22
二、滚动剪 ········ 23
三、龙门剪板机 ········ 23
四、折弯压力机 ········ 24
五、车身修复机 ········ 24
六、汽车举升机 ········ 25
七、液压式车身矫正设备 ········ 25
本章小结 ········ 26
复习思考题 ········ 26
第三章　钣金维修的基本技能 ········ 27
第一节　钣金作业的基本技能 ········ 27
一、弯曲 ········ 27
二、拱曲 ········ 30
三、卷边与咬缝 ········ 32
四、制肋 ········ 33
五、收边与放边 ········ 36
第二节　钣金的矫正与整形 ········ 37
一、成形件的矫正 ········ 38
二、钣金的整形技术 ········ 39
第三节　钣金的收放操作 ········ 55
一、冷做法 ········ 56
二、火焰法 ········ 58
三、电热法 ········ 60
四、收放的检验 ········ 61
第四节　车身覆盖件的仿制 ········ 61
一、车身覆盖件表面的类型 ········ 62
二、手工仿制操作 ········ 63
第五节　焊接 ········ 64
一、氧乙炔焊的应用 ········ 64
二、氧乙炔焊接的火焰调整 ········ 67
三、金属惰性气体焊的应用 ········ 73
四、焊条电弧焊的应用 ········ 77
五、电阻点焊的应用 ········ 79
六、焊接技术应用实例 ········ 83
本章小结 ········ 86
复习思考题 ········ 87
实训项目二　钣金的制作工艺

（零件盒的制作） …… 88
实训项目三 焊接工艺 …… 91
实训项目四 车身覆盖件变形的修复 …… 96
第四章 车身维修的基本技能 …… 99
第一节 车身金属件的维修 …… 99
一、划线 …… 99
二、錾切 …… 99
三、切割 …… 101
四、锉削 …… 101
五、钻削点焊连接处 …… 103
第二节 塑料件的修补 …… 104
一、塑料件的胶粘与修补 …… 104
二、塑料件的热矫正 …… 106
三、塑料件的焊接 …… 106
四、纤维增强型塑料件的修补 …… 107
本章小结 …… 109
复习思考题 …… 110
实训项目五 热塑性塑料件的焊接与热固性塑料件的粘接 …… 111
第五章 车身整体变形的诊断与修复 …… 113
第一节 车身的构造 …… 113
一、车身形状 …… 113
二、车身构造形式 …… 115
三、无车架式车身 …… 117
四、前置发动机后轮驱动汽车的车身结构 …… 117
第二节 车身整体变形的测量 …… 118
一、车身测量的意义 …… 118
二、车身测量的基准 …… 119
三、车身测量方法的应用 …… 123
第三节 车身整体变形的诊断 …… 127
一、碰撞力分析 …… 127
二、损伤的形式 …… 129
三、变形的倾向性分析 …… 131
第四节 车身整体变形的矫正 …… 138
一、车身的固定与矫正方式 …… 138
二、车身变形的矫正 …… 142
第五节 液压式矫正设备 …… 148
一、液压式矫正设备的特点 …… 148
二、液压式矫正设备的组成 …… 149
三、液压式矫正设备的应用 …… 151
四、液压式矫正设备的辅助装置 …… 152
第六节 车身构件的更换 …… 154
一、确定汽车碰撞情况 …… 154
二、设计碰撞修理程序 …… 155
三、车身构件的拆解 …… 155
四、新构件的更换 …… 159
五、划痕的修理 …… 177
六、车身装饰条的安装 …… 179
本章小结 …… 181
复习思考题 …… 181
实训项目六 车架的矫正 …… 182
第六章 涂料的基本知识 …… 187
第一节 涂料的构成及型号命名规则 …… 187
一、涂料的主要作用 …… 187
二、涂料的组成 …… 188
三、涂料的分类、命名及型号 …… 189
第二节 常用涂料的性能 …… 192
一、油脂涂料 …… 192
二、天然树脂涂料 …… 192
三、酚醛树脂涂料 …… 192
四、沥青涂料 …… 192
五、醇酸树脂涂料 …… 193
六、氨基树脂涂料 …… 193
七、硝基涂料 …… 194
八、过氯乙烯树脂涂料 …… 194
九、丙烯酸树脂涂料 …… 194
十、环氧树脂涂料 …… 195
十一、聚氨酯涂料 …… 195
第三节 常用颜料的性能与用途 …… 195
一、颜料的通性 …… 195
二、着色颜料 …… 196
第四节 涂料溶剂的类别 …… 199
一、溶剂的种类及性能 …… 199
二、常用溶剂的性能和指标 …… 201
三、稀释剂的种类和用途 …… 201
第五节 汽车涂料的选用与维修操作 …… 203
一、汽车面漆的功用 …… 204

二、面漆的组成 …………………………… 204
三、车身面层的类型及修理 ………… 205
本章小结 ………………………………… 214
复习思考题 ……………………………… 214
第七章 涂装工具、设备的应用 ……… 215
第一节 涂装工具的正确使用……………… 215
一、刷涂工具………………………………… 215
二、刮涂工具………………………………… 216
三、喷涂工具………………………………… 219
第二节 喷涂设备的应用 ………………… 225
一、喷涂供气系统 ……………………… 225
二、喷涂室和烘干室 …………………… 227
第三节 涂装工件的表面处理……………… 229
一、非金属表面的处理 ………………… 230
二、旧涂层的处理 ……………………… 231
本章小结 ………………………………… 234
复习思考题 ……………………………… 234
第八章 涂装材料的正确使用 ………… 235
第一节 涂层的划分及选择 ……………… 235
一、涂料层的分组和等级 ……………… 235
二、涂料的选择 ………………………… 239
第二节 车身涂装底漆的选用……………… 243
一、底漆的选择依据 …………………… 244
二、车身涂装带锈底漆的选用…………… 246
第三节 中间层涂料的选用………………… 248
一、腻子的选用 ………………………… 248
二、涂敷填充剂 ………………………… 250
三、涂装二道底漆和封闭漆的选用 …… 254
四、车身涂装面漆的选用 ……………… 255
第四节 进口涂料的选择 ………………… 258
一、进口涂料的选择依据 ……………… 258
二、荷兰“新劲”系列涂料 …………… 259
三、德国“施必快”系列涂料 ……… 261
四、美国“杜邦”系列涂料 ………… 262
第五节 色漆的调配 ……………………… 263
一、色彩的基本常识 …………………… 263
二、颜色调配……………………………… 266
三、涂料颜色的调配比例 ……………… 268
本章小结 ………………………………… 269
复习思考题 ……………………………… 270
第九章 汽车喷涂工艺 ………………… 271
第一节 货车车身喷涂工艺 ……………… 271
一、喷涂底漆……………………………… 271
二、刮涂腻子……………………………… 272
三、全车喷涂……………………………… 272
第二节 客车车身的喷涂 ………………… 273
一、普通客车氨基烘漆的喷涂…………… 273
二、旅行(面包)车的喷涂 ……………… 274
第三节 轿车的涂装 ……………………… 276
一、普通轿车硝基漆的喷涂 …………… 276
二、高级轿车的喷涂 …………………… 278
第四节 局部喷涂 ………………………… 280
一、局部喷涂的操作 …………………… 280
二、高级轿车的修补喷涂 ……………… 281
三、塑料件的喷涂 ……………………… 282
第五节 常见涂膜病态分析及处理方法 … 283
一、涂料储存中易出现的
病态及处理方法 ……………………… 283
二、涂装中涂膜产生的
病态及解决方法 ……………………… 285
三、喷涂后涂膜出现的病态及防治 …… 290
本章小结 ………………………………… 292
复习思考题 ……………………………… 293
实训项目七 车身补漆 ………………… 294
参考文献 ………………………………… 298

第一章
汽车车身维修的基础知识

学习目标：

1. 掌握与巩固金属材料的力学性质。
2. 了解金属材料的分类。
3. 掌握钢材的处理方法。
4. 掌握放样图的基准制订方法。
5. 掌握放样图的制作方法。

汽车车身钣金构件采用两种类型的钢板，即热轧钢板和冷轧钢板。冷轧钢板是由热轧钢板经过酸洗后冷轧变薄，并经过退火处理的。由于冷轧钢板是在较低的温度下轧制而成的，它的厚度精度高，表面质量好，具有良好的可压缩性。所以汽车车身钣金构件，一般为金属薄板和型材加工而成，使用中极易损坏。因此，汽车钣金维修在整个汽车维修作业中占有重要的地位。对此，作为汽车钣金维修工，必须了解掌握汽车钣金维修中所用的工具、设备、金属材料的性能、钣金的展开、钣金放样与下料等基础知识，以保证钣金作业的质量和效率。

第一节　汽车钣金常用材料

一、汽车钣金维修常用金属材料

汽车钣金维修常用的金属材料有黑色金属和有色金属。黑色金属是指铁、锰、铬及其合金，如碳钢等材料。由于价格便宜，性能可以适应多方面的要求，黑色金属在汽车钣金构件中应用得特别多，在钣金构件中占90%以上。有色金属是指黑色金属以外的其他金属。

（一）金属材料的力学性能

力学性能是指金属材料在外力作用时所表现出来的性能，主要有强度、塑性、弹性、硬度、韧性和疲劳强度等。

1. 强度

强度是指金属材料在静载荷作用下抵抗变形和破坏的能力。通常用应力来表示。

根据载荷作用的不同方式，强度分为抗拉强度、抗压强度、抗弯强度、抗剪强度和抗扭强度五种。一般以抗拉强度为主要指标。

（1）抗拉强度　金属的抗拉强度是通过拉伸试验测定的。利用一定的静拉力对标准试样进行轴向拉伸，通过对静拉力和试样相应拉长直至断裂的连续测量所测得的数据，求出相关力学性能。

抗拉强度是指材料在拉断前所能承受的最大应力。用符号 σ_b 表示。如图 1-1 所示拉伸曲线上的 b 点，其计算公式如下：

$$\sigma_b = P_b/S_0$$

式中　P_b——试样被拉断前的最大载荷（N）；

　　S_0——试样原始横截面积（mm^2）。

如若金属材料所受外力超过 P_b 就会断裂。因此，在钣金构件加工成形过程中，为了不使工件产生裂纹而损坏，所加外力使材料产生的应力应小于 σ_b。

（2）屈服点　金属屈服点在外力作用下达到屈服极限时，即使外力不再增加，而材料的变形仍在继续增加，这种现象叫“屈服”。开始发生屈服现象的应力点称为屈服点，用符号 σ_s 表示，如图 1-1 中 s 点。

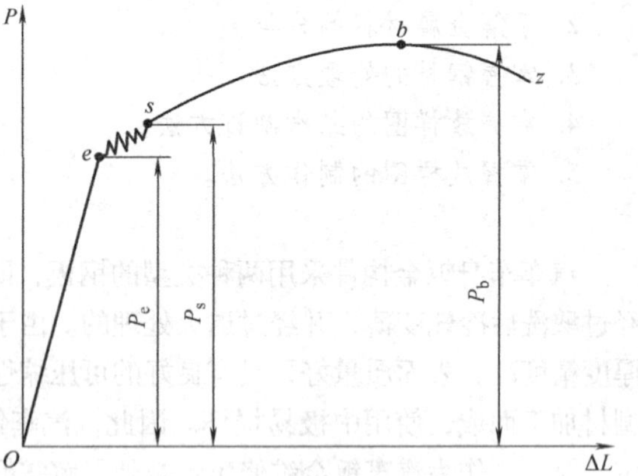

图 1-1　低碳钢的拉伸曲线

屈服点是金属材料将要发生显著塑性变形的标志。材料的屈服点越高，产生的塑性变形所需外载荷越大。在钣金加工成形过程中，要使板料改变成一定形状，所加外力必须能使板料产生的应力大于 σ_s。

2. 塑性

塑性是指金属材料在外力作用下产生永久变形而不发生破裂的能力。材料的塑性越好，越有利于钣金成形加工。金属材料的塑性也是通过拉伸试样进行试验来测定的。塑性一般用伸长率 δ 和断面收缩率 ψ 来衡量。

（1）伸长率　伸长率是指试样被拉断后标距伸长与原始标距的百分比，用符号 δ 表示。

若试样长短不同，尽管材料相同，其测得的伸长率也不相同。

（2）断面收缩率　断面收缩率是指试样拉断后，缩颈处横截面积的最大缩减量与原始横截面积的百分比，用符号 ψ 表示。

塑性是钣金成形的重要指标之一。塑性越好，越有利于压力加工，否则，压力加工不易成形。

3. 弹性

弹性是指金属材料受外力作用时发生一定变形，当外力消除后，能完全恢复原来形状的性能。允许的变形量越大，说明材料的弹性越好。如图 1-1 所示，拉伸曲线上 Oe 是一条直线段，弹性金属承受外力的最大限度，叫弹性极限，用符号 σ_e 表示。

4. 硬度

硬度是指金属材料抵抗比它更硬物体压入其表面的能力。抵抗能力越大，越不容易被压入，硬度越高；反之，则硬度越低。根据试验方法不同，硬度通常分为布氏硬度（用 HB 表示）、洛氏硬度（用 HR 表示）等多种。

5. 韧性

韧性是指金属材料对冲击载荷的抵抗能力。它以试样缺口单位面积上所耗用的功来表示，也称冲击韧度。其值的大小表示材料韧性的高低，用符号 α_k 来表示，其单位为 J/cm^2。

6. 疲劳强度

构件在交变应力的作用下，其应力虽远低于材料的屈服点，却发生裂纹或突然断裂的现象称为“疲劳”。而金属在多次交变载荷的作用下不致引起断裂的最大应力称为疲劳极限。用符号 σ_r 表示，r 表示应力循环对称系数，通常 $r=-1$，故其疲劳极限用 σ_{-1} 表示。

实际上，金属材料不可能做无数次交变载荷试验。对黑色金属，一般规定应力循环 10^7 次而不断裂的最大应力称为疲劳极限。

（二）汽车钣金构件常用金属材料的种类

汽车钣金构件常用的金属材料是板材和型材，按其成分分为低碳钢、低合金钢、不锈钢、铜及铜合金、铝及铝合金；按其断面形状分为板材、管材、型材和实心柱材四类。

1. 钢板

钢板按其性质分为普通薄钢板、优质薄钢板和镀层薄钢板三种；按其轧制方法分为热轧钢板和冷轧钢板两种；按其厚度不同可分为薄钢板和厚钢板两种。

（1）薄钢板　薄钢板通常是指用冷轧或热轧方法生产的厚度在4mm以下的钢板。按国家标准的规定，薄钢板厚度为0.2～4mm，宽度为600～2000mm，长度为1200～6000mm。薄钢板是汽车钣金构件制造与维修的主要材料。

1）普通钢和优质钢薄钢板是经冷轧或热轧所获得的薄钢板，统称为黑铁皮或黑铁板。冷轧钢板具有良好的塑性和韧性，可用于制成各种不同板件的形状，如凹凸形、曲面形、弧形等，不容易断裂。热轧钢板塑性和强度适中，锤制凸凹形状其延伸性能较冷轧钢板差，容易开裂。由于其价格便宜，适于制作一般的通用产品。

常用的普通薄钢板有普通碳素钢薄钢板、低合金结构钢薄钢板、酸洗薄钢板等。常用的优质薄钢板有优质碳素钢薄钢板、合金结构钢薄钢板、不锈钢薄钢板、深冲压用冷轧薄钢板和搪瓷用热轧薄钢板等。

具有中等抗拉强度的普通钢薄钢板和优质钢薄钢板，塑性较高，硬度较低，焊接性好，因此最适合采用成形加工工艺，并适合于手工制作各种钣金构件及零件。汽车上的驾驶室、油底壳、燃油箱、车厢等，均选择这两种材料制作。酸洗薄钢板常用于冲制器皿、铁箱柜等。这种薄钢板的缺点是容易生锈。

2）镀层薄钢板又称白铁皮，是在冷轧或热轧薄钢板上镀一层有色金属膜。镀层薄钢板按镀层不同可分为镀锌、镀锡和镀铅薄钢板三种。

镀锌薄钢板也称白锌板，它具有抗腐蚀性好及表面美观的特征。表面发白，分平光和花纹两种。镀锌薄钢板分为冷轧连续热镀锌钢板和单张热镀锌薄钢板两种。镀锡薄钢板也称马口铁，为热辗软碳薄钢板，其表面采用电镀法镀有一层锡，呈银白色，表面光亮又美观，耐蚀性能较好。镀锡薄钢板分为等厚镀锡和差厚镀锡两类。

镀铅薄钢板也称白铅板，具有抗腐蚀性能强的特点，适合做耐酸容器。因铅有毒，所以镀铅薄钢板不能做食品容器，通常用它做燃油箱、机油容器及其他防腐蚀性零件。镀铅薄钢板又称热镀铅合金冷轧碳素薄钢板。

（2）厚钢板　厚度在4mm以上的钢板通常称为厚钢板。通常把4.5～25mm厚的钢板称为中板；25～60mm厚的钢板称为厚板；超过60mm的钢板称为特厚板。

2. 有色金属板材

有色金属板材是指除钢、铁以外的其他金属及合金的板材。它的外观均具有不同色泽，物理、化学性能各有特点，适用某些特殊的要求。它与黑色金属板材一样，都是汽车钣金件中不可缺少的重要的金属材料。

二、钢材的预处理

汽车钣金维修中，有些钢材应在使用前根据情况进行预处理。钢材预处理主要内容有表面处理、软化处理及整形处理等。钢材预处理的质量直接影响钣金构件的形状、尺寸、表面质量及成形加工工艺性能。

（一）表面处理

钢材的表面处理主要是清除材料表面的油污、锈蚀等。

1. 清除油污

利用溶解、皂化、乳化作用可将金属表面上的油污去掉。

（1）有机溶剂除油　除油所用的溶剂，要求溶解力强，不易着火，毒性小，挥发缓慢，不易引起空气中水分冷凝于钢材表面，且价格低廉。

常用的溶剂有：石油溶剂（汽油、煤油、柴油）、松节油、甲苯、二甲苯、三氯乙烷、三氯乙烯等。一般采用浸渍或刷洗方法除油。

（2）碱液除油　碱液除油主要是借助碱的化学作用来清除钢材表面的油污，达到表面净化作用。碱液的组成有氢氧化钠、磷酸三钠、碳酸钾、硅酸钠、肥皂等。碱液除油一般采用浸渍、刷洗或喷射方法，除油后必须用流动的清水将钢材表面的残留碱液冲洗干净。

（3）乳化除油　乳化除油是用乳化剂使有机溶剂分解在水中形成稳定的乳化液，可使油脂在乳化的溶剂中被溶解清除掉，水溶性污染物也在水中得到溶解而被清除。这种除油方法适用性强，比用碱液除油的效率高，无毒，不易着火，应用广泛。

2. 清除铁锈

钢材存放时间长或保管不善，表层氧化生锈，使用前应进行除锈处理。常用方法有机械除锈和化学除锈等。

（1）机械除锈　机械除锈分为手工除锈和机器除锈两种。

1）手工除锈：手工除锈主要是使用铲刀、刮刀、尖头锤、钢丝刷等手工工具进行敲、铲、刮，并用砂布、砂轮等打磨完成。

2）机器除锈：机器除锈是用风动刷、除锈枪、电动刷、电动砂轮及针束除锈器等的冲击与摩擦作用除去锈蚀和氧化皮。

3）喷砂除锈：喷砂除锈分为干喷砂除锈和液体喷砂除锈两种方法。

干喷砂除锈是利用压缩空气的压力将砂粒以很大的速度喷射到钢材表面上，将氧化皮、铁锈和油垢或旧漆膜等杂物除净。

液体喷砂除锈又称水力喷砂除锈，其原理与干喷砂除锈基本相似。液体喷砂是利用磨液泵和压缩空气，把磨料喷射到钢材表面，达到清除铁锈、氧化皮及其他污物的目的。这种方法效率高，消耗磨料少，可改善钢材表面粗糙度，减少环境污染。

4）抛丸除锈：抛丸除锈是利用高速放置的抛丸器叶轮将磨料（钢丸直径为 $\phi0.6 \sim \phi0.9mm$）投向钢材表面，依靠高速钢丸的冲击及其与钢材表面的摩擦达到除锈的目的。

（2）化学除锈　化学除锈俗称酸洗，是用各种酸性溶液与铁锈或氧化皮起化学反应，使铁锈或氧化皮溶解于酸性溶液中的方法。目前广泛应用的化学除锈是浸渍酸洗，即将钢材放入酸洗液中浸泡，直至将氧化皮和锈物除净，然后用清水冲洗干净。

（二）软化处理（退火处理）

钣金维修中使用的钢材和型材，由于在轧制过程中，加热温度比较高，材料组织粗大，成分不均匀，轧制的钢板存有方向性，承载能力和塑性不同，使冷成形加工时不能有较大变形，甚至开裂。有时钢材硬度较高，在冷变形过程中会产生加工硬化，所以，这些钢材在使用前应进行退火处理，以达到细化组织、均匀成分、降低硬度、提高塑性的目的，使板材或型材在各个方向上的力学性能相同，便于冷冲压成形加工，增强工艺性。

（三）整形处理

有些金属板材或型材在放样前，对形状尺寸进行处理，可消除各种变形。整形的主要内容有矫正、修边去刺等。

第二节　钣金构件的放样与下料

钣金维修的下料工序包括放样、作展开图、放出工艺余量、剪切等。展开放样有两种方法，即图解法和计算法，目前多采用图解法。对于简单形体或精度要求不高的形体，则采用计算法。所谓图解法，就是依据施工图通过一系列划线作图，从而得到展开图的方法。图解法作展开图的首要工序就是放样。通过放样图，绘制出展开图，放出工艺余量等，然后进行剪切下料。

一、放样

1. 放样

放样又称放大样，就是按照施工图把工件的实际大小和形状画到施工板料或纸板上的过程。板料或纸板上画出的图形称为放样图。放样的方法有多种，长期以来一直采用的是实尺放样。随着工业技术的发展，目前出现了光学放样、自动下料等新工艺，特别是计算机技术的应用，提高了下料的精度和生产率，但实尺放样仍是广泛运用的基本方法。

2. 放样图与施工图的关系

放样图和构件的施工图都是构件的视图，二者之间有着密切联系，但又有区别。如图1-2b所示为一圆锥管接头的施工图，图1-2c所示为该接头的放样图。比较施工图和放样图，两个视图的主要区别如下：

1）施工图的比例是不固定的，可按构件的形状和大小进行放大或缩小，而放样图的比例必须是1∶1。

2）施工图是按国家制图标准绘制的，需要反映构件的形状、尺寸、表面粗糙度、标题栏和技术要求等内容。而放样图比较随意，有时只要画出构件的形状、大小和与画展开图有关的视图即可，在保证放样图准确的前提下，与线条粗细无关。

3）施工图上不能随便添加或去掉线条，而放样图上根据需要可以添加各种辅助线，也可以去掉与下料无关的某些线条和视图。

4）施工图的目的在于示意，放样图的目的在于精确反映出实际形状。

3. 放样的一般步骤

（1）读图　放样前要读懂钣金构件的施工图，并进行分析，想象出构件空间的相互位置、形状和大小。

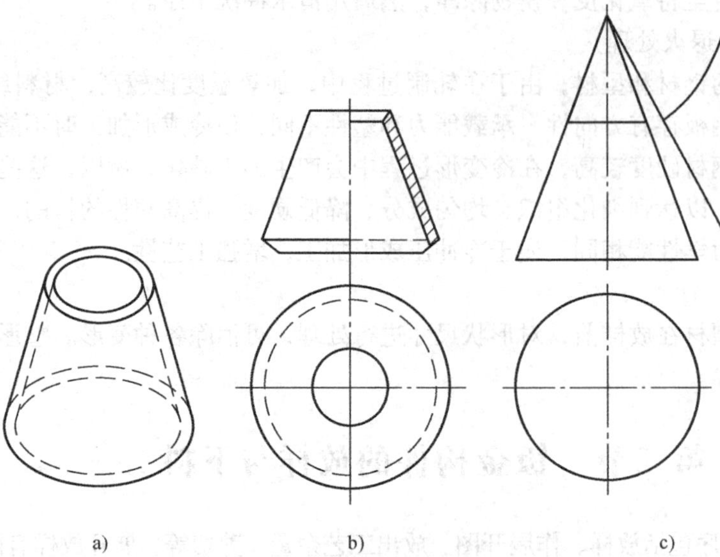

图1-2　施工图与放样图的关系

a）直观图　b）施工图　c）放样图

（2）准备放样工装　放样工装主要有工具、夹具、量具等。

（3）选择放样基准　放样基准是放样时所选择的起点和基准线、基准面，这样的线或面叫划线基准。通常情况下，放样基准一般可根据以下三种类型来选择：

1）以两个互相垂直的线作为基准。

2）以对称中心轴线为基准。

3）以一个面和一条中心线为基准。

一般情况下，放样基准与设计基准一致。

（4）放样划线的基本规则　为了保证划线质量和准确性，必须遵守下列规则：

1）垂直线必须用作图法画，不能用量角器或直角尺。

2）用圆规在板料上划圆弧或等分尺寸时，必须先用样冲冲出圆心。

3）放样公差不应超过表1-1所列范围。

4）划线前板料表面应清洁，不得有麻点、裂纹等缺陷。

5）划线前板料应平整，若表面呈波浪形或凹凸不平过大，则影响划线准确度，应在划线前加以矫正。

6）画完放样图后，应检查是否有遗漏的线条和规定的孔，还应检查各部尺寸。

表1-1　放样公差　（单位：mm）

名　称	公　差	名　称	公　差
十字线	±0.25	结构线	±0.50
直线	±0.25	轮廓线	±0.50~±0.10
曲线	±0.50	总长（宽）	±0.50
平行线间距离偏移	±0.25	两对角线	±0.10
样冲眼与线间	±0.25	两孔距离	±0.50

4. 放样图

首先在板料的适当位置划出基准线，再根据施工图给出的尺寸，依据板厚处理规律，计算出放样图的有关尺寸，按 1∶1 比例划线。划线时先划基准线，然后再划圆弧，最后划出各段直线。

二、样板

在生产中，当生产批量大、精度要求较低时，将展开图画在纸板、胶合板或薄金属板上，经剪切矫正后用于划线、下料，这些板称为样板。

样板的种类比较多，汽车钣金维修常用的有下料样板和靠试样板。下料样板是指供下料用的划线样板。以此样板的外形，在制作构件的金属板料上划线、剪裁，也可直接靠模剪切。在汽车钣金维修中，多用实形样板，就是用纸紧贴在实物上剪下的样板，将该纸样板摊平后，根据实物形状复杂程度，分块或整体在薄钢板料上划剪切线。

靠试样板是指手工制作形状复杂的钣金构件时，需要分成几部分，然后用焊接、咬接等方法连接在一起。为检验内形和外形是否合格而制作的样板称为靠试样板。在汽车钣金维修中，用实形样板下料，手工成形后，需要检验成形后的构件与实物形状以及尺寸误差，常用靠试样板靠试检验，使形状基本达到要求。

三、下料

下料是指成形加工前将原材料切成所需的长度和所需的几何形状、尺寸的工序。对于不同规格的原材料，不同形状、尺寸的展开板料，其下料方法也不尽相同。常用的钣金构件下料方法有：剪切（手工剪切、机械剪切）、冲切、气割等。

本章小结

1. 金属材料的力学性质：强度、塑性、弹性、硬度、韧性和疲劳强度等。

2. 金属材料的分类：按其成分分为低碳钢、低合金钢、不锈钢、铜及铜合金、铝及铝合金；按其断面形状分为板材、管材、型材和实心柱材四类。

3. 金属预处理方法：表面处理、软化处理（退火处理）、整形处理。

4. 放样图与施工图的关系。

5. 划线基准的选择。

复习思考题

1. 钢材的表面处理采用哪些方法？

2. 何谓放样？

3. 放样图与施工图有何区别？

4. 何谓放样基准？

5. 放样划线的基本规则是什么？

实训项目一　放样图的制作

一、实训内容

1. 放样图的制作。
2. 划线的基本方法。
3. 基准线的画法。

二、实训目的与要求

1. 读懂施工图。
2. 掌握基准线的画法。
3. 掌握划线的基本方法。
4. 合理地选择工具、夹具、量具等。

三、实训设备与工具

1. 直尺	若干把
2. 角尺	若干把
3. 划针	若干把
4. 划规	若干把
5. 平台	若干个
6. 剪子	若干把
7. 手工钣金剪	若干把

四、实训过程

1. 读图

放样前要读懂钣金构件的施工图，并进行分析，想象出构件空间的相互位置、形状和大小。

2. 选择放样基准

根据施工图的基准来确定放样图的基准，或者根据以下三种方法选择基准。

① 以两个互相垂直的线作为基准。

② 以对称中心轴线为基准。

③ 以一个面和一条中心线为基准。

根据施工图的实际情况选择放样基准，在方便操作的情况下选择基准并画出基准线。

3. 放样图的绘制

根据施工图计算出所需尺寸，依据板厚处理规律，计算出放样图的有关尺寸，按1∶1比例划线。

在画出的基准线的基础上，按照计算出的放样图尺寸在板料或样板上先画出相关的圆弧线，再画出相关直线，剪切线要画得较深、较粗，其他定位线条相应较浅、较细。

4. 纸板或板料的剪切

依据剪切线将板料或纸板用工具进行剪切，放样图制作完毕。

放样图制作工艺

实 训 报 告

姓名：________

第二章

钣金修复常用工具和设备

学习目标：

1. 了解手动工具的样式与应用范围。
2. 了解剪板机、折弯机、滚动剪床和摩擦压力机的功用。
3. 掌握振动剪床的结构与使用方法。
4. 掌握车身修复机的相关知识。
5. 掌握液压设备的优点与组成。

车身维修中常用的工具有两类：手动工具和电动工具。本章主要介绍常用的手动工具及设备，了解各种手动工具及设备的使用方法。在修复碰撞的金属表面时，常用的手动工具是锤和顶铁。

第一节　钣金修复锤

车身维修中使用的锤子有多种规格和样式，每一种规格的锤子都有其专门的用途。

如敲击锤用来敲击撞伤的部位，使其重新复位、变光滑，用手触摸应接近原形状和轮廓；风镐用来进行金属表面的精加工，使敲击粗加工后遗留的小凹坑被敲平，从而使表面平整。

锤子有多种规格，按质量划分为轻锤和重锤。一般手工操作时，可根据情况进行选择。锤子质量的均衡将影响操作方便程度和控制的准确性。锤头应经常保持清洁和光滑，可以提高捶击的表面质量。

重头锤如图 2-1 所示，重头锤的锤头一头为圆头，另一头为方头。金属粗加工时，用来平整金属表面，敲平熔核和焊缝，粗平非常皱的金属面，以及初步校直质量较重的金属板。方头锤面的角可以当作镐使用，把损坏板件上凹陷区域压平。如果必须把某处做出一个小的皱折，而顶铁又不能使用时，可以用重头锤的一个锤面当作顶铁使用。将重头锤的方头锤面放入挡泥板、车门或板件的内侧，在外侧用另外一个锤子去敲击，完成操作。

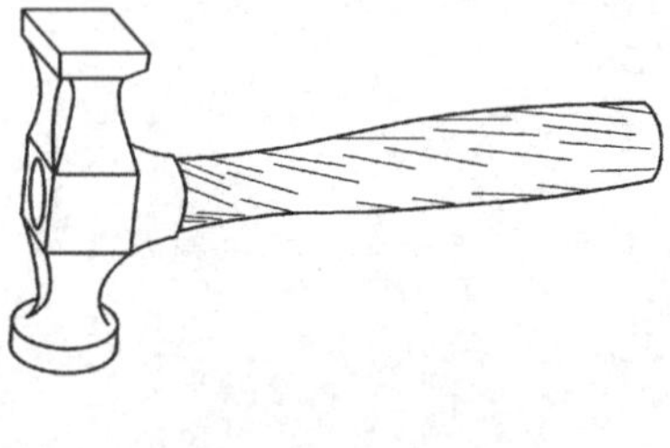

图 2-1　重头锤

轻头锤如图 2-2 所示，尺寸和形状与重头锤一样，一般用来进行金属精加工、在车门处折边等。

双圆头锤如图 2-3 所示，是轻锤的一种，常用在普通金属加工中。两个锤头一般均为圆头，或一头为圆头，另一头为方头，一般用来粗加工挡泥板、车门或柱杆顶部等，以及敲平车门的折边和校正定位夹等。有时也可以当作顶铁来收缩金属面。方形锤头一般用来校直长形金属板。

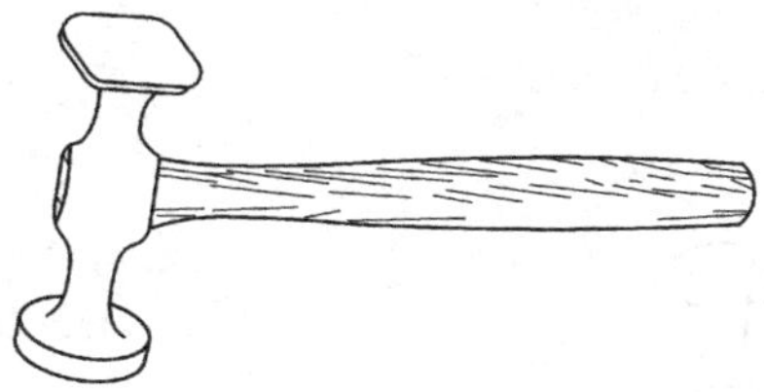

图 2-2　轻头锤

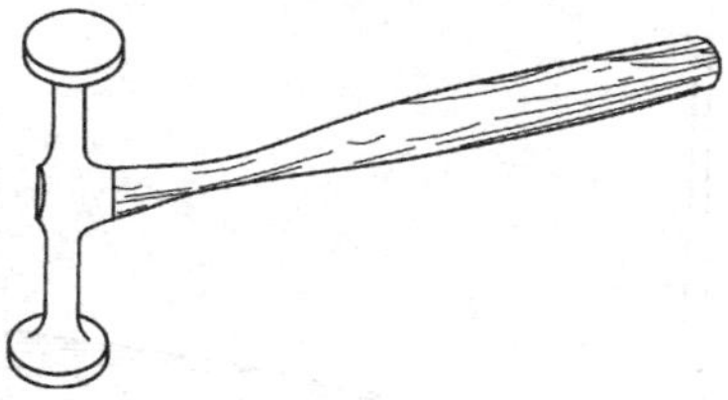

图 2-3　双圆头锤

短头风镐如图 2-4 所示，锤头一头为圆形，另一头为尖形，用在如前挡泥板等这些操作不方便的部位，进行轻度的凿和金属加工以及收缩金属面。

长头风镐如图 2-5 所示，一头为长的圆形尖头，另一头为圆形平头，是一种非常理想的金属精加工工具（禁止在金属粗加工中使用）。一般长头风镐主要用来进行薄钢板粗加工后的校直和精加工中凿平局部的小凹点等。

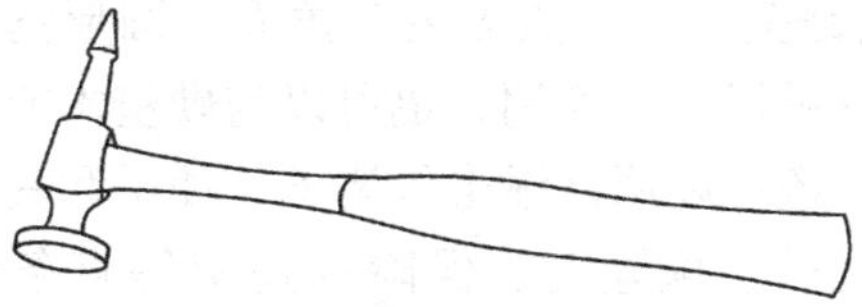

图 2-4　短头风镐

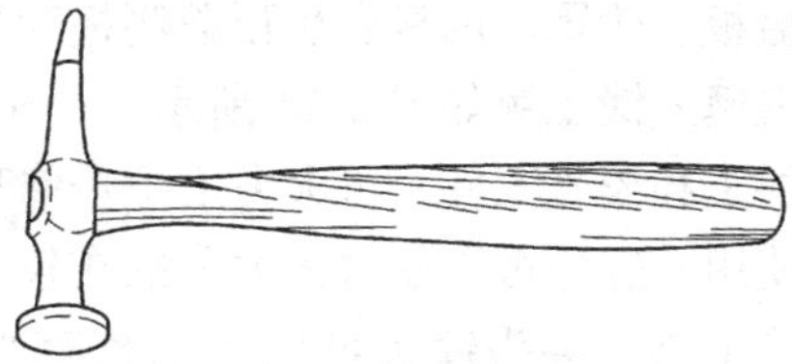

图 2-5　长头风镐

直凿风镐如图 2-6 所示，一头为圆形，另一头为凿形，用来修理挡泥板，复原轮缘、饰条、大灯内框和发动机舱盖等，特别是在车身板件安装和条形结构件的焊接过程中，手工修整板件的边缘和做凸缘时常用到该工具。

弯凿头镐锤如图 2-7 所示，用于对车轮轮缘、装饰件、挡泥板凸缘和柱杆顶部外缘等处的有棱角区域进行校直和精加工，还可以用来整平被车身的支撑件或框架构件所遮挡的凹陷，因为这些区域只有弯曲凿头才能触到。

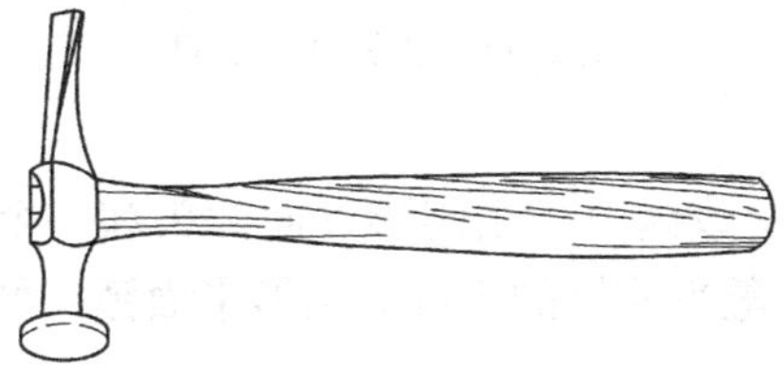

图 2-6　直凿风镐

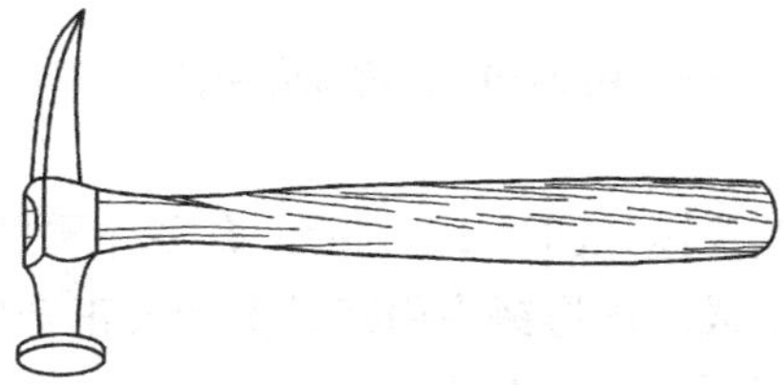

图 2-7　弯凿头镐锤

长镐如图 2-8 所示，长镐的尖形头非常长，常用来加工挡泥板、车门的后顶盖侧板上的凸起。

曲面轻击锤如图2-9所示，锤面为一个曲面，但一侧锤头的外锤面为隆起，另一侧锤头的内锤面为隆起，外锤面为平面，用来拉直和校正一些凹陷曲面，例如：挡泥板、前照灯罩、车门和后顶盖侧板的凹陷等。

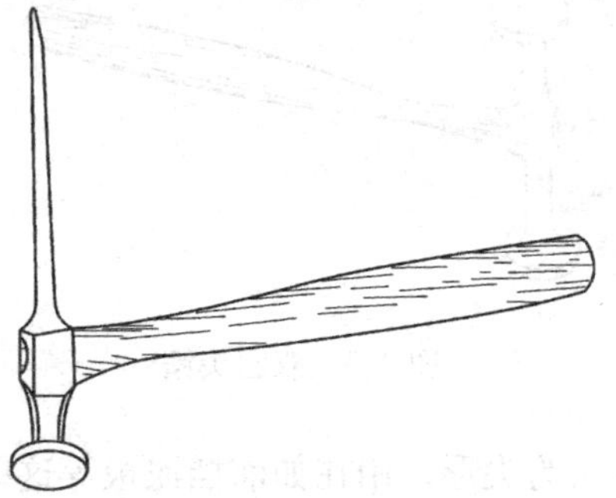

图2-8　长镐

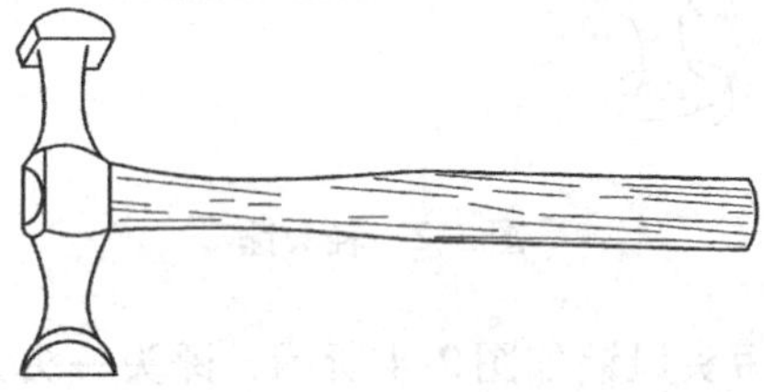

图2-9　曲面轻击锤

挡泥板专用锤如图2-10所示，专门用于粗加工某些高隆起的金属面，例如挡泥板，还可以用于加工只有长的锤头才能达到的加强件，也可以与重型斧锤和大铁锤配合使用粗加工车门槛板、轮罩、围板、后顶盖侧板和严重撞伤的保险杠横梁等。

尖锤或锻工锤如图2-11所示，一头为圆形平面锤头，另一头为尖头锤面。圆形锤面用于粗加工和校直工件，可大力度锤击修理区。圆形锤可以单独使用，也可以与硬垫木或垫铁配合使用，这样可以使打击力分散在较大的面积上，还可以用该锤击打凿子、冲子和其他车身修平工具。尖头锤头可以用来校直直角的车架元件、保险杠、保险杠托架等直条状结构件。

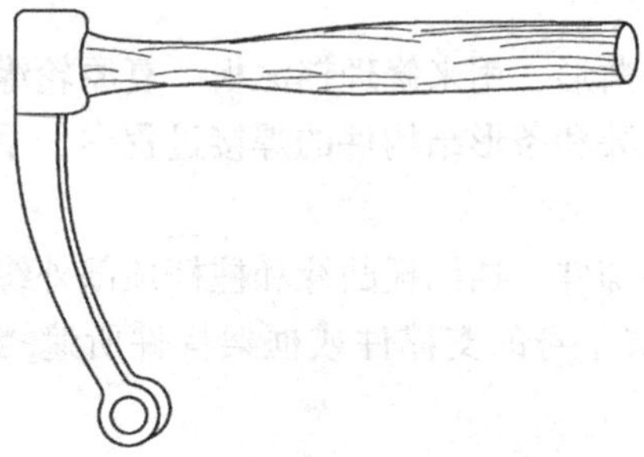

图2-10　挡泥板专用锤

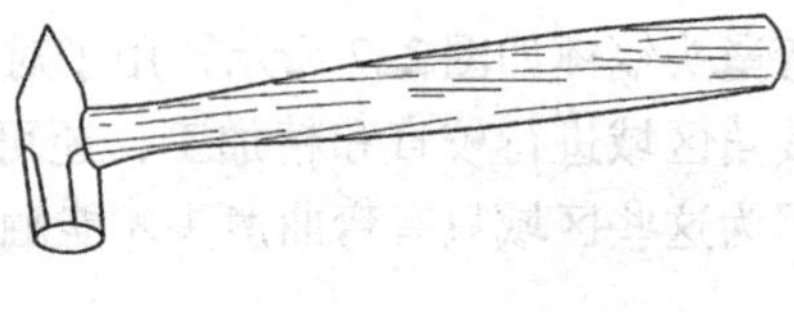

图2-11　尖锤或锻工锤

圆头锤如图2-12所示，有多种质量和尺寸规格。该锤由一个圆形平面锤头和一个球形锤头组成。球形锤头用来敲击和校正金属部件，以及敲平铆钉的头部。圆形平面锤头可以用来进行所有的手工钣金操作。

铁锤如图2-13所示，形状和结构与锻工锤相似，但质量和体积比锻工锤大。常用的铁锤还有另外一种形状，即图2-13所示的两个锤头均为圆形平面锤头。铁锤用来进行大强度的钣金操作，例如：用来校正和拉直质量较重的车身内部结构，以及校正车架、横梁、重型车身和保险杆支撑、支架等。

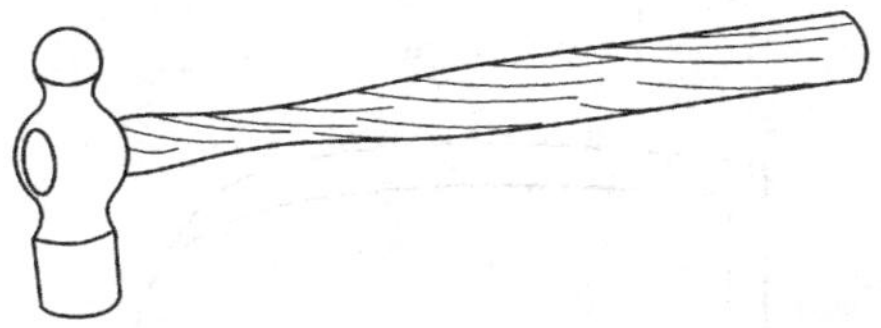

图 2-12　圆头锤

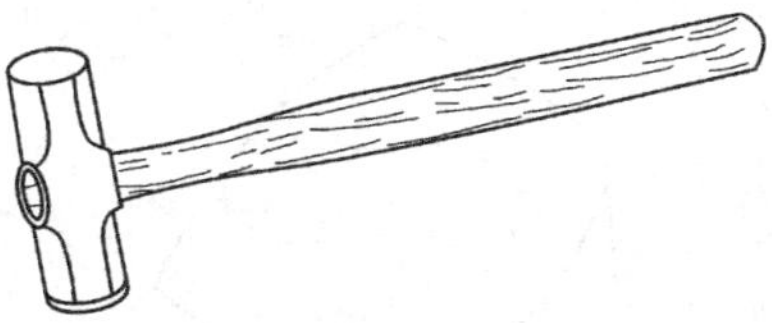

图 2-13　铁锤

第二节　钣金修复顶铁

钣金修复顶铁由高强度钢制成，像铁砧一样，用在粗加工和锤击加工中，可以用手握持锤击金属板的背面。用锤从板件正面敲击时，顶铁会产生反弹力，每次敲击后使板件定位。这样，通过锤和顶铁的配合工作使凸起的部位下降，使低凹的部位隆起。

由于板件的结构和形状不同，为有效完成修理工作，需要采用多种形状的顶铁。每一种形状的顶铁只适用于某些特定形状的工作件。常见的顶铁有高隆起、中隆起、低隆起、平凸起，以及由几种隆起组合在一起的组合顶铁。工作时，所选用顶铁隆起的直径应比加工件的隆起直径略小。像锤子一样，顶铁的质量应均衡，以方便握持和精确控制。在保证工作质量的情况下，应尽量选用较轻的顶铁，这样比较容易用手握持。顶铁的工作面应保持光滑、干净，不要有油污、涂料以及毛刺，否则会降低加工质量。

常用的顶铁有如下几种。

通用顶铁如图 2-14 所示，该顶铁有多种隆起，可以用来粗加工挡泥板的隆起部分和车身的不同曲面，校正挡泥板凸缘、装饰条和轮缘，收缩平的金属面和隆起的金属面，修整焊接区等。

低隆起顶铁如图 2-15 所示，这种顶铁的质量大，很容易将之控制在平面金属板上，常用来使金属板减薄和使薄的金属板收缩。低隆起顶铁可以用来对车门内侧、发动机舱盖、挡泥板的平面和隆起面以及柱杆顶部进行钣金加工。

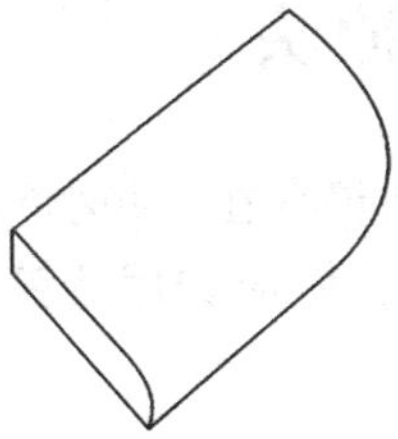

图 2-14　通用顶铁

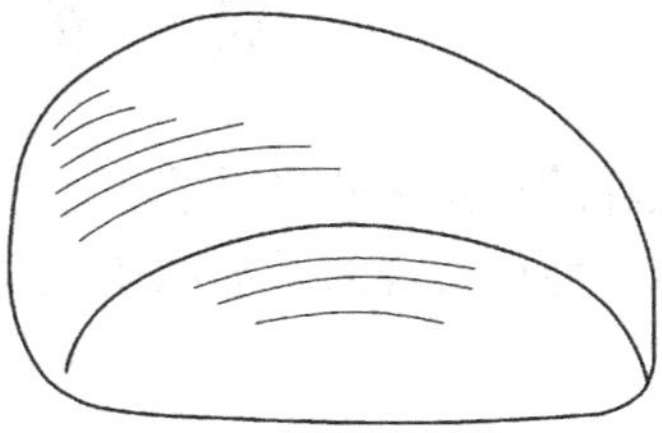

图 2-15　低隆起顶铁

足跟形顶铁如图 2-16 所示，因形状像足跟而得名，用来在板件上形成较大形状的凸起，校直高隆起或低隆起的金属板、长形结构件和平面板件。

足尖形顶铁如图 2-17 所示，是一种专门设计的组合平面顶铁，用来收缩车门板、挡泥板裙板、柱杆顶部和汽车各种盖板，也可以用来在挡泥板的底部形成卷边和凸缘。该顶铁特别适合于加工还没有精加工过的金属板件，因为它的一个面非常平而另外一面微微隆起。但是，使用该顶铁时，不应过度锤击。

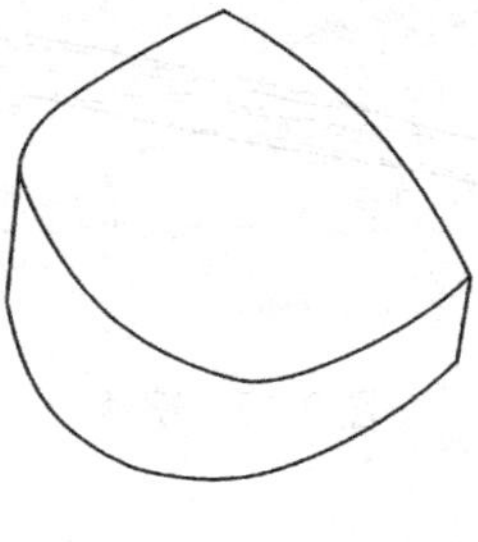

图 2-16 足跟形顶铁

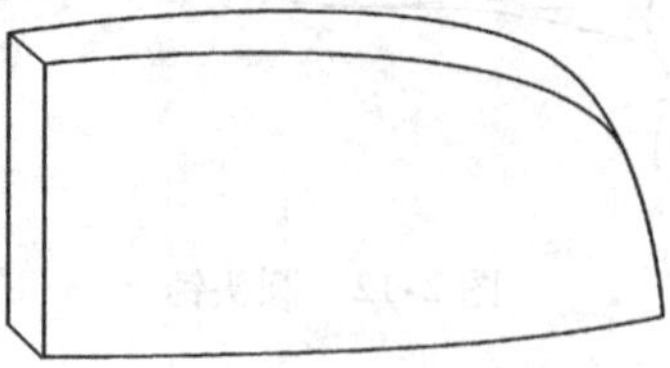

图 2-17 足尖形顶铁

卷边顶铁如图 2-18 所示，用来形成各种大小的卷边。顶铁较大的一端用来形成大而宽的卷边，而最小的一端用来形成较窄的卷边。有时也可以用它在薄金属板上形成小的凹痕。

楔形顶铁如图 2-19 所示，用来在柱杆顶部和宽的挡泥板凸缘上生成隆起，与支架或其他车身内部构件形成一个封闭结构的板件；在柱杆顶部粗加工出皱折，特别是在顶盖梁和横杆的后部，以及在车身其他地方生成皱折等。

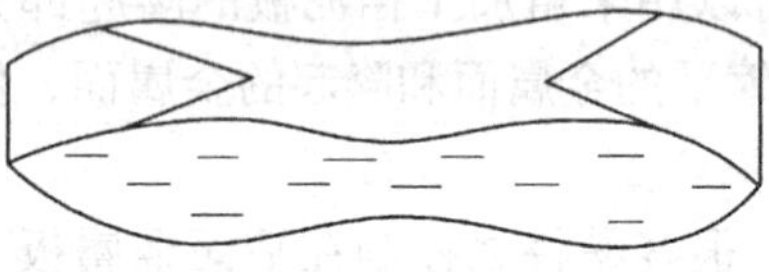

图 2-18 卷边顶铁

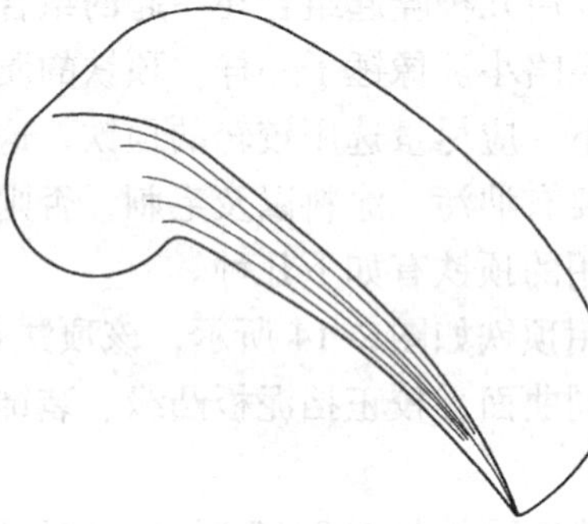

图 2-19 楔形顶铁

第三节 钣金修复撬镐和冲头

当损坏的车身板件经过校正、拉直等粗加工后，如果表面仍存在一些小的不规则的麻点或小凹点，而用常规的手动加工工具（如镐锤）不能去除时，就应选用撬镐和冲头进行精加工。

一、撬镐

小弧度撬镐如图 2-20 所示，中等长度，端部为一个小弧度的镐头，U 形端为把手，用在车门、车门槛板和后顶盖侧板等处。使用时，将撬镐通过板件上的孔穿入结构内部，使镐头对准板件上小的凹点，在手把上用力撬即可。

大弧度撬镐如图 2-21 所示，与小弧度撬镐形状相似，但镐头长，用在需要较长镐头才能达到凹痕的情况下。

长 T 形手柄凿头撬镐如图 2-22 所示，长的镐头可以塞入结构的内、外板件之间有限的空间内；当内外板件非常靠近时，也可以作为顶铁修理板件损坏的区域。

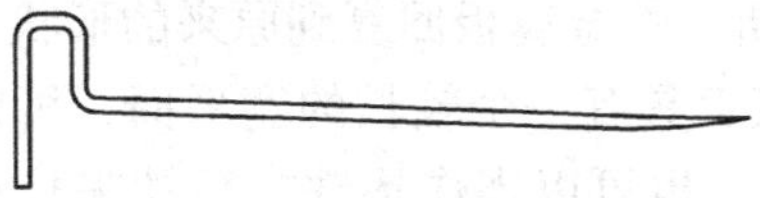

图 2-20　小弧度撬镐

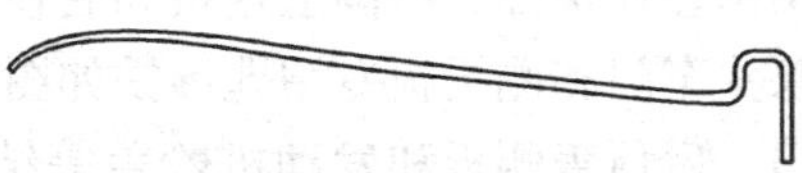

图 2-21　大弧度撬镐

二、冲头

弯头精修冲如图 2-23 所示，用在一般工具较难达到、需要弯曲工具才能触及到的地方，例如车门立柱、顶盖横杆车门板的外侧部位和车门槛板等。

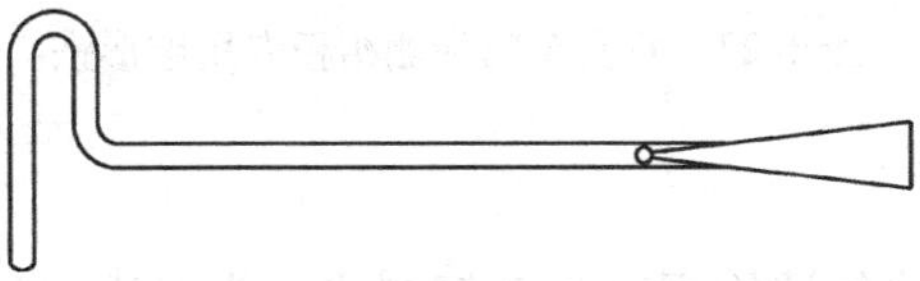

图 2-22　长 T 形手柄凿头撬镐

图 2-23　弯头精修冲

钩头精修冲如图 2-24 所示，用在可以在板件损坏部位附近打孔，使钩头精修冲塞入的情况，也可以用来把车门窗框处的板件和行李箱板件凹陷的地方撬起。

冲孔冲头如图 2-25 所示，该工具有一个尖锐的、长的、尖锥形冲头，用来在车身内部结构上冲孔（通常是在车门密封条的后部），通过冲好的孔可以用镐锤和镐杆整平凹陷的部位和小的凹点。

图 2-24　钩头精修冲

图 2-25　冲孔冲头

第四节　钣金修复匙形铁

匙形铁有多种尺寸和形状，每种匙形铁都有其专门的用途。通常可以分为三类：专用匙形铁、冲击匙形铁和成形匙形铁。

匙形铁可以用来整平操作空间有限部位小的凹痕，也可以用作顶铁，例如在结构的内、外板件之间，操作空间有限的情况下，不能选用普通的顶铁时。

有些匙形铁是专门用来校直板件的隆起和其他金属面的凸起，操作时与锤子配合使用。把匙形铁直接放在隆起表面处，用锤子敲打匙形铁即可。匙形铁可以把敲打力分布到一个较大的区域上，从而迅速把隆起敲平，并且不损坏板件的其他部位。

匙形铁的工作面应保持光滑和清洁。为防止在涂装面上留下痕迹，可以在匙形铁和加工板件表面贴上胶带，然后进行操作。

一、专用匙形铁

双头门槛专用匙形铁如图 2-26 所示，大头匙形铁是用来去除后立柱周围处、内构件和背部加强件后部，以及中、下部门梁后侧的车门槛板上的凹痕，也可以用来撬车门门槛凸缘，拍击柱杆顶部、后围上盖板和后顶盖侧板上的皱折，使金属板回复到原来的形状。

双头车门和侧裙板专用匙形铁如图2-27所示。该工具有一个较长的宽平面，可以触及到车门、后顶盖侧板和发动机舱盖等结构的内侧板件，也可以当作垫铁或顶铁来校正金属板件。

图2-26　双头门槛专用匙形铁

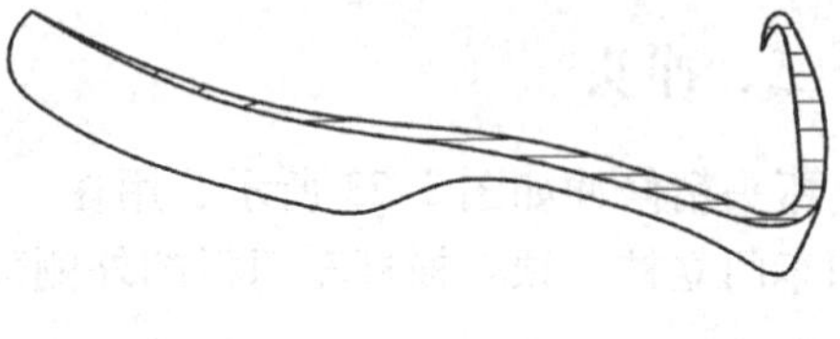

图2-27　双头车门和侧裙板专用匙形铁

二、冲击匙形铁

双头重型冲击匙形铁如图2-28所示，该工具的每端均用高强度钢制成，为特殊锻压平面，可以用锤进行敲打。该工具有多种用途，例如：撬起前挡泥板的内缝，敲打梁板件的顶部、前照灯和发动机舱盖，校直和精修排水槽、后顶盖侧板压条、行李箱盖等板件，也可以用来收缩、校直金属件，在粗加工时还可以作为顶铁使用。

双头重型冲击与挡泥板修整工具如图2-29所示，主要用来校直发动机盖凸缘和挡泥板等没有加强杆板件的凸缘处的反向隆起，也可用来校正汽车车身板件的内部结构，还可作为顶铁使用，修整隆起的挡泥板和车门。

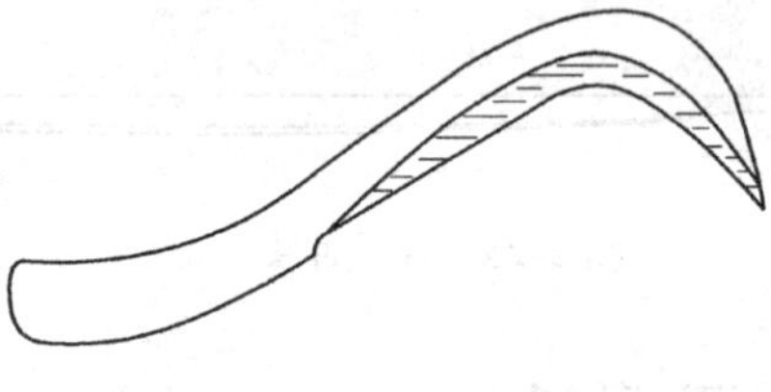

图2-28　双头重型冲击匙形铁

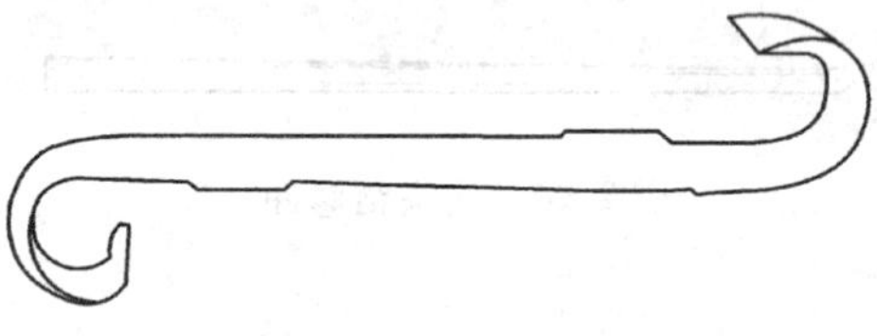

图2-29　双头重型冲击与挡泥板修整工具

三、成形匙形铁

平头轻击匙形铁如图2-30所示，与铁锤或球头锤配合使用，用来进行金属面精修和敲平由于直接撞击而在金属面上留下的高的凸痕，还可以防止修整时在这些凸痕上产生划痕。采用这种匙形铁进行加工，不会对金属面产生额外的损坏。

低隆起平面匙形铁如图2-31所示，用在有弹性的反向隆起表面。由于它的头部是低隆起面，可以用于修理低凹的金属面。

模压平面匙形铁如图2-32所示，该匙形铁有一个带有一定斜度的、半圆的面，用来对已损坏的深凹面重新成形或把凹面上的高隆起敲平，并且不会对金属面带来其他损坏。

嵌缝凿如图2-33所示，有多种形状，通常用圆形、方形或六角形毛坯钢条制成，可以与球头锤配合使用，在车身板件和车架上重新成形凸缘、凸起、直线边缘和弯折等。由于这些部位操作空间有限而且形状和结构复杂，用普通工具很难进行修复工作。

双钩修边器如图2-34所示，用来矫直导水槽、车门、行李箱盖、发动机舱盖、散热器罩和栅格等的边缘。修边器的两端均为钩状，一端用来直接进行拉、撬动作，另一端用来进行错位拉、撬或弯曲工作。该工具的优点是可以防止在金属面边缘进行修理时划伤边缘面，用来修理挡泥板、车门、发动机舱盖和行李箱盖等板件的开口凸缘。

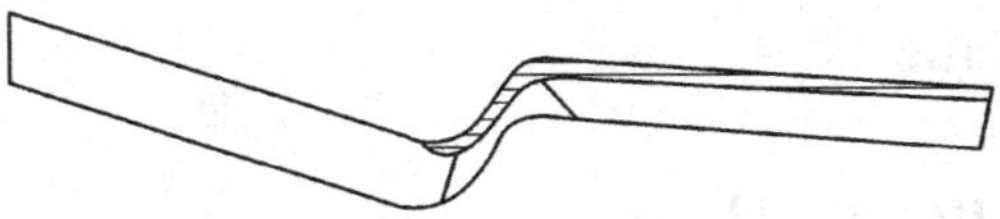
图 2-30　平头轻击匙形铁

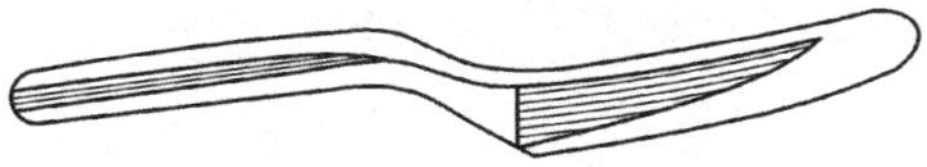
图 2-31　低隆起平面匙形铁

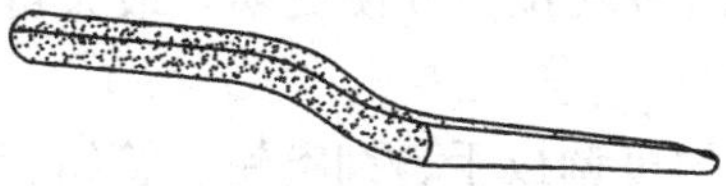
图 2-32　模压平面匙形铁

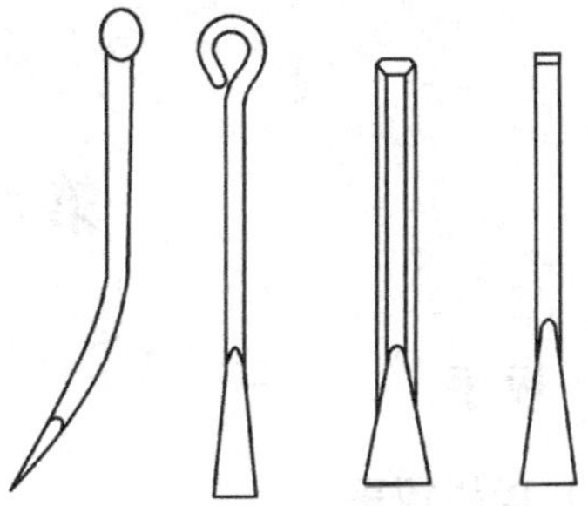
图 2-33　嵌缝凿

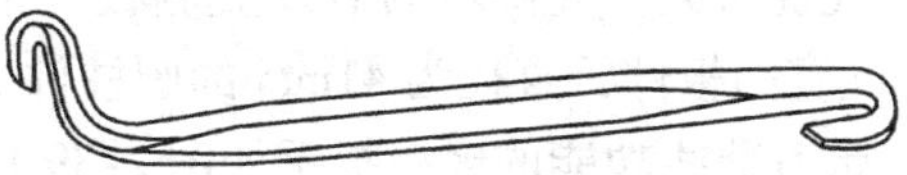
图 2-34　双钩修边器

第五节　钣金修复锉

在金属精加工或最终修理时常用到车身锉。车身钣金加工中的锉与木器加工中刨刀的功能相似。在撞伤板件已经被敲击或拉回等粗加工后，锉可以显露出板件上任何需要再加以敲击的高点和凹点，也可以用在经镐锤去除板面上所有的凸、凹点后，最后磨光金属板面。经锉加工后，再进行砂轮的最终打磨，就可以完成金属精加工的全部工作。下面介绍三种车身修理中常用的锉。

挠性把柄车身锉如图 2-35 所示，撞伤板件粗加工和校正工作完毕后，可以用挠性把柄车身锉使板件上任何需加工的凸、凹点显露出来。挠性把柄可以调整锉片的弯曲度，可以让锉的形状更好地配合板面的形状，无论板面是平面、凸起面或是凹低面，但是不要让锉片过度弯曲，防止锉片折断。调整锉片前，应首先松开把柄上的固定螺钉，调整完毕后，再拧紧它。

标准固定式锉刀如图 2-36 所示，该锉刀包括一把直的、坚硬的木制把柄，锉刀长约 356mm，是锉平的金属板和隆起金属板的理想工具。该工具操作非常方便，具有较强的切削能力，是车身修理技术人员常用的工具之一。

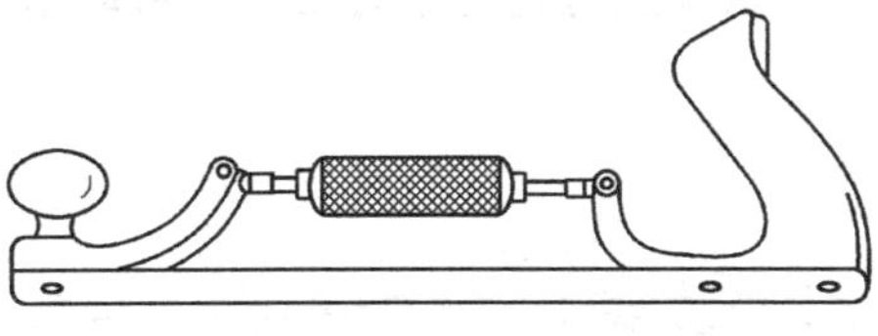
图 2-35　挠性把柄车身锉

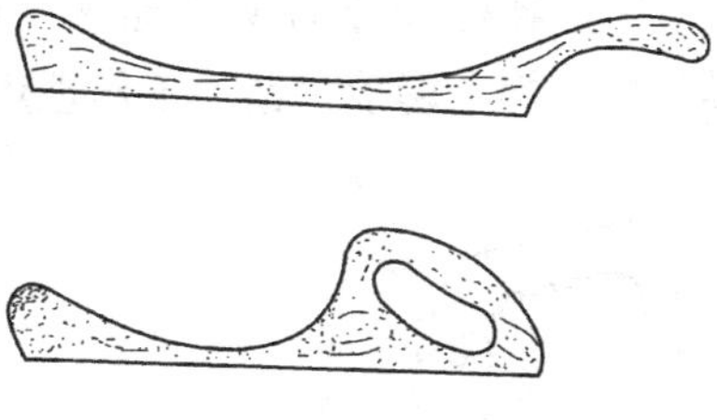
图 2-36　标准固定式锉刀

弧形锉如图 2-37 所示，也称为曲面锉，用来检查尖的隆起面、折边和装饰条的平直程度。

图2-37　弧形锉

第六节　常 用 工 具

一、扳手

（一）虎钳扳手

标准型虎钳扳手如图2-38所示，适用于各种修理工作，可以夹持各种形状的物件，可以替代虎钳夹。夹持新的后顶盖侧板、车门槛板和车门板就位，方便更换。最大可以夹持29mm宽的板件，直径为41mm的圆柱件。

带有剪线功能的虎钳扳手如图2-39所示，可以作为可调扳手、细嘴钳、管钳、简易压床、自锁虎钳夹、虎钳和螺栓切割器使用，同时也可以完成标准型虎钳扳手的工作。

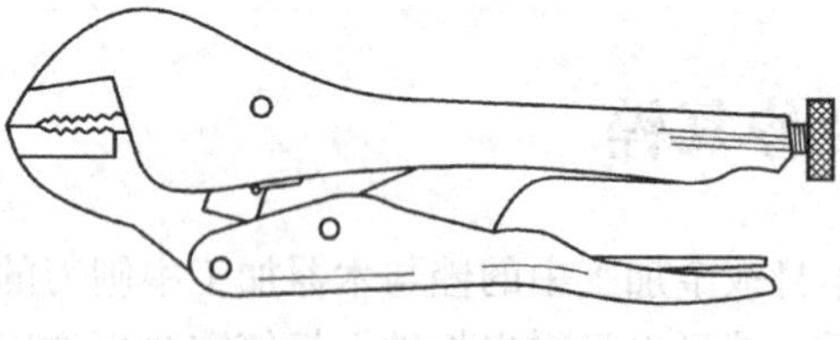

图2-38　标准型虎钳扳手

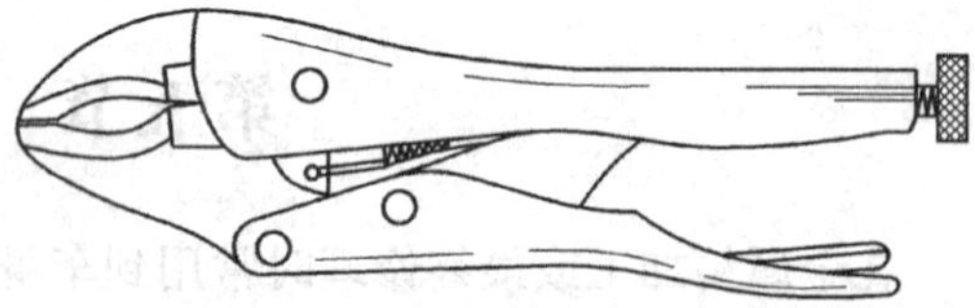

图2-39　带有剪线功能的虎钳扳手

虎钳折弯器如图2-40所示，有较宽的钳颚，是薄板构件加工的理想工具，具有较强的拧、弯、成形、拉和夹的功能。它具有44mm深、203mm长的钳颚。

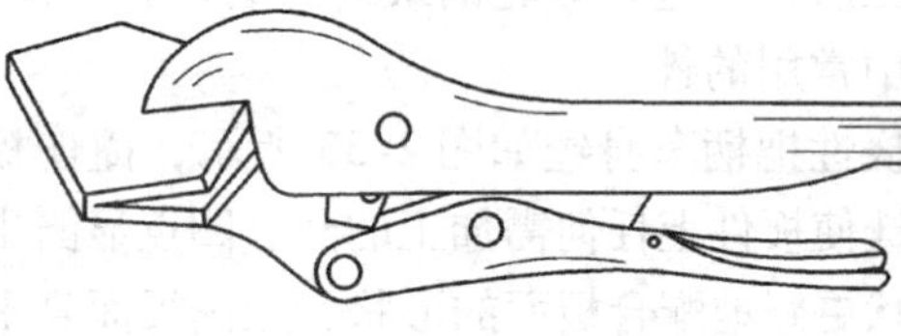

图2-40　虎钳折弯器

C形虎钳夹如图2-41所示，比普通C形夹的操作更快捷。手柄末端的螺钉提供快速的闭合调节，最大开度为89mm。把C形虎钳夹放到位，手用力一夹就可以把工件夹持住，而且它可以非常简便地夹持，如后顶盖侧板和柱杆顶部等这些难夹持的元件。

焊接用虎钳夹如图2-42所示，可以非常迅速地夹持板件，当把板件夹持就位后，就可以解放双手。特殊设计的V形钳颚，可以方便地观察工作情况，并提供较大的工作空间。该工具是冲、焊、铆接、钻等工作理想的夹持工具。在台架上进行焊接练习时，可以用它夹持金属。

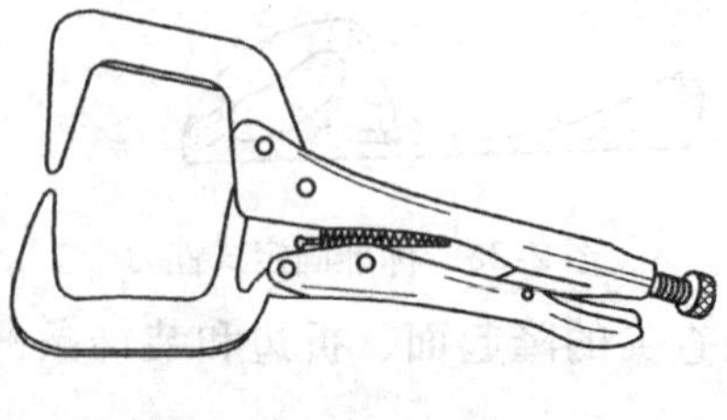

图2-41　C形虎钳夹

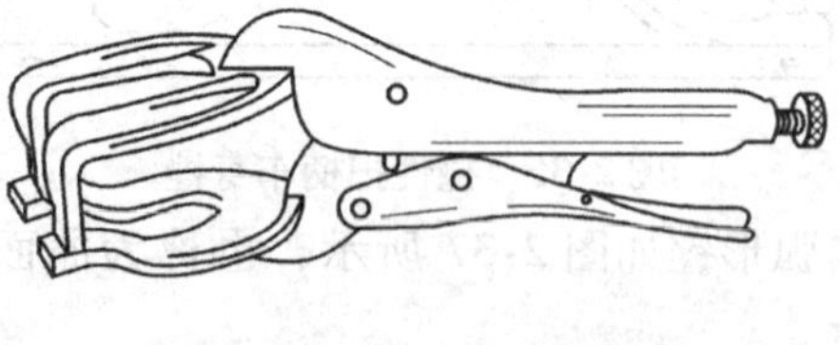

图2-42　焊接用虎钳夹

（二）其他常用扳手

常用的扳手有开口扳手、梅花扳手、套筒扳手、活动扳手和管钳扳手等，用来拆装各种螺母、螺栓。

活动扳手是以其全长（mm）来标定规格的；开口扳手、梅花扳手和套管扳手是以被扳动螺母或螺栓的对边尺寸（mm）来标定规格的。

1. 开口扳手

开口扳手用来紧固或拆卸标准规格的螺母、螺栓。按形状有双头和单头扳手之分，如图 2-43 所示。一般的开口扳手通常是 8、10、12 件为一套，它的适用范围是 6～24mm 或 6～32mm。每件扳手上都标有尺寸数据。

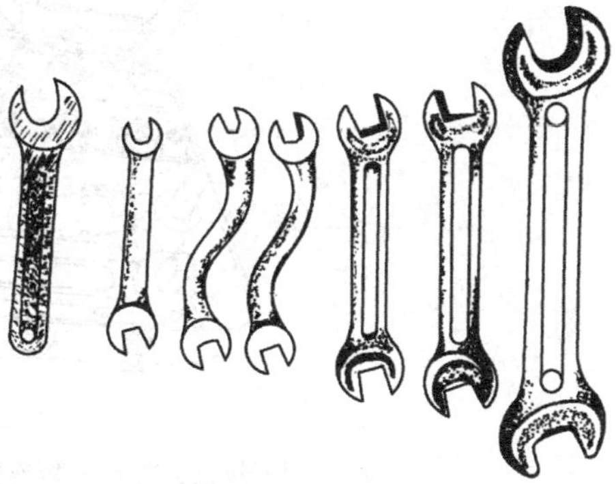

图 2-43　开口扳手

2. 梅花扳手

如图 2-44 所示，梅花扳手（又称眼睛扳手）的特点是扳转力大，工作可靠不易滑脱，适用于螺栓或螺母周围空间狭小的场合。它的适用范围是 5.5～27mm 或 6～32mm。每件扳手上都标有尺寸数据。

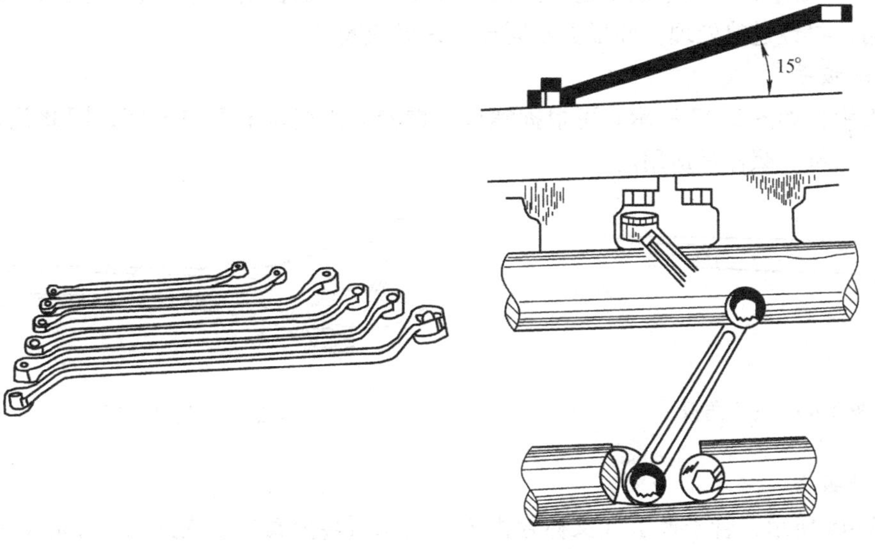

图 2-44　梅花扳手

3. 套筒扳手

套筒扳手如图 2-45 所示，是由一套尺寸不同的套筒头和一根弓形的快速手柄，万向节头，棘轮手柄，长、短连接杆和套筒手柄等组成。

套筒扳手用于开口扳手或梅花扳手不便于拆装的螺母、螺栓。套筒扳手每套件数不同，用得较多的是 20 件和 32 件为一套的。

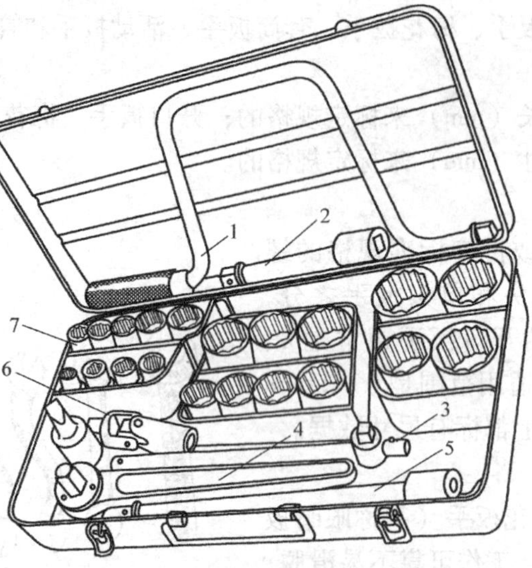

图2-45　套筒扳手

1—快速手柄　2—短连接杆　3—滑动手柄　4—棘轮手柄
5—长连接杆　6—万向节头　7—套筒

4. 内六角扳手

如图2-46所示，内六角扳手是专门用来拆装内六角螺栓的。它是将一段六边形的钢料折弯成直角，再经过热处理，并根据不同规格来做成套的。

5. 活动扳手

活动扳手，如图2-47所示。可根据螺母、螺栓的规格调节开口宽度，因此凡在开口宽度尺寸内的螺母、螺栓都适用。

图2-46　内六角扳手

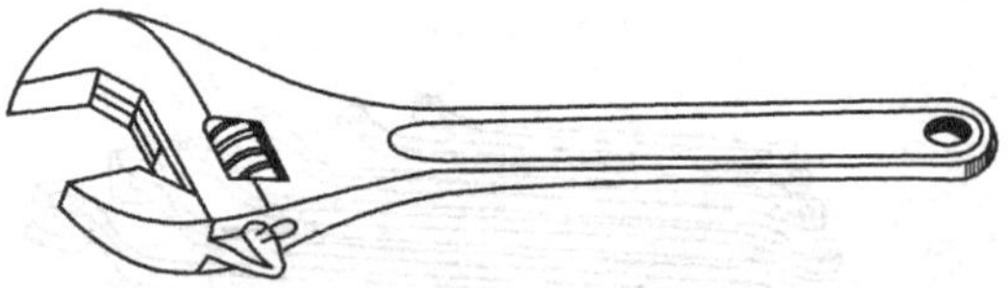

图2-47　活动扳手

6. 管子扳手

如图2-48所示，管子扳手（又称管钳子）用来扳转金属管子或其他圆柱形工件。

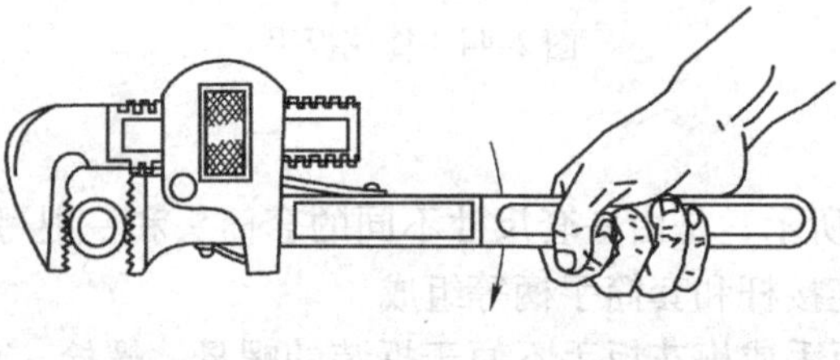

图2-48　管子扳手

二、钳子

钳子是用来夹持、扭弯及剪断小工件的工具，它的种类很多，汽车上常用的有克丝钳、鲤鱼钳和尖嘴钳等，如图 2-49 所示。

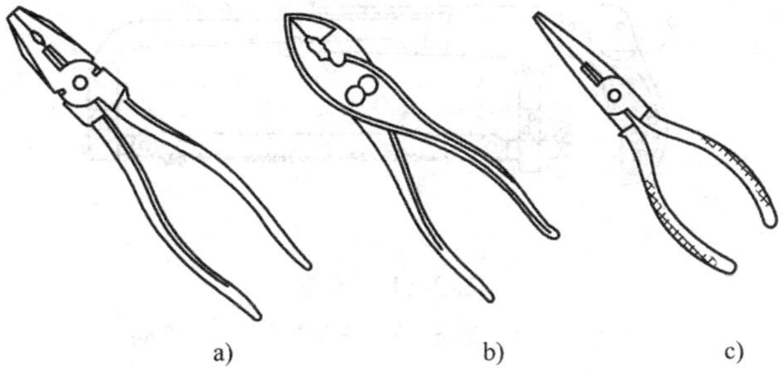

图 2-49　钳子

a）克丝钳　b）鲤鱼钳　c）尖嘴钳

1. 克丝钳

克丝钳是用来夹持或折断金属薄板及剪断金属丝用的，分为铁柄和绝缘柄两种。克丝钳的规格有 150mm、175mm 和 200mm 三种。

2. 鲤鱼钳

鲤鱼钳是用来夹持扁形或圆柱形工件的，它有两档尺寸，可以放大或缩小使用，其规格有 165mm 和 200mm 两种。

3. 尖嘴钳

尖嘴钳用于在狭小的工作环境夹捏细小工件、拨开口销等。尖嘴钳有铁柄和绝缘柄两种，其规格有 130mm、160mm、180mm 和 200mm 四种，一般 130mm 和 160mm 的两种常用。

三、螺钉旋具

螺钉旋具（又称螺丝刀）是一种用来旋松或紧固带有槽口螺钉的工具，根据用途，可分为标准螺钉旋具、重级螺钉旋具、十字螺钉旋具和一字螺钉旋具等四种，如图 2-50 所示。它们的规格以长度来表示，一般在 50 ~ 350mm 范围内。

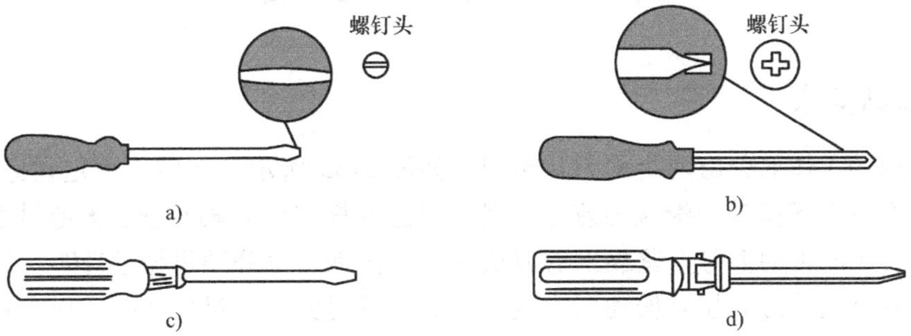

图 2-50　螺钉旋具

a）一字胶柄圆杆螺钉旋具　b）十字胶柄方杆螺钉旋具

c）一字木柄圆杆螺钉旋具　d）十字木柄方杆螺钉旋具

四、手锯

手锯用来锯断材料或在工件上锯槽。手锯由手柄、锯弓和锯条等组成，如图2-51所示。

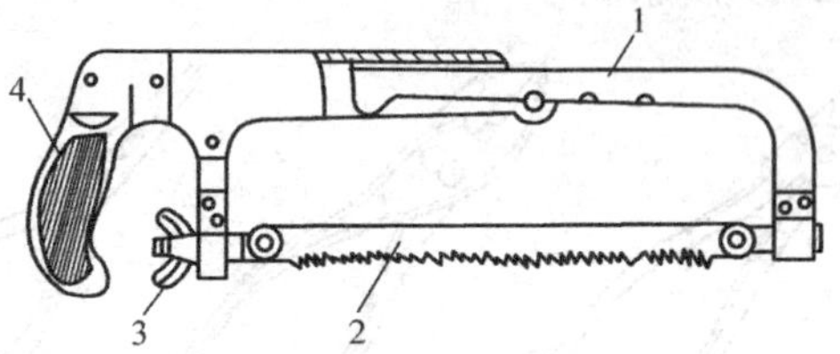

图2-51　手锯

1—锯弓　2—锯条　3—张紧螺母　4—手柄

五、锉刀

如图2-52所示，锉刀按齿纹粗细分为粗齿锉刀、中齿锉刀、细齿锉刀和油光锉刀四种。齿纹的粗细是以每10mm内锉纹的条数分，锉纹在每10mm长度中条数越多，则齿纹越细。

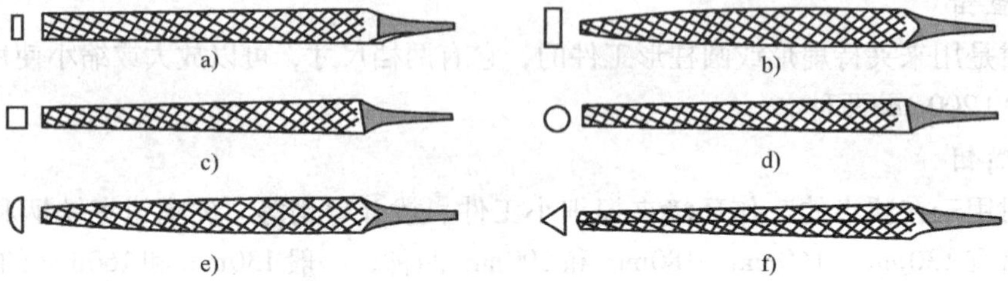

图2-52　锉刀的形状

a）齐头扁锉　b）尖头扁锉　c）方锉　d）圆锉　e）半圆锉　f）三角锉

第七节　常用设备

一、振动剪床

振动剪床的工作部分由两个剪刀片组成，如图2-53所示。下剪刀固定在床身上不动，上剪刀固定在可上下振动的滑块刀座上。滑块通过连杆与偏心轴相连，偏心轴由电动机带动，偏心轴转动时带动上剪刀紧靠下剪刀快速往复振动，每分钟可振动1500～2000次。板料的剪切就是靠上剪刀的往复振动而实现的。上、下两剪刀相对成20°～30°的夹角，刀片重叠部分可根据板料的厚度调整。在剪切时，上、下两刀刃之间要保持板料厚度的0.25倍的间隙。

振动剪床可以剪切2mm以下厚度的直线或曲线内外轮廓的板料，以及对成形后的零件进行切边工作。剪切内孔时，需松开下剪刀的固定螺钉将剪刀片分开，将板料放入后再对合上、下刀片。

剪切前，将板料划线位置对正剪刀口，开动剪床两手平稳地握板料，并适当用力推动板料前移，实现板料连续切割。

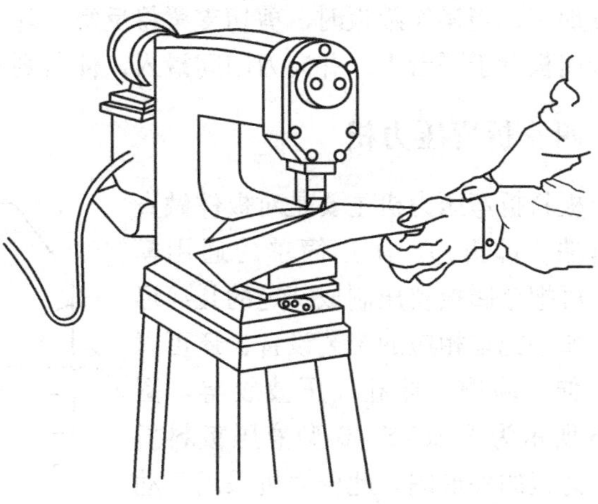

图 2-53　振动剪床

二、滚动剪

滚动剪也叫圆盘剪切机，它是利用一对倾斜安装的上、下滚刀片进行剪切。工作时，上下滚刀同时滚动进行剪切，可加工直线或曲线外形的零件，并能剪切圆形内孔，但剪切断面质量较差，一般剪切手工成形等要求不高的毛料。

滚动剪工作时下沉间隙可根据板料厚度确定。如图 2-54 所示，一般垂直间隙 a 为板料厚度的1/3，水平间隙 b 为板料厚度的1/5～1/3，因此弧线较短，便于曲线剪切。垂直间隙通过上滚刀调整，水平间隙通过下滚刀调整。

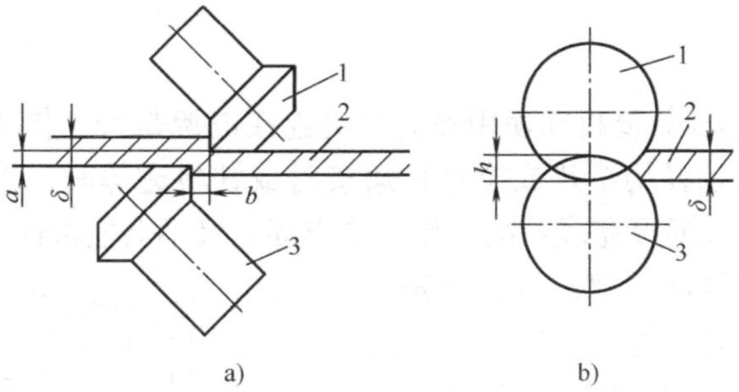

图 2-54　滚动剪

a）切料位置图　b）重叠示意图

1—上滚刀　2—板料　3—下滚刀

三、龙门剪板机

龙门剪板机是目前常用的一种剪板机械，其最大特点是工作效率高，剪切质量好，操作方便，可剪切多种厚度的板料，其外形如图 2-55 所示。

例如型号为 Q11—6.3×2000 的龙门剪板机，可一次剪切 2000mm 宽的板料，剪切由脚踏板控制。控制装置若为一次剪切，则每次踩下脚踏板安装剪刀的支梁下降一次。连续剪切，一般用于

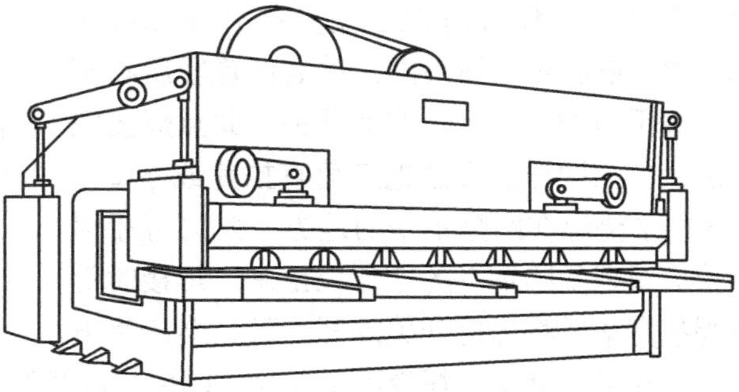

图 2-55　龙门剪板机

批量加工，当操作踏板时，剪切支梁将反复升降。剪切已划线的金属板料时，先开动剪板机将金属板置于平台上，并向刀口间滑入，使所划的线对准刀口，踩下踏板进行剪切。

四、折弯压力机

板料折弯压力机主要是对板件做直线弯曲，即折边。采用简单的通用模具，可把金属板料压制成一定的几何形状。如果配备相应的工艺设备，还可以做拉伸、冲槽、冲孔、压波纹等。图2-56所示为WA67Y-40型液压板料折弯压力机的外形图。此压力机采用下动式液压传动，滑块（工作台）由下向上运动，回程靠滑块自重返回。此机具有体积小、重量轻、行程长度较大、安全可靠等优点。压力机的液压缸放在滑块的中心，因而在折弯工件时，滑块产生和横梁的方向一致的变形，从而可获得较高精度的制作。

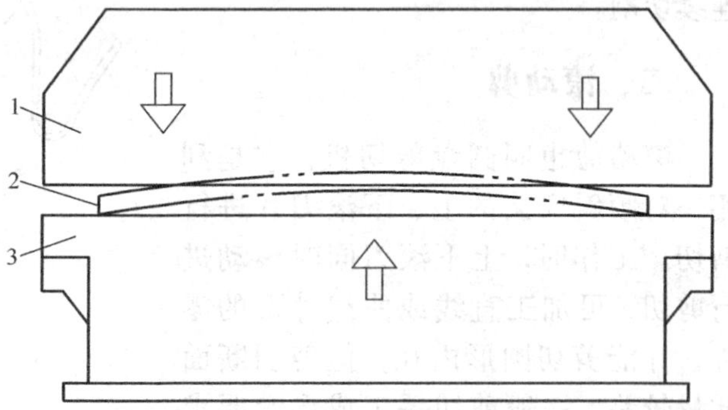

图2-56　WA67Y-40型液压板料折弯压力机
1—横梁　2—工件　3—滑块（工作台）

五、车身修复机

如图2-57所示，车身修复机在使用前应检查连接电源是否工作正常，然后开启电源开关。在使用平面介子（选择的垫片或拉片）熔接时或铁板碰焊时，将工作状态选择自动档位置，按动一下手柄开关便可完成一次工作，既牢固，又不会使板件穿孔。

使用介子机焊接修复凹陷部位时，首先打磨油漆除锈，然后在修复部位附近选择一个适合接地的位置（要求接地位置能良好接地），电流档位与时间档位（0.1～2s）视碰焊效果而定。如果熔核过大，可减少通电时间；反之则延长通电时间。电流档位选择ABC之间的经验值，如熔核过大或铁板过薄，可调到A档；反之调大。具体调法根据用户的车体板件厚度来调节。焊接时把三角直拉片或$\phi12\sim\phi14$的平垫插入碰焊头内，对准位置轻压在车体打磨干净的位置上，按动开关。此点焊接完毕后，再用同样的方法把三角直拉片或$\phi12\sim\phi14$的平垫焊在凹陷不平的地方，此时可用惯性拉力锤把凹陷不平的地方拉出来。焊接时等待焊接完毕后将焊枪开关放开，否则会产生电火花。在通电期间，焊枪不要乱放，以免与地线相碰而烧坏。

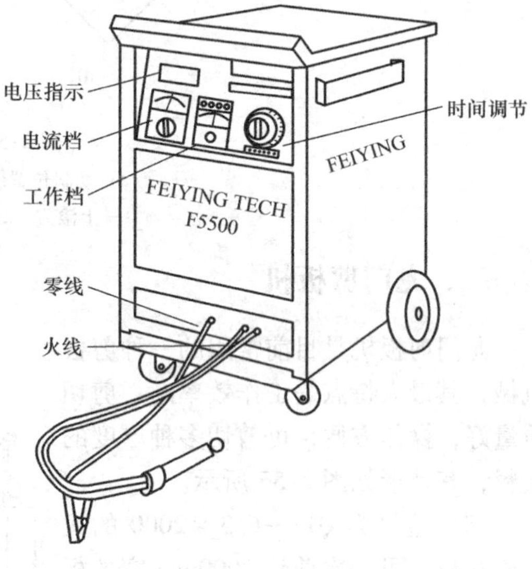

图2-57　车身修复机

凹陷位置修复后会产生过分拉伸，其凸出部位可用炭棒加热，到一定温度时，用湿布覆在该部位使之冷却，凸出部位随即收缩。

六、汽车举升机

汽车举升机如图2-58所示，根据举升设备的传动方式，可分为液压传动、气压传动、机械传动和液压-气压传动四种。

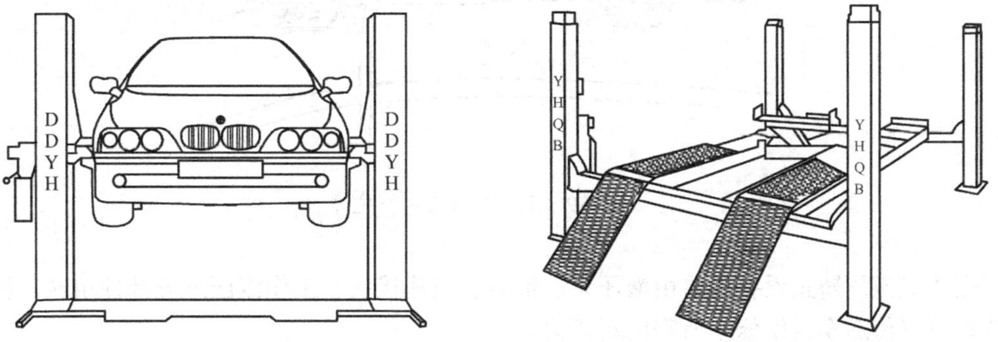

a)　　b)

图2-58　举升机的各种形式
a）双柱液压举升机　b）四柱液压举升机

液压传动举升机是用压缩液体（主要是矿物油）做介质，通过油缸传递动力和运动。

气压传动举升机是用压缩空气做介质，通过气力缸传递动力和运动。它的优点类似液压传动。

机械传动举升机的动力装置是电动机或其他动力转换装置，如电动-液压转换装置，它通过机械组件（丝杆螺母、钢丝绳绞盘和链条齿轮等）传递动力和运动。

损伤的车辆在举升机上检验要方便得多。

七、液压式车身矫正设备

“工欲善其事，必先利其器”。事实上，车身维修作业的质量、效率和劳动强度，均取决于车身维修机械与工具的应用水平。了解和正确使用液压式车身矫正设备可以给维修作业带来更大的方便。

液压式车身矫正设备在车身维修中的应用比较普遍。这是因为依靠液体压力所进行的能量转换比其他方式所进行的能量转换更方便、平缓、安全，而且利用液压传动的特点是更为省力，可以使操纵力与矫正力之间形成相差悬殊的能量转换。

现代汽车车身大多是由车身骨架、封闭型断面构件、金属车身覆盖件以及合理的加强支承等组成。当汽车受到碰撞冲击时，除了车身局部会受到损伤外，车身的整体变形也是不可避免的。若要实现有效的、高质量的修复，必须对车身覆盖件、骨架及支撑构件进行矫正。修复时的矫正力应连续、均匀，并且能够根据金属材料变形和车身构件的特点，以及修复的需要调节矫正力的大小。液压设备在车身维修行业中非常普遍，是车身维修作业中必不可少的专用工具。

车身矫正设备的结构形式很多，因适用车型、维修企业的任务和规模不同而有很大差异。但不论车身矫正设备的结构形式如何，在车身矫正作业中都必须使用相应的矫正装置和解决如下问题，即施力装置、施力方向的实施装置、连接和支撑装置等。各装置之间通过如图 2-59 所示的方法连接，并且有效地作用于损伤的车身构件上。

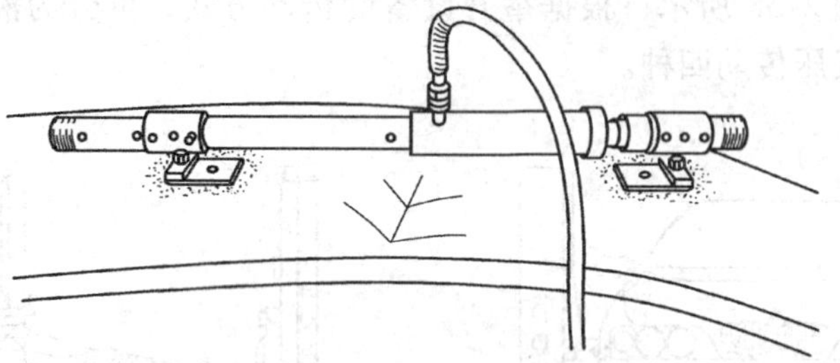

图 2-59　采用焊接板进行拉伸

便携式液压矫正设备主要由液压泵、油管、快速接头、工作液压缸等部件组成。便携式液压机可以传递车身维修中所需的矫正力。

本章小结

1. 手动工具有：锤、顶铁、撬镐、冲头、匙形铁、锉、扳手、钳子、螺钉旋具、手锯。
2. 常用设备有：振动剪床、滚动剪、剪板机、压力机、车身修复机和举升机。
3. 各工具的功能与应用位置。
4. 各设备的功能及使用。

复习思考题

1. 手动液压工具的组成有哪些？
2. 踏板式液压泵的特点及操作方式是什么？
3. 液压式工作液压缸有哪些形式？
4. 车身矫正的施力辅助设施分哪两类？各有哪些特点？
5. 液压设备的优点有哪些？
6. 车身修复机的使用特点有哪些？

第三章

钣金维修的基本技能

学习目标：

1. 掌握钣金作业的基本工艺。
2. 掌握弯曲、拱曲与制肋的操作方法。
3. 掌握收边、放边的操作方法。
4. 掌握钣金构件的矫正与整形。
5. 掌握钣金构件的收放工艺。
6. 掌握气焊、CO_2 气体保护焊、电弧焊与电阻点焊的操作方法。
7. 掌握车身板类构件的修平作业的方法。

钣金作业在车身维修作业中占据重要的技术地位，也是钣金维修中的一项基础性作业。尤其是现代流行的全承载式车身，在结构上普遍采用了应力壳体式框架结构，任何构件、支承、连接板等局部变形，都会直接影响汽车的整体性能。

第一节　钣金作业的基本技能

金属材料具有塑性，即在一定载荷作用下，产生塑性变形而不被破坏。利用金属材料的这个性质，可以将金属板材加工成所需的形状。钣金成形技术就是要在掌握平、直、圆三要素的基础上，以手工操作方式将板材制作成不同形状的制件。

钣金制作中弯曲、拱曲、咬缝、制肋、收放、拔缘等，是车身维修作业的基本技能，它不仅在钣金作业中占有很大的工作量，而且对维修效率和品质有较大的影响。

一、弯曲

钣金构件的弯曲属于简单的成形作业，利用折弯设备可进行批量加工；也有利用手工进行弯曲作业的，适合单件制作与现场操作。车身钣金维修作业中多以角形弯曲构件为主，如└、匚、□、_⊓_、_厂等形。弧形弯曲以筒形构件的制作最为典型。角形弯曲成形的质量关键是直线（或相互垂直的直线）的加工与制作（图 3-1），基本操作要领是按要求划好弯曲线并确保弯曲的角度。筒形的制作则需要过渡圆滑，且与要求的弧度一致。

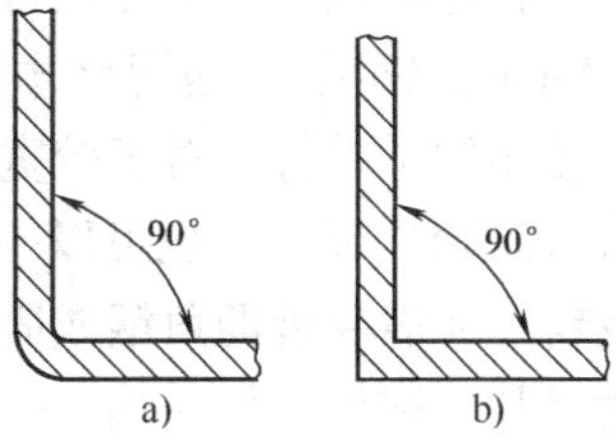

图 3-1　弯角的形状
a）圆角弯曲　b）锋角弯曲

（一）角形弯曲

1. ∟形弯曲

弯曲∟形板料的操作过程，可以对照图3-2和图3-3所示的步骤进行如下操作。

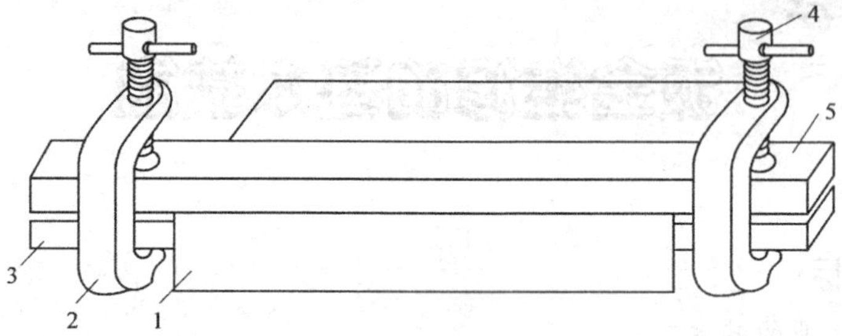

图3-2 用专门工具加工

1—板料 2—弓形夹 3—下方钢 4—手柄 5—上方钢

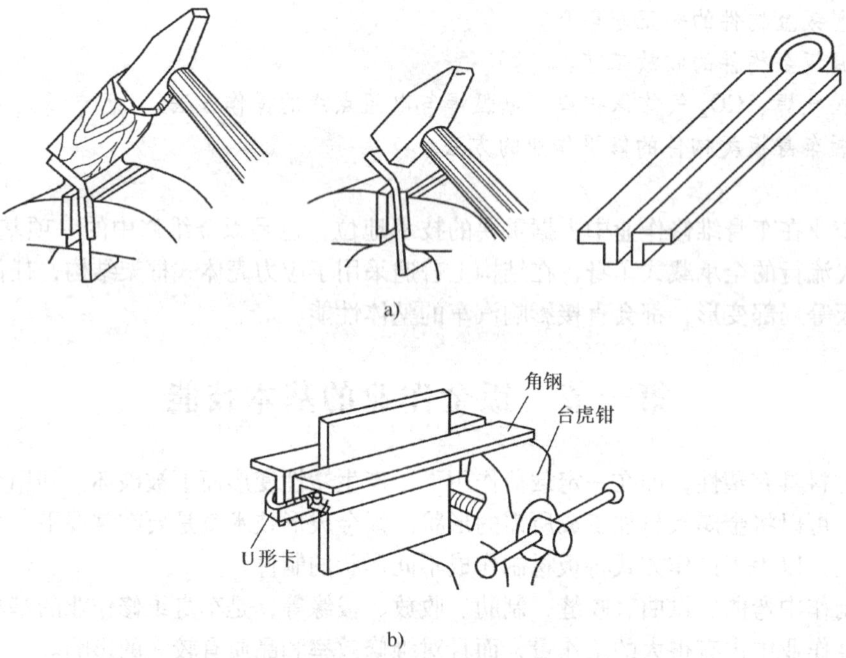

图3-3 ∟形板料的弯曲

a）用锤子加工 b）借助角钢或简易夹具加工

将弯曲线对正下方挟持方钢的棱角并夹牢，用木锤直接敲击使其折弯（适于厚度小于1.5mm的钢板），也可将木块垫在欲弯曲处用锤子敲击折弯。当板料较厚或强度较高时可以直接用锤子敲打。对于较宽的板料（即弯边较长时），可以用手将其扳弯后再由下至上（从钳口开始）锤击，也可以一边用手掀住（图3-3a），一边用木锤将其弯曲成形。对于过长的板料，还需要借助角钢或简易夹具来完成（图3-3b）。但无论如何，锤击部位均应沿棱角的边缘从一端循向另一端。需要弯角的棱线比较清晰时，可于弯曲大致完成后，用平锤沿折边轻轻敲击找细。

板料弯曲成J形以后，通常还要大致验证一下弯曲角度。直角的验证方法比较容易，但有些摇把形弯件的折角往往大于90°。一般除按要求处理好夹角外，更主要的是应确保两板平面的平面度。因为这类弯件在装配时，大多数场合都对两平面间的夹角有公差要求，成形过程中应不断进行检查和调整。

2. ⊏形弯曲

⊏形的弯曲仍以∟形弯曲为基础，按图 3-4b 所示方法先弯曲一直角后，再按图 3-4c 所示方案弯折成槽形。如果将板边扳向另一边，就形成了┐∟形构件（图3-4d）。与加工 J 形构件不同的是，弯角应略大于 90°为宜。因为在成形过程中（尤其是较长的 J 形构件），往往会伴随着局部变形，如槽底的凹凸和弯边成波浪形等。对此，可用平锤将槽底修平并将棱线理齐，最后再用平锤修整弯边的波形。显然，在修整两弯角直线时，弯边与槽底的夹角还会有所变化。

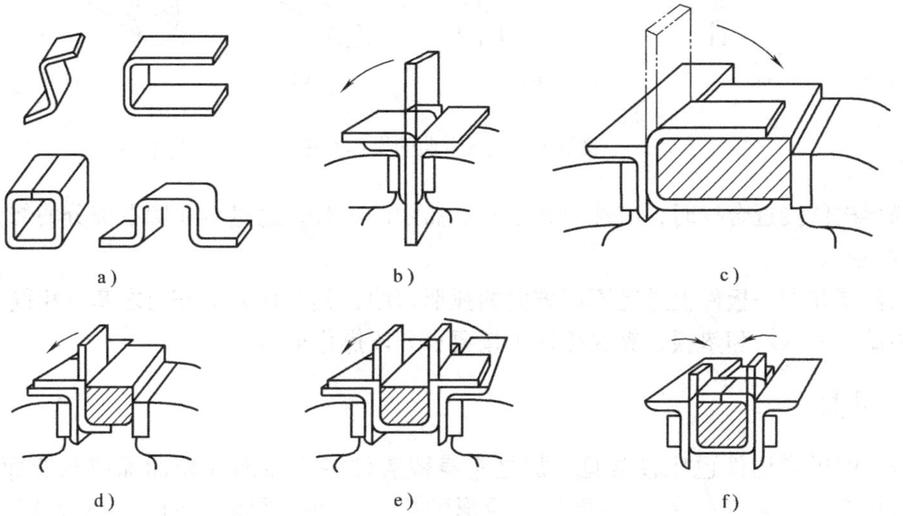

图 3-4　⊏形与_⊓_形的手工成形工序

a）欲扳边形状　b）扳边形成∟形　c）扳另一边形成⊏形　d）反向扳边形成┐∟形　e）向两边弯折形成_⊓_形　f）向内弯折形成□形

_⊓_形和□形的弯曲都是在∟形基础上完成的。按图 3-4e 所示方法，将槽形件夹持在台虎钳上并对准弯折线，向外弯曲并敲平便成为_⊓_形构件。如果改为向内弯曲并敲平，则成为□形构件（图 3-4f）。

弯曲板料最好不直接使用钳口作棱线基准，以防止因经常性锤击而使钳口发生损伤。

车身维修中遇到的弯边成形作业，还可以用图 3-5 所示的专用弯边器（或称扳边钳），比起手工操作来，更加快捷、整齐。

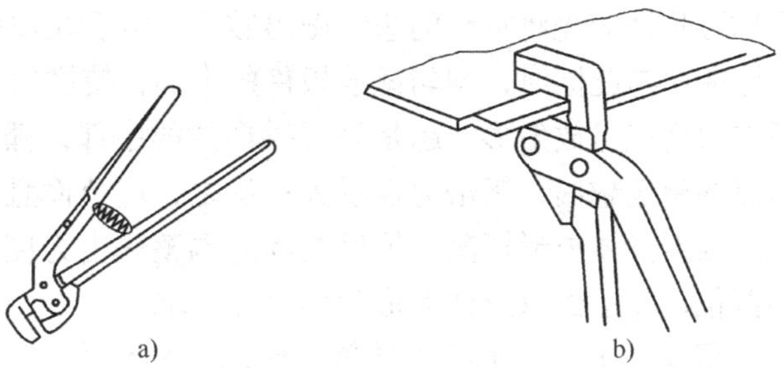

图 3-5　专用弯边器

a）外形　b）操作

（二）弧形弯曲

弧形弯曲作业的目的是将板件弯曲成形为符合要求的弧形或筒形。利用卷板机可批量制作成符合图样要求的弧形或筒形构件；手工弯曲则更易满足现场使用要求。

弯曲弧形钣金构件的操作程序如图3-6所示。加工筒形构件时，第一步先在两侧各1/4处分别敲成圆弧形状，然后再由两侧向中间推进敲成圆弧。为了保证制成的圆弧或筒形构件与图样相符，可预先按要求用硬纸板做出样板，供制作过程中与之比较。

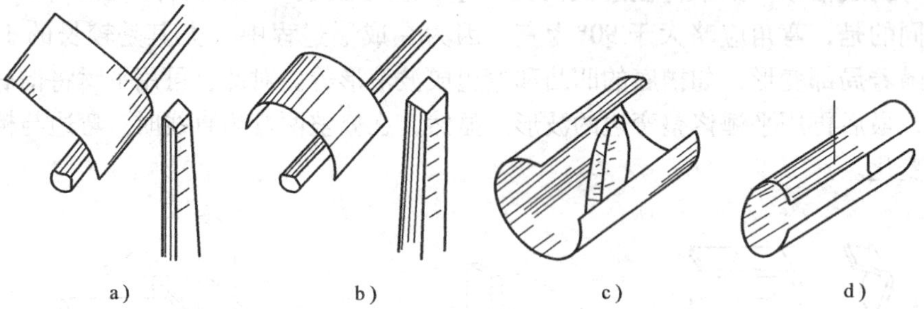

图3-6 弧形弯曲的操作程序

当筒形构件接近合拢时，应注意各段圆弧曲线的过渡，通过对非圆滑部分的修整达到整体形状的一致。

如果需要在同一板件上进行不同方向的弧形弯曲，其操作方法亦与之基本相同，只不过是需要借助一些木块和垫板，夹在板件中按要求分段操作即可。

二、拱曲

车身上的拱形构件也比较常见，加之车身覆盖件多为曲面（单曲面或双曲面）形状，车身维修作业（挖补、修复）同样需要成形的拱曲构件。所谓拱曲，就是利用对板料的“边收中放”成为所需形状，如半球形、碟形、半壳形等。

拱形件的制作分为冷拱曲和热拱曲两种。

（一）冷拱曲

冷拱曲的基本原理是，使板料的边缘起皱向里收，将中间打薄向外延展，如此交替反复操作，使板料在锤击过程中逐渐变形，在不使板料被撕裂的前提下，成形所需的拱形件。

对于较大拱曲的零件，一般应使用球形顶杆或胎模做砧铁锤击成形。如图3-7所示，使用球形顶杆应先将板料的边缘做出皱褶，然后在顶杆上将皱褶敲平，板料因沿边的收缩而向内弯曲。与此同时，均匀锤放板件的中部，使拱形件中间的金属产生延伸而拱曲。锤击点和锤击力度应呈放射形，越是靠近拱形件的中部，锤击点的密度越高，锤击力也越大；反之，应疏而且轻。根据具体成形情况，依目测随时调整锤击力度和部位，以达到拱形件的形状和尺寸要求。

深度拱曲难免使板件厚薄不均，表面不平，还要用平锤做最后的精整、修光使其完善。考虑到这一工序会使拱形件回弹一定的量，拱形件的初成形还应适当大一些为宜。

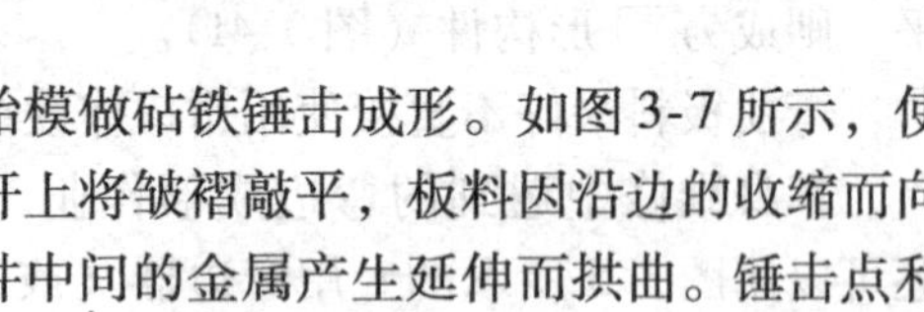

图3-7 用球形顶杆拱曲

对于较小的拱曲零件，可使用如图 3-8a 所示的胎模做砧铁锤击成形。操作时先将板料贴紧在胎模上，锤子从边缘开始逐渐向中心部分锤击。不具备胎模并拱曲较小时，也可采用图 3-8d 所示的方法，以厚橡胶板做垫块将板料锤击成形。

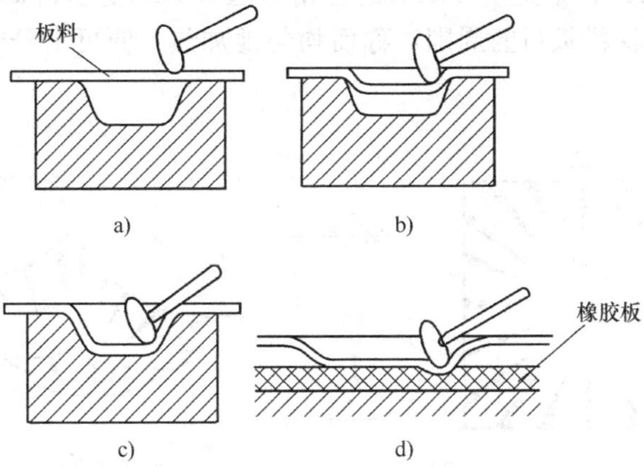

图 3-8　用凹形胎模拱曲

a)、b)、c) 用胎模成形　d) 无胎模时用橡胶板替代

用胎模做拱曲件时，锤击力度要轻而均匀，并循序渐进地延展，形成过渡圆滑的凸起。成形后需要根据拱形件的形状将其置于合适的顶杆上，用平锤去除表面凹凸，使之平滑。

车身维修中应用最广泛的是钣金托模隆起不同形状的薄板。如图 3-9a 所示，将托模放置在车身薄板的凸缘内，并且按图 3-9 中箭头所示用力方向顶住损伤零件，然后用钣金锤从防护板外缘开始敲击，直至将损伤的板面修整圆滑。如果是车身薄板的隆起部分受到破坏，则应先将板面放松和进行粗略整形，然后用断贴托模及锤击的方法将其修平（图 3-9b）。采用断贴托模法隆起车身面板时，应注意托模移动过程中不要与薄板脱离，锤击时托模要间歇撞击薄板凹陷区域并连续进行。

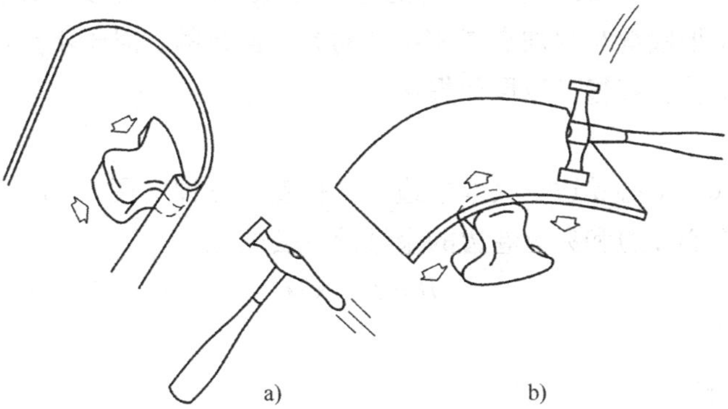

图 3-9　凸缘和隆起损伤的修复

a) 凸缘　b) 隆起

（二）热拱曲

热拱曲的基本原理是，利用金属热胀冷缩的性质，通过板料加热、冷却过程中内应力的

变化，实现拱形件的成形。如图3-10所示，按黑三角形区加热板料，被加热部分的金属必定会因受热而膨胀。但是由于热影响，这一部分金属的力学性能明显降低，并不断向其周围未被加热的板料方向伸展，反而因其自身的膨胀而被压缩变小；自然冷却后本身还将往里收缩（水冷的收缩率更大），于是使冷却后的三角形区域$a'bc'$变小到abc，使局部产生收缩变形。如图3-10所示方法沿板料的周围对称而均匀地加热，便可十分容易地收缩成图3-10b所示的拱形件。

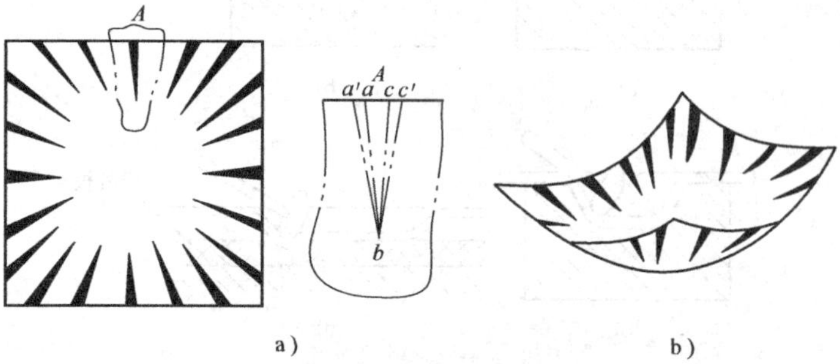

图3-10　热拱曲原理

a）沿周边加热　b）冷却后由于应力不均形成拱曲

这种热拱曲只适用于大半径拱形球面的制作。当所要求的拱曲量较小时，要控制好加热温度、区域、密度等，一般不需要外力就可实现。对曲率半径较小或非球面过渡的拱形件，还要比照冷做法借助外力使其成形。热拱曲更有利于拱形件的成形而不使金属发生撕裂或严重的加工硬化现象。

三、卷边与咬缝

用卷边的方法将金属板的边缘卷起，可以提高构件的强度，使边缘美观，同时还可避免划伤人员或划坏其他物体。咬缝是将板料的边缘敲成榫形（钩形）并扣合在一起的方法。车身许多构件都是采取咬缝与附加点焊相结合的方式连接的。对于不允许焊接的材料，在强度要求不高的连接部位，咬缝可以取代焊接。

（一）卷边

常见的卷边形式有空心卷边、夹丝卷边、平行卷边三种（图3-11）。卷边操作需要预留出加工余量，其中空心卷边和夹丝卷边的余量计算公式是：

$$B=2.5\times D$$

式中　B——边宽；

　　D——卷边直径。

一般板料厚度小于0.5mm时，卷边直径选定在2～4mm；板料厚度为0.5mm时，卷边直径选定在3～6mm；板料厚度为1～2mm时，卷边直径选定在4～8mm。

对于夹丝卷边余量的计算公式与空心卷边有所区别，其计算公式是：

$$B=d+2\pi\times t$$

式中　B——边宽；

d——铁丝直径；

t——板料厚度。

对于平行卷边的余量，则应根据一次卷边与二次卷边的宽度，按适当比例予以确定。

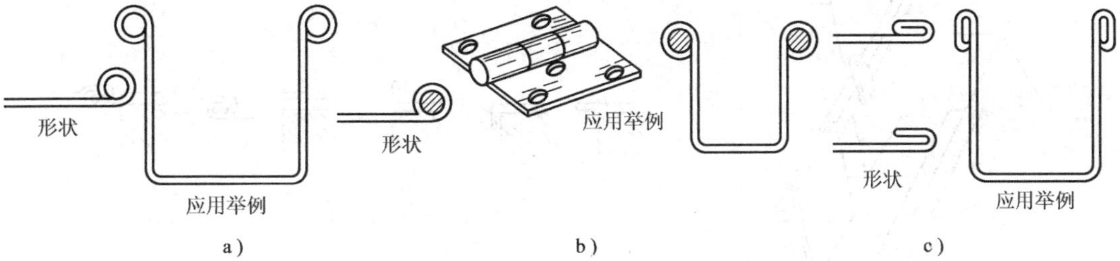

图 3-11　卷边的形式

a）空心卷边　b）夹丝卷边　c）平行卷边

（二）咬缝

咬缝是将两块板料分别制成榫形并扣合在一起的方法。咬缝可以取代焊接，更适合那些不允许焊接材料的连接。咬缝的结构可分为单扣和双扣；就咬扣形式而言可分为立扣、角扣和卧扣。

手工咬缝需要使用锤子、弯嘴钳、拍板等，其操作方法与成形过程见图 3-12 所示，先在板料上划出扣缝弯折线，再将板料放到规铁上并使直线与边缘对正，用前述弯曲的办法使板料弯折成直角，然后朝上翻转板料并将弯边向里扣（注意不要扣死）。用同样的方法将另一块板料加工后，再把两板料彼此扣合在一起，利用直拍板与平台将咬缝棱线压紧即可（图 3-12）。

车身构件上常见的咬扣形式多以单扣顺缝为主。用翻边钳取代手工咬缝，可使车门蒙皮与车门内板的咬接十分便利地完成，先将长边用锤子和包布托铁弯折成 30°（注意不要用锤子敲击弯角的边缘，并且不要损坏外板的型线），然后用翻边钳顶住端部，用力夹紧即可（图 3-13）。这种翻边方式具有效率高、成形美观、表面锤痕少等许多优点，很值得在车身维修的钣金作业中推广。

车门蒙皮的咬接虽然简单，但需要在咬缝操作前涂敷防锈剂和点焊密封胶，最后还要用点焊方式将其焊牢。

检查咬缝质量的重点在于咬缝是否等宽，平行而不扭曲，咬缝要牢，无裂纹。咬缝如需要起密封作用，应用水或煤油试漏；需要承受拉力的，要先将咬缝试板进行拉力试验，合格后再投入正式生产。

四、制肋

在薄板上制成各种不同形状的棱线，可以提高构件的刚度和抵抗变形的能力。这种经过制肋的板料，不仅强度发生变异，而且还具有美化构件的作用。这是车身构件特别是车身外蒙皮上采用制肋的主要原因。

车身覆盖件发生损伤后，起加固和装饰作用的外表线形会受到破坏。对车身覆盖件进行了敲平、焊接、挖补等作业后，原有的棱线也可能发生弯曲、扭曲或变得不够清晰了。这些都需要借助手工工具及手工操作加以修整、恢复，手工制肋是这些操作的基础。

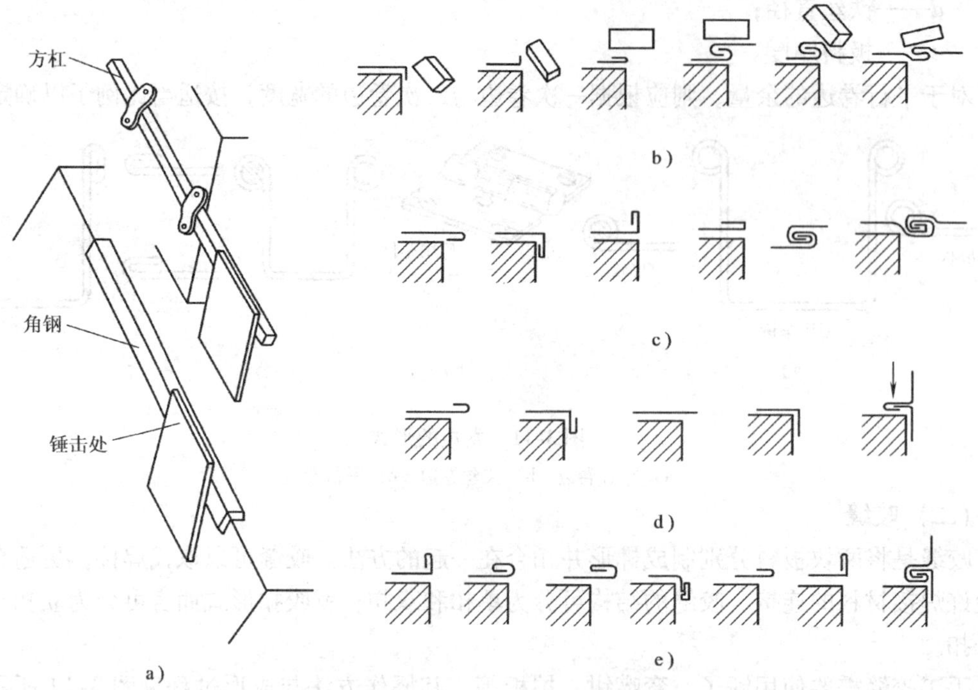

图3-12　咬缝的类型及其操作过程

a）借助角钢或方杠进行咬缝的弯制　b）卧扣单咬缝的弯制过程　c）卧扣整咬缝的弯制过程
d）立扣单咬缝的弯制过程　e）立扣整咬缝的弯制过程

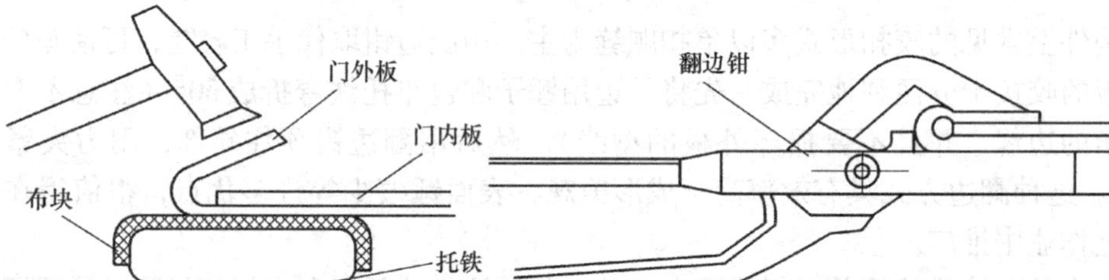

图3-13　用翻边钳咬缝

a）按定位线将长边弯折成30°　b）用翻边钳完成咬缝

（一）用扁冲制肋

用扁冲手工制肋是最简单的一种方法，适于制棱线细而浅的肋。具体操作方法如图3-14a所示：先划出制肋的标记线，再在加工台上铺一块橡胶板并将板料放好，一只手持扁冲对准标记线，另一只手用锤子敲击扁冲，沿标记线冲出符合要求的棱线来。

敲击扁冲制肋的过程中，注意不要用力过猛，保持深浅一致。移动距离不要超过扁冲的宽度以确保良好的衔接，沿标记全部冲一遍后，再由一端开始冲第二遍，直至达到符合要求的深度为止，最后，拿到平台上（不垫橡胶板）再轻轻敲冲一遍，使起肋形成清晰、整齐的线条。

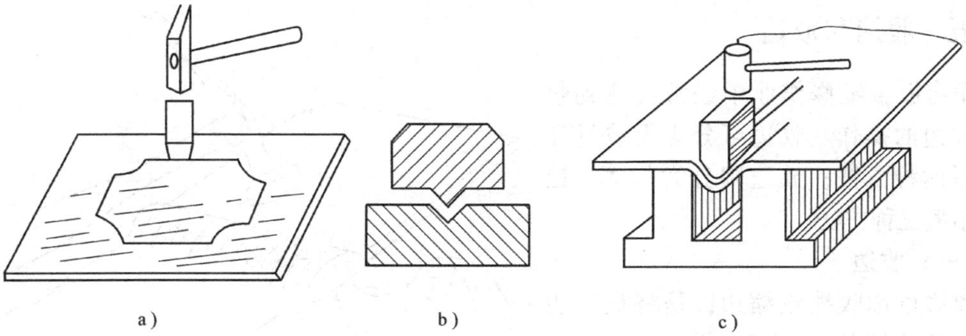

图 3-14　手工制肋方法

如果要求两面形成多条棱线，可于板料的两面同时划出标记线，并按上述方法于两面交替操作，最后统一做细致的修整。

（二）借助模具制肋

较深的肋条最好用模具冲制，制肋模具可分为上下两部分。其中，如图 3-14b 所示的两套模具需要上下合模；而借助于简易模具来制肋时，则只要求上模符合形状要求，下模选用相应宽度的槽钢或两块定位角钢即可（图 3-14c）。

（三）钣金托模制肋

利用钣金托模制肋在车身维修中也比较实用。为了提高钣金托模制肋的美观程度，应将拟制肋的宽度和尺寸用划针清晰标出，按图 3-15 中虚线所示的方法，将钣金托模紧紧顶在划线区的中线上，并按图中标明的数字顺序锤击金属板，直到使金属板发生延展并形成基本轮廓，再用双头钣金锤和鹤嘴锤交替敲击钣金托模顶部，直至金属充分延展并形成符合要求的棱肋。钣金托模制肋时，在敲击金属板过程中，一定要用力将钣金托模紧紧顶住工件，注意不要打空、打偏，以防止造成凹陷和影响美观的锤痕。

当需要将图 3-16 所示的焊缝隆起时，需要借助钣金托模使其形成符合要求的焊缝，如图 3-16 所示，用钣金托模的顶尖直接抵住焊缝的中线，然后用钣金锤从另一面锤击托模顶部及其周围，可使高区和没有用托模顶尖抵住的部位下降，很快沿焊缝形成一定高度的隆起。

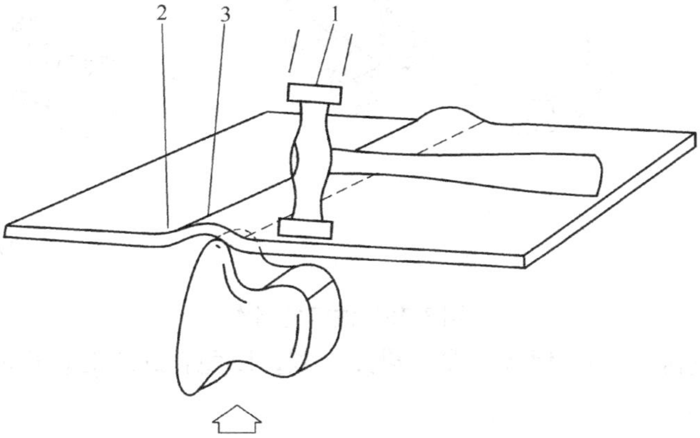

图 3-15　钣金托模制肋

五、收边与放边

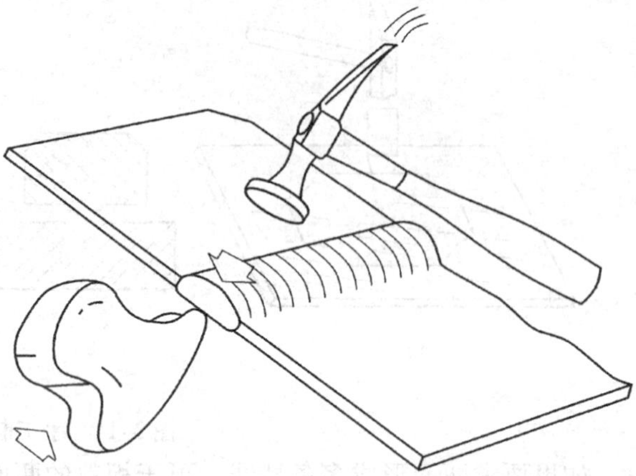
图 3-16　用托模顶尖将焊缝隆起

车身钣金维修作业中经常会遇到收边与放边的操作。收边可分为无波折和有波折两种方法；放边则分为打薄、拉薄和胎型三种方法。

（一）收边

收边也称收缩或缩边，是将板料边缘的内侧收缩的一种钣金操作方法，如图 3-17 所示，先在薄板上画出落料剪切线和收边轮廓线，落料后将薄板放在钢衬上沿收边轮廓线向内边锤击并旋转毛坯（图3-17a），循序渐进直至完成板料边缘的收缩（图 3-17b）。这是无波折收缩的典型操作方法。

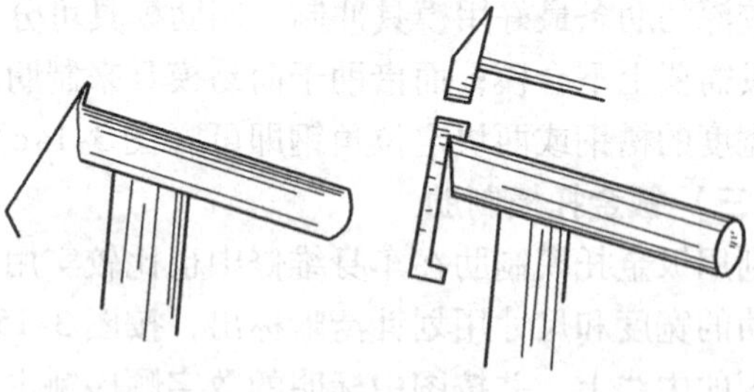
a)　　b)

图 3-17　无波折收边的操作

对于无美观要求的收边，可以采用图 3-18 所示的方法，用折皱钳先使收缩边起皱（图 3-18a），也可用钣金锤沿收边轮廓线摞出折线（图 3-18b），再将毛坯置于规铁上用木锤将起皱敲平（图 3-19）。锤击时应注意从波折的顶点开始，并保证锤击力度轻而均匀，要注意避免因用力过大造成锤痕和使薄板发生延展变形。

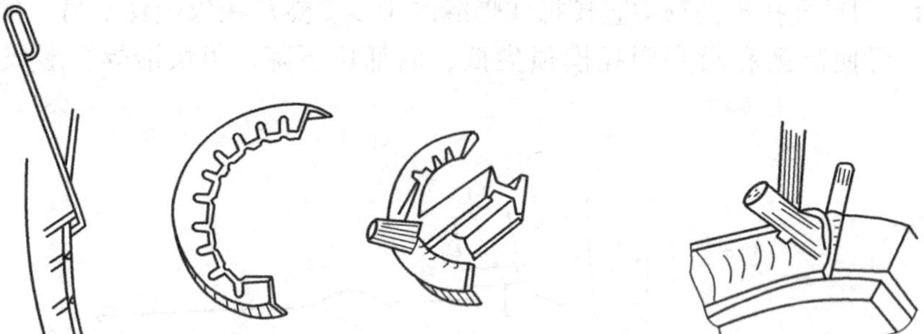
a)　　b)

图 3-18　波折的制作

折皱钳可以用钢筋自制，但表面要光滑无毛刺，以免在起皱时损伤薄板。

（二）放边

钣金放边操作如果用打薄放边的方法（图 3-20）效果较为显著，但表面光滑度差，厚

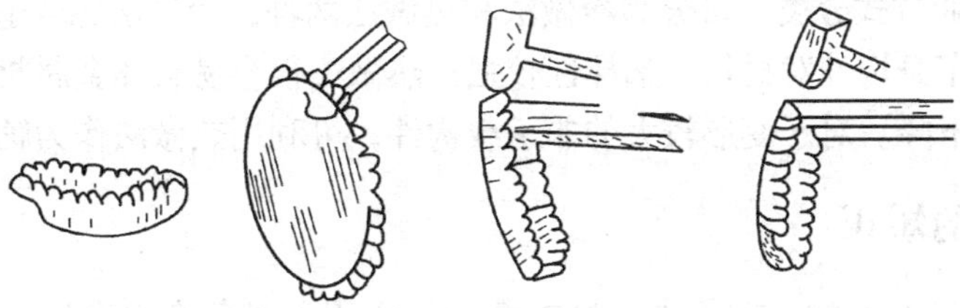

图 3-19 波折收边的成形过程

薄不均匀。

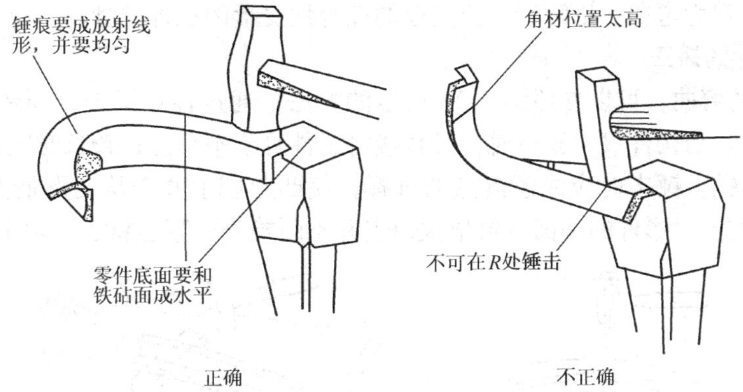

图 3-20 打薄放边的操作方法

如图 3-20 所示，将预先弯成角材的毛坯平稳地放在砧铁上，然后用锤子敲击放边一侧的边缘，使金属在锤击过程中发生延展变形，角料的边缘随之逐渐放大而向内侧弯曲。进行放边操作时，应注意角材的底面应与砧铁平面贴合，不能一头高，一头低，也不能沿角材弯角 R 处锤击。敲击锤痕时应均匀，力度适中，锤击面积占弯边宽度的 3/4。拉薄锤放边是利用木墩较软和具有一定弹性的特点，使金属材料在木锤或铁锤的敲击下伸展拉长的一种方法，适用于制作凹曲零件。为了防止薄板在放边时发生裂纹，可使用这种方法预先将毛坯放展成弯形，再结合其他方法制成符合要求的放边形状。

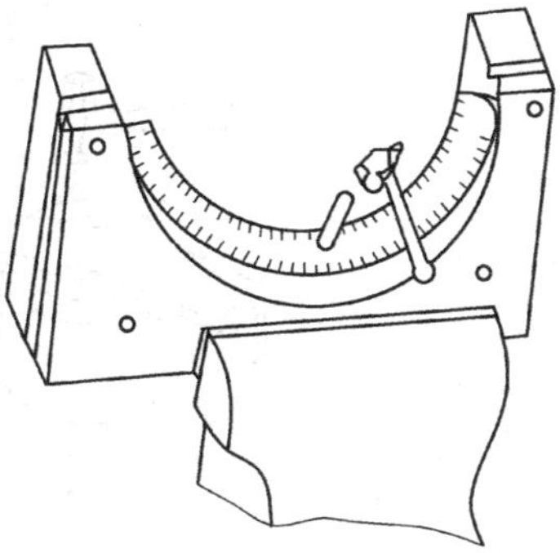

图 3-21 在胎模上放边

此外，用木锤通过顶木在胎模上锤击，也可实现钣金件的放边要求。如图 3-21 所示，将毛坯置于胎模上并用顶木抵住相应的部位，用木锤敲击顶木即可实现金属材料延展，达到放边的目的。

第二节 钣金的矫正与整形

钣金矫正是以手工方式为主，借助工具，对变形超过技术规定的构件进行修整使之恢复技术要求的作业方法。

钣金矫正按作业方式分类，可分为冷做法和热做法两种。冷做法比较适于对车身构件变形的矫正，绝大多数车身构件对材料的选择性较强；热做法很容易破坏金属材料的化学成分，使构件的刚度和强度下降。对于变形较大的非承载构件，可利用热做法作为辅助手段矫正。

一、成形件的矫正

手工或机械成形的型材，在敲击、冲击载荷的作用下难免产生变形，尺寸越长其变形量越大。车身过载或受到碰撞等机械损伤，就会导致构件的永久性变形。加之车身构件是由不同断面形状的冲压件组焊而成的，对成形件的矫正是在修复车身构件变形的基础上进行的。型材变形主要表现为弯曲、扭转和弯扭共存的综合性变形的三种类型。

（一）∟形件的矫正

对∟形件的弯曲，可以参照图3-22所示的方法，通过轻轻锤击∟形件四面上的其中一点的办法调直。当构件尺寸较短时，可直接将工件置于平台上；较长时则需要将一端垫起或使用中空的砧铁。锤击时应注意落点的选择，使凸起朝上并先从变形最大的部位开始矫正，并且不要锤击∟形件的平面，再依次锤击并不断检查，直至将工件矫正为止。

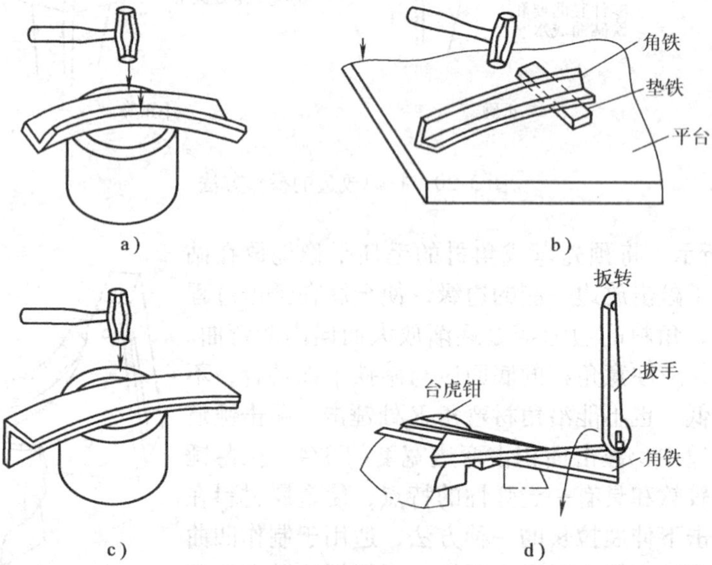

图3-22　矫正∟形构件

a）向外弯曲的矫正　b）短件的矫正

c）向内弯曲的矫正　d）扭曲的矫正

∟形件扭转变形的矫正比较简单，一般是将工件的一端平面夹在台虎钳上，另一端用扳手卡住并向与变形相反的方向扭转，经几次反复即可消除其扭转变形。

车身上所用∟形件的壁厚往往较薄，采用延伸弯曲一侧平面的方法，也可以收到比较好的矫正效果。如图3-23a所示，将需向内弯曲（即需缩小曲率）的工件放在平台上，用锤轻轻敲击弯曲平面的外边缘，并由中部起锤逐渐向两端过渡。通过∟形件平面外侧金属的延伸变形，达到矫正的目的，向外的内边缘开始（图3-23b），并由两端逐渐向中间过渡。冷做法矫正∟形件，一定要从变形较大的部位开始，锤击点要由密渐疏，力度由大到小。

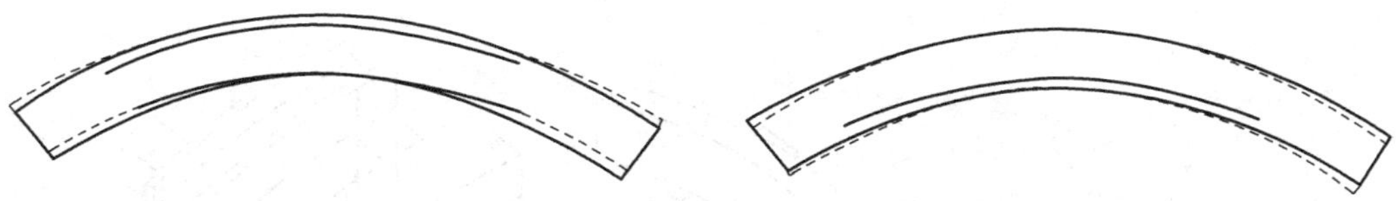

图 3-23　矫正弯边构件的曲度

a）向内收缩　b）向外扩展

当变形大以及不便拿到平台上矫正时，可结合局部加热的方法，将金属延展或收缩，基本原理可参照板料等矫正方法。

∟ 形件有两个边，一个边受力变形时，另一个边随之发生变形。因此，在进行矫正操作时，不能孤立地把两个边分开来矫正，应该交替地进行矫正。一根 ∟ 形件可能同时存在几种弯曲并伴有扭转变形。一般先矫正扭转变形，再矫正弯曲变形；先矫正较大的主要变形，再矫正较小的次要变形。

(二) ⊏形件的矫正

⊏ 形件的弯曲可参照图 3-24 所示的方法，主要通过锤击工件四个边上的某些点来实现（图 3-24a），操作手法与 ∟ 形件的矫正基本相似。例如，当 ⊏ 形件发生侧向弯曲时，可将腹板垂直并使凸面朝上放置，两边以适当的距离垫上木块等，用锤子敲击腹板上边缘的弯曲处（不要敲击槽形件的翼面板以防变形），反复操作可逐步将其矫正（图 3-24b）。如果属于正向弯曲，可将 ⊏ 形件的平面（或槽面）朝上，用锤子敲击变形部位边缘（不要锤击腹板，以免变形），使正向弯曲变形得以消除（图 3-24c）。

⊏ 形件的扭曲变形一般都呈对角形式，属于较小变形时，可参照前述 ∟ 形件扭转变形的矫正方法，以扭转的方式变形扳回（图 3-24d、e），也可以通过延展或收缩腹面板、翼面板的办法，即用收放的原理来消除其扭转变形。难度是要找出引起变形的主要因素，准确判定应当延展或收缩的部位，否则会使扭转变形进一步加大。

另外，对于较复杂的变形亦可借助加热的方法加以矫正，如此可以提高矫正的工作效率。

比照 ∟、⊏变形的矫正方法，结合 □ 形构件的实际变形状况，同样可以实现对 □ 形断面件变形的矫正。

二、钣金的整形技术

车身钣金件因过载或受到冲击、挤压而导致的变形，需要利用钣金锤、托模和修平刀进行表面修整。钣金变形的主要特征是：变形主要发生在局部，车身未发生整体变形。当车身整体发生变形时，应当采用其他的方法先修复车身的整体变形，而局部变形则应排在整形工艺之后。

碰撞而导致的车身钣金件损伤，绝大多数都会伴随着构件的变形，必须先对变形进行矫正，基本复位后再进行其他方面的作业，如焊接、挖补、整形、换件等操作。

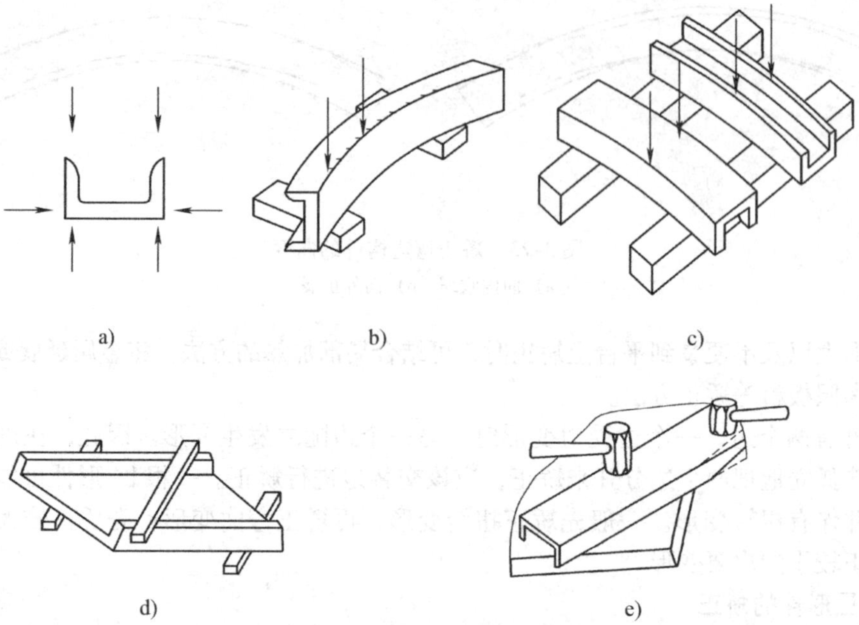

图3-24　矫正槽形构件
a）通过锤击箭头所指六个点来矫正槽形构件　b）矫正侧向弯曲
c）矫正正向弯曲　d）矫正整体扭曲　e）矫正局部扭曲

（一）钣金锤、托模和修平刀的使用

在车身维修工艺中，利用钣金锤、托模和修平刀修复构件变形，是常见的作业方式之一。对于车身覆盖件的局部变形、凹瘪和柱类零件的弯曲等，均可以灵活地运用木块、木锤、撬板、锤子、顶铁等工具，直接敲击变形部位使其复位。

1. 钣金锤的使用

钣金锤的正确使用方法如图3-25所示，用手握住钣金锤手柄的端部（相当于手柄全长的1/4位置），用手腕摇动的方法轻轻敲击车身构件表面，利用钣金锤敲击零件时产生的回弹力按圈运动。握锤时锤柄下面的食指和中指应适当放松，小指和无名指相对紧一些，形成一个比较灵活的转轴让锤能够自由反弹；拇指用于控制锤柄向下的力度，一般应掌握在使钣金锤具有一定的滑落性，千万不要像砸钉子那样用力过猛。重锤使金属表面容易产生延展变形，连续轻轻锤击操作，可达到修平变形的目的，同时也可有效地抑制金属的延展变形。

锤击作业质量的关键在于落点的选择，一般应遵循“先大后小，先强后弱”的原则，像矫正成形件那样，从变形较大处起顺序敲打，并保证锤头以平面落在金属表面上（图3-26）。同时还应注意分析构件强度，有序排列钣金锤的落点，锤击过程中应保证间隔均匀，排列有序，直至将车身覆盖件的表面损伤修平。

钣金锤的锤顶通常为弧形曲面，与金属接触的面积为10～30mm直径的圆。根据构件表面形状、金属板厚度以及变形的大小合理选择钣金锤的尺寸和锤顶曲面的隆起高度。平面或小弧形曲面的钣金锤适合于修复平面或低幅度隆起的表面，凹形或球形锤顶适合修复内边曲

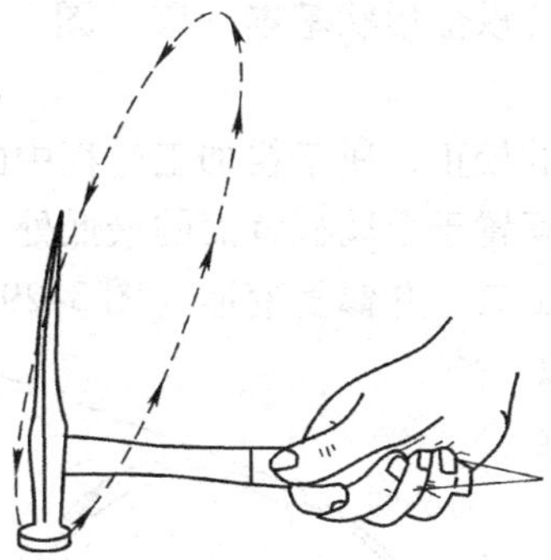

图 3-25 钣金锤的正确使用

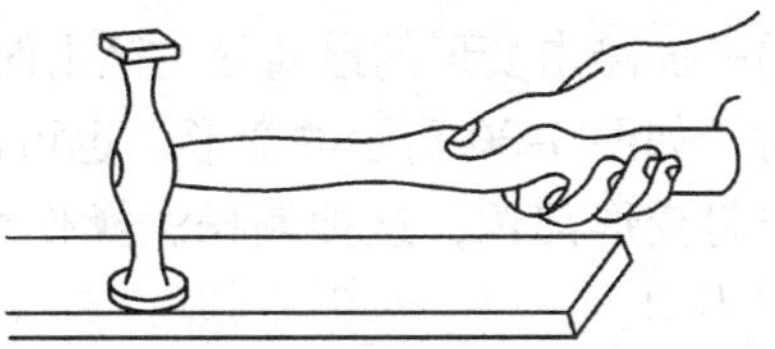

图 3-26 钣金锤的正确握法与落点

面板，重磅锤子则适用于粗加工或厚板构件的修复。

钣金锤如果运用得灵活，修复质量好，效率也高。一位技术娴熟的车身维修工，可以100～120次/min的频率锤击构件，且能够将延展变形控制在最小范围内。

用钣金锤修复构件变形，常常还要与修平刀（撬板）配合使用。因为有些变形，离开了撬板的辅助作用就很难加以矫正。对较为薄弱的蒙皮板类构件，一定要使用木垫块或选用木锤、橡胶锤等，这样可以避免车身构件因修理造成的二次损伤。

用钣金锤修复变形，比较直观而且也有较大的灵活性。整形手段主要以锤击为主，具有方便、实用、快捷等优点，是行之有效的矫正方法之一。锤击法的缺点是，被锤击的金属表面易发生局部损伤。这种依赖手工的操作，需要丰富的经验。

2. 钣金托模的使用

用钣金托模修整车身表面，是钣金作业最为流行的一种修平方法。凡是便于放入顶铁的部位，车身壁板表面发生的凹凸变形，均可用钣金托模予以修整。

钣金托模在钣金修平作业中起很大作用。在粗加工过程中，钣金托模相当于一个敲击工具或垫铁，敲击或压迫损伤的车身覆盖件的内面，顶起金属板的内面并展平弯曲变形的金属。在精加工过程中，钣金托模可以用来平滑较小或较浅的不平。此外，钣金托模还可以视需要延展金属和消除内应力。

根据钣金托模与钣金锤的相对作用位置，可以分为钣金锤正对着托模敲击（正托）和钣金锤偏对着托模敲击（偏托）两种操作方法（图 3-27）。

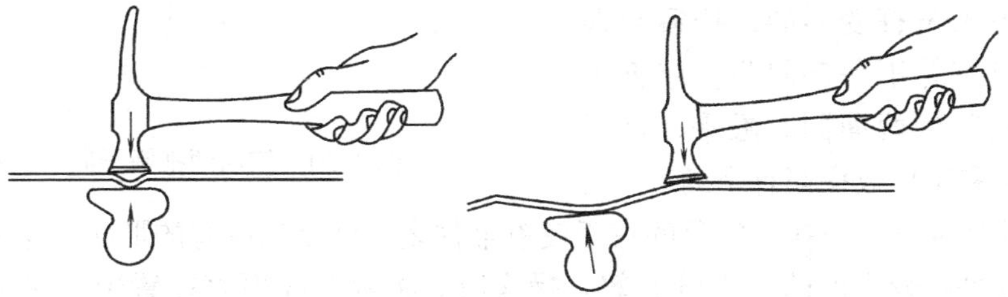

a)　　　b)

图 3-27 正确使用钣金托模

a）正托法 b）偏托法

正托法常用于修平钣金件和延展金属，偏托法则用于校直钣金件的较大变形。无论是用正托法还是偏托法操作，托模的工作表面必须与所修整的钣金形状基本一致（图3-28），这样不仅使维修效果最好，而且不会造成新的损伤。

偏托法操作要领：偏托法通常用于精修前局部变形的校正，属于粗加工过程中的钣金修复，多用于较大的多部位连续变形。操作时，将钣金托模置于金属板背面的最低处，钣金锤则在另一面敲击变形的最高处，锤击时托模也作为敲击工具一并修复变形（图3-29）。

对于如图3-30所示的变形，也可以同时使用两把钣金锤击打变形部位，这种偏托法操作可以避免修复过程中受力不均。

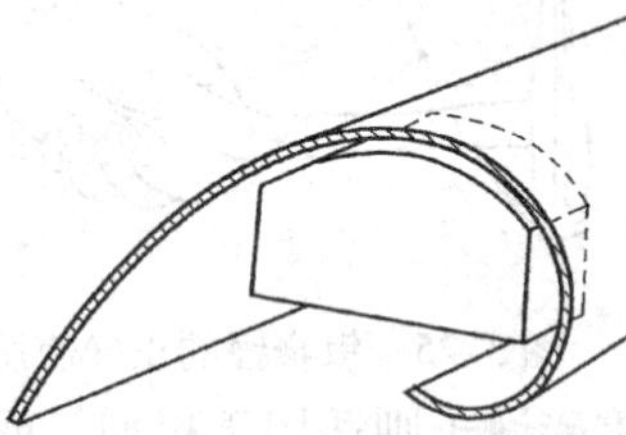

图3-28 正确选择钣金托模工作面

用偏托法修整平面，一般不会造成板件延展。因为顶铁击打的是板料背面的凹陷处，而锤子击打的则是板料正面的凸起部位。即使钣金技术不十分熟练，也可以比较自如地从事此种类型的敲平操作。

这种运锤和使用托模的方式，也称“断贴法”敲平。“断贴法”敲平在操作手法上有两个基本特征。

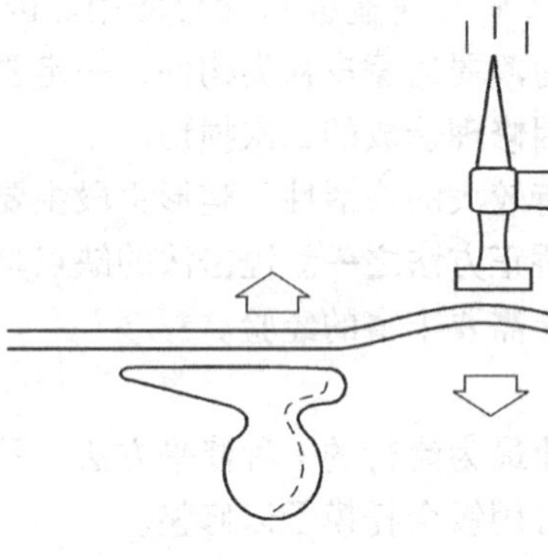

图3-29 偏托法的操作

1）平锤的落点与托模的顶贴点并不一定重合。

2）由于托模通常是用冲击力加敲击产生的反弹力来击打变形的，托模与钣金锤的击打时刻并不一定同步。应善于运用“断贴法”使两面同时敲平，这对提高修复质量和工作效率都有帮助。

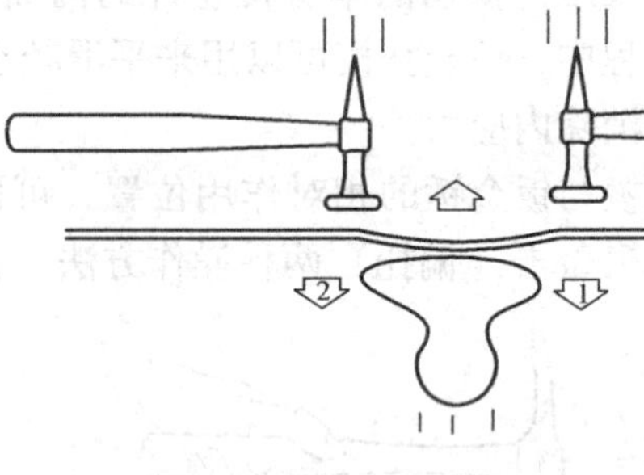

图3-30 使用两把锤子同时击打

正托法操作要领：正托法的目的在于使钣金件表面恢复到原有的形状，这种钣金操作对于修复隆板和平整较小的凸起十分有效。操作时，将钣金托模直接置于金属板背面凸起部位，用钣金锤在另一面直接锤击变形部位。

操作过程中钣金锤的敲击力通过钣金件同时作用在托模的工作面，锤击力会使托模产生一定程度的回弹。每一次锤击操作都会使托模发生一定的反弹，由此产生的二次反弹力的大小取决于托着力、托模尺寸、托模表面形状和钣金件的结构与相对形状等。

使用钣金锤、木锤或尼龙锤敲击于凹陷周围产生的隆起变形时，应“深入浅出”地由最大凹凸变形处开始敲平。

正托法敲平容易使金属造成延展变形，这是因为当金属板在敲平过程中过分承受锤击时，受锤击部位的金属会变薄使面积增大。由于周围没有受到锤击区域的金属固定，限制了变形区域金属向四周伸展，膨胀金属只能离开水平位置而向上或向下隆起（图 3-31），这是钣金操作中应尽量抑制的变形，必要时还要通过收缩予以处理。

当局部变形基本修平时，应按图 3-32 所示的正托法进一步敲平。正托法是将钣金托模直接顶在板料背面不平的位置上，同时用钣金锤将正面钣金托模位置敲平。由于钣金锤的敲击作用会使钣金托模位置发生轻度回弹，在钣金锤敲击的同时托模也将同时击打金属板。此时，钣金托模垫靠得越紧，展平的作用与效果也越大。正托法容易造成板料的延展，应慎重使用。

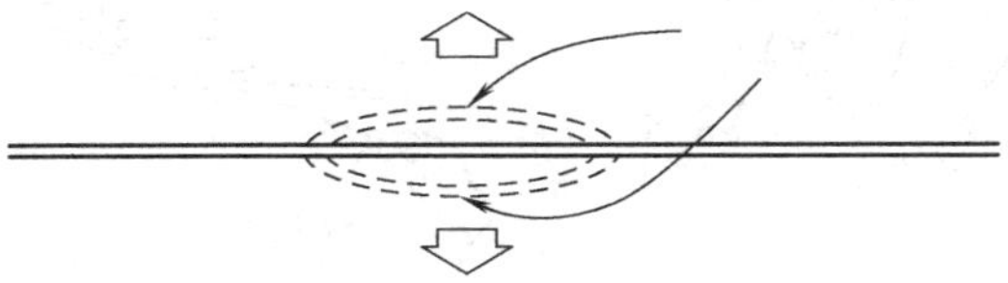

图 3-31　延展变形倾向分析（箭头所指为隆起倾向）

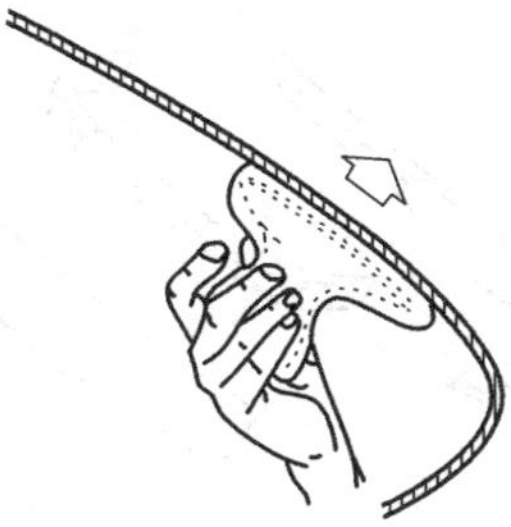

图 3-32　用正托法精修车身覆盖件表面

钣金托模正托法敲平作业的工序过程如图 3-33 所示。

所选用钣金托模端面形状应与被修整壁板的表面相一致，托模的工作面也应与变形相一致。钣金托模有两方面的作用：一是支撑作用，以抵抗平衡敲击力对构件的冲击；二是击打作用。借助锤击过程中钣金托模的反弹作用，不断击打最大凹陷部位，有利于加快敲平的速度。若没有钣金托模的作用，敲平作业也不可能完成。

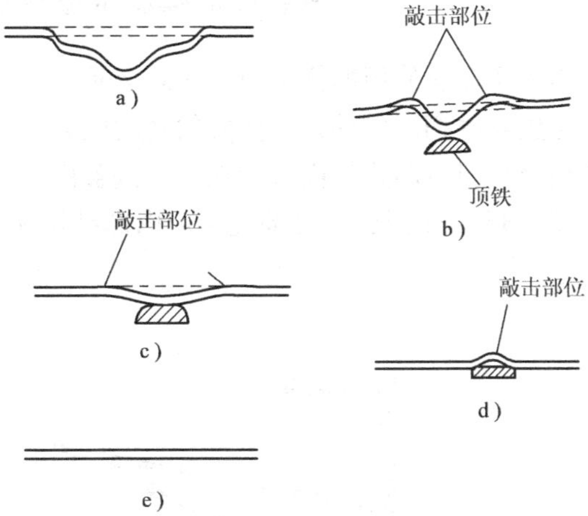

图 3-33　钣金托模修平的过程

a)、b)、c)、d)、e) 过程顺序

这种使用钣金托模的操作方法称为“紧贴法”。选择端面合适的顶铁应紧贴于小凹凸的背面，用平锤轻轻敲击金属表面的凸起或小凹陷的周围，使板类构件边面变得更加光滑、平整。“紧贴法”修平与前述的“断贴法”敲平的不同点在于：钣金锤的落点一定要与托模的工作面重合，即实现点对点一一对应；托模始终贴紧在修整面上，即托模面与锤击部位准确对应，以防止因“打空”破坏趋向平整的构件表面。

由于托模始终作用着一定的压力，使回弹力有助于从钣金件正反两面敲击金属，使钣金锤和托模的击打力度加大，可以降低操作人员的劳动强度，提高钣金修复的工作效率。但是，直接击打也极易造成钣金件金属的延展，操作时应注意这种变形的影响，必要时进行收缩操作以消除金属的延展变形。

采用正贴法较其他方法能更快、更容易延展隆起钣金件的皱缩和凹凸变形。敲击时注意位置准确，只要击打点准确就应当"稳、准、重"。位置选择不当和连续轻度击打，不仅使效率下降还会造成不应有的钣金延伸。此外，钣金托模尺寸选择不当也会造成二次损伤。如托模尺寸过大，则达不到修整局部变形的目的。

3. 修平刀的使用

对于难以放入顶铁的弧形凹陷，需要按如图3-34所示的方案，将修平刀插入，抵住凹陷部位，用木锤或橡胶锤敲击凹陷周围的隆起，使变形逐渐减轻。当修平至一定程度时，再改用金属锤对变形进一步修整。

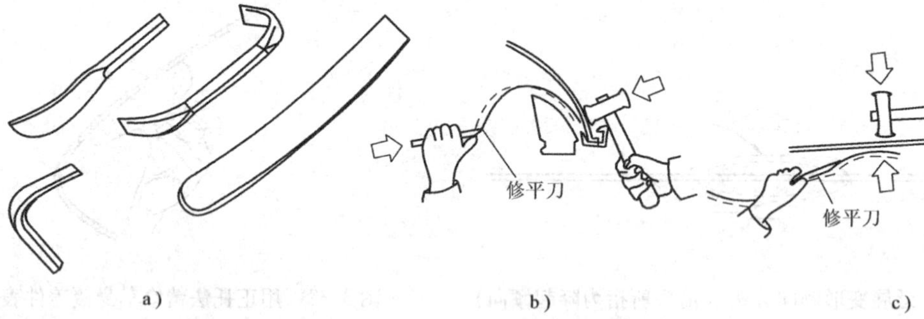

图3-34　借助修平刀敲平构件
a）修平刀的几种类型　b）大曲面的敲平　c）手不易伸入的平面

粗平作业所使用的修平刀，实际上是一根带弯曲工作面的杠杆。除了在形状上要求与修平及修整表面相近以外，工作面的宽度应大一些。修平刀在粗平过程中主要起支撑作用，甚至要用修平刀将凹陷板面直接顶起，接触面积过小很容易使金属表面留下硬痕。

图3-35为车门面板局部变形但内部结构无损伤情况下的修整方案。操作时先将车门外

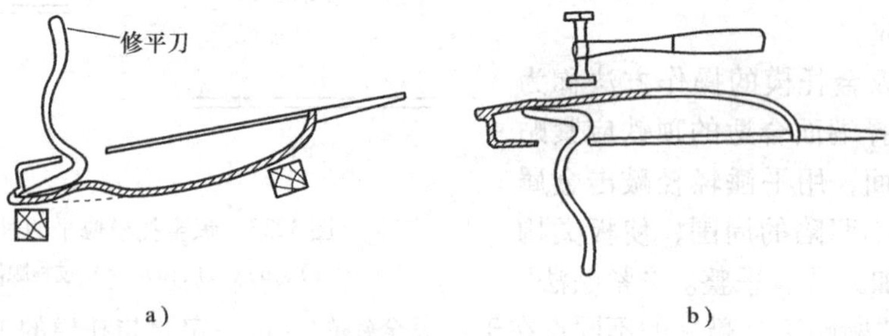

图3-35　用修平刀修复车门面板
a）用修平刀撬动，进行粗加工　b）用修平刀顶住，进行修平操作

缘放在两块垫木上，使车门外侧的面板与地面悬空。按图 3-35a 所示的方法用修平刀撬动，将向内凸出的隆起弹回到正常位置；然后再按图 3-35b 所示的方法，借助修平刀和钣金锤将车门面板修平。

运用修平刀法粗平时，应注意控制锤击力度。受修平刀支点选择方面的影响，其端面与变形的顶贴力量不易控制。锤击力大于修平刀的顶贴力时，就达不到修平的目的甚至还会使变形加剧。反之，修平刀的顶贴力比锤击力大，情况就比前者要好得多。与顶铁法相比，修平刀法的敲击力度要相对小一些，在轻轻锤击的过程中应特别注意顶贴位置和敲击部件的变化情况。

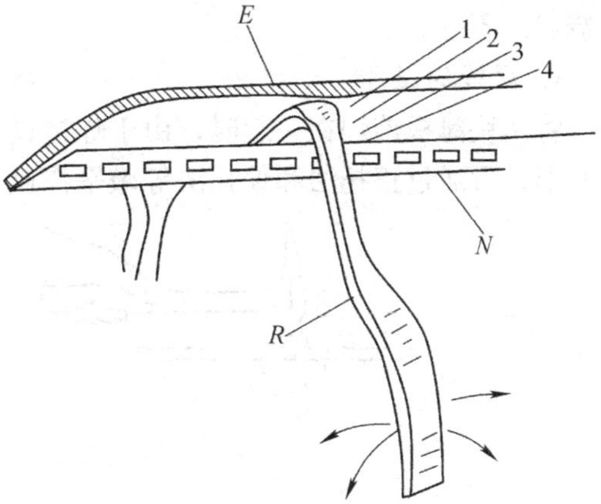

图 3-36　用修平刀隆起车顶板的变形

应用修平刀法还有支点选择的问题，要避免以车身的某些薄弱环节做支承，必要时应垫上木板以免造成支点变形。

无论采取哪一种办法，都应遵循“敲高顶低”的原则，并注意随时调整顶点和锤击点的位置。连续敲击一点或锤击力度过大、次数过多，会使金属板面发生延展，造成板类构件翘曲。

使用修平刀还可以用来修复与内结构距离较近的板面。如图 3-36 所示，按箭头方向用力并依数字顺序操作，可以逐渐隆起车顶板的变形。

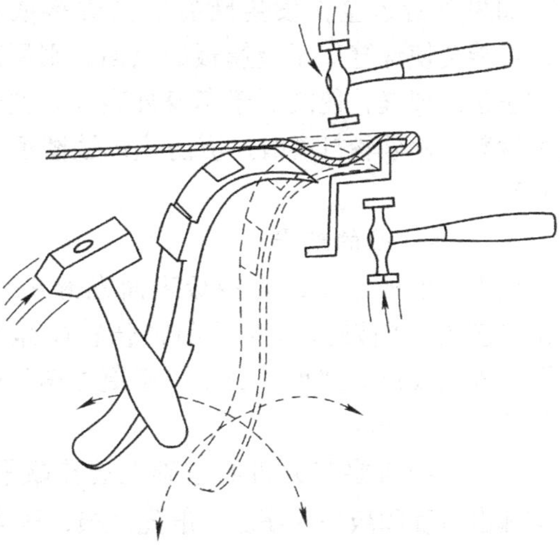

图 3-37　用重载修平刀隆起车身板

当车身发生严重损伤使外面板与内结构压在一起时，用修平刀插入两构件之间可将其十分有效地分离。如图 3-37 所示，左右摇动和上下撬动修平刀，可使两钣金构件分开并将凹陷隆起，然后再像使用钣金托模那样借助钣金锤将损伤表面敲平。如果有点焊的熔核，应使用专用工具先去掉熔核使之放松后再进行矫正与修理。

（二）钣金敲平作业

车身维修实践中，敲平作业除了修整板面的凹凸不平外，成形、矫正过程中或者作业终了，要伴随着敲平或以敲平作业来结束操作。钣金敲平作业对表面涂装、外观质量都会产生直接的影响；在钣金技术中不仅占据着重要的位置，同时也是钣金基本技术的直接体现；修整复杂的多曲面时，存在一定的难度，需要较高的技术水平。

针对车身板类构件不平的特点，敲平工具主要使用钣金锤（如锤子、平锤、扁嘴锤、木锤、尼龙锤、橡胶锤等）、顶铁、修平刀（俗称撬板）等工具；敲平的操作方法以锤击为主，按操作程序分为粗平与精平两个工艺步骤，二者在程序和手法上有所不同。

由于车身大都是用薄钢板预制的覆盖件包容起来的，如：翼子板、发动机舱盖、行李箱盖、车顶、车门与壳体蒙皮等，受到碰撞或挤压时都会造成车身板类构件的永久性凹凸变形。此外，在车身维修（如牵引、焊接、矫正等）过程中，也难免造成板类构件的变形或关联损伤。引起车身板类构件不平的主要原因是，由外力导致的机械损伤和加工、修理过程中造成的不平。

1. 焊缝的敲平

将两块薄板熔焊在一起时，由于焊接过程的热影响会发生变形。对于图3-38所示的点焊变形，可通过正托法和偏托法等敲平作业予以修整。

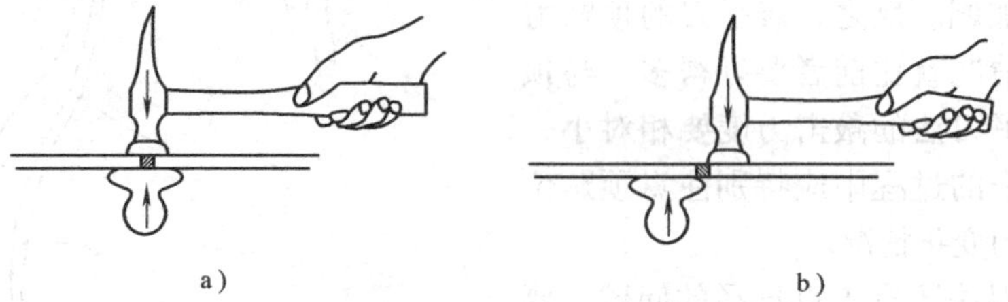

图3-38　敲平点焊引起的变形

a）正托法敲平　b）偏托法敲平

如果车身钣金件发生断裂需要焊接或补片时，可能会使焊缝高于金属板的表面，则用敲平的方法锤击焊缝，使之低于车身外表面以便于打磨和涂装。用砂轮打磨时，应防止焊缝磨透（图3-39）。

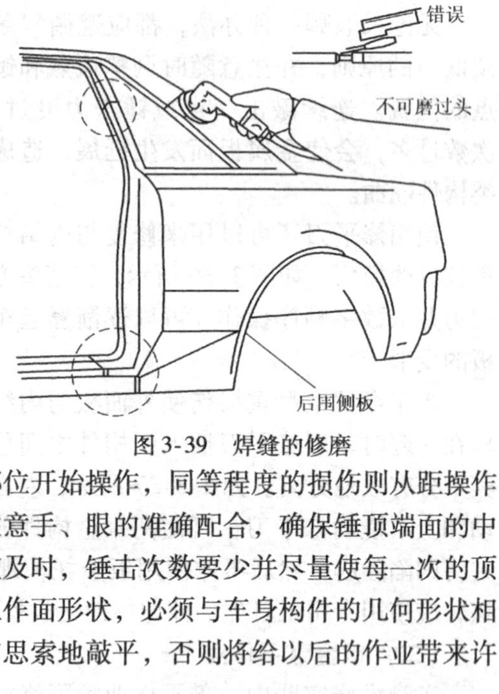

图3-39　焊缝的修磨

2. 局部凹凸的敲平

敲平作业所追求的是钢板表面光滑并平整。它是在应用“断贴法”对凹凸损伤粗略敲平之后，对表面残留的细小凹凸做趋于更加精细的敲平作业（图3-40）。

应在仔细观察与分析的基础上选择敲平点，确定锤击力度和敲平次序。一般先从损伤较大的部位开始操作，同等程度的损伤则从距操作较远或最不便于操作的位置开始。操作过程中要注意手、眼的准确配合，确保锤顶端面的中央落在敲击点上而不是锤顶的边缘。顶铁的跟踪应及时，锤击次数要少并尽量使每一次的顶托和锤击都有效。顶铁、修平刀、敲平锤三者的工作面形状，必须与车身构件的几何形状相吻合，否则达不到敲平的目的。要防止不加分析与思索地敲平，否则将给以后的作业带来许多麻烦。

3. 鹤嘴式修平刀在敲平作业中的应用

车身维修的敲平作业中，离开了鹤嘴式修平刀的帮助有时也显得无能为力，尤其是修复那些结构复杂又不便于接触的部位所发生的损伤。如图3-41所示，将鹤嘴式修平刀直接插入车门内侧，用鹤嘴式修平刀的工作面隆起凹陷，进而根据隆起情况用鹤嘴锤将车门面板敲平。

如果鹤嘴式修平刀不便于插入车门内侧，可在车门内结构适当部位开孔，以利于使用鹤嘴式修平刀和在敲平中调整接触部位。

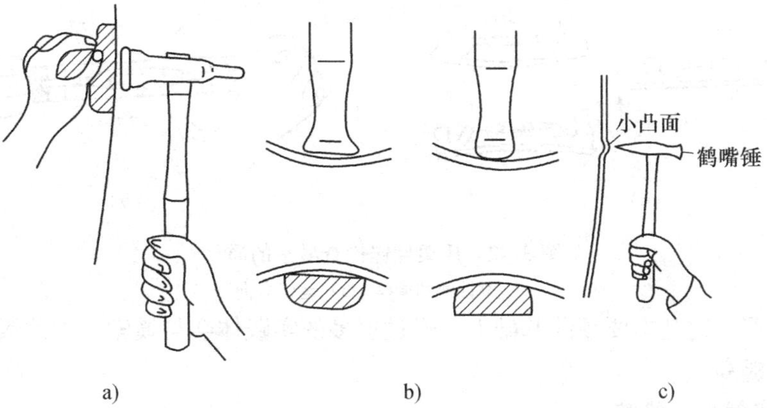

图 3-40　精平局部凹凸的损伤
a）紧贴法精平　b）敲平工具的选择　c）使用鹤嘴锤修平

在实际操作中用如下三种方法，可以较为准确地控制鹤嘴式修平刀工作面及其接触位置：

1）使用弧形撬镐端部升起或转动，同时观察车门面板损伤位置的变化情况，由此来确定弧形撬镐工作面的正确位置。

2）先用钢卷尺在车门面板外侧测量需要顶住的部位，从而确定弧形撬镐的深入长度。

3）将弧形撬镐插入车门面板内侧以后，在转动弧形撬镐的同时，用钣金锤轻轻敲击车门面板，以探查弧形撬镐端头工作面的准确位置，并将其引导到需要敲平和使用弧形撬镐顶起的凹陷。

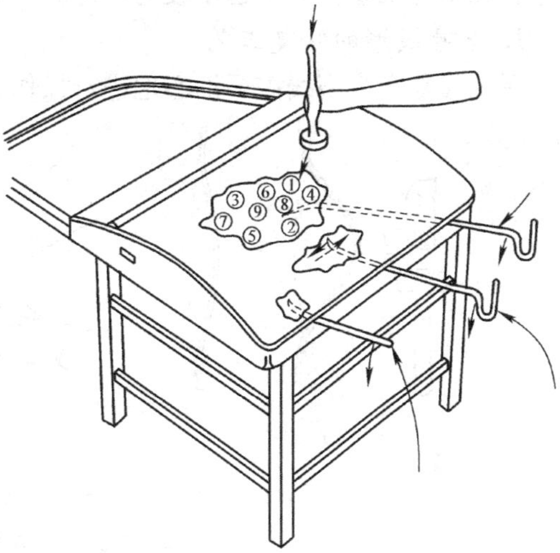

图 3-41　弧形撬镐的应用

4. 敲平后的检查

敲平作业过程中，对稍大一点的凹凸检查起来比较直观，但当作业接近完了时，就需要借助锉刀来检查不平部位所在。使用锉刀的目的在于检验而非将板面修平，旨在通过锉刀滑过产生的痕迹（俗称镗一下），来显示板面的实际凹凸状况（表面留有锉痕的部位为凸点，无锉痕的部位则为凹陷），然后及时用平锤或鹤嘴锤等工具修平。

检查弧形板面时，最好使用图 3-42 所示的可调柔性锉，因为这种类型的柔性锉压到弧形板面上时，可通过调整使两端留有一定间隙，给操作带来很大方便。

正确选择钣金锤与顶铁，对维修质量、效率有着直接的影响。用于敲平的钣金锤和顶铁有多种类型，如：先用扁嘴锤（俗称鹤嘴锤）修复较小凹凸，能十分有效地减小车身构件表面的受力面积和延展变形；合适的顶铁和修平刀，能起到可靠的支撑与顶贴作用；尼龙锤可矫正较大的圆滑变形；橡胶锤可用于终了时，对表面做更加细致的修整。这些都有助于质量、效率的提高，对抑制金属的冷作延伸有利。

总之，钣金敲平作业具有很强的实践性。如何做到操作瞬间的正确判断和手的准确配

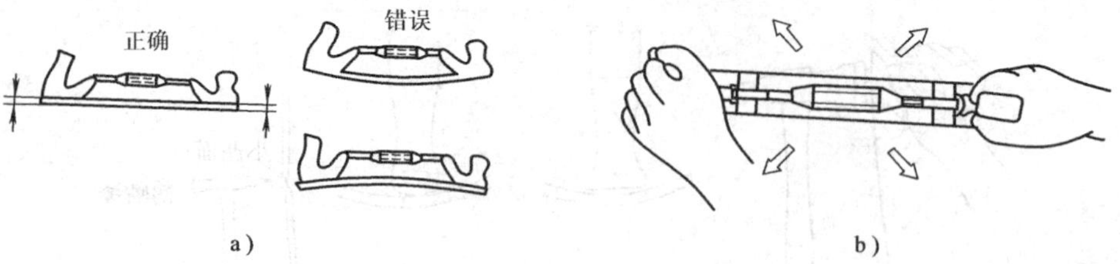

图3-42 用柔性锉检查敲平的质量
a）柔性锉的调整 b）运锉方向

合，需要在掌握上述基本要领的基础上，通过更多的实践体会与摸索。如此钣金操作技能才会进一步得到提高。

（三）车身线形的修整

对车身覆盖件上的线形修复，实际上也是面部制肋的实际应用以及对起肋或隆起形状的修整，在车身维修作业中运用较为广泛。

1. 车身线形的修复工艺

手工修复车身型线需要细心地进行操作，其具体工艺步骤如图3-43所示。

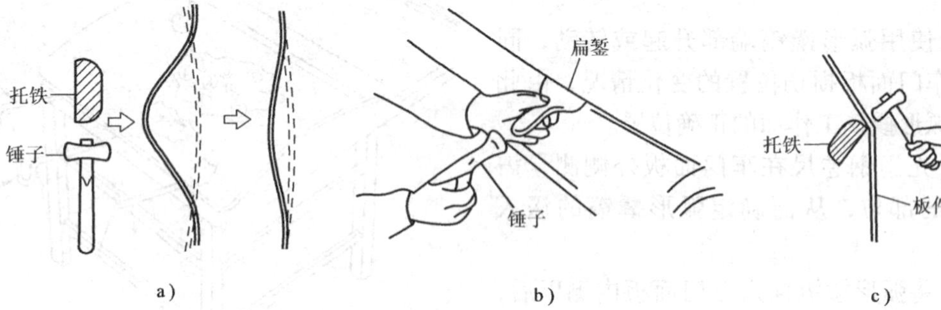

图3-43 型线的修整操作
a）粗矫 b）理顺型线 c）精细修整

（1）划出基准线 修整前应先以车身原有型线为基准，划出应修复的原标记线作为修整目标。当原有型线变形严重或难以找到基准时，可利用对称原则由车身的另一侧实测获得（测取另一侧棱线关键点的水平高度，移植到另一侧后再用线条连起来）。

（2）修复型线 对于向内的型线，可选择平面顶铁并包上一层薄橡胶作为顶托，用锤子轻轻敲击宽度适中的扁口錾（一般以60～100mm为宜），使棱线的线形逐渐清晰；对于向外凸起的型线，往往不能在车身内侧进行锤击操作。属于轻度损伤时，可选择带刃口部位的蒙皮，使型线得到修整并逐渐变得清晰。为保证型线在整修过程中不发生走偏现象，所用顶铁的刃口应适当长一些。

（3）最后的修整 经检查确认型线的走向和深浅，使之符合要求，去掉顶铁上的橡胶（棱线向内时）或改用平锤（棱线向外时）沿棱线做一次精细的修整，这样能使线条更加清晰、漂亮。

（4）注意事项 操作时，注意扁口錾的移动距离不得超过冲口宽度，保证冲痕很好地连接，否则会对修整的质量产生直接影响。锤子对扁口錾的敲击力度不宜过大，视型线的深浅和修复程度随时进行调整。

对于较严重的损伤，起肋的型线向外时，内侧仅依靠带刃口的顶铁会感到力度不足，此时仍然需要将车身覆盖件拆下，型线修整完好后装车。更换预制的板件时，应先于装车前检查型线并修整完善，解体后的作业比起装在车上的损伤作业要方便。

2. 用敛缝法修复车身线形

用扁口錾作为敛缝工具直接修复车身线形很适用。如图 3-44 所示，根据车身线形选择不同的形状和锥度的扁口錾，配合使用球形锤、平头锤等工具，对车身钣金件的弯曲、直线脊梁、加强肋以及凸缘等进行修复或再造型。

这种方法比较适合受空间限制不便修整的车身线形，但正如图3-44中箭头所指示的那样，用敛缝法比使用钣金模和修平刀操作起来要复杂些。

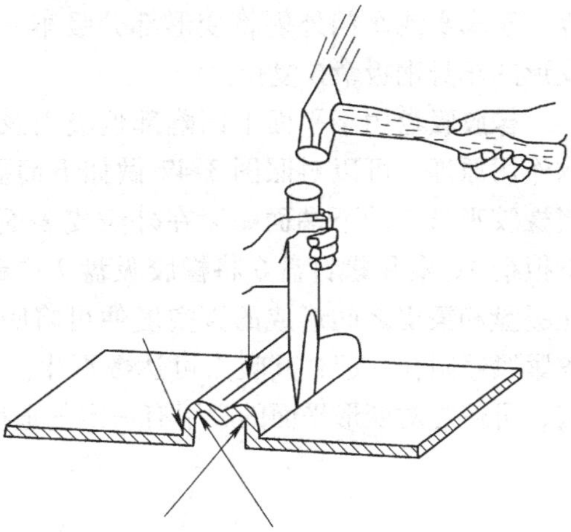

图 3-44　用敛缝法造型

3. 跳跃锤击法修复车身线形

当需要校直一个较长而颇高的脊峰式变形，尤其是伴有许多单折弯曲时，可采用跳跃锤击法修整变形，释放金属的内应力。如图 3-45 所示，选用表面略带弧形的修平刀和适当开关的钣金锤，操作时将修平刀紧紧顶住修整部位，此时不仅钣金锤的击打可以起到修平的作用，还可以通过修平刀将锤击力向金属的其他部位分散，以消除金属应力并适量避免金属延展。

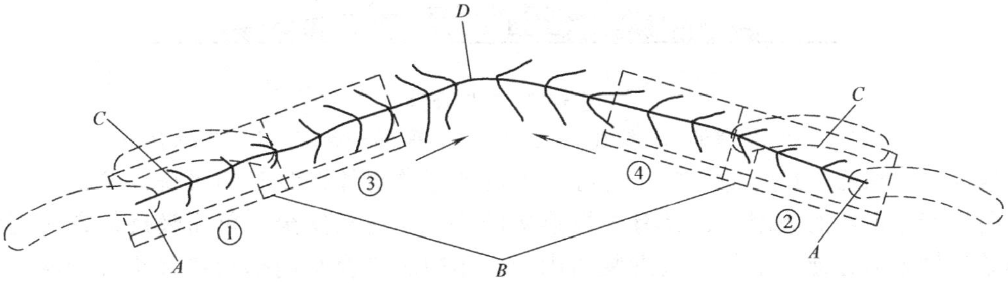

图 3-45　脊峰的跳跃锤击程序

用跳跃锤法修复车身线形时，注意只有钣金锤的跳跃而不能让修平刀跳动，以防止降低锤击力和降低效率。操作程序应从脊峰外侧的最低端开始，交替沿两侧向中间脊峰运动，避免损伤的范围扩大而增大修复的工作量。

与精平操作一样，用检视的方法确认修复达到基本成形即粗加工水平之后，还要通过鹤嘴锤消除金属表面存在的小凹凸，达到平直和表面光滑、平整的要求。

（四）钣金件弯曲的矫正

随着汽车轻量化的发展，车身用钢板在提高强度的同时也大幅度减薄了。加之车身又是用薄钢板包容起来的，车门与车身壳体外蒙皮等薄板类零件，极易发生大面积凹瘪。矫正车身钣金件自然有着不同于其他金属材料的工艺方法与要求。

1. 吸引法

有些变形的特点是表面变形大但过渡较为圆滑；金属板的变形呈弹性状态，局部未发生较大的延伸变形。对此，如果采用锤击矫正，则一方面需要拆除车内的装饰板及其关联零件；另一方面，很难避免表面涂层不被破坏，甚至会因锤击而造成二次损伤。

如果使用如图3-46所示的单体或三体真空吸盘，于车身或车门外侧将变形部分吸牢，将凹陷变形的车身钢板牵拉复位。

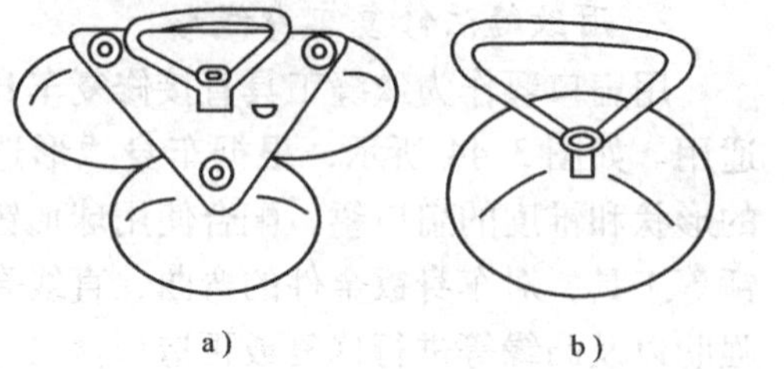

图3-46 手持式真空吸盘

a）三体式 b）单体式

橡胶吸盘用于平面上凹陷部位吸引及牵拉时的作用原理，可以对照图3-47做如下简要说明。当橡胶吸盘7的下端面贴紧在外蒙皮表面后，按下扳柄4，利用螺钉盘6将橡胶吸盘7中部提起，在吸盘和蒙皮之间形成的真空度便可将吸盘与蒙皮紧紧吸附在一起，其吸力可达数百牛。由于橡胶吸盘7的柔性和其边缘薄、中间厚的结构，可使之对变形平面的吸附有一定的适应能力。

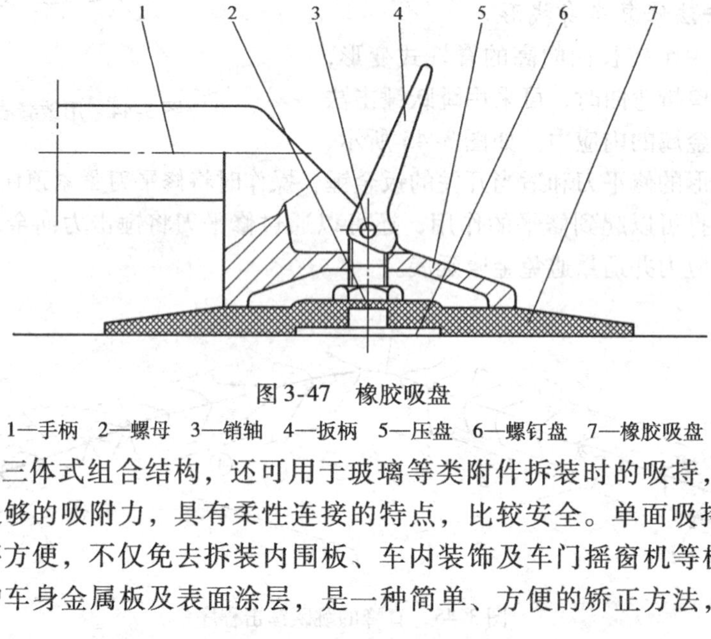

图3-47 橡胶吸盘

1—手柄 2—螺母 3—销轴 4—扳柄 5—压盘 6—螺钉盘 7—橡胶吸盘

这种单体和三体式组合结构，还可用于玻璃等类附件拆装时的吸持，尤其用于玻璃时，可以产生足够的吸附力，具有柔性连接的特点，比较安全。单面吸持的方式还可为其拆装提供很多方便，不仅免去拆装内围板、车内装饰及车门摇窗机等机件的麻烦，而且能可靠地保护车身金属板及表面涂层，是一种简单、方便的矫正方法，可使棘手的变形瞬间复位。

吸引法矫正的缺点是仅适于修复弹性变形面积较大的凹陷损伤，应用范围带有一定的局限性。

除了真空吸盘以外，还有一种称之为电磁吸盘的工具，具有吸引法矫正上述变形的功能。但其结构比真空吸盘复杂，造价也较真空吸盘高得多。

2. 惯性锤法

近些年来，惯性锤法开始在车身维修行业推广、应用，它与成套装夹定位装置配合使用。如图3-48所示，车身构件的许多变形和损伤，都可以利用惯性锤的冲击惯性予以修复。

用惯性锤组件矫正变形时，先将拉杆的一端用定位装置与变形部件固定，用手握住滑块迅速向与变形相反的方向滑动，利用滑块沿杆身滑动时的惯性力，冲击杆端并带动定位装置使变形得到矫正。牵引力的大小，主要取决于拨动惯性锤的力的大小和滑动速度的高低，这两个因素决定着滑块对杆端作用力大小，同时也对变形矫正力的大小产生影响。

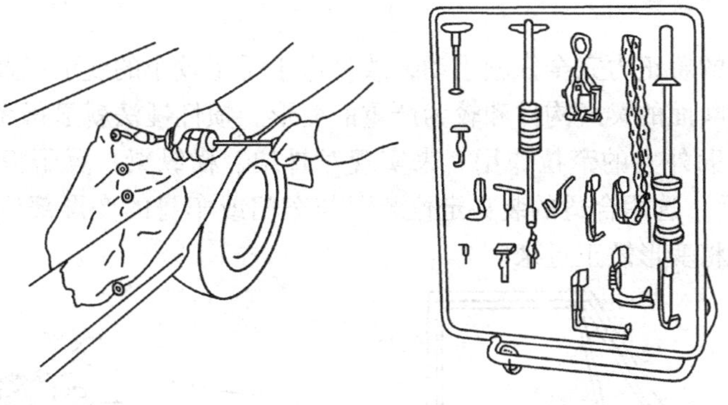

a)　　　　　　　　　　　　b)

图 3-48　用惯性锤矫正局部变形
a）应用实例　b）惯性锤组件

惯性锤法与锤击法有很大的区别，前者通过直接锤击变形金属表面来达到矫正的目的；而后者则通过定位装置将惯性锤的冲击力作用在变形的部位，使变形和损伤得到修复。对薄壳类车身构件而言，后者对矫正变形更有利并且对金属表面的损伤程度也小，尤其不会造成金属表面因锤击而造成的延展。运用惯性锤法，可由操作者直接控制惯性冲击力的大小，对变形的矫正过程也比较直观。

惯性锤法矫正变形的作用原理虽然相同，但装夹装置可选择的范围很大，因为车身构件的变形与损伤是多种多样的。这就要求装夹与定位装置既要适用于多种变形的矫正，又能方便灵活地装夹于车身损伤各个部位。如此才可以为钣金件的矫正作业提供更多的方便。通常有以下几种装夹定位方式。

（1）夹持方式　该方式利用某些车身钣金件便于安装夹具的便利条件，应用各种类型的特制卡钳，将损伤部位以夹持方式固定并与惯性锤的滑杆相连。这种方法适用于翼子板、车轮拱形罩、壳体及车门下边缘等处变形的矫正，而且这种装夹方式一般也不会损坏矫正部位的金属。

夹持方式能承受较大的矫正力，但装卡钳的方法和牵引力的作用方向一定要正确。图 3-56 是使用夹持方式进行局部矫正的应用实例，借助液压矫正设备和专用夹具，可以对车身局部变形进行可靠的固定和牵引。

（2）旋入方式　该方式利用图 3-48b 中所示的 T 形尖锐螺旋锥，钻入薄板类车身构件的可靠连接。但是，旋入方式的操作必然会在被修复的构件上留下螺旋锥孔，故矫正完变形以后还应逐一将孔补焊并用砂轮、锉刀等工具磨平。

旋入方式仅用于矫正薄板的变形，而且所能承受矫正力也比较小。

（3）挂环方式　该方式是在构件的变形部位，焊上若干个用于连接滑杆的挂环。凹陷面积较大时，也可以并列焊多个拉环并穿上拉轴，以使矫正力能均匀地作用于变形表面。拉环可用装配垫圈来代替，像这类小零件在车间则随处可见。这种连接方式也适应于薄板类构件的变形，特别是对那些不便进行矫正操作的部位，如门槛板、加强肋、车身型线等，矫正操作十分方便。

挂环方式虽然能承受稍大一点的矫正力，但是焊接挂环会破坏钢板背面的缓蚀层，整形后要去掉挂环并对焊接点进行修磨。

3. 牵引法

惯性锤法所需的矫正力完全依赖手动，故仅适于矫正较小的变形以及强度、刚度不高的构件。对于像箱式断面的梁式构件和较为严重的变形，惯性锤法就显得无能为力。

牵引法则是借助外力的牵拉作用，来实现对骨架、横纵梁、翼子板、门槛等变形的矫正。如图3-49所示，选用合适的装夹定位装置与车门或车身的变形部位固定后，就可以借助外力轻而易举地将变形矫正过来。

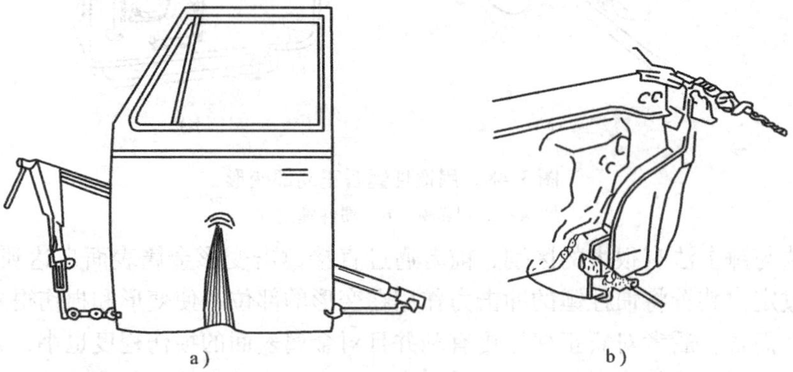

图3-49　牵引法矫正车门变形

a）车门的牵引　b）车身的牵引

有些场合不宜将装夹定位装置直接夹持在车身的某些部位上，此时同样可以用焊接挂环的方式实现与牵引的连接，如图3-50所示。

有时车身构件并非是向车内方向的挤压变形，而表现为向外弯曲的膨胀形式。这时需要运用牵引法加以矫正，只不过是做反向牵引而已。有效的矫正方法是利用具有向内收缩功能的工具或设备，使外胀式变形得以向相反的方向收缩。当车身的变形发生在单边时，向内牵引收缩的固定方法亦应有所变化，需要另选强度高的部位作为收缩牵引的基础，以防止车身的另一侧发生不应有的变形。

对于较大的车身构件，有时需要采用支架拉伸的方法进行牵引。如图3-51所示，受主梁高度的限制，牵引时须用支架将车身升起一定的高度，然后将牵引设备送入车身底部进行不同方向的牵引操作。

图3-52为侧向牵引的操作实例。它是借助木块固定并使用牵引设备来矫正局部变形的。

图3-53为前车身变形牵引的操作实例。它是借助焊上去的拉板并使用牵引设备来矫正局部变形的。

除了可以视需要获得足够的矫正力外，牵引法与前述惯性锤法的主要区别还在于惯性锤法所施加的矫正力往往是冲击性的；而牵引法所施加的矫正力则可以从零开始逐渐加大到所需矫正力的极限；牵引法可以从不同角度同时增大牵引力，这对矫正综合变形更有利。可见，牵引法更适合矫正大型构件的多方位变形，尤其是矫正车身的整体变形，非使用牵引法不可。

在牵引法中，除了运用拉链并附以各种定位装置外，带式牵引法也有它的特殊作用和独到之处。如：当翼子板边缘被向内挤压变形后，可通过牵引挂在翼子板边缘上的牵引带，使变形得到矫正。当然，需要矫正单边变形时，带的另一端则应固定在其他强度较高的部位。

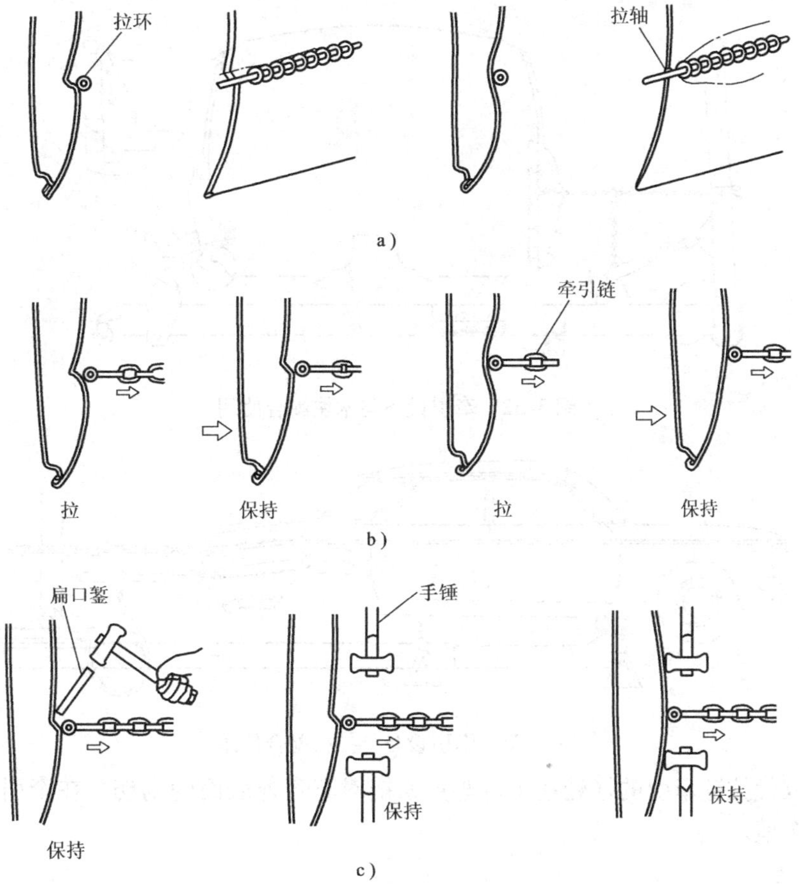

图 3-50 用挂环法牵引车身的局部变形

a）于变形部件焊接拉环并穿拉轴 b）用牵引装置拉紧链条并保持一定的拉力
c）用扁口錾修整型线或用木锤敲击凹陷周围的隆起部分，使变形在振动过程中恢复

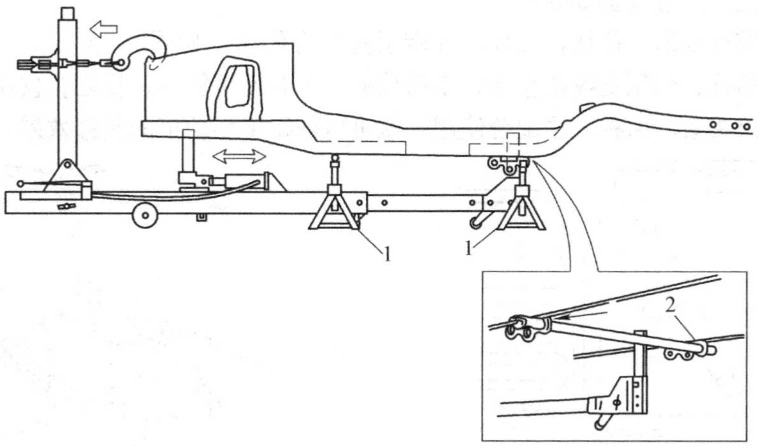

图 3-51 采用支架拉伸的方法进行牵引

1—用专用支架将车身升起一定高度 2—在牵引设备端部附加固定装置

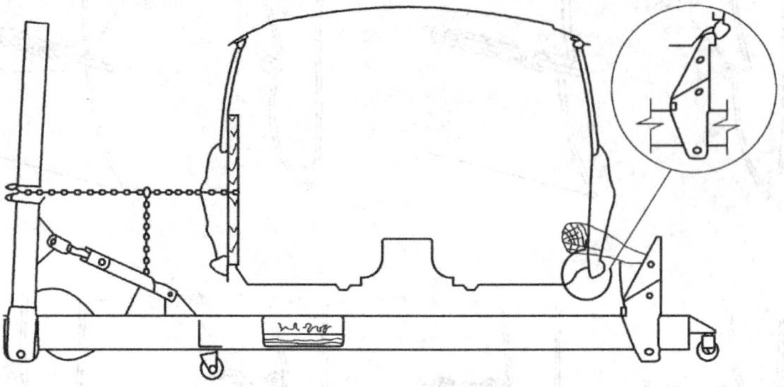

图 3-52 牵引设备与木块配合使用

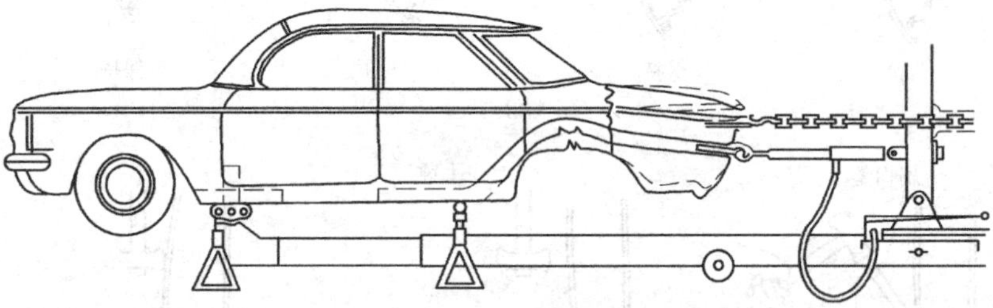

图 3-53 牵引设备与拉板配合使用

运用牵引带取代拉链牵引的好处在于可避免铁链对车身外表面的刮伤。在牵引的选择方面，也有较大的余地。

4. 支撑法

车身钣金件的变形方向往往比较复杂。但是，由于受牵引方向以及设备、工具等限制，对于开口类、框架式车身结构，如：门框、窗框、发动机舱、行李箱等的挤压变形，如果用支撑法矫正就显得比较得心应手。支撑法利用可以伸长的支撑杆的支撑力，将框架式构件的变形顶压至理想的位置（图 3-54）。

对于一些综合变形，往往将支撑法和牵引法配合使用。如图 3-55 所示，翼子板的严重变形波及到了窗柱，仅用支撑法直接矫正窗柱的变形是不可能的；反之，仅用牵引法矫正前部的变形也很难奏效。两种方法配合使用，就可以获得事半功倍的整修效果。

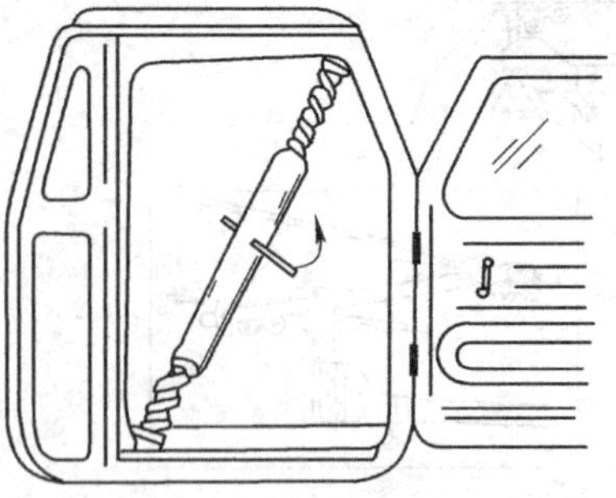

图 3-54 支撑法矫正车身变形

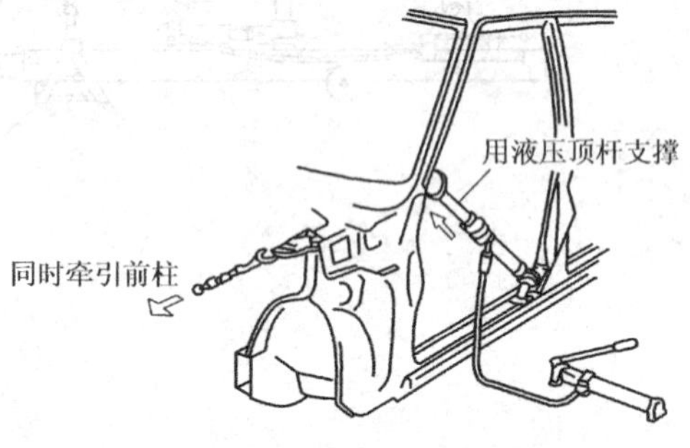

图 3-55 牵引法与支撑法配合矫正

支撑法也适宜矫正车身底部于垂直方向上的变形，对于车身底梁的水平方向变形可用牵引法矫正，但对垂直方向的变形就不好进行牵引。如车架和承载式车身的车底纵梁产生的拱曲，用支撑法矫正就显得十分方便。矫正车架的下拱形弯曲时，将梁的两端于垂直方向固定后，用液压千斤顶支撑变形最大部位，弯曲就很容易得以矫正。同理，对于上拱形弯曲也可以用支撑法矫正，只要变换一下支撑位置即可。

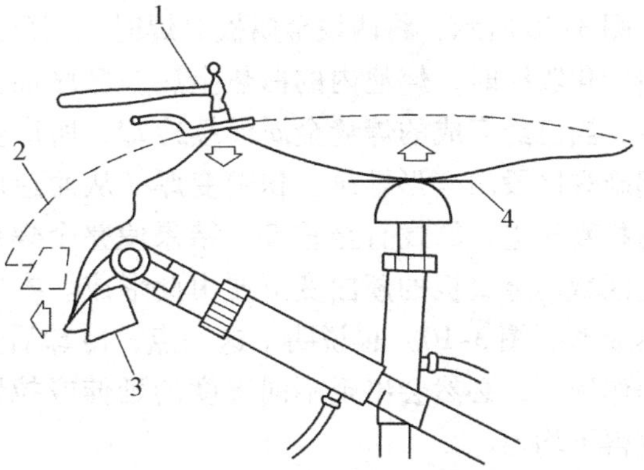

图 3-56　车顶凹陷的支撑

1—弹性敲击　2—原来外形　3—顶梁　4—胶合板

图 3-56 为支撑法修复车顶变形的操作实例。对于车顶罩及其周围发生的凹陷变形，可以使用便携式液压工具并配以专用橡胶接头顶出，矫正过程中使用钣金锤和钣金托模按预定的要求（如虚线所示）进行整形即可。

支撑法矫正用起来也比较灵活。一般分为液压和机械式两种，其中液压方式的使用性最好，也比较多见。与支撑工具配套的各种类型的支撑座，可以适应于车身上的不同部位。所以，一般不必借助其他连接方式，就可实现对变形的矫正。

第三节　钣金的收放操作

收放操作是针对金属板的膨胀、收缩变形而进行的。车身维修中无论是冷做还是热做，都会不同程度地造成金属板的变形。如：当熔焊、钎焊或对金属板加热时，金属材料便会受热膨胀，而当其再次冷却下来时，金属板就会因收缩导致其变形而失去原来的形状（图 3-57）。

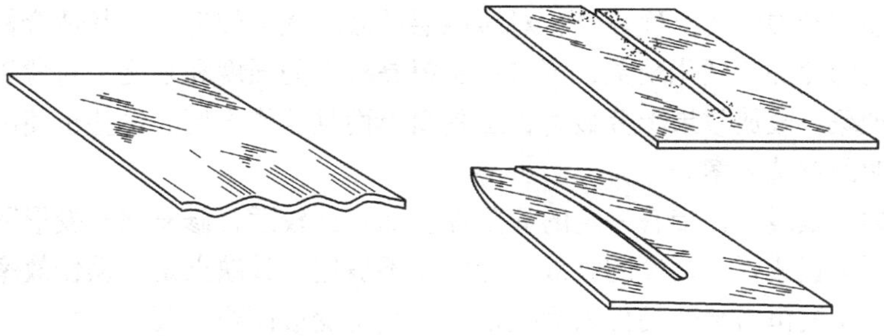

a)　　b)

图 3-57　金属板的热胀与冷缩变形

a）金属板边缘受热并冷却后自然形成的波浪形状　b）整个金属板加热并冷却后自然形成的翘曲变形

钣金作业中，对板类构件所进行的焊接、成形、矫正、敲平等，都会使金属发生延伸或拉紧，对车身局部或整体参数都会产生不同程度的影响。一方面，车身上板类构件发生的尺寸变形，给装配带来一定的困难；另一方面，与延伸相伴随的变形，需进行矫正。

车身钣金构件变形的根源主要是板厚不均。变薄部分金属的组织被拉长，形成疏松状态（俗称“松”），同时引起相邻金属相对紧缩、变厚部分金属相对紧密。

焊接或挖补作业将会使金属受热膨胀，不均匀的加热与冷却也导致金属的延展或收缩。

如图3-58所示，将两块金属板对焊时，当已经焊过的区段开始固化收缩时，熔池内的白热金属在膨胀而且强度减弱。然后，当已经完成的焊缝金属继续冷却，所产生的收缩力将引起施焊区段内变形继续、积聚变厚，从而造成两块金属板之间相互拉进、靠拢直至重叠，结果使整个焊缝长度缩短，焊缝区域内金属板的翘曲变形便由此形成。本书前面介绍过的热成形（图3-10）也说明了这一点；冷却后金属板在内应力的作用下，必然会出现不同程度的延伸或拉紧，板厚也因此变得不均匀。

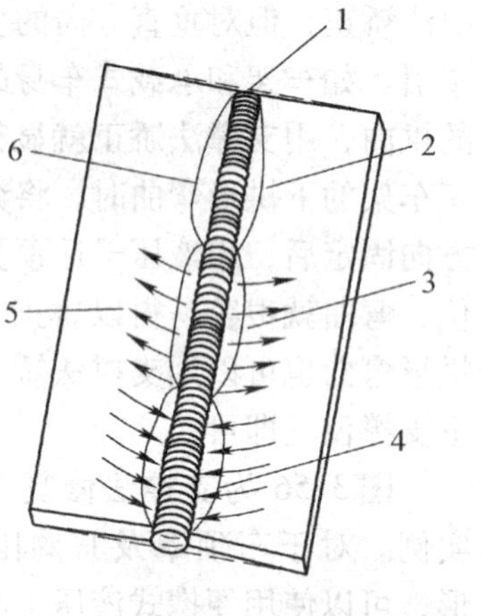

图3-58　金属板对焊产生的热变形
1—焊缝长度缩短　2—高温接近液态　3—有较弱热膨胀　4—焊缝开始收缩　5—膨胀力小于收缩力　6—整个翘曲呈波浪形

车身钣金件的尺寸和形状（如翘曲、扭曲变形）发生变化超过一定极限时，车身构件就很难正确地装配在一起；薄板类构件呈现的隆起变形，在外力的作用下会弹来弹去，产生“油壶现象”；有时车身构件的内应力还会与汽车运动载荷合并，从而对构件安全性构成一定危胁。这都需要通过收放操作并消除内应力，来恢复车身构件的原始状态。

车身钣金技术中收放作业的目的在于：对伸展、膨胀的金属进行收缩（简称“收”）；对收缩、拉紧的金属进行延展（简称“放”）。收放可以将尺寸误差以及形状与位置误差控制在技术标准之内。

车身钣金的收放作业有三种形式：冷做法、火焰法、电热法。

一、冷做法

用冷做法（也称锤击法）收缩与延展，以钣金锤和托模为主要工具，通过敲击拉紧部位使之放松，从而达到修整的目的。

冷做法收缩与延展的突出优点是：对缓蚀层的破坏程度较低，尤其适合修复耐腐蚀特种钢板；利用金属的冷加工硬化现象，可进一步提高材料的强度和硬度；对薄钢板膨胀、隆起或拉紧、翘曲现象，收放效果十分显著；工具简单而且操作方便。这些也使冷做法成了车身维修中钣金作业的首选方案。

冷做法收缩与延展，也带有一定的局限性。如：比较适合修复那些变形程度小、面积不大的构件；对厚钢板或板类构件的收敛、延展就不适用。其缺点是：操作效率较低且具有一定的技术难度；反复锤击会使构件表面损伤，尤其是变形面积、程度较大，这一点就显得更加突出。

（一）薄板的延展

薄板的延展作业，是车身钣金技术中的一个基本功。掌握了对薄板的冷做法延展的正确操作要领，还有助于熟练地运用其他延展方法。其他延展方法一般还需要冷做法延展操作的配合。

薄板的拉紧与放松会导致其产生两种形态的变形：一是由四周拉紧、中部放松形成的凸鼓变形；另一种是由四周放松、中部拉紧形成的翘曲、扭动变形。操作前应认真分析、诊断，根据拉紧与放松的特征，确认属于哪种类型的变形，以便区别对待。

对于沿四周拉紧状态而引起的中间隆起，可通过锤击法延展、放松板料的周边，不应再敲击凸鼓中部以免变形加大。基本操作要领是：由四周开始锤击并逐渐向中间移动；锤击边缘时的力度要大、击点要密，随着击点向中心的移动，力度应逐渐减小并使击点逐渐变疏（图 3-59a）。如此，金属板就可从四周开始延展、放松，趋向至隆起面的中心，中凸变形自然会被消除。

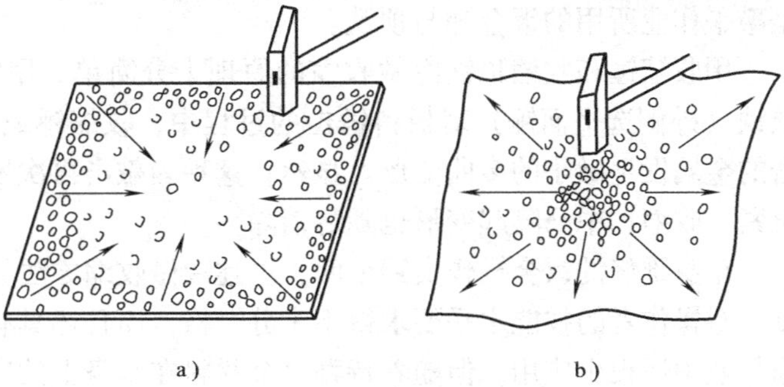

图 3-59 薄板的延展

a）放松板料的周边，以矫平中部凸鼓 b）放松板料的中部，以矫平四周的翘曲

对于沿四周放松、中部拉紧形成的翘曲、扭动，修理时与上述操作有所不同。锤击则从板料的中间部位开始，并逐渐呈放射性地向四周边缘扩散。与前述操作的相同点在于，敲击力度也是由强到弱，锤击点要由密变疏（图 3-59b）。锤击使板面中间延展，拉紧状态被放松，翘曲和扭动现象自然被消除。

操作过程中还应注意延展的正确运用，不能一概而论。比如：对板面上存在的局部凹凸，就实在没有必要将凹凸的周围敲击膨胀。遇此情形可先用钣金锤、顶铁等将板面修平，然后再按上述要求进行延展作业。否则，不仅会使修整作业复杂化而且还可能适得其反。

（二）收缩锤和收缩顶铁的应用

对车身上板类构件的膨胀并由此而引起的隆起变形，最有效的冷做收缩法是，应用图 3-60 所示的专用收缩锤和收缩顶铁，在膨胀隆起部位进行类似于敲平的锤击操作。收缩顶铁的应用方法，可参照精平采用“紧贴法”。为适应覆盖件的不同曲率，收缩锤与收缩顶铁的端面也有几种形状变化，供实际操作时视情况合理选用。

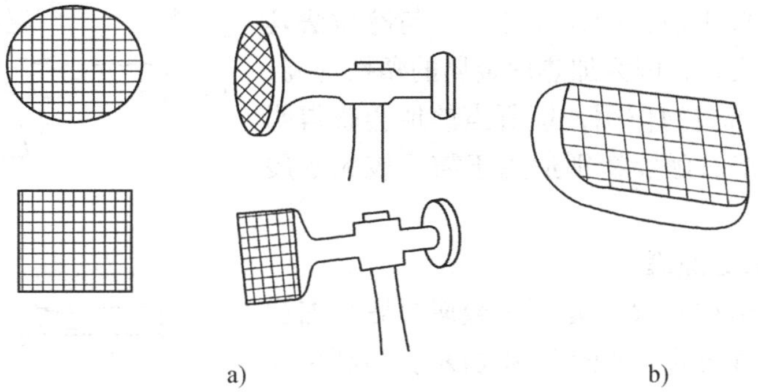

图 3-60 收缩锤和收缩顶铁

a）收缩锤 b）收缩顶铁

用上述方法收缩中凸的隆起变形时，不允许同时使用收缩锤与收缩顶铁。否则，反而收不到理想的收缩效果。合理的做法是，视实际情形交替使用收缩锤与收缩顶铁，一般是收缩顶铁的使用机会不大于收缩锤的运用次数。其意义在于，收缩锤敲击过频容易导致金属表面损伤，因为锤纹的作用会使钢板外表变得不够光滑。与收缩锤和收缩顶铁交替使用的工具，

是敲平作业所用的钣金锤与顶铁。

用收缩锤和收缩顶铁冷做收缩的原理十分简单。用收缩锤（内侧选平面顶铁）或收缩顶铁（外侧选平面锤）对板料锤击的过程中，收缩锤或收缩顶铁端面上的花纹，能使被锤击的金属发生微小的多曲变形。显然，这种因敲击再次发生的微小变形，将板类构件的表面拉紧、收缩，中凸隆起变形也随之消除。

车身维修的钣金操作实践证明，上述冷做收缩方法具有操作简便、收缩效率高等许多优点，对操作者的技能水平要求得不十分严格，而且还具有独到的新颖之处。尽管国内车身维修行业中还很少应用，但随着特种合金材料在车身上的广泛应用，这种方法将以其不可比拟的优越性，在车身维修行业中迅速流行、推广。

应用冷做法进行收放操作时，要十分注意板类构件的形态变化，要有针对性地调整敲击点的位置、范围、力度、疏密等，这些因素都会直接影响收放的工作质量和效率，并形成明显不同的收放结果。当冷做法收放作业接近完成时，一般还要做一次精平。用平锤、橡胶锤等做最后的调整敲击，可使整块金属板的组织舒展均匀，表面光滑、平整。

二、火焰法

用火焰法收放可以获得比冷做法大得多的收缩量和延展量。这种方法更适合膨胀程度大、拉紧状态严重而且面积范围大的变形。上述情况如果应用冷做收放法，不仅难以奏效，而且对构件表面的锤击损伤也会增大。使用火焰收放法则可以十分有效地解决这类问题。

对需要延展的板类构件，只要在加热和加热后的冷却过程中不停地锤击，就可以获得比冷做法大得多的延伸量。这种类似于锻打的作业方式，与冷做法延展相比有异曲同工之处，因为加热使金属的塑性提高，强度下降，加之锤击力的作用，理所当然地会获得明显的延展效果。火焰法延展特别适用于需要较大延展量的厚钢板。

（一）火焰法收缩原理

火焰法收缩（俗称收火）是利用金属热胀冷缩这一性质来达到收缩目的的。如图3-61所示，当利用火焰对钢板迅速加热时，受热点及其周围就会以此为核心向外膨胀，并延伸至一定的范围。距受热点越近，金属的延伸量、膨胀量就越大；反之，则延伸量、膨胀量越小。由于受热点周围的金属仍然处于冷硬状态下，就限制了膨胀的扩展，形成沿周方向固定，使受热部分的金属不仅未能向外延伸，反而造成了一定程度的向心压缩载荷。加热则使受热点变成金属的垂直扩张，延伸量也为受热点金属的膨胀变

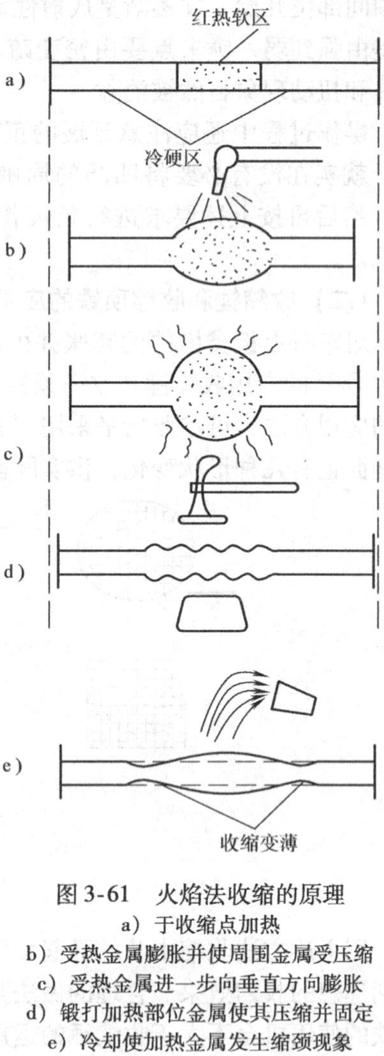

图3-61 火焰法收缩的原理
a）于收缩点加热
b）受热金属膨胀并使周围金属受压缩
c）受热金属进一步向垂直方向膨胀
d）锻打加热部位金属使其压缩并固定
e）冷却使加热金属发生缩颈现象

厚所代替。

在此状态下，如果尽快使红热区冷却，受热点及其周围的板料就会收缩，局部表面积将比受热前小一些，金属内部也会伴随着产生拉伸应力。如对受热点及其周围的金属进行轻轻地锻打，垂直方向膨胀的金属就被压缩并固定下来，材料的内应力因此被消除。加上冷却的作用，就可以获得更大的收缩量。由此达到了对板类构件膨胀、隆起的收缩目的。

冷却方式有风冷和水冷之分。前者的冷却速度稍慢，故收缩量比水冷要小一些；后者为急冷，金属的收缩量相对较大。这是因为用水对加热部位进行急剧冷却，会在四周形成更大的向心拉伸力。在加热金属周围产生的缩颈现象，使板料的收缩量更大、效果更明显。冷却方式需要依变形程度和膨胀状态的不同而定。无论采取哪一种冷却方式，加热时的速度必须是急剧的，以免对周围金属产生更大的热影响。

火焰法加热对同一点最好是一次性的，加热点的大小也应控制在直径 20～30mm 范围内。实践表明，即使适当增大加热点的面积，一般也不会收到更显著的收缩效果。这是因为膨胀与收缩量的大小，均受到金属热胀系数和金属质量等多方面的限制。尤其是当车身维修的钣金作业接近竣工状态时，更应避免过度加热，尽量减少加热点数量，以免给精平和涂装作业带来更多的麻烦。加热温度一般应控制在 500℃以内，钢板受热点变为深褐红色。当构件的板料较厚需要大面积收缩时，方可适当加热到700～750℃，相当于钢板受热点变为樱红色或浅红色。

需要注意的是，由于高强度钢在车身上的广泛应用，给经验法判断火焰加热温度带来一定的困难，因为不同厂家生产的高强度钢其加热的临界温度是不同的。如果能够查出金属材料的性能及其加热临界温度则更好。

用热蜡笔可以更加精确地控制金属板的加热温度。这种彩色加热蜡笔，可以用于监视金属材料的实际加热温度，比用经验控制加热时观察金属板颜色的方法更精确、更可靠。使用时先按加热温度要求选择符合控制要求的蜡笔，在金属板的加热区域画上蜡笔标记。使用火焰加热至蜡笔上所标明的指定温度时，加热蜡笔记号便会熔化，此时应立即停止加热。

用火焰法对车身板类构件进行收缩操作后，金属表面就难免显得不光滑了，这时还需要用敲平法（精平）对收缩过的部位做精细的修整。对构件尺寸、形状位置误差等，也要进行一次最后的检查与校正。

火焰收缩法的优点是收缩效率高，操作过程也比较直观。缺点是火焰加热会由于金属的热传导作用而破坏周围的涂层；温度高对周围构件的热辐射也大，甚至需要拆除部分构件后才能施工。钣金作业中应尽量减少火焰法收缩的应用机会，尤其是当车身材料为耐腐钢板时，这一要求显得更加重要。

（二）用火焰法收缩局部隆起的操作实例

车身维修中利用火焰法对薄板进行收缩处理，是钣金工利用金属延伸（膨胀）或收缩，将变形的金属恢复到原来的尺寸和形状的有效方法。当车身局部发生损伤或变形时，碰撞处必然会有一定量的金属产生拉伸而隆起。

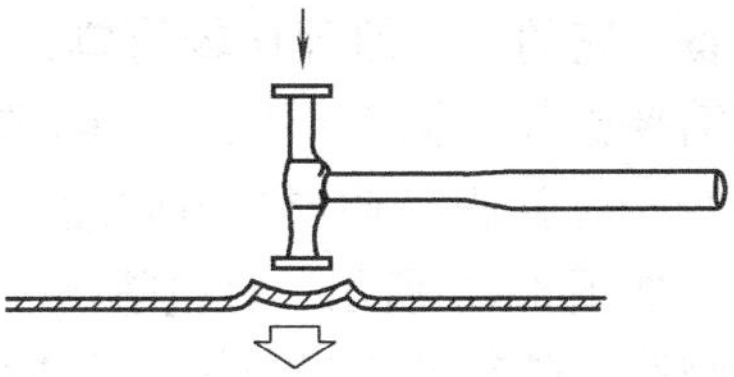

图 3-62　初敲平皱褶的方法

采用火焰法收缩如图 3-62 所示的凹陷时，应先确定整个需要进行收缩的区域及其中心和最高点，按金属板厚度选择合适的氧乙炔焊嘴，点火后将其调整到中性焰，缓慢加热收缩区最高点直到樱红色。随着收缩区域温度的提高，金属板将随之膨胀而隆起，此时去掉加热火焰后迅速用平锤敲击隆起部位，经数次连续击打后使隆起塌陷，冷却后可初步消除隆起并得到较好的收缩效果。

加热时应注意对加热点尺寸的控制，加热点直径一般为18mm左右。加热点的温度不宜过高，焊枪与金属板的距离不要过近，否则会使加热点处的薄板烧穿造成更大的损伤。

完成粗略整形后，应按照图3-63所示方法，用钣金托模或修平刀顶住锤击点的另一面，同时用钣金锤敲平加热点区域及周围皱褶与波峰。运锤时应注意的操作要领如下：

1）锤击次序按图3-64中所标出的顺序号进行，落锤点在波峰处从锤击点开始向中心滑动（即向加热中心移动）。

2）锤击操作的速度宜快不宜慢，因为薄板的散热速度较快，当金属冷却下来之后平皱的效果将会大大减弱。

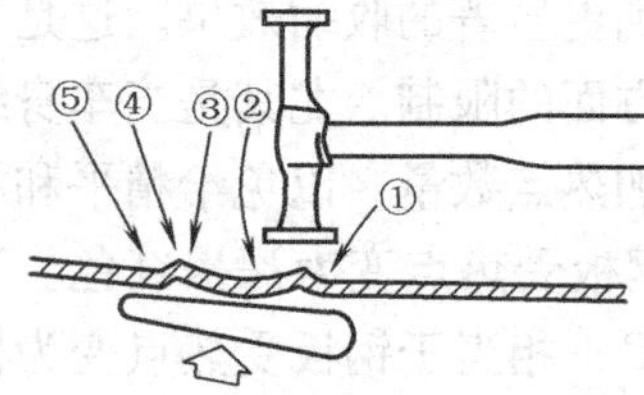

图3-63　用钣金托模敲平皱褶

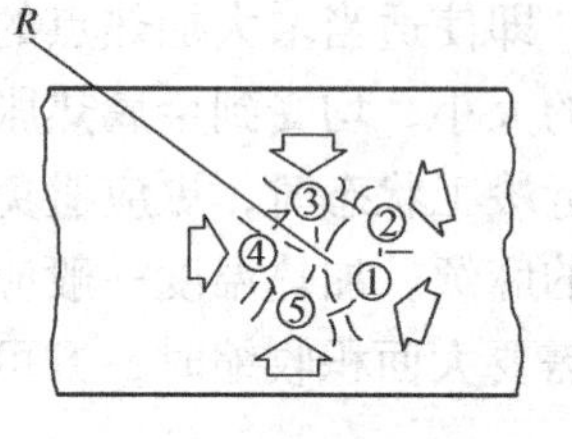

图3-64　收缩时的锤击次序及运锤方向
R—快速滑移向中心锤击

3）严格控制锤击的力量不要过大，因加热区的金属变软且强度较弱，多余的金属有向加热区转移的倾向并使之变厚，如果锤击过度则会使该区域的金属减薄形成再度拉伸。

火焰法收缩敲平时的技术关键是对敲击力度的控制。采用“紧贴法”本身就容易使板料延展，敲击时不能像砸钉子那样用力大而猛。一般初期的敲击力度可稍大一些，随损伤面积收缩程度变化，敲击力度应随之减弱。这是因为在加热收缩后的敲平过程中延展量增大时，可采用收缩法来重新消除隆起和变形。特别是车身材料的优化（如高强度钢板和表面处理钢板等的应用，有条件使板类构件趋于变薄和不便于收缩），给收缩作业带来许多困难，操作时应将延展量控制在最小，保证一次成功。反复在金属板的同一部位进行加热和收缩操作是不可取的。

三、电热法

冷做法需要在构件的两面同时操作，火焰法的热辐射范围大，使其作业场合受到某些条件限制，而电热法有许多不可比拟的优点。

多功能车身整形焊机及其与之配套的电热棒和电热收缩锤，是电热法收缩的主要工具和设备。它的工作原理比较简单，作为电源的主机通电后，对电热棒或电热收缩锤加热。根据需要选择不同变形状态下的整形工具——电热棒或电热收缩锤，就可以实现对薄板类车身构件膨胀、伸展的电收缩。电热法收缩的效率高，质量好，变形小，热影响低。

如图3-65所示，将电热棒（碳棒）通电加热后，便可直接在待收缩钢板上回转滑动，使膨胀、隆起的金属受热。依据实际情况采用风冷或水冷方式冷却加热点，板类构件的伸展、膨胀就会收缩（机理同火焰法），变形和内应力得到消除，从而达到修复的目的。另外，与多功能车身整形焊机配套的电热收缩锤，是一件比较合适的工具。电热收缩锤能够在加热过程中，锤击被加热金属使热膨胀得以固定。它是在通电加热状态下拍击钢板表面的，与冷做法中的敲平作业存在明显的不同，收到截然不同的结果。

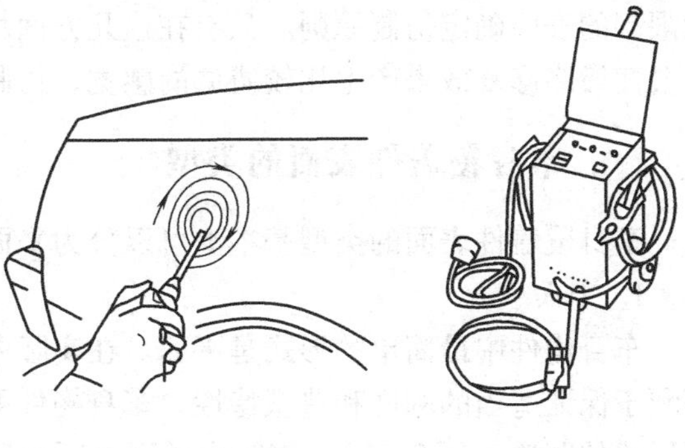

a)　　b)

图 3-65　电热法收缩

a) 用电热棒加热并收缩车身翼子板

b) 多功能车身整形焊机

电热法收缩不像火焰法在构件表面上留下因加热而导致的不平，也不会有火焰法那样大的辐射热而殃及其他构件。收缩终了一般不用平锤、顶铁等工具敲平；有时还可不必拆除内饰板等关联部件，从车身外侧直接进行收缩操作；对钢板表面的烧损面和对周围涂层的破坏程度等都比火焰法轻得多；对面积较大薄板类膨胀变形，有较好的收缩效果。缺点是受加热速度和能量限制，对厚板或深度变形的收缩则难以奏效。

四、收放的检验

综合变形共存的多曲面车身覆盖件，需要收缩、延展两种作业方式交替进行。如何判定这两种截然不同的变形和区域，可采用图 3-66 所示的触摸法并依靠经验判定。

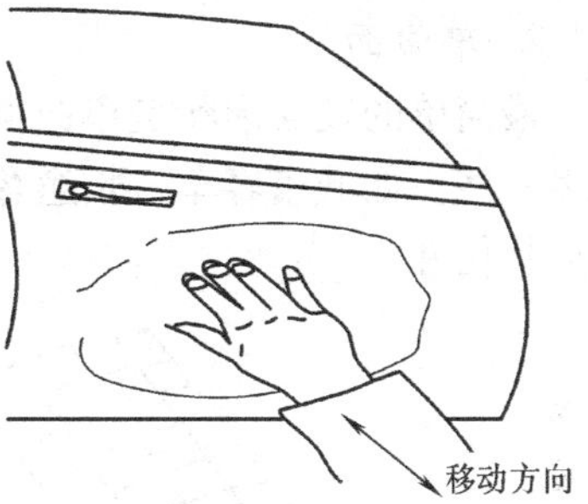

图 3-66　用触摸法检验平滑程度

依经验法判断时，眼和手有机地结合，仔细观察、分析车身覆盖件曲面的原始变化趋向，用手掌触摸检查时，应沿手指的指向顺向于钢板表面上滑动，对变形的感触要比用手掌随意滑动敏感些。如果带上薄手套按此法检查，对变形的手感会更好些。如果用外切样板或凹型胎检查，视情延展（收缩）与检具不贴合处钢板。如果用内切样板或凸型胎检查，则应视情延展（收缩）与检具贴合处钢板。

车身构件的变形与损伤往往需要综合运用矫正、敲平、收放等手段。应针对具体情况合理地确定维修工艺与步骤，注意将收放操作放在损伤被基本修复之后进行，最后还要通过填平、打磨、防锈、底层处理、表面涂装等作业，使被修复的金属表面光滑如初。

第四节　车身覆盖件的仿制

车身覆盖件的手工仿制有其实际意义。在车身维修过程中，可以通过对车身覆盖件的仿制达到矫正的效果。

被覆盖件表面形状所限制的车身，借助外形、轮廓、线条和表面的圆滑性等确定汽车的外观。

进行车身覆盖件的手工仿制时，先弄清构件表面上各曲线之间的相互关系，由这些曲线所限制的表面确定仿制原则。只有在这几方面均能达到与原车身构件的相互协调、流畅时，才会使最终修复效果产生比较协调的感觉，仿制才算是成功的。

一、车身覆盖件表面的类型

车身覆盖件表面的类型基本上可以分为平面、单曲面和空间曲面三种。

1. 平面

车身构件中最简单的形式是平面。在实际中很少采用较大的平面式结构，这是因为平面不利于保证适当的刚度和造型特性。车身构件即使采用此结构，也必须在其表面上制肋或不同形状的凹槽（图3-67），消除由纯平面所导致的不良特性。

通过局部处理所形成的加强型平面构件，一方面可以提高构件的刚度，减少发生翘曲变形的机会；另一方面通过调整力和振动频率的分布情况，有效地避免应力集中和共振现象的发生。

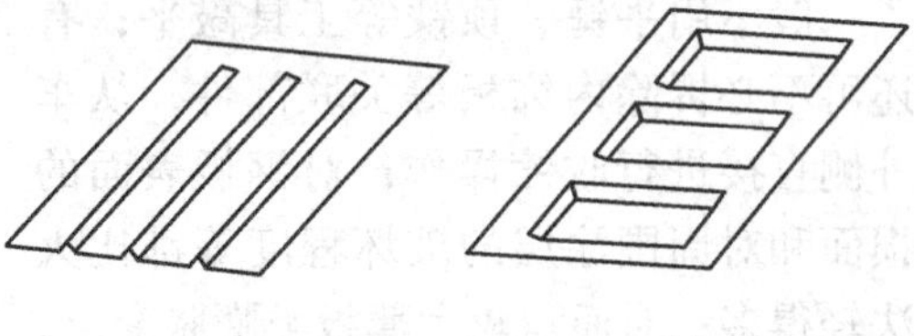

图3-67　平面构件的表面类型

a）带凸肋的平面　b）带凹槽的平面

加强型平面除多用于车身内部承载构件之外，在涉及车身表面造型的外部构件中一般不宜采用。

2. 单曲面

最简单的表面形状是单曲面（图3-68a），与平面相比，单曲面在车身构件上的应用相对多一些。如城市客车、长途客车及其他装有大型厢式车身的汽车，都具有这样类型的单曲面形状构件。

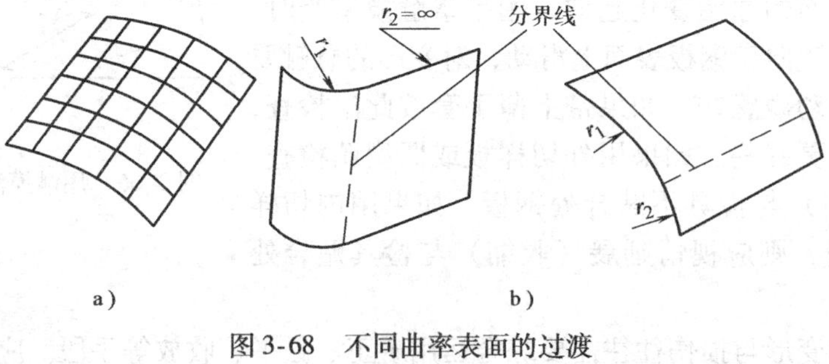

图3-68　不同曲率表面的过渡

a）由直线运动所形成的单曲面　b）不圆滑的过渡

单曲面构件的表面仅在一个方向上具有曲率，而且其曲率半径往往是不定的。定曲率半径所形成的单曲面构件，由平面向有一定曲率的表面过渡，会呈现不圆滑的情况（图3-68b）。即使采用两种不同的半径，也会在衔接线处发生明显的转折。只有在少数情况下，才能用较宽的装饰件成功地将其接合部掩饰起来。

手工仿制单曲面构件应注意不同曲率的过渡，一定要避免在结合部位形成较为明显的形状变化。否则，即使不大的非圆滑曲面过渡不良也会造成一种不好的印象，构件表面涂漆后形成的反光，将产生凹凸或波折放大的光学效果。

3. 空间曲面

如果采用空间旋转曲面或变母线的复杂曲面（图3-69a），将车身构件的过渡部分制成抛物线、椭圆线等形状，上述转折现象就会得以消除（图3-69b），车身的外观感以及抗振性能等也会相应得到提高。

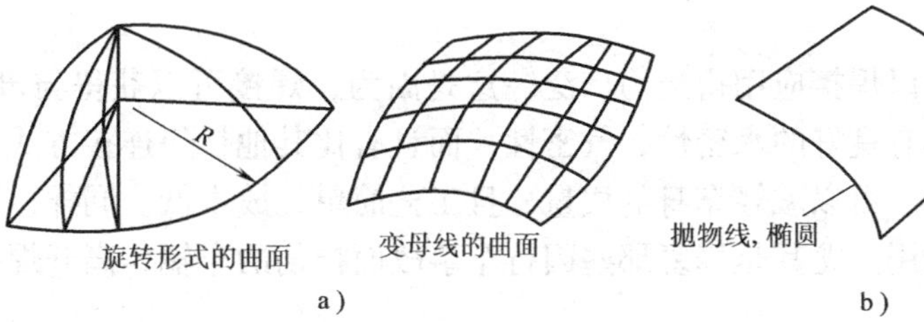

图3-69　空间曲面的形成

a）空间曲面　b）按空间曲线所形成的构件

事实上绝大部分车身构件采用的都是空间曲面，从而使整个车身表面获得为多方所接受的圆滑性。

车身设计与制造过程中，对构件曲面的选择非常精细。在熟知空间曲面制取方法的基础上，使整个车身表面制取同一个曲线族，如此才可以获得线条流畅和圆滑的感觉，使车身构件组合后形成一个协调的整体。

二、手工仿制操作

空间曲面车身覆盖件的手工仿制，可分为有胎具仿制和无胎具仿制两种方法。前者需要预先制作与目标曲面相同的胎具，不适合车身覆盖件的单一仿制；后者仅凭手工操作，很适宜解决无商品件供应情况下修理的急需。

锤击成形的操作方法如下。

无胎具仿制也并非徒手而为，而应选用具有平面、弧形、方孔、圆孔等各类几何形状的平台及砧铁。这些对手工成形、仿制车身覆盖件都是很有帮助的。

手工锤制的初期，应使用木锤、尼龙锤或橡胶锤等非金属工具，待其达到粗成形的程度时再改换其他钣金锤。敲击操作要从板料的中部开始，逐渐呈放射性的趋势由内向外扩散。在锤制过程中可随其成形的程度，随时剪掉确认为多余部分的料边，以免影响敲击操作和测量。

对于拉伸程度较大的部位，可用火焰法对其局部加热使之提高塑性。因为冷做法不仅成形困难，而且还容易使金属材料发生撕裂现象，所以此时一般不用冷做法。不得已时也可在局部剪口，待完成形状的锤制作业后再将其补焊完整。

对于收缩程度较大的部位，亦可采用火焰法收缩或通过加热使局部收缩成皱褶；必要时也可在局部剪口使之重叠，待完成形状的锤制作业后再剪去多余部分并焊妥。

对于用分割方式成形的构件，应严格按尺寸要求划定切割线并将接口剪齐、修平；焊接时应按焊接技术中规定的操作要求进行。

手工仿制车身覆盖件的最后一道工序是修边与加工。待上述各项作业全部完成后，再进行修边、钻孔、开槽等项加工。剪边时应按尺寸要求划定切线，沿线剪切后还要对边缘加以修磨。钻孔、开槽等机械加工均应放在最后进行，因为矫正、修整等操作有可能使原来的定位失准。随后，还要将仿制好的构件打磨干净并及时涂刷一层缓蚀剂。

第五节　焊　　接

汽车车身的连接以焊接应用得最为广泛。这是因为，焊接可以获得与母材相近的强度，而且连续焊接不仅具有良好的水密性、气密性，而且有比其他任何连接方式都可靠的结合强度。焊接与铆接相比，可以减轻车身的质量，且工艺简单，成本低。同样，车身维修作业也离不开焊接技能的应用。尤其是修复那些因行车事故而损伤的车辆，离开焊接是不可能达到修复目的的。

汽车车身制造与维修中广泛流行的焊接方法可分为三大类：熔焊、压焊和钎焊。焊接及其分类方法如图3-70所示，其中划有“＊”标记的焊接在车身维修中最为流行。

焊接在汽车车身维修作业中占据相当重要的地位，并且焊接水平对焊接品质的影响极大，加之现代汽车上普遍采用的新型合金材料，使车身维修作业对焊接技术的要求更加苛刻了。这里将有针对性地介绍汽车车身维修中经常采用的一些焊接方法及其应用实例。

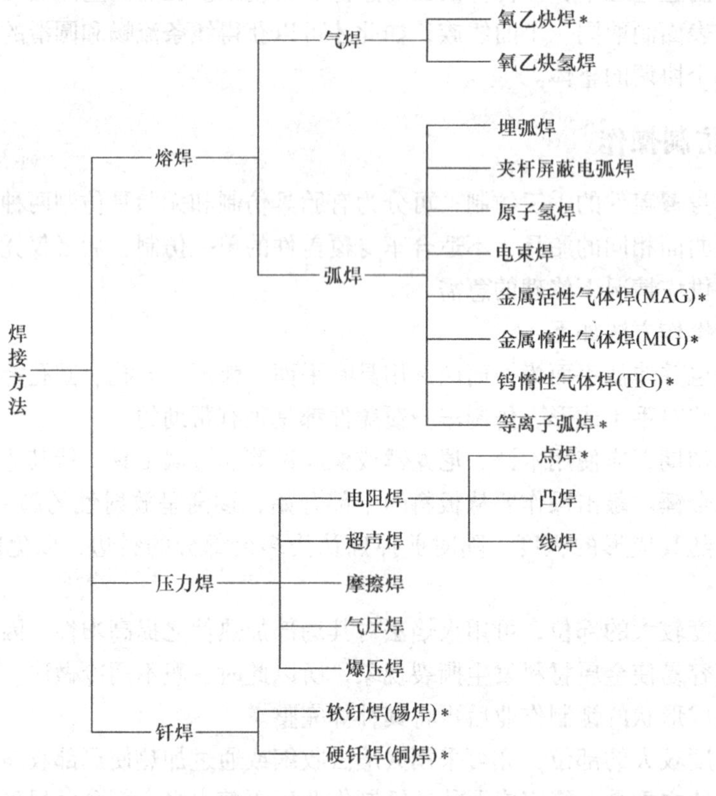

图3-70　焊接方法分类

一、氧乙炔焊的应用

氧乙炔焊属于熔焊的一种，是利用可燃气体（乙炔气）和助燃气体（氧气），在焊炬的混合室内混合、喷出并点燃后，通过发生剧烈的氧化燃烧（可达3000℃左右）来熔化焊件金属和焊丝并使之熔合的一种焊接方法，因此也有气焊之称。

由于气焊的氧乙炔火焰的热量不易集中，并且焊接过程加热面积较大以及金属热传导的作用，不仅会使构件发生较大的变形，而且还会改变原有金属材料的性质，影响焊接件的寿命。因此车身制造过程中不采用氧乙炔焊接工艺，车身维修作业中一般也要尽量避免使用氧乙炔焊接，或利用火焰加热。

氧乙炔焊接设备主要包括焊炬、减压器、回火防止器、气瓶及橡胶管等。

（一）焊炬

焊炬（俗称焊枪）是气焊的主要工具（图3-71a）。由氧气瓶和乙炔瓶分别输出可燃气体，要通过焊炬以适当比例混合并以一定流速喷射，才能在焊嘴出口形成满足焊接要求的稳定火焰。依可燃气与氧气的混合方式分为喷射吸式焊炬和等压式焊炬两类；按焊炬尺寸和质量可分为标准型和轻便型两类；按火焰数目则将其分为单焰和多焰两类。

等压式焊炬可燃混合气的压力与氧气的压力是相等的，其优点是使用过程中不易造成回火，缺点是等压式焊炬不适宜使用低压乙炔气源，因此限制了这类焊炬的使用条件而很少采用。

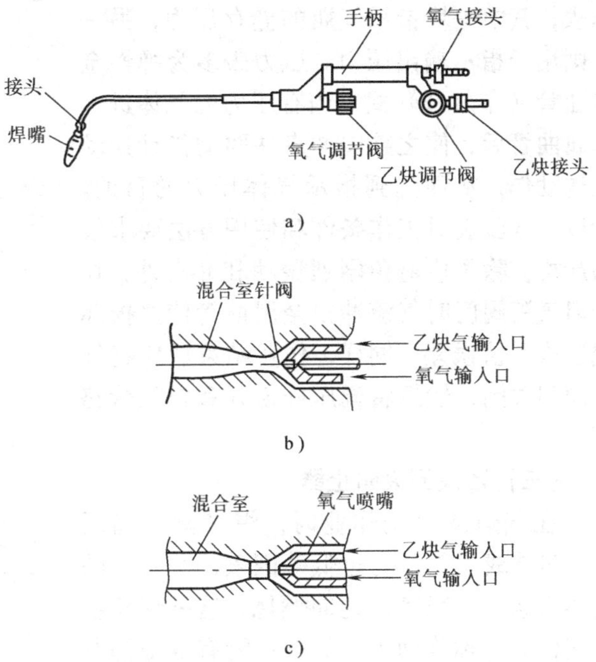

图 3-71 焊炬的构造与类型

a）焊炬的构造 b）射吸式焊炬 c）等压式焊炬

射吸式焊炬是靠氧气快速喷射所形成的负压，将聚集在喷嘴周围的乙炔气吸出，并在混合管中按一定比例混合后由焊嘴喷出。因此，无论使用何种压力的乙炔气源，都能满足射吸式焊炬的工作条件，射吸式焊炬使用得较为普遍。

射吸式焊炬的构造如图 3-71b 所示。氧气通过喷管以高速射出时，在乙炔气通道处形成负压，低、中压乙炔气同时被吸出，经混合室混合后由喷嘴射出。

等压式焊炬的构造如图 3-71c 所示，氧气和乙炔气以近乎相等的压力同时送入各自的通道，经混合室混合后由焊嘴射出。等压式焊炬需要乙炔气依靠自身压力与氧气混合，需使用中、高压乙炔气。

分别调节氧气阀和乙炔阀，可以获得不同比例和流量的可燃混合气，火焰的能量也由此得到控制。通常，有针阀焊嘴的大小以每小时所消耗的乙炔气容积来表示。无针阀的固定压力式焊嘴，则以能焊接工件的厚度来表示。

割炬的构造如图 3-72 所示，可以看出割炬与焊炬的主要区别在于，割炬多了一根用于切割的氧气通道，割嘴主喷孔周围所环绕的即为预热用混合气喷口。切割前先用预热通道输送的混合气加热，达到一定温度时再用主喷口送出的氧气切割。

（二）调节器

调节器可以将气瓶输出的高压经调节后输出恒定的低压，因此也称之为减压器。其中，氧气调节器的承受压力较高，连接部分的安装螺旋为右向；乙炔调节器承受压力较低，连接部分的安装螺旋为左旋。

大多数压力调节器上装有高、低两块气压表，其中一块指示气瓶的储存压力；另一块则用于指示输出压力。压力表多为弹性金属曲管（布尔登）式，当有压力的气体进入金属曲管后，使之趋向伸直并驱动指针摆动机构动作，从而达到指示气体压力的目的。所以，气压表对工作条件和使用方法要求较为严格。除了应避免剧烈振动和冲击外，在开启气瓶阀门时气流冲击金属曲管使之损坏或造成示值误差。同样，作业结束后应将气瓶阀门关闭，然后将调压杆松开和释放管路压力。

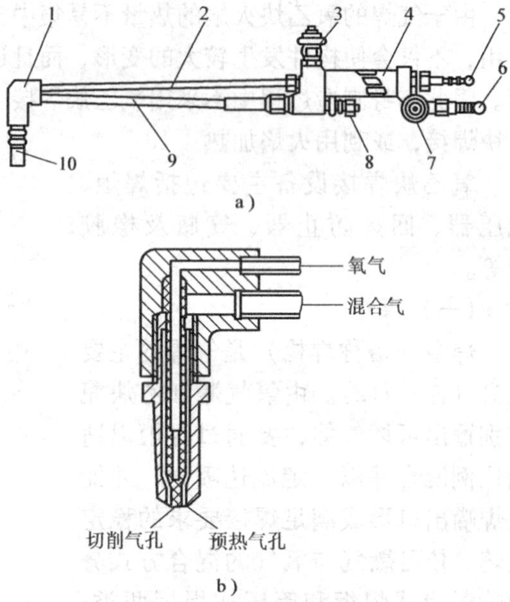

图3-72　割炬的构造

a）外形　b）割嘴的构造

1—接头　2—切割氧气管　3—切割氧气阀　4—手柄　5—氧气接头　6—乙炔接头　7—乙炔阀　8—预热氧气调节阀　9—预热氧气罐　10—割嘴

（三）乙炔回火防止器

在气焊或气割作业时，焊（割）嘴阻塞、过热或供气压力过低等因素，使发生的气体火焰进入喷嘴内逆向燃烧，这种现象在焊接作业中称为回火。如果不能有效地抑制回火，就会发生燃烧或爆炸事故。乙炔回火防止器的作用是，在气焊或气割中发生回火时，可以防止逆向燃烧的火焰倒流至乙炔发生器或乙炔瓶，或阻止回火形成的火焰在管路中燃烧。

按作用原理，回火防止器可以分为水封式和干式两种，其中中压干式回火防止器应用得较为普遍。这种回火防止器的特点是，不采用水封，而是采用由膜座、膜盖和泄压膜组成的泄压装置。

干式乙炔回火防止器（图3-73），不仅能有效地阻止回火和瞬间自动切断气源，并且不受气候条件的限制以及具有体积小，便于维护和清洁等优点。

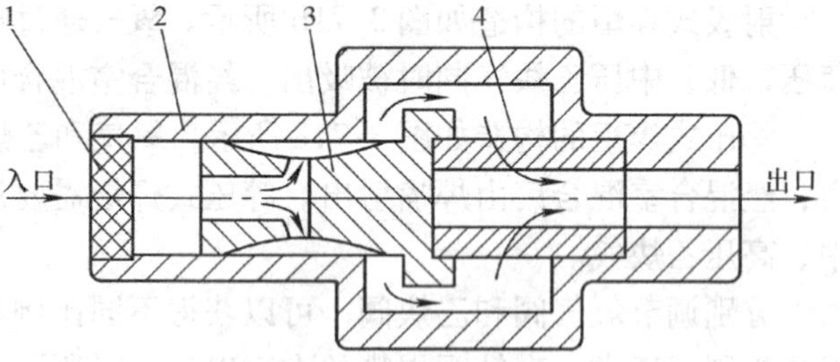

图3-73　乙炔回火防止器

1—过滤网　2—壳体　3—滑阀　4—粉末冶金过滤管

（四）气瓶

乙炔瓶和氧气瓶是用来分装可燃与助燃气体的容器，二者在结构、尺寸、外形和颜色等许多方面都有区别。

氧气瓶由无缝高等级钢制成并经过热处理，具有耐压强度高、抗冲击力好等优点。瓶身为蓝色，35℃时的满瓶压力可达15MPa。氧气瓶在使用过程中应避免阳光直射和剧烈的振动与冲击。另外，氧气极易与油类发生化学反应而起火，使用过程中应当充分注意。

当需要搬运或装卸氧气瓶时，应注意瓶口处的金属安全帽装配良好，并保持阀杆处无漏气现象。使用过程中应注意不要将瓶中氧气全部用完（至少留100kPa以上的氧气压力），以便于安全、除尘、充气充足和纯净。

乙炔气瓶与氧气瓶相比有些区别。乙炔气瓶瓶身为白色且瓶径较粗，用较薄的钢板焊接而成。因为乙炔气不能直接以高压充入钢瓶内，故瓶内充以多孔性材料，如石棉、活性炭、软木等。这些材料被液态丙酮浸透，利用乙炔能溶解于丙酮的特性，像吸水纸那样通过丙酮吸收大量液化乙炔。乙炔在这种状态下十分稳定，非自由状态的乙炔便不会改变其组成。

乙炔瓶的工作压力是14.7MPa，使用时应避免振动、高温和10m以内的明火等。放置时瓶体应直立，否则会因丙酮溢出而引发火灾及爆炸事故。

二、氧乙炔焊接的火焰调整

氧乙炔焊接设备应合理地组装在一起，否则非但不能正常使用，甚至会造成火灾或其他事故。

（一）组装注意事项

氧乙炔焊接设备在使用中应注意清洁和轻拿轻放。组装前应使气瓶可靠固定，然后将安全帽拆下并将气阀轻微松开，清洁阀口并确认无杂物和阻塞后关闭阀门。安装压力调节器后，在压力调节阀杆松开前不要急于打开气瓶阀门，阀门打开的速度也不宜过快，以免使膜片受到剧烈的冲击而损坏等。然后装上软管并旋转压力调节阀，用有压力的气体将软管逐个吹净。放气时应注意不要过量，附近也不能有明火、机油、油脂等。最后再装上焊枪或割枪，并确保各部连接坚固、可靠、无泄漏。

使用时，先稍微开启焊枪上的乙炔阀门，再顺时针转动调节器上的输出压力调节至规定值。用无油肥皂溶液检查各部连接的可靠性，如有泄漏应查明原因并排除后方可作业。

点火时应先慢慢开启氧气阀然后再开启乙炔阀，点火后可根据使用要求调节氧气和乙炔的比例，以获得焊接所需的火焰形式。

（二）火焰的形式及调整

气焊火焰是乙炔气与起助燃作用的氧气混合燃烧形成的，选用及调整焊接火焰对焊接质量有直接影响。

火焰的状态取决于氧乙炔的混合比例，通过调整可以得到中性焰、碳化焰、氧化焰三种。

1. 火焰的形式

气焊火焰主要由图3-74a所示的四个部分组成。

中性焰（也称标准火）的氧乙炔比例为1∶1（按体积计算）。火焰的最高温度可达3000～3200℃，外焰呈清澈的蓝色，内焰呈亮白色（图3-74b）。中性焰在燃烧时生成的一氧化碳及氢气，能与金属中的氧作用使熔池中的氧化铁还原。使用中性焰可得到均匀的焊波，并且不易造成气孔、

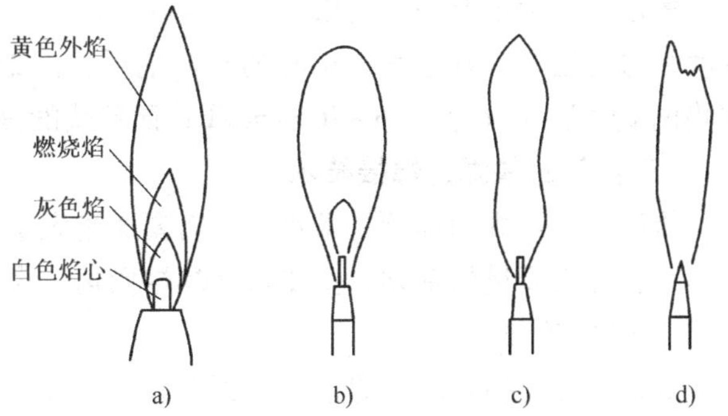

图3-74 火焰的形式
a）火焰的构成 b）中性焰 c）碳化焰 d）氧化焰

气泡和不含氧化物，焊缝质量比较优良。

碳化焰（也称还原焰）的氧气少于乙炔气的含量。碳化焰与中性焰不同的是焰心和外焰与中性焰大致相同（图3-74c），但其间多了一个灰色的锥形乙炔焰包在焰心上，长度随混合气中乙炔余量的多少而异。

火焰中所含过剩乙炔可分解为氢和碳，其中氢使钢产生白点，碳则熔化到金属中使焊件的含碳量提高。由此可增加钢的强度、硬度，但塑性降低及焊接性变差，焊接铸铁及铝等合金材料时多用碳化焰。

氧化焰的氧气多于乙炔气的含量，整个火焰具有氧化性，其形态与中性焰类似，但焰心要短一些并呈现紫色，外焰较短且末梢模糊不清（图3-74d）。

过多的氧和铁发生作用生成氧化铁，使钢的性质变坏、脆化，熔池的沸腾现象也比较严重，所以对低碳钢构件进行焊接时不能用氧化焰。

氧化焰适合于焊接黄铜及青铜类材料，过量的氧能与黄铜中的锌元素化合，生成氧化锌薄膜盖在熔池表面，可以防止锌在焊接过程中的大量蒸发。

2. 火焰的调整

进行火焰调整前应先检查并调定氧气、乙炔气的输出压力，并选用合适的焊炬和钣金维修作业中所用标准焊嘴。

操作时先将乙炔调节阀打开约1/2圈点火，进而继续打开乙炔阀使之出现红黄火焰，随后缓慢打开氧气调节阀，使火焰变蓝直至获得清晰鲜明的亮白色焰心为止，这便是中性焰。

在中性焰的基础上进行调节，可分别获得焊接所需的碳化焰和氧化焰。

切割作业应选用割炬并装配割嘴，按上述方法点火并将其调节成为中性焰。然后缓慢打开预热用氧阀门，直至呈现氧化焰时对切割部位加热。待加热部分即将熔化时，打开切割氧气阀门，在确认被切割部位的板件割断后便可移动割炬，这样可以避免切割时熔化的金属滴留在切口处，使切口清晰、整洁。

切割厚钢板时，应使割嘴与钢板表面垂直，以避免切割过程中熔化的金属沉积。如切割薄钢板，则应将割嘴的前端向前倾斜一定的角度，以保证切割迅速、整齐；应避免板件发生较大的热变形。

3. 焊炬规格与压力限制

氧乙炔焊炬配有一套规格不同的焊嘴，以适于焊接不同板厚的金属。通常，根据焊炬及焊嘴型号可近似地判定其每小时的气体消耗量。如：与H01—6型焊炬配套使用的1～5号焊嘴的氧气消耗量为0.15～0.37m^3/h；而乙炔的消耗量则为170～430L/h。

（三）氧乙炔焊的焊接技术

提高氧乙炔焊的焊接技术水平，需要通过大量的实践进行体会与摸索；正确选择气焊工艺是确保焊接质量的基础，主要包括焊炬倾角、火焰能率、焊丝直径和操作方法等。

1. 焊炬的倾角

焊炬的倾角指焊嘴与焊接件平面的倾斜角度，由焊接件的厚度、熔点和导热性来决定。一般厚度大，熔点高，导热快，其倾角也越大。图3-75为焊接低碳钢材料时，板厚与倾角之间的变化关系。若为熔点高或导热快的其他金属材料，可在推荐角度值的基础上，增加5°～10°的倾斜角。

2. 火焰能率

火焰能率指单位时间内可燃气体（乙炔）的燃烧量。选取能率大小的依据，主要取决于焊接型号、焊接规格、焊件厚度和材料的物理性质。一般厚度大、熔点高、导热快的焊件以及横缝，平焊所选取的火焰能率就大些；反之，焊接薄钢板时，为了避免焊件被烧穿，则需要较小的火焰能率。

如果焊接导热快的铜、铝合金材料时，应选能率常数的上限。

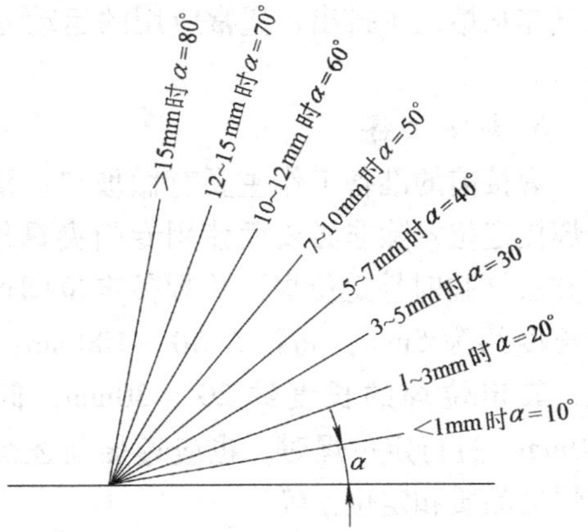

图 3-75 焊炬倾斜角与工件厚度的关系

调节火焰能率的方法分为粗调和细调两种，其中，粗调通过更换焊炬和焊嘴来实现；细调则通过调节焊炬上的氧气和乙炔调节阀来实现。焊接过程中，在确保焊件不被烧穿的前提下，可以将火焰能率选择得大一些。

3. 焊丝直径

焊丝直径由焊件厚度及焊接方法所决定。当焊接板厚低于 15mm 的焊件时，右焊法按板厚的 1/2 选择焊丝直径；左焊法将右焊法所选焊丝直径增加 1mm。当焊接厚度大于 15mm 时，所选焊丝直径一般为 6 ~ 8mm。

4. 焊接方向

气焊按熔焊走向分为左向焊（图 3-76a）和右向焊（图 3-76d）。

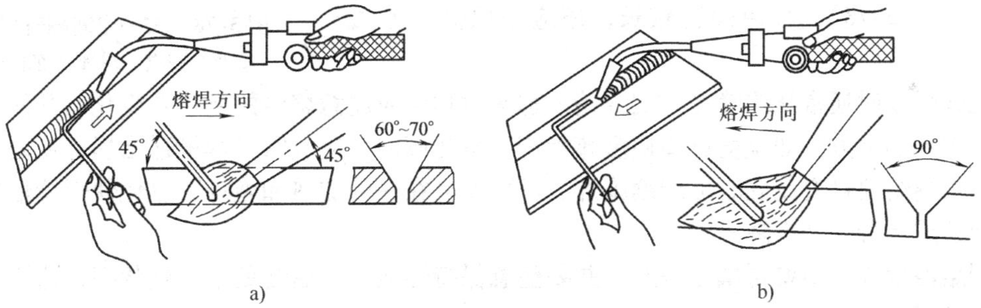

图 3-76 焊接的操作

a）左向焊 b）右向焊

右向焊优于左向焊，主要体现在：火焰指向焊缝，能很好地保护熔池的金属，它受周围空气的影响较小，焊缝冷却缓慢；由于热量集中，钢板的坡口角度可以适当开得小一些，焊件的收缩量和变形均有所减少；火焰对焊缝能起焊后回火的作用，使焊件冷却缓慢，故组织细密，质量优良；热利用率高可节约燃气消耗并提高焊接速度。缺点是技术难度较大，非熟练人员不易掌握。

左向焊则与此相反，只是火焰指向坡口的前方而起一定的预热作用。

5. 焊丝运动方式

选择何种焊丝与焊炬的运动方式，主要与焊缝状态、空间位置、焊件厚度和焊缝尺寸的大小有关，其目的在于使焊缝金属熔透又不至于将焊件烧穿；搅动熔池使各种非金属夹杂物及气体从熔池中排出，通常应用的运动方式如图3-77所示。

6. 焊前准备

焊接前的准备工作主要有做坡口、清洁焊接部位及焊接定位，除非必要而使用专门夹具外，一般以暂焊方法（临时性定位焊）将焊件定位即可。每次暂焊的长度约为5mm，间距为50～100mm；对于较厚钢板，其定位焊的长度约20～30mm，间距为300～500mm。进行定位焊时，也应遵循前述焊接规范并注意焊接品质和定位正确。

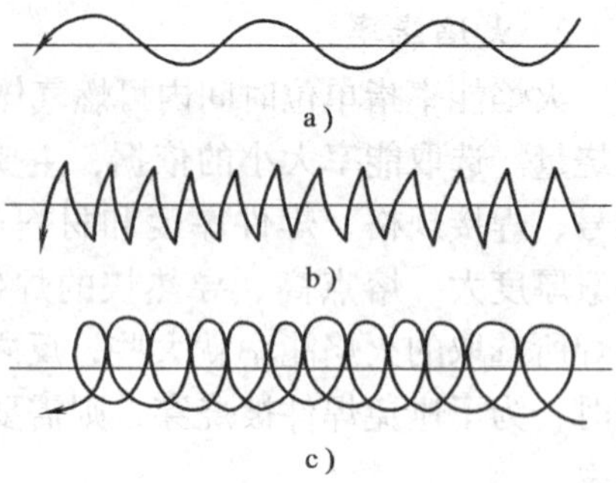

图3-77　焊炬和焊丝的运动方式

a）焊接薄板时　b）、c）焊接中板或厚板时

（四）空间位置的焊接方式

根据焊件的使用要求，常见的焊件连接方式有对接、搭接、角接和T形焊四种。

1. 对焊

对焊（也称平焊）即将两块金属板以对接方式连接在一起，是气焊中最普通和钣金修复中最常见的一种方法。焊接时应预先留出相当于板厚的间隙，使用中性焰先加热焊缝一端的边缘，待边角开始熔化时将焊丝加入焊缝将一端固定；用同样的方法连接焊缝的另一端。这种临时性定位焊（暂焊）主要用于固定对接金属板的相对位置（图3-78）。如果焊缝较长，还应采取分段方法暂焊。

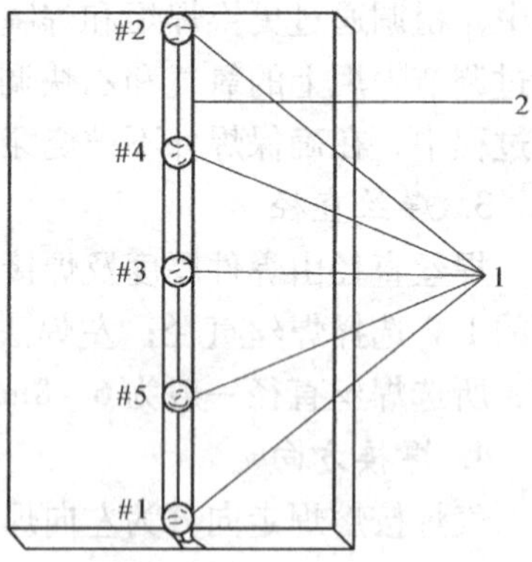

图3-78　按一定间隔暂焊

1—暂焊的焊点　2—暂焊的间隔

正式焊接时通常从焊缝的一端开始。加热过程中应注意熔池的颜色及变化，并使焊丝始终处于焊缝的上方。如温度过高使金属板产生熔化倾向，应及时将焊枪适当提起使之远离焊缝，待焊缝熔池略有凝固时可继续施焊。不可反复在一处加热和施焊，以免使焊缝形成脆硬现象而造成接合强度下降。

当熔池形成后不要再填充焊丝，并要注意保持熔池前方始终处于熔化状态，这样才能保证完全熔焊。

此处，火焰的位置应环绕在焊丝的前沿，及时熔化它可以使焊丝连续不断地填入熔池，焊接品质和工作效率都可以相应得到提高（图3-79）。

焊后应检查焊缝的质量，如焊接波纹是否连贯、平顺，是否有焊透或假焊等焊接缺陷。

2. 搭接焊

搭接焊也称角焊，通常用于金属板的搭接或在锈蚀的工作面上补片（图3-80）。搭接焊使用中性焰，焊前同样需要用暂焊方法将其固定，施焊过程中将焰心离开上板6mm左右，这样可使下板得到更多的加热机会。当熔池形成后再以焰心靠近上板并加入焊丝。焊丝的位置应靠近上板并在火焰与上板之间移动，焰心则应指向下板。

搭接焊需要填充更多的焊条，并且有条件形成充足的焊缝，由此可以获得比其他方式更可靠的焊接强度。

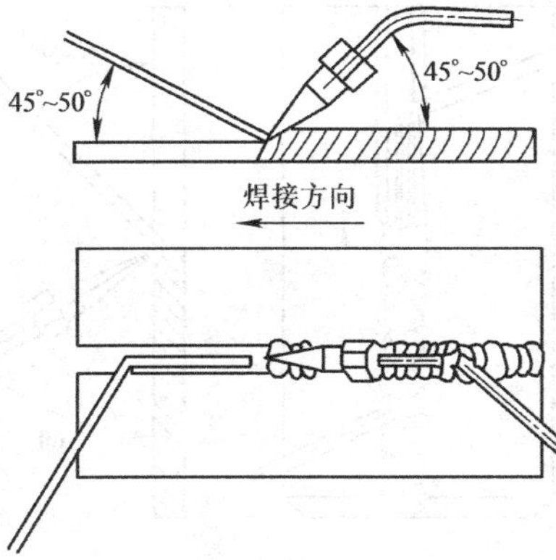

图 3-79 对接焊的操作

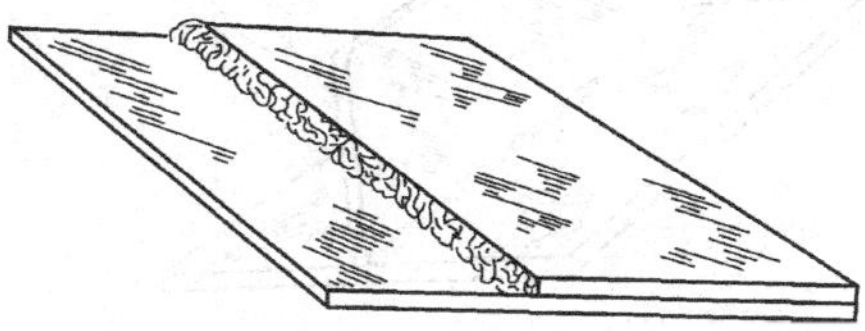

图 3-80 搭接焊的操作

为了避免搭接造成金属板的膨胀变形，有条件时应有针对性地采取图 3-81 所示的抑制膨胀变形的方案，这样可以减少焊后由热影响引起的翘曲变形。

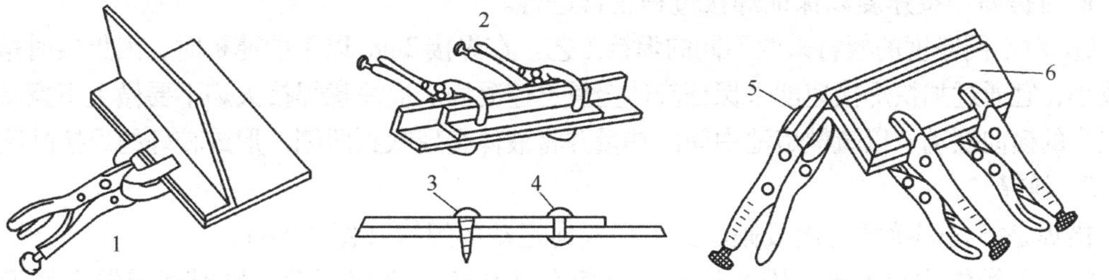

图 3-81 控制搭接焊变形的固定方法

1—专用焊接夹具 2—C 形夹具 3—钣金螺钉 4—铆钉 5—大力钳 6—钢板

3. 角焊和 T 形焊

角焊和 T 形焊的连接方式基本相同，焊接以垂直或以一定角度连接件的焊接（图 3-82）。进行角焊和 T 形焊时也要以一定间隔暂焊，可以省略施焊过程中的预热操作，从开始到结束可一次性连续完成。角焊和 T 形焊比搭接焊容易些，主要在于两焊件的受热比较均匀，熔池的形成比较容易。需要注意焊枪角度应适当减小，以增大加热面积和避免熔化面积过大、过热穿透焊件。

此外，角焊和 T 形焊的焊后变形比较难以矫正，交错暂焊和分段施焊有利于控制变形。

4. 立焊

立焊是指处于立面上的垂直焊缝的焊接（图 3-83）。立焊时，熔池内呈液态的金属容易下淌，使焊缝的形成比较困难。其操作要领如下。

① 焊接方向与夹角。为避免熔化的金属下淌和形成良好的焊缝，焊接火焰应向上倾斜并与焊件形成 60°的夹角（图 3-83）。同时，为防止熔池内的金属过多，施焊过程中少加焊丝并采取较通常状态下小 15% 左右的火焰能率。

② 严格控制熔池温度。焊接时不能使熔池面积过大，熔深也不能过深。在一般情况下焊嘴不要做横向摆动，而仅做上下跳动，有利于控制熔池温度。焊丝则应在火焰气流范围内做环形运动，将熔化的金属均匀地一层层堆敷。

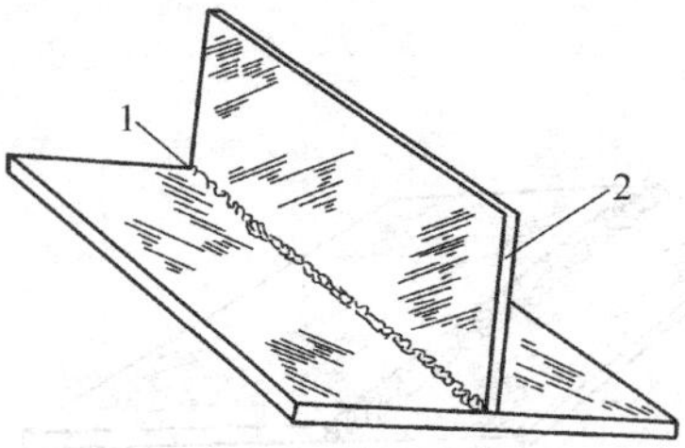

图3-82　T形焊接

1—焊缝　2—焊件

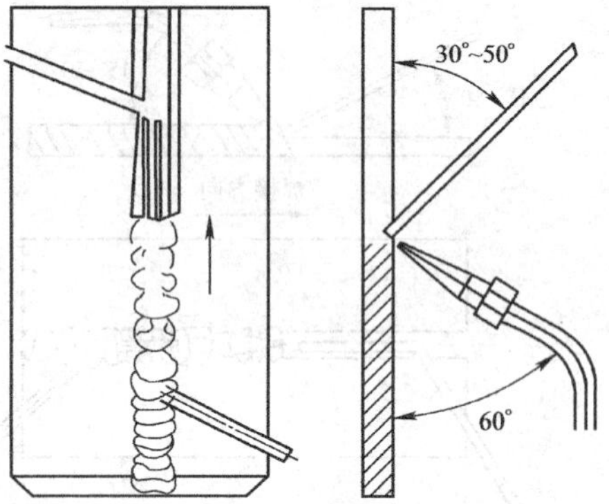

图3-83　立焊的操作

③ 避免熔池金属下淌。如果在操作过程中发现金属即将下淌，则应立即抬起火焰，待熔池温度降低后再继续进行焊接。通常为防止熔池温度过高，应将火焰较多地集中在焊丝上，同时提高焊接速度以保证焊接过程正常进行。

④ 对不同厚度的板材采取不同的焊接工艺。在焊接2mm以下的薄板时，因焊接时熔池体积较小，宜通过加快焊接速度来保证液体金属迅速凝固。应注意焊接火焰不要做上下摆动而应做较小的横向摆动，以疏散熔池中间的热量并将液体金属吹到两侧，形成较好的焊接品质。

5. 横焊

横焊是指在焊接的立面或倾斜面上作横向运动的焊接（图3-84）。

横焊的操作比较困难，因为横向焊缝容易造成熔池金属下淌，同时使焊缝上侧形成咬边，在下侧形成焊瘤和假焊等缺陷（图3-85）。

横焊时，除了应选择比平焊小的火焰能率外，还应注意严格控制熔池温度以避免过热使熔化的金属下坠；焊嘴应向上倾斜，火焰与工作方向的夹角为65°，利用火焰的吹力托住熔池金属不发生下淌。

焊接过程中应始终将焊丝插入熔池内，不断把熔化的金属向上拨动，同时焊丝呈半圆形或斜形运动，在这一过程中将其加热熔化，形成平滑、良好的焊缝。

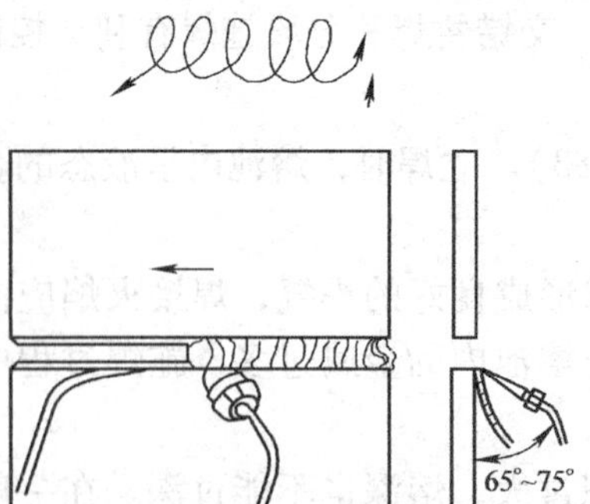

图3-84　横焊的操作

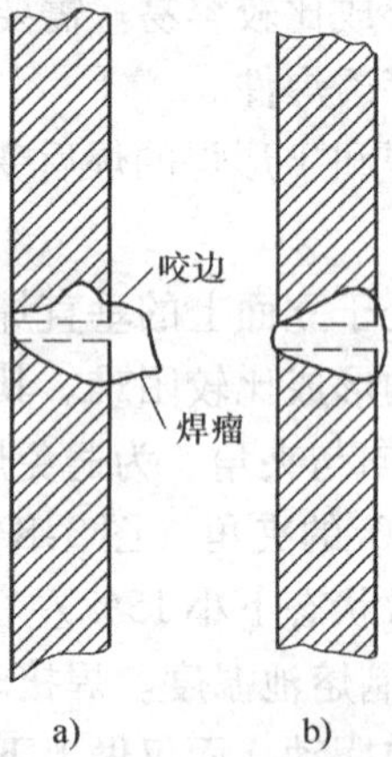

图3-85　横焊形成的缺陷

a）不良　b）良好

6. 仰焊

仰焊是指焊接火焰在焊接工件的下方，操作人员需要仰视工件进行焊接作业（图3-86）。

仰焊作业的难度较大，一方面熔池金属易滴落，另一方面是劳动条件差、生产效率低。操作时需要注意以下事项。

① 尽可能选择较小的火焰能率，焊炬及焊嘴均应比相同焊件平焊时小一号。焊接时则应严格控制熔池温度和大小，要确保熔化的金属快速凝固、不下坠、无滴落。

② 宜选用较小直径的焊丝以薄层堆敷。若焊接有坡口或较厚的工件，应分层施焊，其中第一层应保证熔透，各层应保证熔合良好、过渡圆滑。

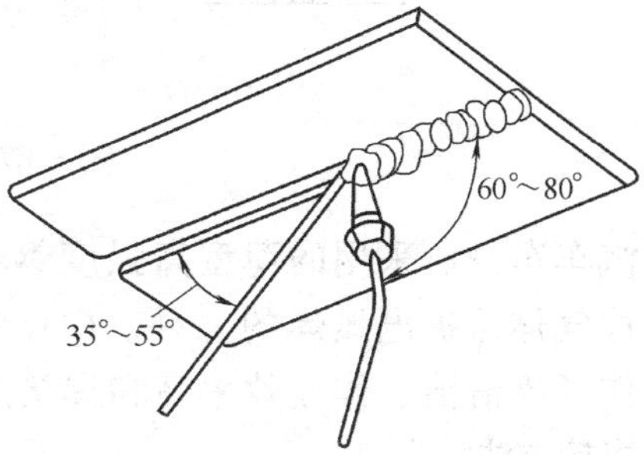

图3-86　仰焊的操作

③ 对接接头仰焊时，焊嘴与焊件所形成的夹角角度为60°～80°，焊丝与焊件的角度为35°～55°。用焊丝挡住部分火焰，并利用火焰的吹力托住焊缝熔池的金属。在施焊过程中，焊丝应做之字形运动并始终浸在熔池内，焊嘴则应做扁圆形运动。

④ 仰焊时应特别注意操作姿势和安全，并做好必要的防护工作。

（五）气焊薄钢板的操作要领

对薄钢板焊接时，焊件容易发生较大变形和翘曲，焊接部位极易被火焰烧穿。焊接时应按以下要领进行操作。

1. 正确选择规范

焊嘴的倾角要小一些，一般约为10°～20°；火焰能率低，选能率常数K=80～100K/h；焊丝直径要细，以免因熔化不及时而耽误施焊的时机。

2. 避免焊件过热

焊接时火焰不要对着焊件，要将焊嘴略向焊丝方面偏斜，由此可使焊丝适当挡住火焰，避免焊件因过热而导致晶体变粗、结合强度下降。

3. 及时移动焊炬

为了防止烧穿焊件，在焊接过程中应不断移动焊炬，使焊嘴时常离开焊件并密切注意熔池情况。如母材一熔化，应立即将焊嘴移开，这样可使熔池迅速凝结，稍后再继续施焊。

4. 有效固定焊缝

固定焊缝主要是指对坡口沿线长方向上的有效定位，这一点对焊接薄板类构件十分重要。因为薄板类构件在焊接时，特别容易发生变形翘曲。如果焊前不进行定位焊，轻则焊缝变形、误差过大，重则使焊接作业无法进行。

5. 适当改变结构

对于过薄的钢板，如果条件允许可按图3-87所推荐的方案，改变薄板的接口形式。可以不加焊丝直接施焊使之形成焊缝。

三、金属惰性气体焊的应用

车身多以薄钢板冲压成形，对薄钢板的焊接又很容易产生焊接应力，造成穿孔、变形，使焊接难度增大。金属惰性气体焊（MIG）也称惰性气体金属电弧焊（GMAW），最适

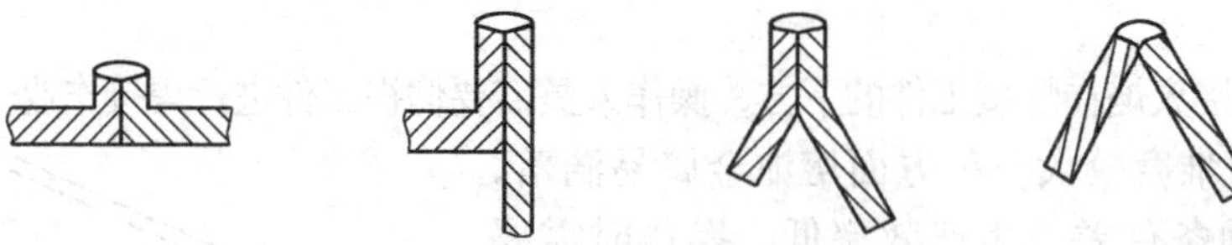

图 3-87　四种薄钢板卷边接口焊缝

宜汽车车身所采用的薄型高强度钢板的焊接。其中最为常见的 CO_2 气体保护焊，就是惰性气体保护电弧焊的一种。CO_2 气体保护焊能够有效地限制焊缝周围的热量，具有工作环境清洁、作业效率高和焊接质量好等优点，是汽车车身维修作业中普遍采用的一种焊接方法。

（一）金属惰性气体焊（MIG）的工作原理及其设备的组成

金属惰性气体焊（MIG），如 CO_2 气体保护焊采用短路弧法，以一定速度供给的裸线焊丝为一个电极，以焊接工件的金属为另一电极。工作时焊丝与工件接触发生短路，短路弧法采用细焊丝、低电压和小电流，使传到钢板上的热量虽小但能达到足够的熔深。作为电极的焊丝以一定的速度自动进给，与基本金属间产生电弧熔化，冷却后即可达到将工件焊接到一起的目的。因为起弧及焊接原理与焊条电弧焊相似，所以也将金属惰性气体焊（MIG）称为半自动电弧焊。

在焊接过程中惰性气体由气瓶输出到焊枪喷口，屏蔽焊丝使之与大气隔绝，如采用惰性 CO_2 气体作为保护介质，使电弧和熔池能与空气隔离开来，以避免有害气体对焊缝质量造成的不良影响。

金属惰性气体焊（MIG）的工作原理如图 3-88 所示；熔滴的转移过程如图 3-89 所示。

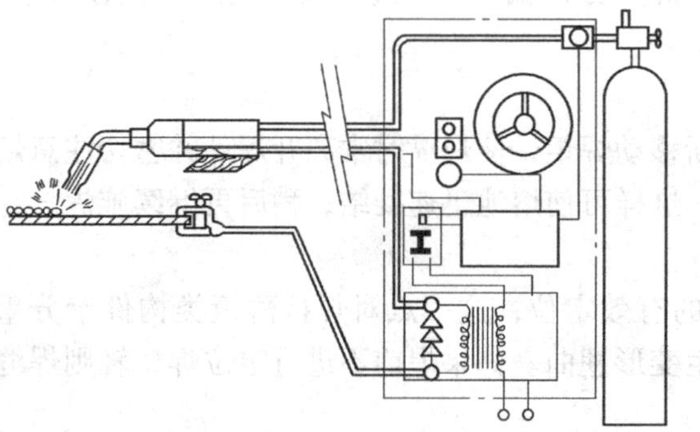

图 3-88　金属惰性气体焊（MIG）的工作原理

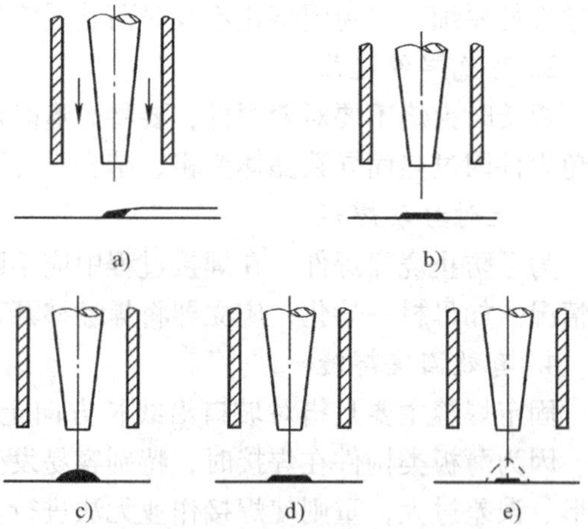

图 3-89　熔滴的转移过程

金属惰性气体焊（MIG）机主要由电源控制箱、焊枪、送丝机构和供气装置组成。其中，由三相变压器、硅整流器、电感器及控制元件组成的电源箱，承担着提供引弧电流的任务。送丝机构将焊丝按焊接电压、电流及操作人员动作速度等要求送至焊区。供气系统将气瓶压力经调节器减压并衡定后送给焊枪。带保护气喷嘴和导电嘴的焊枪，用导电嘴将电流送给焊丝产生短路电弧，用气体喷嘴向电弧和熔池送气加以保护。

（二）金属惰性气体焊（MIG）的焊接技术

金属惰性气体焊（MIG）对操作人员的技术水平要求不高，只要严格执行焊接规范和必须的操作要领即可保证焊接质量。这里以常用的 CO_2 气体保护焊为例，介绍金属惰性气体焊（MIG）的焊接技术。

1. 焊接规范

焊接规范提出了影响焊接质量的关键要求，主要包括以下几方面。

（1）焊接质量优劣与电弧长度直接相关　电弧长度取决于电弧的电压，可依据起弧后的工作状态，判断电压调整得是否合适。如果焊接时能听到一阵连续的“嗞嗞”声或轻微的爆裂声则为正常。从焊缝观察，电压提高则弧长增加，熔深变浅，焊缝宽且飞溅增加。

电流影响熔深、焊丝熔化速度、电弧的稳定性及飞溅量。电流加大，熔深、熔宽均增大；反之则熔深、熔宽变小。表 3-1 推荐了焊丝直径、焊件厚度和焊接电流三者之间的正确关系，可供焊接作业参考。

表 3-1　细丝 CO_2 气体保护焊的焊接规范

钢板厚度/mm	接头形式	装配间隙/mm	焊丝直径/mm	焊接电压/V	焊接电流/A	气体流量/（L/min）
≤1.2	无坡口平焊	≤0.3	0.6	18～19	30～35	6～7
1.5		≤0.3	0.7	19～20	60～80	6～7
2.0	有坡口平焊	≤0.5	0.8	20～21	80～100	7～8
2.5		≤0.5	0.8	20～21	80～100	7～8
3.0		≤0.5	0.8～0.90	21～23	90～115	8～10
4.0		≤0.5	0.8～0.90	21～23	90～115	8～10
≤1.2	⊥形横焊	≤0.3	0.6	19～20	35～55	6～7
1.5		≤0.3	0.7	20～21	65～85	8～10
2.0		≤0.5	0.7～0.80	21～22	80～100	10～11
2.5		≤0.5	0.8	22～23	90～110	10～11
3.0		≤0.5	0.8～0.90	21～23	95～115	11～13
4.0		≤0.5	0.8～0.90	21～23	100～120	13～15

（2）导电嘴与焊接表面的距离　焊枪导电嘴与焊接表面之间的距离，是影响焊接质量的重要参数（一般规定为 8～15mm）。若此距离过大，焊丝的伸出量就长，更多的预热时间将会使其熔化过快，同时保护气体的屏蔽作用也相应减弱。距离过小也不好，焊丝端头被喷嘴挡住使观察焊接质量和行进都有困难（图 3-90）。

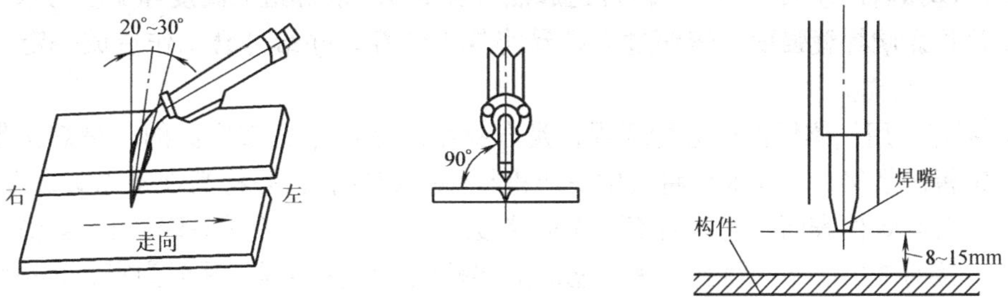

图 3-90　焊嘴与工件的位置

（3）焊接方向与角度　CO_2 气体保护焊也分为左向焊和右向焊两种。焊丝指向行走方向时称为左向焊接法，其特点是喷嘴不挡住视线；熔池受电弧的冲刷作用也小，熔宽大，焊缝平。焊丝指向与行走方向相反的方向时称为右向焊，其特点是向焊缝填充的金属多、熔深大，但电弧对熔池的冲刷作用也大，易影响焊缝的形成。

无论采用哪一种焊接方向，焊嘴与焊缝的垂直相交线夹角均为10～15℃之间。

（4）保护气体的流量与焊接速度　若要获得美观、可靠的焊接质量，对保护气体流量的控制要恰到好处。因为，流量过大会形成涡流而影响屏蔽效果；流量过小则保护气体屏蔽作用减弱。一般要根据这一原则和喷嘴与焊件的距离、焊接电流、焊接速度及作业环境（有风或无风）等具体情况来加以调整。标准送气量为21.55～24.66cm^3/min。

经验表明，速度过快将会使熔深、熔宽变小，焊缝呈尖形并且容易发生咬边现象，而焊接速度过慢则会造成焊件烧穿（图3-91）。正确的焊接速度由焊件板厚及电压所决定，一般参照表3-2中所推荐的焊接速度即可。

a)　　　b)　　　c)

图3-91　运枪速度对焊道形状的影响

a）过缓易使焊件烧穿　b）速度适当则熔深合适　c）过快易造成熔深不足

表3-2　焊接速度对照表

钢板厚度/mm	焊接速度/（cm/min）	钢板厚度/mm	焊接速度/（cm/min）
0.8	105～115	1.2	90～100
1.0	100	1.6	80～85

2. 焊接方法

CO_2气体保护焊的焊接操作方法如下。

（1）焊枪的操纵　将焊枪前端靠近焊件，按动开关便开始送丝，保护气体也同时喷出。此时只要操纵焊枪令焊丝端头与焊件金属表面接触即可起弧。如果焊丝顶端形成熔球，应将其剪断，否则会影响起弧。枪口处的焊接飞溅物也会影响送丝、送气，使用前应预先清理干净。

施焊过程中，应注意观察板件、焊丝的熔化情况及焊道的连续性，同时注意不要让焊丝偏离接缝。如果接缝较长最好先暂焊一下，分段的焊道应有重叠，应在上一段焊道末端前面一点起弧。起弧后迅速回拉至下一段焊道起点（图3-92）。焊道的高度和宽度力求一致，因为熔深不足将影响焊缝强度。熔深过大则易将焊件烧穿，并给打磨工作造成一定困难（图3-93）。

（2）塞焊　用气体保护焊进行塞焊，是车身维修中应用比较广泛的一种焊接形式，很适宜两块钢板的搭接。塞焊前应将其中一块钢板钻孔或冲孔，并将其夹紧以确保贴合紧密。塞焊时焊枪要与焊件表面垂直，沿塞孔周边缓慢运枪绕向中心（图3-94a）；当孔径较小时，可将焊枪直接对准中心不动将孔焊平。塞焊的熔核应以略高出焊件平面为宜，过高将给打磨带来困难，过低则使焊接强度不足甚至造成脱焊（图3-94b）。

（3）对接焊　对接焊可以分为端口对接焊（两焊件端面对齐）和角对接焊（两焊件垂直相接）两种。车身维修作业中局部更换金属覆盖件时，往往需要这种类型的焊接。无论

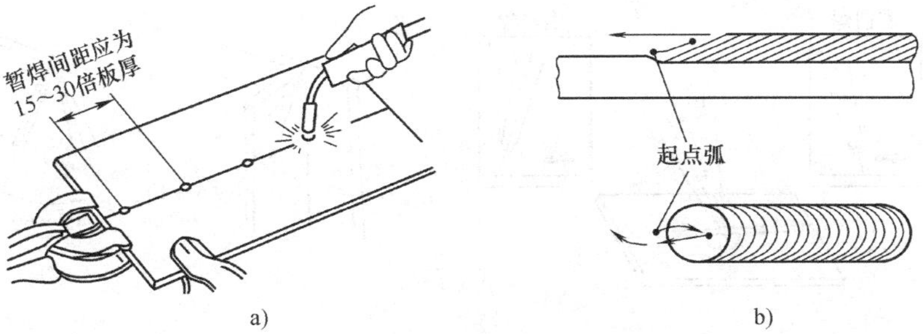

图 3-92　焊枪的操纵

a）暂焊　b）焊道的重叠方法

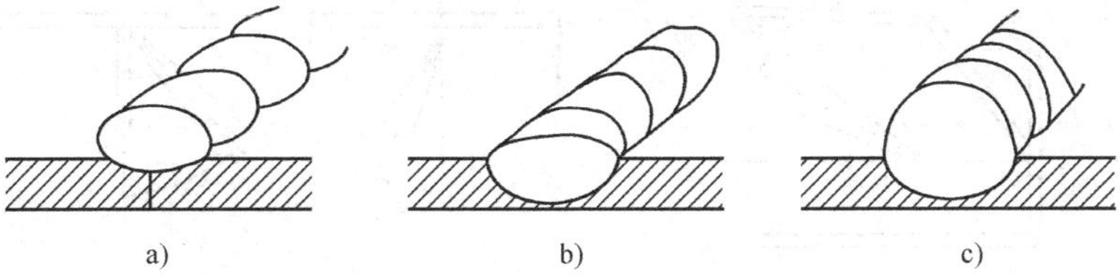

图 3-93　焊道的剖面形状

a）熔深过浅则强度不足　b）熔深合适　c）熔深过度、过高则易穿透且难以打磨

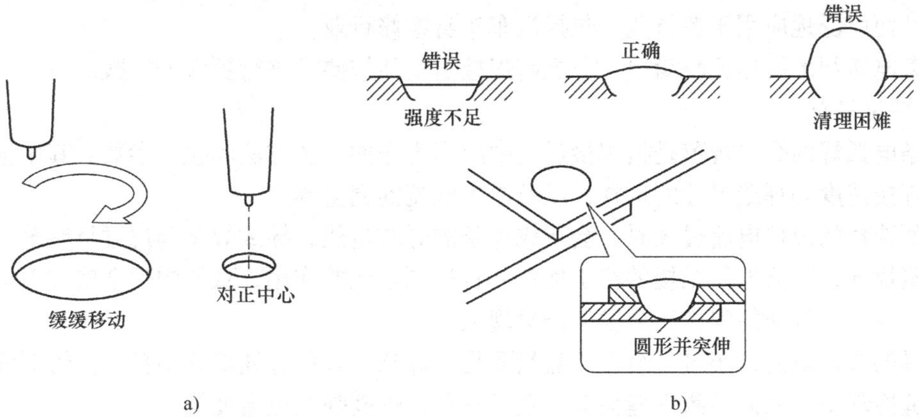

图 3-94　塞焊的操作

a）运枪方法　b）塞焊点的剖面分析与熔深

何种形式的对接焊，均应以 15 ~ 20 倍板厚的间隔先行定位暂焊。

对接焊一般采用左向焊施焊的办法，因为左向焊便于观察，可防止发生偏焊。角对接焊可按图 3-95 所示确定焊枪与焊件之间的倾斜角度，焊接时应将焊枪把稳并控制好行进速度。除了低于 0.8mm 的薄钢板（连续焊接容易烧穿）以外，一般都要连续焊接。分段焊接时应在上一段焊道末稍的前部起弧，然后迅速拉向小一段焊道的起点。

四、焊条电弧焊的应用

分别以手工操作的焊条和焊接零件作为两个电极，利用焊条与焊件之间产生的电弧热量，熔化焊条和金属，使构件焊接在一起的方法，称为焊条电弧焊。

焊条电弧焊的特点是所用设备简单，操作方便、灵活，适合于多种条件下的焊接。特别是对于结构复杂、焊缝短小、作业狭窄及高位作业等，焊条电弧焊以其他焊接方式不可比拟

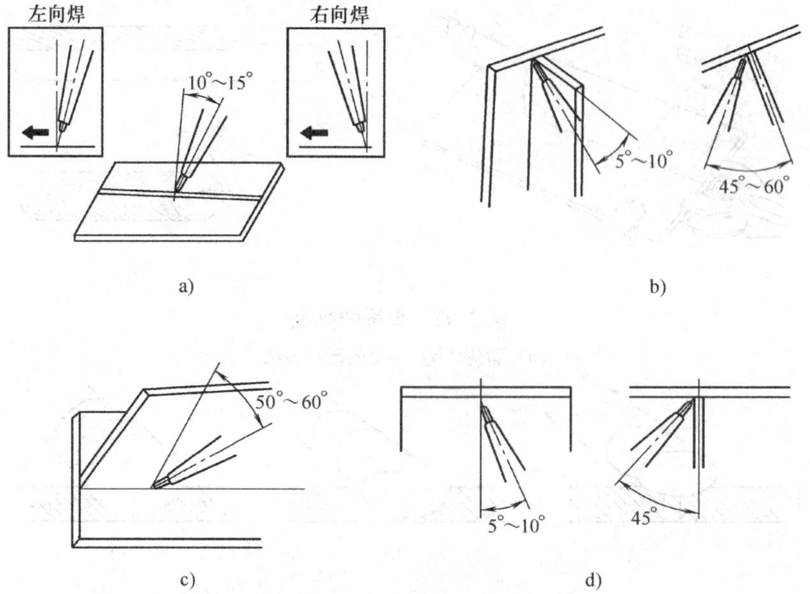

图3-95　对接焊的倾角要求

a）端口对接焊（平焊）　b）立焊　c）横焊　d）仰焊

的优越性而广泛地应用于各行业，包括汽车车身维修行业。

焊条电弧焊的操作比较简单，但提高焊接水平须按要求进行更多的实践。

1. *焊接规范*

焊条电弧焊的焊接规范是指焊接过程中应当遵守的工艺方法和技术参数。其中主要包括焊条、焊接速度和焊缝尺寸的选择，以及输出电流的调整等。

当所选择的焊接电流过大时，会造成焊条的焊芯过热，导致焊条药皮过早脱落，增加飞溅、元素烧损，降低电弧燃烧的稳定性；并且过剩电流的作用，致使焊件金属过度熔化造成焊缝两侧咬边，较薄的焊件还会发生烧穿现象。

选择的焊接电流过小时，会造成热量不足，焊条与焊件金属熔化不良，使熔深浅、焊不透，焊缝冷却快，从而导致焊缝夹渣、残留气孔，焊缝强度也会变弱。

2. *焊接方法*

焊条电弧焊的基本焊接要领可对照图3-96做如下说明。

在空载状态下预调好输出电流，没有把握时也可先在报废的零件上引弧，验证一下是否合适；所选焊条应与焊件材料配套，与待焊件倾斜一定角度（一般为50°~60°）；控制熔池的形状、大小合适；熔池前有适量电弧吹到下边预热，并控制熔深的起伏是熔孔直径的1.5倍为宜。

焊接裂纹时，为了防止焊件受热后使裂纹延伸，应在裂纹的终端钻一直径4~6mm的止裂孔。

对焊接强度要求较高的焊件，应在焊接前将焊接部位打磨成坡形。焊接坡口不仅可以提高焊条电弧焊的焊接强度，焊缝的表面质量也可得到明显改善。

立焊的要领在于控制熔池的温度，以免发生咬边或熔化的金属自行下坠使焊道分离，或因温度过高在熔池表面形成焊瘤。一般输出电流应比水平焊缝小10%~15%；结合半圈弧形的横向摆动加挑弧（灭弧）的运条方法；焊第一道焊缝时，也可以顶住电弧匀速向上运条。焊条与焊件的倾角应比平焊时大10°左右。

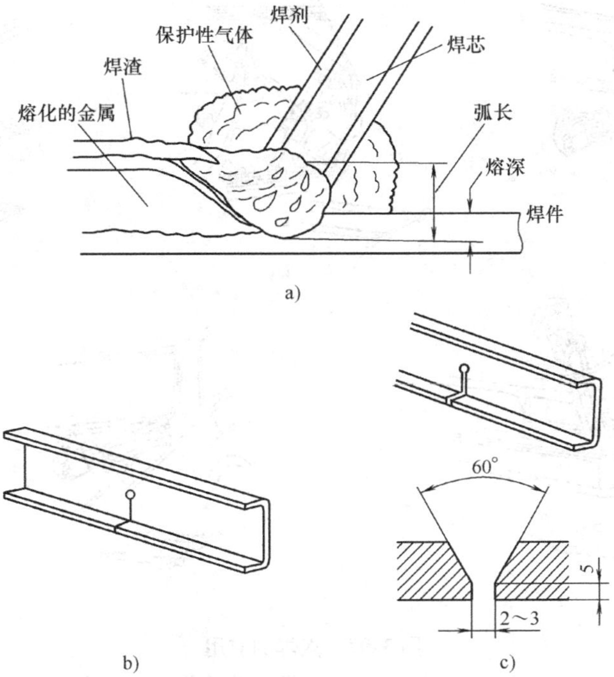

图 3-96 焊条电弧焊的基本焊接要领

a）电弧形状及焊接过程 b）焊接裂纹时应先钻止孔 c）必要时先制出坡口后再施焊

使用碱性低氢型焊条时，以挑弧方式控制熔池温度易产生气孔。对此，可采取跳弧的方法解决，即在挑弧时只将电弧拉长而不使其熄灭，使熔池表面始终处于电弧气的保护之下。

横焊时上边缘温度比下边缘高，熔池易发生下坠和咬上边等焊接缺陷，故应使用较小直径的焊条；焊接运条时不在上坡口做稳弧动作，而是迅速带至下坡口的根部，做微小的横向稳弧动作，匀速行进。

五、电阻点焊的应用

汽车车身构件的尺寸往往较小，形状复杂，电阻点焊（俗称点焊）具有焊接时间短、变形小等许多优点，点焊在车身生产中应用得最广泛。据统计，生产一辆轿车的点焊熔核约有4000～8000个。图 3-97 为点焊在车身焊接中的应用实例，由此可以看出点焊在汽车制造与维修中的重要作用。

（一）点焊机原理及设备的组成

点焊是利用金属通电后两构件接触部位的电阻产生热量并熔化，在外力的作用下使其熔合在一起，断电冷却后两构件便形成了永久性连接。

1. 电阻点焊三要素

（1）挤压 使用电阻点焊实现两块金属板的有效焊接，前提条件是焊钳作用于金属板上的压力。因为电阻点焊是在焊钳将金属板夹持后并通电，使电流经焊头和工件后，金属熔化使之接合在一起的。合适的点焊压力能确保电流通过，使通电过程中产生的热量及时扩散到较广的区域，熔核直径小且熔深合适（较深）。

（2）电流 当压力作用在金属板上并通过合适的电流时，金属板便会熔化并接合在一

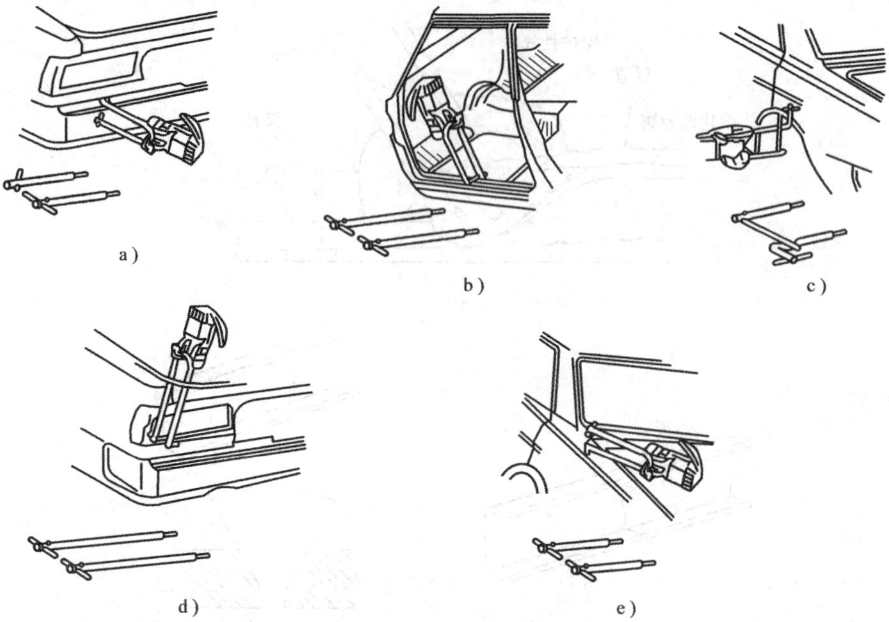

图3-97 点焊的应用

a）45°角臂 b）标准臂 c）弯臂 d）长臂 e）转节焊头

起。如果电流过大或压力过小，两金属板之间便会发生内部滴溅使焊接质量下降。显然，只有电流小、压力大，才能有效地抑制焊溅。

（3）维持时间 停止加电使熔化的金属冷却，在熔核位置便会形成一个圆形、呈扁平状的焊核。熔核处的金属在冷却过程中，即焊核形成之前，保持熔核压力并使之维持一定的时间是十分必要的。

2. *点焊设备及工作原理*

挤压式点焊机是车身维修中理想的设备之一，它具有良好的接触强度而无构件变形。两电极将焊件板夹紧，保证大电流集中通过板上被压紧的这一点；夹紧通电后，电流经电极和板件接合处流过，接点处的电阻比电极大得多而迅速升温；继续加热金属被熔化，焊件表面上的热量很容易被铜电极带走，加热最强的地方不在电极与焊件之间，而在两个焊件相接触的部位；断电后冷却，熔合处便形成熔核。

两焊件接触良好，需要一定的压力。压力的作用会使金属细密，连接强度提高。点焊机一定具有可靠的焊件压紧装置。一般利用杠杆原理，制成机械式加压装置，该装置具有结构简单、使用可靠、便于操作的优点。

点焊机的电源部分相当于一台变压器，它向电极提供低电压、大电流。点焊控制器可以调整输出的焊接电流与通电时间，当开关接通时，电流按调定的时间接通和断开。时间的调节范围通常在1/6～1s之间。一般车身用钢板厚度约为1mm左右，所需输出电流大多在6500A以上。台式点焊机电源与焊钳制成一体，便携式的点焊机与焊钳各自分开，其中功率较小的点焊机也有一体式（焊钳与电源制成一体）的。

焊钳上装配的焊臂有多种类型，以供不同焊接场合下选用（图3-98）。焊钳电极端头的形状是一样的，经过多次使用而磨损、烧蚀后，应及时将端面修磨平整，以免烧蚀电极和影响焊接质量。

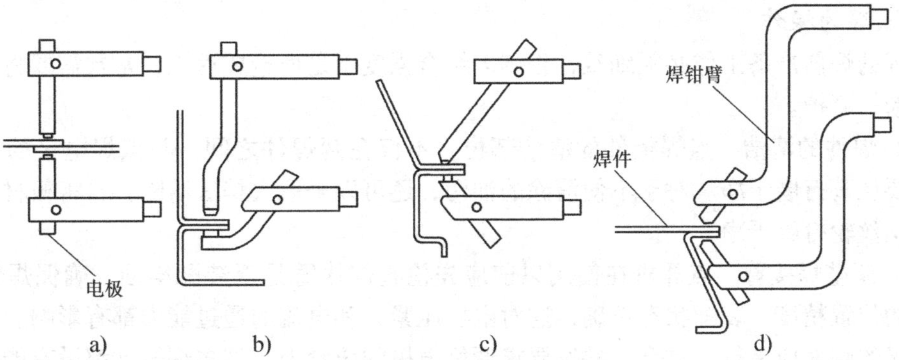

图 3-98　点焊钳的类型
a)、b)、c)、d) 四种点焊钳结构形式

缝焊、凸焊、碰焊等也都是利用这一原理来实现焊接的。

(二) 点焊的焊接技术

便携式（也称手提式）点焊机在车身维修中应用得十分普遍。

1. 焊接规范

影响点焊质量的因素很多，除了电极压力、焊接电流和通电时间以外，其他如电极状态、焊钳臂装配情况、焊件的材料与清洁程度等，也都有影响。

(1) 电极压紧力　熔核强度与电极压紧力密切相关。压力过小会在接触点处造成焊接飞溅；压力过大则通过的电流也大，但是热量分布区域大，使熔核直径和熔深反而变小。

(2) 焊接电流　熔核直径和焊接强度都随焊接电流的增加而增大，但电流过大且压力较小时，会造成板间的飞溅；反之则可能将飞溅减至最小。可见，焊接电流和电极压力之间还存在一定的关系，需要在焊接作业中摸索。

(3) 通电时间　通电时间长，热量生成多，熔核直径大，熔深也深。如果电流一定，则通电时间过于延长不会使熔核增大，另外，还会出现电极压痕和热变形较大现象。

(4) 熔核布置　熔核的间距（熔核之间的距离）和边距（熔核至板边缘的距离）对熔核强度也有决定性作用。缩小熔核间距虽然可以提高焊件的连接强度，但实际上是有限的。因为间距超过一定的限度，焊接电流会经由上一个熔核导走、泄漏。所增加的熔核不再具有增强焊件连接强度的作用，还会适得其反。熔核的间距一定要跨出电流的泄漏区。

表 3-3 给出与不同规格板厚相匹配的焊接电流、电极压紧力、通电时间及熔核布置要求等。由于点焊机只能焊接薄钢板（一般为 0.7～1.4mm、总厚度不超过 3mm），并且有些点焊机的电流和电极压力是不可调的。对此，可参照焊机说明书的规定用适当加长焊钳臂和通电时间的方法来解决。

表 3-3　低碳钢薄板点焊技术规范

板厚/mm	最佳条件			电极直径/mm		熔核布置/mm		结果
	通电时间/s	压紧力/N	电流/A	端部	杆部	间距	边距	抗剪力/N
0.6	0.11	1471	6600	4.0	10	11 以上	5 以上	2942
0.8	0.14	1863	7800	4.5	10	14 以上	5 以上	4315
1.0	0.17	2206	8800	5.0	13	18 以上	6 以上	5982
1.2	0.20	2648	9800	5.5	13	22 以上	7 以上	7469
1.6	0.27	3530	11500	6.3	13	29 以上	8 以上	10395

2. 点焊的操作

点焊的焊前准备工作必须细致，否则因结合强度不足而造成返工，常常需要将不合格的熔核重新打磨掉。

（1）焊件的清洁　点焊板件的清洁部位，不仅在两焊件之间，与点焊电极的接触点同样也需要认真打磨干净。对于不便清除的油污，还可以采取火焰法清除，再将板材表面用钢丝刷或钢丝轮打磨干净。

（2）调整焊接臂　点焊机在使用以前应先检查焊接臂是否装配牢固，确保焊钳上所装焊接臂的位置精度、装配状态正确，这对电极压紧力和电流的通过能力都有影响。基本要求是两焊极的端面应平行、重合，并按要求调好电极的压紧力。许多焊机上都设有能调整压力的调节器，可根据实际需要选择。

（3）焊接　按焊接规范选定有关参数和电极等，将焊件的相互位置确定并用专用工具夹紧后，即可按计划分布的熔核施焊。对于手提式点焊机，在连续焊接5~6个熔核后应稍微停止一下，给焊极一段冷却时间。正常使用过程中，电极也会发生烧灼和积垢使电阻增大。通过减小焊件的电流，熔核熔深变浅。当焊接过程中发现电极端头发红或火花飞溅增多时，应及时用专用电极修整器（或电极修磨机）将电极端头修磨好。

（4）熔核的外观检查　由于点焊的焊接点在两板面之间，难以观察焊接过程及其焊接质量，但是，仍然可以在焊接终了后，凭外观检查来判断其焊接质量如何（图3-99）。检查压痕深度不得大于板厚的1/2，当两板件的厚度不一时，应以较薄的尺寸为准（图3-99a）。焊件表面不可有较为明显的针孔（图3-99b）。焊件表面不应发生明显飞溅现象，如属于车身蒙皮、外板等覆盖件，戴手套抹拭不得刮丝（图3-99c）。

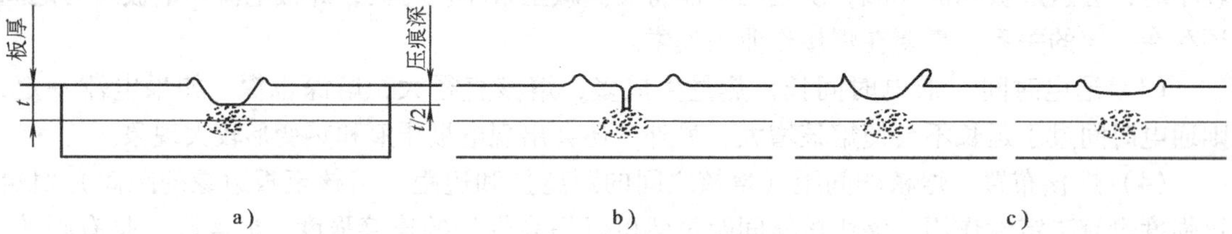

图3-99　点焊产生的缺陷

a）压痕　b）针孔　c）飞溅

对试焊件焊接质量进行检查时，可参照图3-100所示的方法用力拆解。根据断口的清晰与否，直观地判定点焊质量的优劣。也可用图3-101所示的扁口錾，沿焊件接缝楔入板间距熔核7~10mm处，打进深度以观察到熔核形状时为止（不得超过30mm），确认熔核无脱开后抽出检具并将检验处修平。

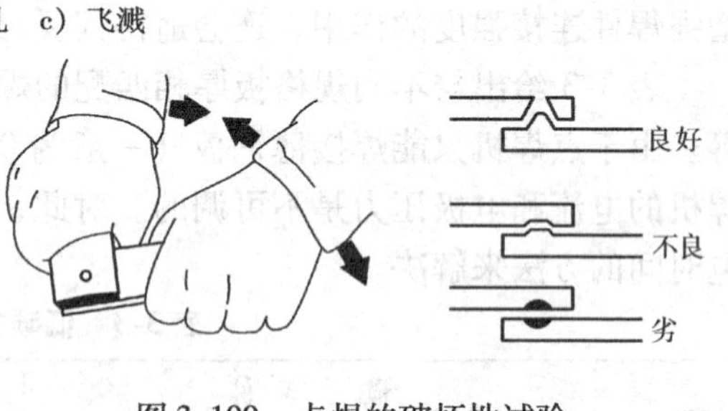

图3-100　点焊的破坏性试验

3. 其他方式的点焊

车身维修中普遍采用上述挤压式点焊工艺，但是有时也需要采用其他形式的点焊，于是利用电阻点焊机工作原理制成的钣点焊和电收火棒等焊接工艺也诞生了。

钣点焊是能够同时在一面进行点焊的方法。具有两个点焊头的钣点焊机，可以每只手各持一个点焊极，同时将点焊头压向焊接处即可完成钣点焊。两只手柄上各有一个开关，供选择通电时间用。

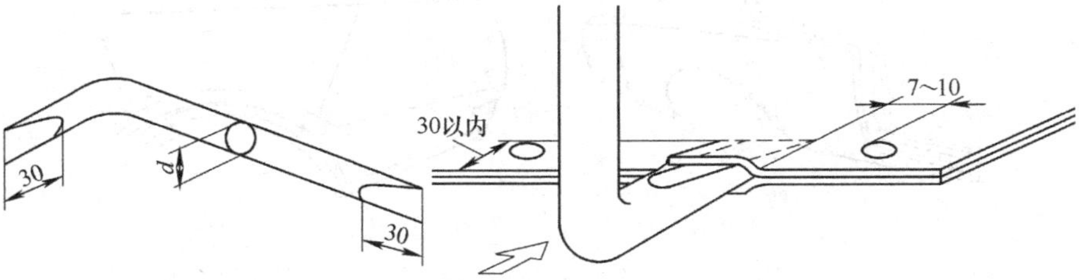

图 3-101 点焊的非破坏性试验
a）检具 b）检验方法

钣点焊在车身维修中有一定的使用价值，尤其是更换车身钣金构件时，往往不便于从两边进行点焊操作，此时，钣点焊便显示出其不可比拟的优点。如果需要对如图 3-102 所示的车身钣金件点焊时，无须从两面操作即可进行焊接，这也是钣点焊的特点之一。

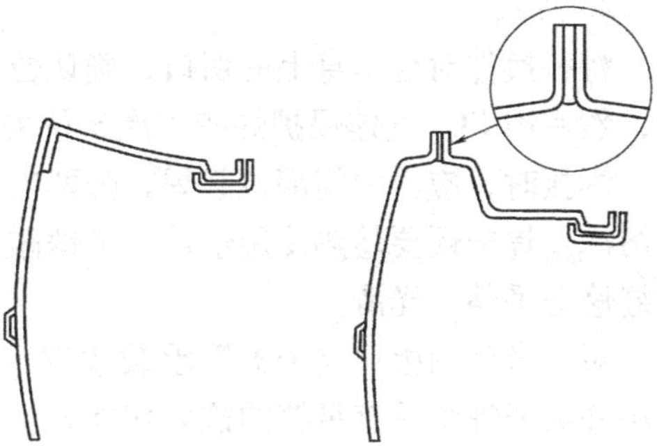

图 3-102 钣件的点焊操作
a）搭接头 b）凸缘接头

与挤压式点焊操作一样，钣点焊的焊缝同样需要认真清洁。用砂布磨去表面涂层（缓蚀层除外）、锈蚀和清除油污等，有利于提高钣点焊的焊接质量。为了保证焊件之间的贴合压力，用大力钳夹持或用钣金螺栓对焊件进行可靠的固定都是必要的。

对于较长的焊缝，钣点焊也要从中间向两边开始操作，如此可以减少和消除钣金构件的应力与变形。

使用电收火棒可以进行钣金收火或对钣金表面进行校平作业。

六、焊接技术应用实例

（一）用 CO_2 气体保护焊对车身后围板、侧板进行局部挖补

车身维修作业中，经常会遇到钣金件局部锈蚀或发生严重损伤，局部挖补是解决这一问题的较好办法。图 3-103a 所示为轿车车身后翼板的分段挖补示例。损伤修复时，也可沿图 3-103b 所示的标线切割，做更大范围的挖补。

1. 落料

首先通过检查确定局部锈蚀的范围，从外部划出欲挖补的轮廓。然后将其与车身其他部位的连接断开后，用风动锯、切割砂轮等将挖补处割下（禁止使用气割）。

在替换件上划出剪切范围线，要确保范围线内的尺寸比切割下的损坏部分大10 ~20mm。按所划切割线将新件多余部分切除并将切口修磨整齐。将新件置于车身挖补处的正确部位，以此新件切口为样板，在车身上准确地划定切割线，然后沿此线将车身上的多余部分切除并将端口修磨整齐。

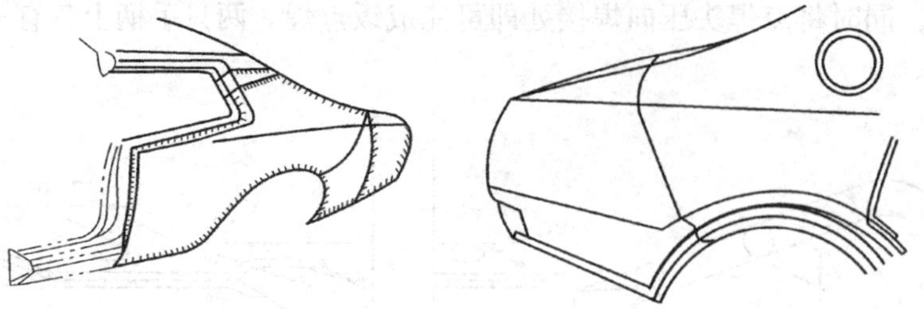

a)　　　　　　b)

图 3-103　车身后翼板的挖补

a）局部挖补的分段　b）整体挖补的切割标线

2. 焊接

将替换件对合车身上的切口，确认位置正确、缝隙不大于 1m，用专用夹具固定在车身上，然后用 CO_2 气体保护焊按主次定位关系做定位焊，间距约为 50mm。

焊接时，应由中间部位起焊，分两次向终端焊接。施焊过程中，注意焊缝的表面质量保证熔深。焊毕还要趁热使用垫铁、平锤敲击焊缝，消除由焊接产生的残余内应力。无误后将焊缝修磨平整、光滑。

对车身后围板、翼子板等承载蒙皮，尽量使用 CO_2 气体保护焊，这样能使蒙皮周围变形小并保证焊缝具有足够的抗剪切能力。

（二）用点焊或塞焊更换前车身悬架支承构件

前车身悬架支承构件（亦称翼子板内支承板）发生严重损伤时，可按图 3-104 所示方法予以更换。

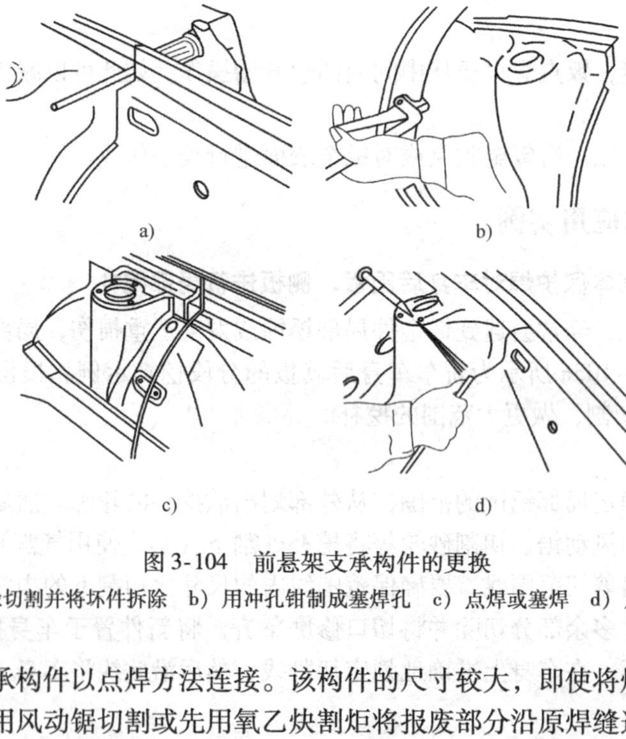

a)　　　　b)

c)　　　　d)

图 3-104　前悬架支承构件的更换

a）沿熔核边缘切割并将坏件拆除　b）用冲孔钳制成塞焊孔　c）点焊或塞焊　d）用钎料填充缝隙

1. 拆除

前车身悬架支承构件以点焊方法连接。该构件的尺寸较大，即使将熔核分离也很难将其作为整体拆下。可用风动锯切割或先用氧乙炔割炬将报废部分沿原焊缝边缘割下，然后再拆除熔核。此分割作业称为“粗割”，适用于车身上许多报废构件的更换。

用钻削或磨削的方法将熔核清除使焊件剥离，借助撬板等工具将残留部分从车身上拆下。受损部分拆除后，要对车身上的接口部分进行整理，如：用手砂轮机磨去原来的焊痕，注意既要磨平又要避免损坏车身钢板；用锤子和垫铁将端口变形调整好；位置有误差，应先行矫正；将焊接面两边的涂料除净，并在焊接面上涂敷缓蚀剂（注意：凡在以后不涂漆的部位均应涂到）。

2. 更换

待更换新构件表面都覆盖有涂装材料，以点焊方法连接时一定要先将焊接部位的漆层除掉，否则会影响点焊电流通过。清除涂层最好的工具是带式打磨机。

由轿车车身的前部构造可知，前车身悬架支承构件一方面承担着悬架的部分载荷，另一方面还决定前轮定位参数的准确度。新装的前车身悬架支承构件板，必须以尺寸法定位，以车身尺寸规定的位置要求为准，决定其与车身装配的相对位置。可利用对称性原则在车身的另一侧通过实测获得。

在各部尺寸逐一校准的过程中，可用局部暂焊方式将前车身悬架支承构件适当加以固定；将起定位作用的部分关联件（如横梁、散热器支架等）装配牢靠，将翼子板装合并调整其与车门的间隙。应分别将全部定位尺寸逐一核对，确认其定位尺寸准确无误后再施焊。

点焊后要在构件搭接部涂敷缓蚀剂，并且熔核的分布数量均应相当于原厂方案的1.3倍左右为宜。

在清理钢板表面漆皮时，注意检查构件钢板的材料性质。属于耐腐蚀（表面处理）的钢板时，应将焊接部件的耐腐蚀层砂磨掉，点焊时还要将电流放大10%～20%。

此外，焊接设备在使用过程中断路会产生强大的自感电动势，如果作用在汽车的微电子装置上，就会造成不应有的损坏。

（三）用气焊修复车身钣金件裂纹

车身钣金件的裂纹多用CO_2气体保护焊修复，但对于不太重要的部位或受限于设备条件时，也使用气焊予以修复。

用气焊修复车身钣金件时，应选用HO—06型焊炬配以3号焊嘴，使用直径为2～2.5mm的低碳钢焊丝，火焰调节为中性焰。

施焊前应将裂纹变形的金属板复位、对齐，如果是通长裂纹还应先将端部固定焊上一点。裂纹的焊接应遵循“由内向外”原则，从裂纹的止点起焊，逐渐将焊道引向裂纹的另一端（构件的边缘）。操作顺序与要领如图3-105所示。

如裂纹较短，可沿裂纹走向一次焊到边缘。当裂纹较长时，应按50mm的间距先行定位焊。定位焊的焊点超过三段以上时，应采用分段的方法逐一焊接，可以防止因焊缝温度过高而引起熔池塌陷，同时减少高温给周围金属带来的不良影响。构件的热变形相应降低。焊接过程中，如发现构件裂纹两侧的金属板件错位，应借助锤子、垫铁等工具将其敲平。

当在一块较大金属薄板上焊接单一裂缝时，为防止氧乙炔焊对周围金属产生热影响，可以用湿布或湿棉纱等围住焊缝后再施工，这样能够有效地阻止热量的扩散，以减少四周金属因焊接带来的变形。

裂纹发生在承受载荷较大的部位，应采取加强型焊接措施。其一，对前述工艺先于裂纹的反面施焊，并可将焊道加宽、加高，然后再由正面均匀地沿裂纹走一条细致焊道。这样既

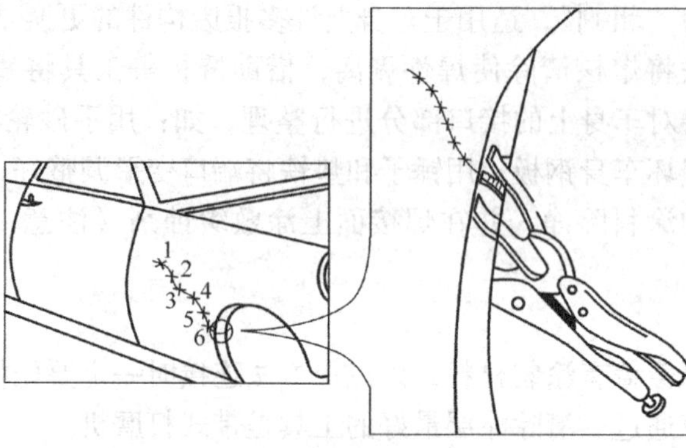

图 3-105 翼子板裂纹的焊接

注：图中数字表示暂焊顺序

可保证焊接强度，又能使焊缝美观。这种“双面焊”的方法，用于修复车身钣金件的裂纹十分可靠。

对强度和表面平整度要求比较高的部位，也可以采取如图 3-106 所示的焊接方案。焊完一道焊缝后，借助槽形垫铁和锤子将焊缝敲成凹形，再用钎料将凹形槽填平。这样，就给磨削提供了充足的余量，而普通焊接方法则无此打磨余量。

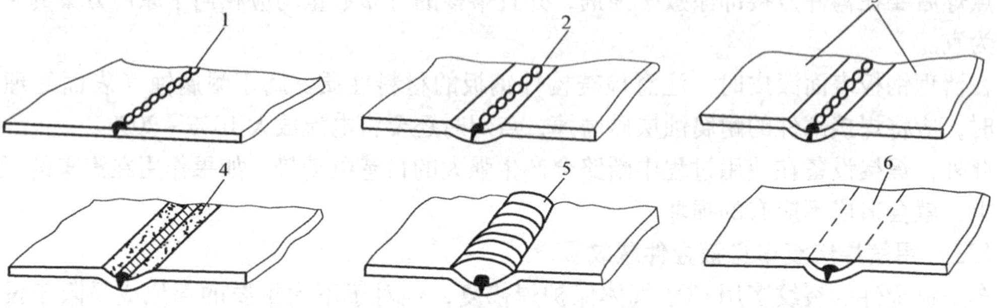

图 3-106 用焊料覆盖焊缝的步骤

1—用气焊将裂纹焊牢 2—锤击焊缝低于周围板面 3—将板面修平 4—打磨表面并刷涂焊剂
5—用软钎料或硬钎料将凹陷填平至略高于板面的程度 6—用专用工具修磨平整

对车身钣金件的裂纹，无论采用哪一种方式焊修，都应在修补后于焊缝的内侧垫上托铁，用平锤沿焊缝轻轻敲击一遍，以消除焊接造成的残余应力。对装饰性构件表面，还要认真进行表面修整，以达到涂装作业底层处理要求。

本章小结

1. 构件弯曲与扭曲矫正的操作方法。
2. 拱曲、卷边与咬缝的制作方法。
3. 正托法与偏托法、紧贴法与断贴法的方法与应用。
4. 线形的修复方法。
5. 吸引法、惯性锤法、牵引法与支撑法的操作工艺与应用范围。
6. 钣金的收放操作工艺（冷做法、热做法与电热法的应用）。
7. 气焊的安装与操作方法（各个焊接位置焊接参数的选择）。

8. CO_2 气体保护焊的应用（各个焊接位置焊接参数的选择）。
9. 电弧焊的操作方法与各个参数的选择。
10. 电阻点焊的应用范围与参数的选择及质量的检验。

复习思考题

1. 角形弯曲矫正采用哪些方式？
2. 匚形的弯曲工艺是什么？
3. 弧形弯曲作业的目的是什么？
4. 拱形件制作有哪几种方法？
5. 常见的卷边形式有哪些？
6. 卷边余量如何计算？
7. 手工咬缝的操作方法是什么？
8. 手工制肋有哪些方法？
9. 型材变形有哪几种方式？
10. 如何正确使用钣金锤？
11. 如何正确使用钣金托模？
12. 如何正确使用修平刀？
13. 如何对焊缝进行平整？
14. 如何对车身线形进行修复？
15. 如何在车身修复中正确使用惯性锤？
16. 如何在车身修复中正确使用牵引法？
17. 如何在车身修复中正确使用支撑法？
18. 车身钣金修复中收放有哪些形式？
19. 薄板有哪些延展方法？如何操作？
20. 火焰收缩的原理是什么？
21. 如何检验收放效果？
22. 车身覆盖件表面有几种类型？
23. 空间曲面覆盖件的仿制依据有哪些？
24. 焊接方法有哪几类？
25. 氧乙炔焊设备组装注意事项有哪些？
26. 火焰的形式及如何调整？
27. 氧乙炔薄板焊接的操作要领有哪些？
28. 焊条电弧焊机分哪几类？
29. 金属惰性气体焊（MIG）的工作原理是什么？
30. 如何分析焊接缺陷？
31. 点焊机的焊接工艺是什么？
32. 何谓电阻点焊的三要素？

实训项目二　钣金的制作工艺（零件盒的制作）

一、实训内容

1. 展开图的制作。
2. 划线、剪裁、弯曲、咬缝、卷边与拔缘。

二、实训目的与要求

1. 掌握展开图的制作方法。
2. 掌握划线的基本方法。
3. 掌握合理剪裁的基本方法。
4. 掌握弯曲的方法与要求。
5. 掌握咬缝的方法与要求。
6. 掌握拔缘的方法与要求。
7. 掌握卷边的方法与要求。

三、实训设备与工具

1. 直尺	若干把	2. 角尺	若干把
3. 划针	若干把	4. 划规	若干把
5. 手工钣金剪刀	若干把	6. 振动剪床	一台
7. 砧铁	1个	8. 槽钢或方钢	3段
9. 钣金锤	若干把	10. 台虎钳	3个
11. 手工剪刀	1把	12. 克丝钳	若干把
13. 平台	2个	14. 锉	若干把

四、实训过程

1. 放样图的制作

根据所需制作的零件盒的施工图，把工件的实际大小和形状画到施工板料上，注意应放出工艺余量与剪切位置。划直线时，可用直尺使其一边通过选定好的两点，并将直尺压紧于0.75mm的冷轧钢板上，然后用划针沿直尺的底边划出直线。直线长度应与计算法算出的数值（包括工艺余量）一致，然后再划出其他的线条，剪切线要划得较深、较粗，其他定位线条相应较浅、较细。至此放样图制作完毕。

2. 合理的剪裁

在钢板上划出零件的放样图，在画图时应当考虑板材的利用率，如在钢板上划单个零件时，为提高利用率总是将零件靠近板料的边缘，且留出一定的加工余量。如果零件制作较多，必须考虑在板料上如何排列才合理，即合理配裁。

在合理配裁的基础上，按照放样图进行剪裁，可用振动剪床进行裁剪，也可用手工钣金剪进行剪裁。在剪切时应注意剪切余量与安全操作，防止加工余量过小造成无法进行下一步加工，或余量过大造成材料的浪费；防止在操作过程中人员受伤。

3. 板料的弯曲

根据放样图的定位线和施工形式，可以借助台虎钳装夹角钢或槽钢，利用角钢与槽钢的棱角对需要弯曲的剪切下来的冷轧钢板进行弯曲作业。在弯曲时应注意底面侧面所成的角度应当为90°，注意操作过程中防止受伤。

4. 板料的咬接

按照放样图所划的折边线，将板料按折边线弯曲90°，翻转板料使弯边朝上，并伸出平台3mm左右敲击弯边顶端，使伸出部分形成与弯边相反的弯折。将第一次的弯边向里敲成弯钩形，将另一面的板料的一边，也按上述的方法敲成弯钩形，将两弯钩形弯曲扣合在一起，待咬接口全部扣好后，加大敲击力，使之完全扣紧。在接口没有完全扣合之前，不可重击，以免脱扣形成死结。

5. 板料的卷边

咬缝后的零件盒基本成形，根据弯边线进行夹丝卷边，将板料放在平台上，使距卷边线1/3处漏出平台，左手压住盒子，右手用木槌（橡胶锤）敲击露出平台部分的边缘，使其向下弯曲成85°~90°；再将板料向平台外伸弯曲，直至平台边缘对准第二次卷边线为止，并使第一次敲打的边缘靠上平台。将盒子翻转使卷边朝上，轻而均匀地敲打卷边向里扣，使卷边部分逐渐形成圆弧形。将铁丝放入卷边内，先从一端开始，以防止铁丝弹出，先将一端扣好，然后放一段扣一段，全部扣完后，轻轻敲打，使卷边紧靠铁丝。

6. 工具盒的修整

卷边完毕后，各面之间会存在铁板的棱角，易刮伤使用者，在卷边之后须进行拔缘或磨削处理，将制作之后的缺陷消除。

钣金的制作工艺

实 训 报 告

实训项目三　焊 接 工 艺

一、实训内容

1. 气焊。
2. 焊条电弧焊。
3. 电焊。
4. CO_2 气体保护焊。

二、实训的目的与要求

1. 掌握气焊的操作方法和要求。
2. 掌握焊条电弧焊的操作方法和要求。
3. 掌握点焊的操作方法和要求。
4. 掌握 CO_2 气体保护焊的操作方法和要求。

三、实训设备与工具

1. 气焊设备	一套	2. 焊条电弧焊设备	一套
3. 点焊设备	一套	4. CO_2 气体保护焊设备	一套
5. 护目镜	若干	6. 电焊面罩	若干
7. 清渣锤	4 把	8. 工作台	4 个
9. 钢丝刷	4 把	10. 砂布	若干
11. 焊条	若干	12. 焊丝	若干种
13. 锉刀	若干种	14. 刮刀	若干种
15. 劳保用品	4 套		

四、实训过程

1. 气焊

(1) 安全要求　氧气瓶在使用过程中应避免阳光直射和剧烈的振动与冲击。另外，氧气极易与油类发生化学反应而起火，这也是使用过程中应当充分注意的事项。

当需要搬运或装卸氧气瓶时，应注意瓶口处的金属安全帽是否装配良好，并保持阀杆处无漏气现象。使用过程中应注意不要将瓶中氧气全部用完（至少留 100kPa 以上的氧气压力），以保证安全、除尘、充气充足和纯净。

乙炔瓶的工作压力是 14.7MPa，使用时应避免振动、高温和 10m 以内的明火等。放置时瓶体应直立，否则会因丙酮溢出而引发火灾及爆炸事故。

(2) 组装　氧乙炔焊接设备在使用中应注意清洁并轻拿轻放。组装前应使气瓶可靠固定，然后将安全帽拆下并将气阀轻微松开，清洁阀口并确认无杂物及阻塞后关闭阀门。安装压力调节器后，在压力调节阀杆松开前不要急于打开气瓶阀门。阀门打开的速度也不宜过快，以免使膜片受到剧烈的冲击而损坏等。

然后装上软管并旋转压力调节阀，用有压力的气体将软管逐个吹净。放气时应注意不要过量，附近也不能有明火、机油、油脂等。最后再装上焊枪或割枪，并确保各部连接坚固、可靠、无泄漏。

使用时，先稍微开启焊枪上的乙炔阀门，再顺时针转动调节器上的输出压力调节至规定值。用无油肥皂溶液检查各部连接的可靠性，如有泄漏应查明原因并排除后方可作业。

点火时应先慢慢开启氧气阀，然后再开启乙炔阀，点火后可根据使用要求调节氧气和乙炔的比例，以获得焊接所需的火焰形式。

（3）火焰的形式及调整　气焊火焰是同乙炔气及起助燃作用的氧气混合燃烧形成的，选用及调整焊接火焰对焊接质量有直接影响。

火焰的状态取决于氧乙炔的混合比例，通过调整可以得到中性焰、碳化焰、氧化焰三种。

（4）立焊　立焊是指处于立面上的垂直焊缝的焊接。立焊时，熔池内呈液态的金属容易下淌，使焊缝的形成比较困难。立焊操作要领如下。

① 焊接方向与夹角。为避免熔化的金属下淌并形成良好的焊缝，焊接火焰应向上倾斜并与焊件形成60°的夹角。同时，为防止熔池内的金属过多，施焊过程中少加焊丝并采取较通常状态下小15%左右的火焰能率。

② 严格控制熔池温度。焊接时不能使熔池面积过大，熔深也不能过深。在一般情况下焊嘴不要做横向摆动，而仅做上下跳动，这样有利于控制熔池温度。焊丝则应在火焰气流范围内做环形运动，将熔化的金属均匀地一层层堆敷上去。

③ 避免熔池金属下淌。如果在操作过程中发现金属即将下淌，则应立即抬起火焰，待熔池温度降低后再继续进行焊接。通常为防止熔池温度过高，应将火焰较多地集中在焊丝上，同时提高焊接速度以保证焊接过程正常进行。

④ 对不同厚度的板材采取不同的焊接工艺。在焊接薄板时，因焊接时熔池体积较小，宜通过加快焊接速度来保证液体金属迅速凝固。此时，应注意焊接火焰不要做上下摆动，而应做较小的横向摆动，以疏散熔池中间的热量并将液体金属吹到两侧。

⑤ 及时移动焊炬。为了防止烧穿焊件，在焊接过程中应不断移动焊炬，使焊嘴时常离开焊件并密切注意熔池情况。

⑥ 有效固定焊缝。所谓固定焊缝主要是指对坡口沿线长方向上的有效定位，这一点对焊接薄板类构件十分重要。因为薄板类构件在焊接时，特别容易发生变形翘曲。如果焊前不进行定位焊，轻则焊缝变形，误差过大，重则使焊接作业无法进行。

⑦ 适当改变结构。对于过薄的钢板，改变薄板的接口形式。采用这种卷边接口，可以不加焊丝直接施焊使之形成焊缝。

⑧ 焊缝形成后应用锤子与顶铁进行敲击，去除焊接应力。

注意：应穿戴劳保及防护用具，做好安全防护工作，做好防火工作。

2. 焊条电弧焊

1）平对接焊时，利用钢丝刷、刮刀、砂布等工具材料，清洁待焊缝及周围区域。

2）选用适用的焊接电源，调整合适的电压与电流。

3）将工件放置在工作台上，并对正接口，将电焊机的地线夹在待焊件上并保证夹持牢固，导电良好。

4）将选好的焊条夹在电焊钳上，戴上电焊面罩，利用划擦法或直击法引弧，进行焊接。

5）施焊时，焊条应对准焊缝，并使焊条稍微倾斜成65°~80°，利用熔池内焊渣和融化金属的分离，防止焊渣超前。

6）施焊中，若发现焊渣与熔化金属混合不清，即可把电弧稍微拉长一些，同时将焊条向前倾斜，并做往熔池后面推送焊渣的动作，随着这个动作，焊渣就可以被推到后面去。

7）正面焊好后，如需要反面再焊时，即可反面再焊。对于一些重要结构的焊缝，在反面焊前，应将焊根的焊渣等缺陷铲除后，再进行施焊。

8）若是多层焊接，每层焊缝焊前应将前一层的焊渣清除干净。

9）焊缝形成后应用锤子与顶铁进行敲击，去除焊接应力。

10）注意穿戴劳保及防护用具，做好安全防护工作，做好防火工作。

3. CO_2 气体保护焊

CO_2 气体保护焊在汽车维修企业的应用非常广泛。在进行焊接时，储气钢瓶不得靠近热源或置于烈日下暴晒，以免发生爆炸；在焊接时要注意佩戴焊接面罩、焊接手套；在施工区域不得有易燃物品、油污等，并将灭火器放置在施工方便取放的位置，防止火灾的发生。

1）在焊接构件施焊位置的焊接表面用钢丝刷、刮刀和砂布等工具将待焊区域的旧涂层去除，再利用其他方法去除其表面的油污和杂质。

2）将焊机的接地线与待焊构件用夹子夹持牢固，并确保导电良好。根据待焊件的材质与板厚，选择合适的焊丝，先将钢瓶内杂气放掉，2～3min 即可。

3）将待焊件放在合适位置（焊接方便），接通电源，根据待焊件的结构特点，选择合适的焊接电流与焊接电压。

4）由于焊机的空载电压较低，开始引弧比较困难，往往会造成焊丝成段地爆裂，所以引弧前要把焊丝的伸长度调节好。若焊丝前端头部有粗大的球形头，应当剪去。在引弧前选好适当的引弧位置，采用断路引弧法进行引弧，在引弧时要使 CO_2 气体起到保护作用，应采取提前送气的措施。

5）对接焊应注意（特别是在薄板上），每次焊接的时间不宜过长；注意金属板上熔化焊丝和焊缝的连续性；焊缝较长应进行定位焊和分段焊接；各段焊缝的宽度和高度应保持一致。

6）焊接时应当使某一段区域的对接焊能够自然冷却，然后再对下一区域进行焊接，以防止由于温度升高而引起弯曲、扭曲变形。

7）焊炬的移动速度过快或过慢，都会使焊接质量下降。焊接速度过慢将会造成熔穿；相反，速度过快将使熔深变浅而降低焊接强度。

8）收弧时应在弧坑处稍作停留，然后慢慢抬起焊炬，直至填满弧坑为止，同时可使熔池金属在未凝固前仍受气体的保护。如果收弧过快，容易在弧坑处产生裂纹和气孔。

9）用锤子和顶铁对焊缝进行敲击，消除焊接应力。

4. 点焊

点焊的焊前准备工作必须细致，否则会因结合强度不好而造成返工，常常需要将不合格的熔核重新打磨掉。

（1）焊件的清洁　点焊板件的清洁部位，不仅在于两焊件之间，与点焊电极的接触点同样也需要认真打磨干净（包括板材表面上的涂料）。对于不便清除的油污，还可以采取火焰法轻烧轻燎，然后再将板材表面用钢丝刷或钢丝轮打磨干净（能否用火焰法应视具体情形而定）。

（2）调整焊接臂　点焊机在使用以前应先检查焊臂是否装配牢固，以确保焊钳上所装焊接臂的位置准确度，它的装配状态正确与否，对电极压紧力和电流的通过能力都有影响。焊接臂调整的基本要求是：两焊极的端面应平行、重合，并按要求调好电极的压紧力。许多焊机上都设有能调整压力的调节器，可根据实际需要加以选择。

（3）焊接　按焊接规范选定有关参数和电极等，将焊件的相互位置确定并用大力钳等专用工具夹紧后，即可按计划分布的焊接点施焊。对于手提式点焊机，在连续焊接5～6个焊点后应稍微停止一下，以给焊极一段冷却时间。正常使用过程中，电极也会发生烧灼和积垢使电阻增大，通过焊件的电流就会减少，熔核的熔深变浅。当焊接过程中发现电极端头发红或火花飞溅增多时，应及时用专用电焊极修整器（或电极修磨机）将电极端头修磨好。

（4）熔核的外观检查　由于点焊的焊接点在两板面之间，难以观察焊接过程及其焊接质量，但是，仍然可以在焊接终了后，凭外观检查来判断其焊接质量如何。检查压痕深度不得大于板厚的1/2，当两板件的厚度不一时，应以较薄的尺寸为准。焊件表面不可有较为明显的针孔；焊件表面不应发生明显飞溅现象，如属于车身蒙皮、外板等覆盖件，戴手套抹拭不得刮丝。

对试焊件焊接质量进行检查时，用力拆解。根据断口的清晰与否，直观地判定点焊质量的优劣。也可用扁口錾，沿焊件接缝楔入板间距焊点7～10mm处，打进深度以观察到熔核形状时为止（不得超过30mm），确认焊点无脱开后抽出检具，并将检验处修平。

焊 接 工 艺
实 训 报 告

实训项目四　车身覆盖件变形的修复

一、实训内容

1. 钣金锤与顶铁、撬镐修复局部变形。

2. 利用车身修复机对局部变形进行修复。

二、实训目的与要求

1. 掌握钣金锤、顶铁、撬镐的使用方法。

2. 掌握钣金收缩的冷做法与热做法。

3. 掌握车身修复机的使用方法。

三、实训设备与工具

1. 内饰板的拆卸工具	一套
2. 各式钣金锤	一套
3. 组合顶铁	一套
4. 钣金收缩锤与收缩顶铁	一套
5. 氧乙炔焊接设备	一套
6. 车身修复机	一台
7. 手动砂轮	一个
8. 砂布	若干张
9. 各式撬镐	一套

四、实训过程

1. 利用钣金锤与顶铁、撬镐修复局部变形

1）利用拆卸工具对车门进行拆卸：先将车门内饰板、车门玻璃、玻璃升降器按维修手册的操作步骤拆下来，然后与车身构件相连的线束通过将插接器断开的方法将线束断开，最后根据车门与车身框架的连接形式做标记，并将车门与框架的连接铰链断开，取下车门。

2）根据车门的结构形式与变形的方式，确定利用钣金锤与撬镐配合使用，来修复车身的局部变形。修复方式见图3-41弧形撬镐的应用。

3）由于变形量相对比较小，在变形基本修复后应进行收缩，采用冷做法来进行修复，即采用钣金收缩锤与收缩顶铁配合使用，达到收缩的目的。

4）如果局部变形相对较大，车门结构不适合使用撬镐，则不用从框架上拆卸车门，在拆车门内饰板之后，拆下玻璃升降器，然后利用钣金锤与顶铁对变形处进行修理，在变形基本修复后应进行收缩。收缩一般应采用火焰收缩法或电热法，可利用氧乙炔火焰对修复部位进行加热，加热到600℃左右时，停止加热，根据变形量的大小采取自然冷却或用湿抹布敷在加热部位进行降温。降温之后对平整部位小的凸凹进行精平整。

2. 利用车身修复机对车门变形进行修复

车身修复机在使用前应检查连接电源是否工作正常，然后开启电源开关。在使用平面介子熔接或铁板碰接时，将工作状态选择为自动位置，按动一下手柄开关便可完成一次工作，既牢固又不穿孔。如图3-48所示用惯性锤矫正车身构件的局部变形。

使用介子焊接修复凹陷部位。首先打磨涂层除锈，然后在修复部位附近，选择一个适合接地的位置（要求接地位置能良好接地），电流档位与时间档位（0.1～2s）视碰焊效果而定。如果熔核过大可减少通电时间，反之则延长通电时间。选择电流档位在ABC之间的经验值，如熔核过大或铁板过薄可调到A档，反之调大。具体调法应根据用户的车体厚度来调节。焊介子时把三角直拉片或$\phi12\sim\phi14$的平垫插入碰焊头内，对准位置轻压在车体打磨干净的位置上，按动开关。此点焊接完毕后，再用同样的方法把三角直拉片或$\phi12\sim\phi14$的平垫焊在凹陷不平的地方，此时可用惯性拉力锤把凹陷不平的地方拉出来。焊接时等待焊接完毕后将焊枪开关放开，否则会产生电火花。在通电期间，焊枪不要乱放，以免与地线相碰而烧坏。

凹陷位置修复后产生过分拉伸，可用碳棒在其凸出部位加热，产生一定温度时，用湿布在其部位冷却随即收缩。

车身覆盖件变形的修复
实 训 报 告

第四章

车身维修的基本技能

学习目标：

1. 掌握车身维修的基本技能。
2. 掌握塑料件焊接与粘接的基本工艺。
3. 掌握塑料件变形校正的基本方法。
4. 掌握玻璃钢构件修复的基本方法。
5. 了解热塑性塑料与热固性塑料的区别。

随着汽车车身的发展，维修作业中钳工的相关知识愈来愈重要了。钳工的相关知识是利用台虎钳和各种手工工具、砂轮机、钻床等，完成其他机械加工方式所不能完成的工作。钳工知识在车身维修作业中还包含胶粘、塑料修补、饰件装修等作业。

第一节　车身金属件的维修

车身维修的基本技能主要包括划线、錾切、切割、锉削及修配等。结合车身维修的实际要求，这里将有选择地做如下介绍。当然，作为优秀车身维修工所应具备的基本技能并非仅此而已。

一、划线

用划线工具在工件上划出待加工部位的轮廓线或作为基准的点、线叫做划线。划线前应先读懂图样，并确定好工件表面所必须划出线的尺寸与位置要求等。

二、錾切

錾切作业使用的主要工具是锤子、錾子、台虎钳等，可以进行铲平、剔槽、切断等加工。

进行錾切加工时有两种握锤方法，即紧握法和松握法。无论是哪一种握锤方法，锤柄的末端都要空出 15 ~ 30mm 的长度（图 4-1）。挥锤也分为腕挥、肘挥、臂挥三种形

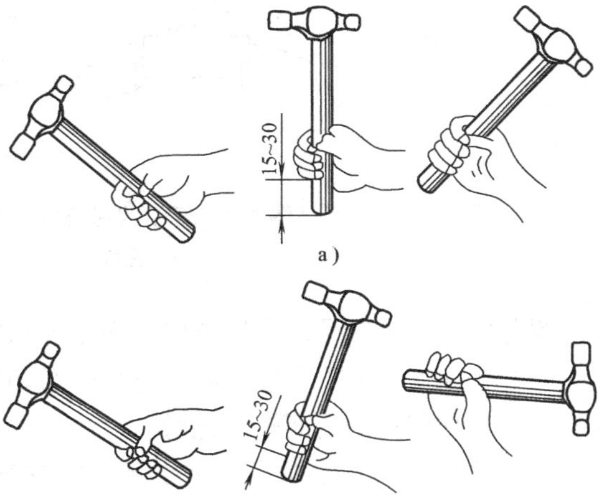

图 4-1　锤子的正确握法

a）紧握法　b）松握法

式（图4-2）。其中，腕挥锤时只运动手腕，故敲击力度比较小，多用于錾切的初始、收尾及剔油槽、修模具等场合；肘挥则手腕和肘腕一起动作，锤击的力度较前者增大，适合于割断性錾切和铲平等场合；臂挥则手腕与臂肘一起动作，锤击的力度最大，但在錾切作业中应用的机会不多。

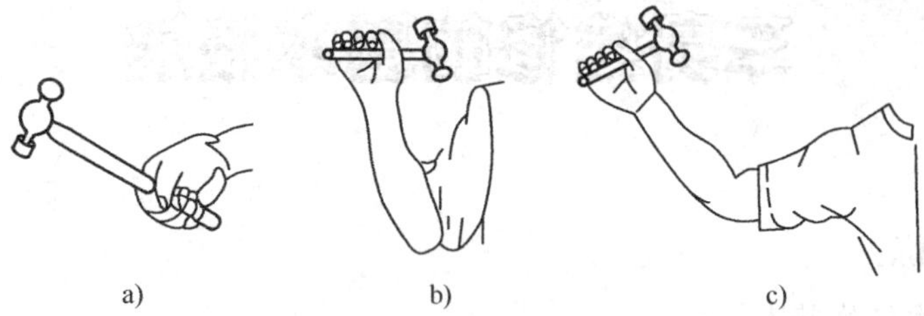

图4-2　正确挥锤的方法

a）腕挥　b）肘挥　c）臂挥

錾子的握法及其与工件的夹角、位置、方向等，对錾切的质量及锤击力度都有影响。一般，在铁砧上切断金属时采用垂直形式的立握法；剔油槽或做较精确的修整时，采用反握法并与工件成15°左右的夹角；多数场合则采用正握法，通常与工件成25°~40°的夹角（图4-3a）。夹角过大，会使錾子越切越深，甚至还会损坏刃口；反之，夹角过小，则由于錾切方向趋于水平方向，不仅錾切效率低，而且錾子容易从工件表面滑出（图4-3b）。

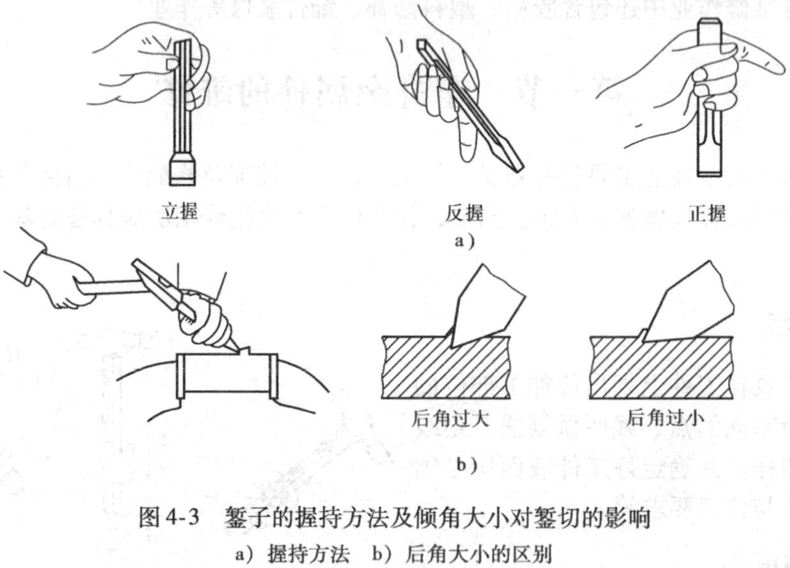

图4-3　錾子的握持方法及倾角大小对錾切的影响

a）握持方法　b）后角大小的区别

操作时应注视錾子的锋口方向，而不要只顾注视錾子被锤击那部分。錾切量较大时，将加工量分为几次，而不要使切削量过大。錾切软金属时，可用油或肥皂涂于錾子的锋口上，这样可以使切削后的表面较为光滑。

风錾作为一种新型车身维修工具，在汽车维修行业中广泛使用（图4-4a）。它以压缩空气作为冲击动力，可产生1800次/min的击打频率，自身质量仅为1~2kg。装配不同的錾头，可以实现錾割、铲平、敲击等多项功能。风錾的特点是体积小、重量轻、效率高和切割性能好；在不受限制的情况下，可以进行直线、曲线和型线的切割；与锯割或砂轮切割相比，无粉尘危害。其缺点是振动和噪声相对较大。图4-4b所示为风錾的切割应用实例。

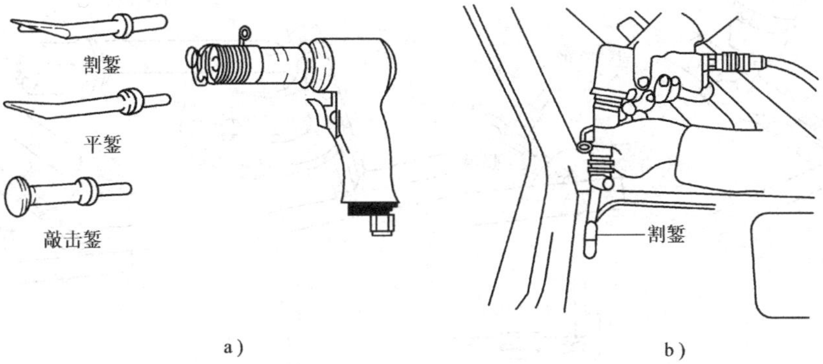

图4-4　风錾的应用
a）风錾　b）应用实例

三、切割

车身维修切割作业除了锯割之外还广泛使用砂轮切割，用于拆解、割断车身构件。

锯割时应先用划针划出切割标线，再用三角锉于工件表面锉出起锯点。用手锯前要检查锯条的拉紧程度和锯齿朝向，一般以调节到锯割过程中不致弯曲为宜。使用风动锯，应检查锯条是否装配牢靠，锯齿是否朝前。锯条的运动有直线方式和摆动方式两种，一般要视工件的锯割宽度而定。但不论采取何种运锯方式，都要保证锯缝在正中间滑动。

用手提式砂轮机切割车身板类构件，具有切割能力强、质量好和切割快等许多优点，也是车身维修中比较流行的一种切割方法。

图4-5a用砂轮割断焊缝拆解车身构件连接的操作方法，适用于保护焊、电弧焊等连续焊缝的割断。对只拆解不更换的构件，应选好切割角度且仅割断焊缝，不要损坏零件本身；对需要更换的车身构件，可以直接将其割断以便于拆解，一定要注意不要将完好的构件割断（图4-5b）。

如图4-6所示，用高速砂轮剥离熔核、拆解车身构件连接的操作方法，比较适用于塞焊并且所换构件上熔核的磨断。去除熔核应一次磨完，期间最好不要换位，因为重找熔核比较麻烦。按压砂轮的力不宜过大，根据火花飞溅量的多少来鉴别用力是否合适，火花越多说明压力越大，磨削量也就越大。当见到点焊轮廓时即应停止磨削，改用錾子将其分解。

砂轮切割或磨断时，会产生许多火花和金属切割粉尘，应采取相应的劳动防护措施。

四、锉削

锉削所使用的主要工具是锉刀。按锉刀的断面形状，可以分为普通锉刀（如扁锉、方锉、圆锉、三角锉等）和特种锉刀（如刀口锉、菱形锉、扁三角锉、椭圆锉、整形锉和柔性锉等）两大类（图4-7）。

粗加工时应选用粗锉、半细锉；精加工时应选用细锉、最细锉、整形锉。加工软金属或非金属材料时，不宜使用细齿锉。所选锉刀的断面应与工件的锉削端面相符。

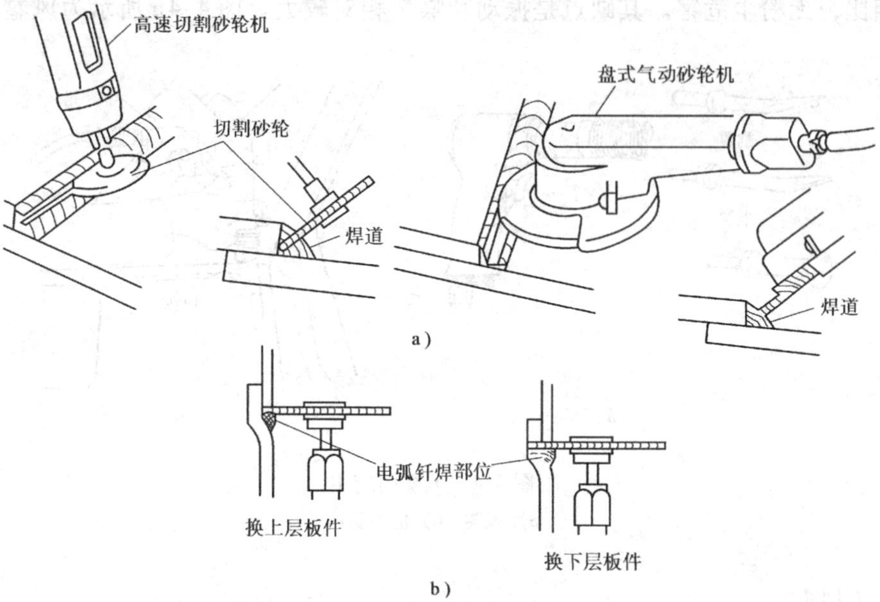

图4-5　焊缝的切割

a）用砂轮机拆解连续焊缝　b）切割电弧钎焊（注意按所换构件控制切割深度）

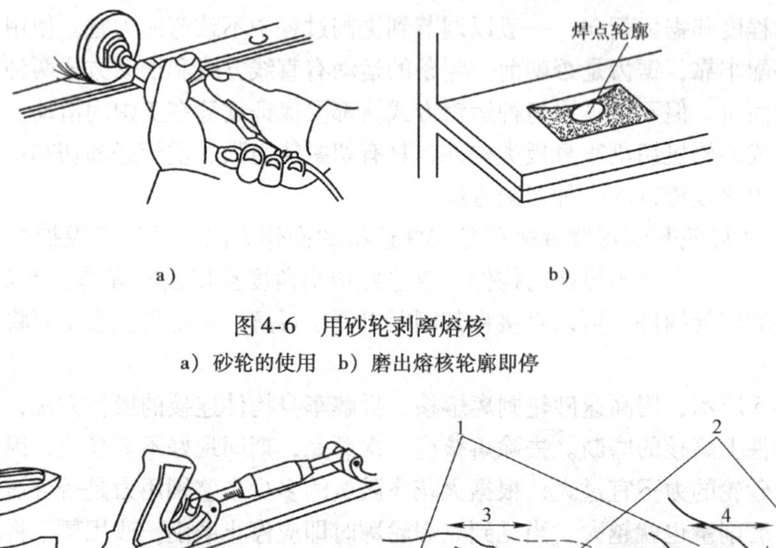

图4-6　用砂轮剥离熔核

a）砂轮的使用　b）磨出熔核轮廓即停

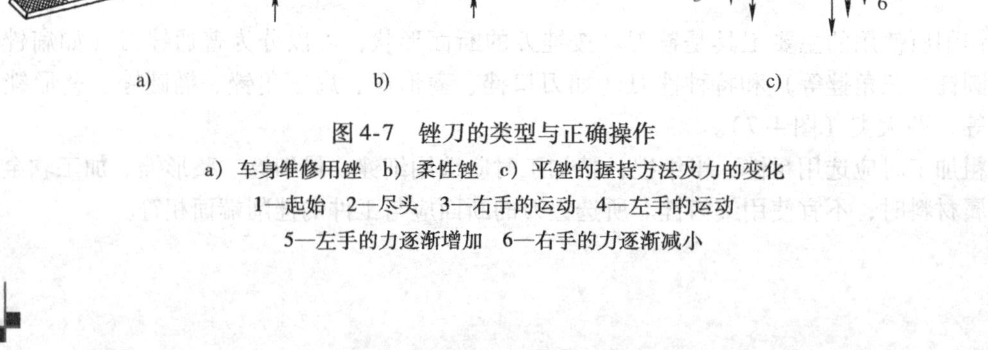

图4-7　锉刀的类型与正确操作

a）车身维修用锉　b）柔性锉　c）平锉的握持方法及力的变化

1—起始　2—尽头　3—右手的运动　4—左手的运动

5—左手的力逐渐增加　6—右手的力逐渐减小

锉削的平面有形状与位置公差要求，除操作前应预先划定锉削基准外，锉削过程中还应不断用量具进行检查、测量。同时加工两个有位置度要求（如相互垂直或平行）的平面，应根据先易后难的原则，选定一个便于加工和测量的平面做基准，锉削合格后再锉削另一平面，这样可以避免加工误差过大。

五、钻削点焊连接处

为了找到点焊的位置，通常先去掉底漆、保护层或其他覆盖物。可用氧乙炔焊具烧焦底漆，并用钢丝刷将其刷掉。也可以用钢丝轮打磨或用角磨砂轮磨掉涂料。如果通过涂层能看清点焊焊缝的区域，就不必清除油漆了。在清除油漆后，点焊焊缝的区域还不清晰，可在两块板件之间用錾子錾开。如图 4-8 所示，这样可使点焊轮廓线更清晰。

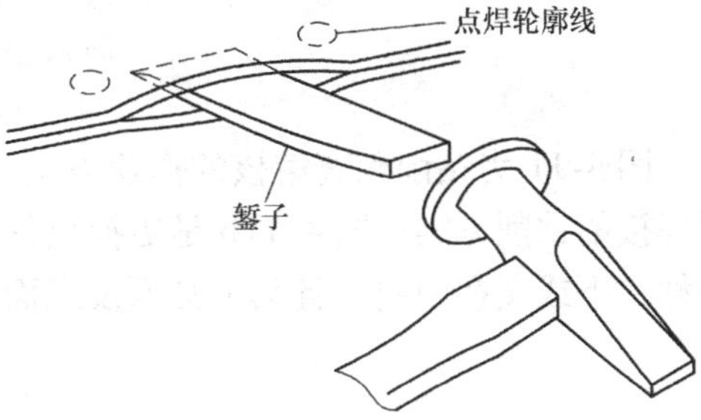

图 4-8 用錾子确定点焊的位置

车身维修中除个别情况使用钻床外，主要使用的是手提式电钻和风钻，所用的刃具以麻花钻头为主。为了便于钻削车身构件的焊点，一般要将普通钻头磨削成如图 4-9a 所示的形状，也常用如图 4-9b 所示的“钻孔器”作为专门的切具。

钻削前应于中心点冲出不需要钻削的定位孔。钻孔直径超过 12mm 时，还应先用小直径的钻头将定位孔钻出，然后再用合适的钻头切削。

钻削过程中刃具同时进行两种方式的动作：一是绕本身轴线旋转的连续切削运动，二是沿轴线向下的进给运动。钻削时，会因其对金属的切削作用而使钻头发热，过热将使钻头失去应有的硬度。当钻削深孔或连续作业时，应使用肥皂水、矿物油和切削液等进行冷却。

钻削法剥离熔核的应用实例如图 4-9 所示。

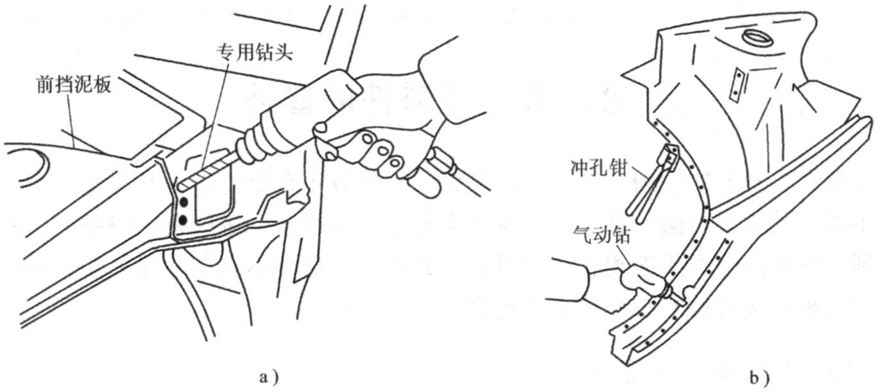

图 4-9 钻孔的正确操作

a）用熔核切具剥离熔核 b）用普通钻头钻孔

此外，还可以使用图 4-10 所示的冲孔钳和电钻在车身构件上打孔，可用于车身构件的塞焊等场合。

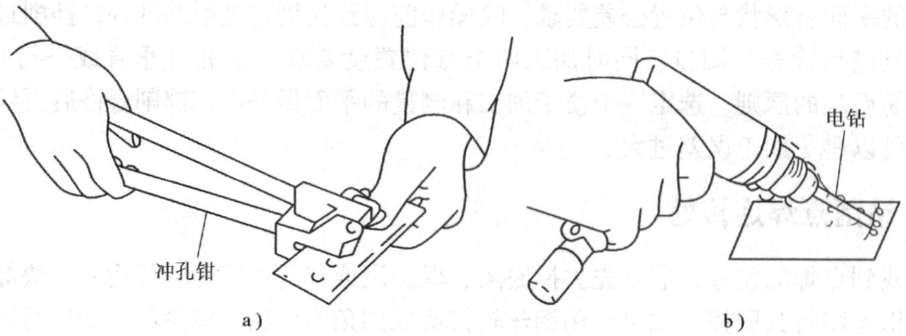

图4-10　钻塞焊孔的钻削
a）用冲孔钳　b）用电钻

图4-11为钻削剥离熔核的作业方案。图4-11a是更换板件夹在两构件中间，不能由底面焊接的钻削方案；图4-11b是更换板件在上，不伤及底面板的钻削方案；图4-11c是更换板件在下或夹在中间，且又不必顾及底面构件的钻削方案。

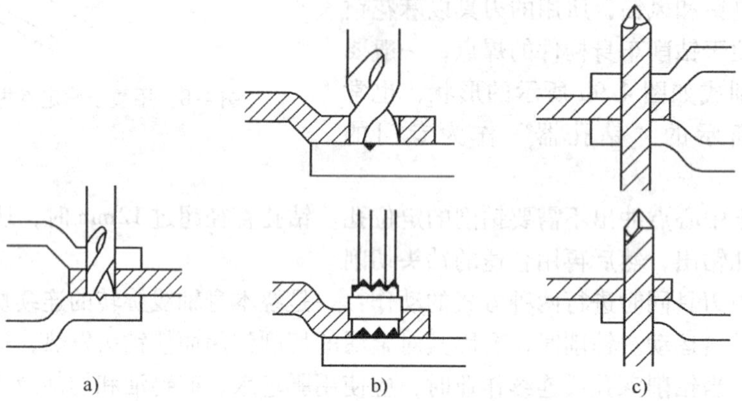

图4-11　剥离熔核时的钻孔方法
a）所换板件夹在中央　b）所换板件在上　c）所换板件在下或夹在中间且不必顾及底部构件

第二节　塑料件的修补

工程塑料在车身上的应用十分广泛，多数塑料件装于车身外表，车身塑料件按照使用要求和性能不同，其成形方法、分子量、重合度和配方等均有一定区别，修补方法和工艺自然有很大差别。只要修补方法正确、工艺得当，其修复工作并不复杂。尤其是胶粘技术的广泛应用，目前对车身塑料件的修补技术日趋完善。

一、塑料件的胶粘与修补

车身塑料件的胶粘方法有热熔胶粘、溶剂胶粘和胶粘剂胶粘三种。对于热塑性塑料，这三种方法都适用；而对热固性塑料，则只能用胶粘剂粘。胶粘法具有简单、实用、适用面广等许多优点，可以有效地修复断裂、裂缝、凹陷等缺陷。

（一）热固性塑料的胶粘与修补

热固性塑料是由低分子量的线性树脂，在固化剂的作用下，发生化学反应而形成的体型结构。其特点是加热不熔化、溶剂不溶解、高温碳化，而且刚度好、硬度高、耐冲击、抗蠕变和尺寸稳定。热固性塑料的修补工艺，只能采用胶粘剂法进行胶粘。

热固性塑料主要用来制作保险杠、前隔栅、阻流板、轮辋罩等，其常见损伤形式是破裂，胶粘如图4-12所示的碎块时，应先将胶粘面及周围清理干净，然后使用速干胶（如国产SA102、502、101405、J—58和进口乐泰414等）将断口粘起来，及时校准碎块与基础件的相对位置。如碎块短缺，可从废弃的车身塑料件上切补，使接口平整、无缝，无误后再用速干胶将全部断缝填满、粘牢。

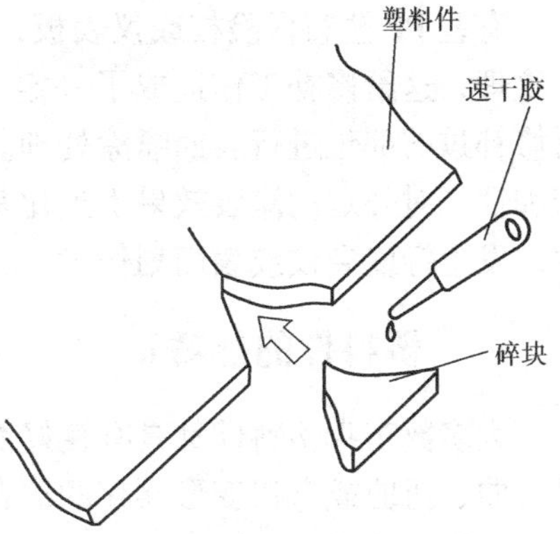

图4-12　用速干胶粘接塑料件

对于承受载荷的塑料件，除了按上述方法胶粘牢固外，还在断缝的背面用热熔式胶枪将断缝填补起来。胶枪填补起不到焊接塑料的作用，但具有一定的连接与加固作用。

当需要修补如图4-13a所示的局部缺陷时，将环氧树脂和固化剂按1∶1的比例调和后，涂施于打磨好的凹陷处（图4-13b）。注意不要存留气泡、蜂孔等，用热风机或红外线烘干灯等，使其在50℃的温度下干燥30min以上，再分别用粗、细砂纸将涂补处按原型打磨平整。打磨过程中不得用力过猛，并注意不要擦伤未损坏部件及塑料件的表面。

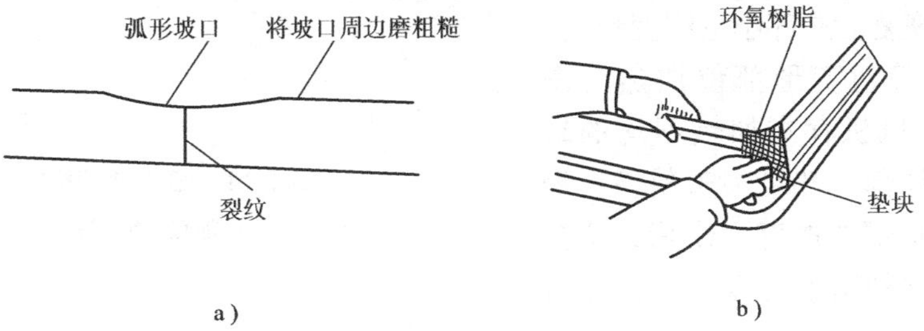

图4-13　局部缺陷的修补

a）打磨　b）填补环氧树脂并修磨平整

（二）热塑性塑料的胶粘与修补

热塑性塑料的分子结构属线形或之字形。热加工时能熔化或软化，在适当的溶剂中会溶胀或被溶解，成形过程中仅发生物理变化，可以反复成形。其特点是既可熔化又可溶解，多数修补方法都可适用于热塑性塑料。

车身上的很多塑料件，都是用热塑性塑料制成的，如车身内饰件、电器操纵箱、冷暖风机壳和前后保险杠等。其中比较有代表性的是聚丙烯（PP）塑料，可塑性好，质量轻，耐疲劳，抗冲击能力强。丙烯与乙烯共聚合成改性橡胶，再注入聚丙烯模塑后制作成的保险杠，具有密度小、弹性好、减振性能强等优点。

对于车身上热塑性件的断裂，可采取图4-12所示的办法，用胶粘剂直接进行胶粘。所使用的胶粘剂有：国产HY—914、J—11、JC—15、705、SA102、TY201、814、FN—303和进口乐泰414、495等。在裂纹的背面也可利用热熔胶枪做进一步加固。

当车身塑料件发生缺陷性损伤时，也可参照图4-13所示的方法，先用细砂纸将拟修补表面打磨粗糙，用环氧树脂腻子（调制方法与前相同）将缺陷修补平整，烘干固化后再分别用粗、细砂纸按原样打磨光滑即可。

有些PP塑料保险杠或仪表板，为改善外观和涂装性能，在其表面填加了一层橡胶状弹性纹理，这给修补工作造成了一定的难度。用上述方法修补后，需要用PP塑料专门涂料，对修补过的部位进行表面喷涂处理。这种新型涂料不仅能够改善二元环氧树脂与PP塑料的亲和性，对外观的涂装效果也远比其他涂料优越。如果属于没有进行过纹理改进的车身塑料件，发生轻度裂纹或表面划伤时，只需直接使用这种新型涂料，就可以遮盖表面损伤。

二、塑料件的热矫正

大多数车身塑料件都具有良好的弹性和柔性，所以受到冲击、挤压等机械损伤时，往往以弯曲、扭曲或弯扭变形共存的综合变形出现，可采用热矫正的方法使变形得到恢复。

车身防擦条、前格栅、仪表板、电器操纵箱等多用ABS共聚塑料制成，这种丙烯腈-丁二烯-苯乙烯共聚物，具有强度高、成形性好和二次加工容易等许多特点，为其变形时的热矫正提供了便利条件。

当车身塑料件的变形与断裂并存时，应先进行热矫正后再按前述方法粘合断裂。先将发生整体变形的塑料件置于50℃的烘箱内加热30min，然后再用手将变形依原样恢复。局部小范围变形时，可使用热风机等对变形部位加热（图4-14）。由于热风机存在加热不均的缺点，容易造成局部过热烧损塑料件，操作时最好于变形部位的背面烘烤，待塑料稍一变软就立刻用手（戴手套）进行按压、矫正。

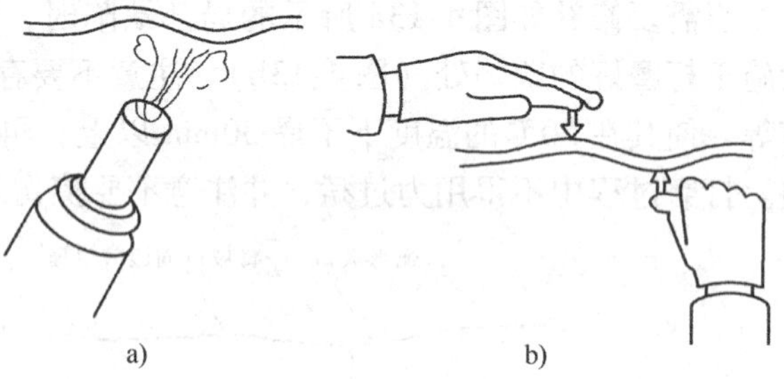

图4-14　塑料件的热矫正

a）加热　b）矫正

对于如图4-15所示较大变形，应使用红外线烘干灯加热变形部位，塑料件稍一变软，就立即对变形部位加压、矫正。为获得良好的外观，矫正较大面积的变形时，还应借助一些辅助工具如光滑的木板等。

红外线烘干灯加热效率高、温升快，注意控制塑料件的受热温度，一般应以50~60℃为宜，最多也不应超过70℃，以避免产生永久性变形。完成矫正后，应在原处慢慢恢复到常温状态。不要采取强制性冷却措施或过早地搬动，避免构件发生整体变形。

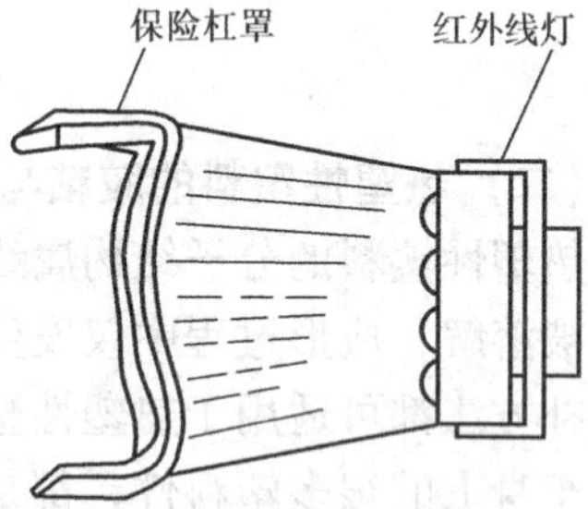

图4-15　用红外线灯加热变形部位

三、塑料件的焊接

对于有一定强度要求的车身塑料件，尤其是当塑料件的破口损坏或缺陷较大时，胶粘法不适用。前面提到的热熔胶枪，实际上也不过是另外一种形式的胶粘。因为热熔胶枪并未将塑料熔化，通电加热只是为熔化枪体内的热熔胶而已。

按金属材料焊接的定义，对塑料件的损伤也可以采取焊接方式予以修补，十分有效地解决诸如连接强度、材料缺损和重度机械损伤等问题。为了保证塑料件的焊接品质，可以根据需要将焊缝打磨成如图 4-16 所示的坡口。热固性塑料不能进行焊接，而只能使用粘接或热熔胶枪“焊接”。

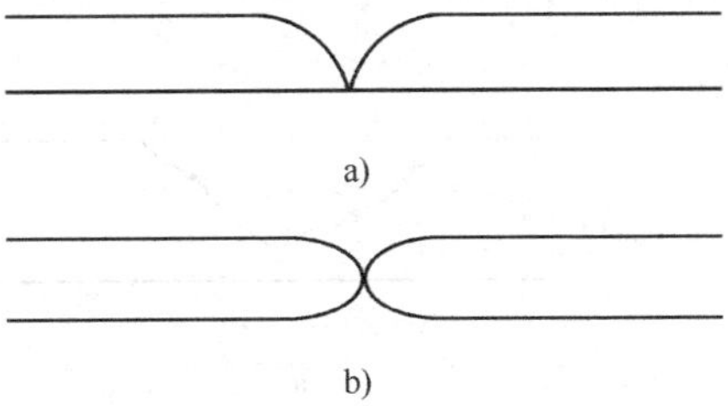

图 4-16 塑料件坡口的处理

塑料焊枪实际上就相当于一把热风机，二者的主要区别在于，焊枪的出风口比热风机小得多，焊枪口喷出的热量更集中，风速更高。塑料焊条多为与焊件相同的材料，必要时也可使用废弃的同类车身构件来代替。

塑料焊接的操作方法比较简便，先将坡口及其周围清理干净，就可以按图 4-17a 所示的方法，用焊枪对塑料件和焊条同时加热。需要对裂缝进行填充时，待其一起发生熔化时，将焊条塞入裂缝，用焊枪口将焊缝吹平；需要对裂缝进行焊接时，像气焊那样使焊枪、焊条、焊件三者相互成一定的夹角，由裂纹中间部位逐渐焊向边缘（图 4-17b）。一般新焊条都是齐头的，在使用前还应将其端头剪成图 4-17c 所示的形状才好用。

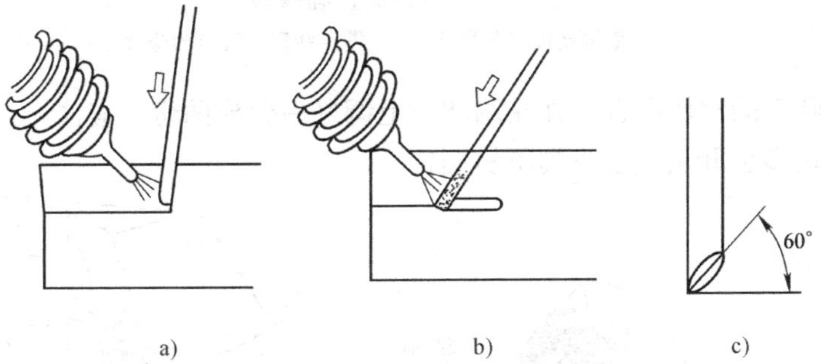

图 4-17 用塑料焊条焊接塑料件

a）同时加热塑料焊条和焊件 b）焊枪、焊条、焊件三者相互成一定夹角

c）为了便于将焊条插入焊缝，应将焊条的端部磨削成 60°斜角

焊缝影响美观或对安装有妨碍时，必须进行修整和打磨。当需要修整的量较大时，可用锉削并结合粗、细砂纸打磨的方法进行修整。

为确保车身塑料件的修补品质，实践中往往是将胶粘与焊接两种方法结合在一起进行，有时还需要于焊接前用两脚钉将塑料件固定，以提高二者的接合强度。

四、纤维增强型塑料件的修补

纤维增强型塑料（俗称玻璃钢，FRP），主要应用于车身壳体壁板、挡泥板和阻流罩等塑料构件。其损伤形式多以浅表划伤和贯穿性裂缝为主（图 4-18）。

纤维增强型塑料件的修补方法，可以参照图 4-19 至图 4-23 所示的方案进行。

（一）打磨

用双旋打磨机和砂纸，将裂缝、划伤等待修补的表面及其周围，按图 4-19 所示要求磨出坡口并注意处理好其间的过渡关系。

（二）调和

使用成套 FRP 补料（主要包括树脂、固化剂、玻璃布、玻纤毡、隔离膜等），将合成树

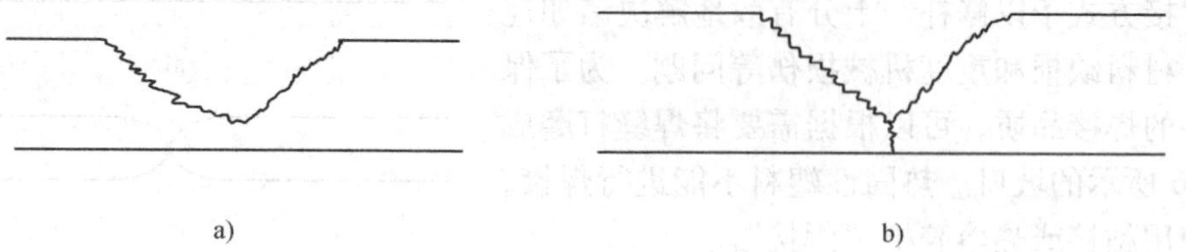

图4-18　玻璃钢板的损伤形式

a）划伤　b）裂缝

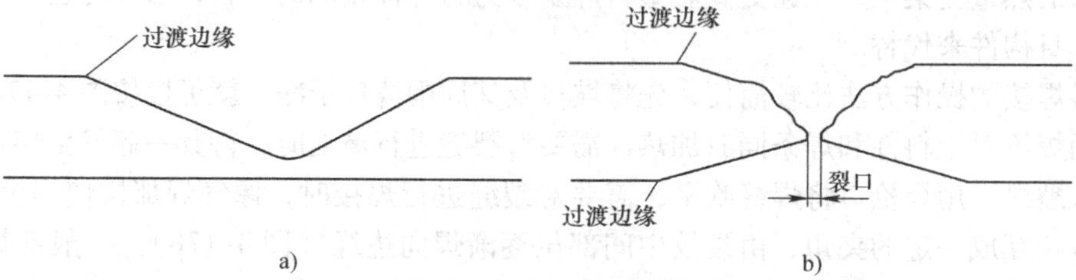

图4-19　坡口的正确修磨

a）表面划伤坡口的修磨　b）贯穿性裂纹坡口的修磨

脂和固化剂按100∶2的比例混合，并在调和板上调好后分成两份。应注意严格控制固化剂的加入比例，因为过多会开裂，过少则不易固化。

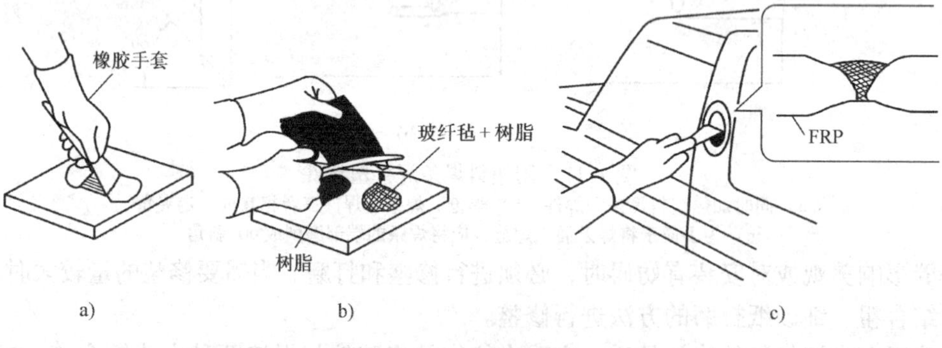

图4-20　破损补料的调和与填充

a）调和树脂　b）往调好的树脂中加入玻纤毡并拌匀　c）填充补料

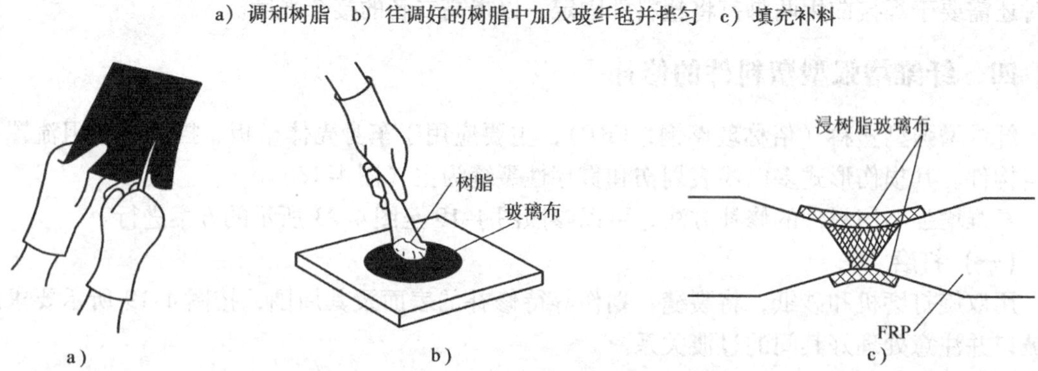

图4-21　贴敷玻璃纤维布

a）按填补形状剪下一块玻璃布　b）往剪好的玻璃布上均匀地刷涂一薄层树脂　c）将浸透树脂的玻璃纤维布贴敷补料的表层

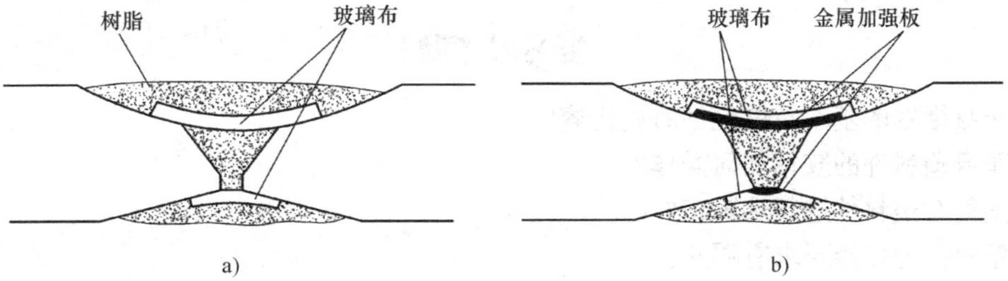

图 4-22　用树脂补料填平
a）用补料填平　b）增加金属加强板的方法

（三）涂敷

将玻纤毡剪碎后掺入其中的一份树脂中，拌均后将其填充到打磨好的破损处（图 4-20）。剪一块比损伤部位稍大一点的玻璃纤维布用刮板将另一份调好的树脂涂抹于玻璃纤维布上，然后把这块布敷在填充了树脂的破损断面上（图 4-21）。对于强度要求比较高（如用于装配其他构件）的部位，还可在贴玻璃布之前先盖上一块金属加强板，最后将剩余的树脂再涂于玻璃布的表面并贴上隔离膜。至此，涂敷工作即基本结束（图 4-22）。

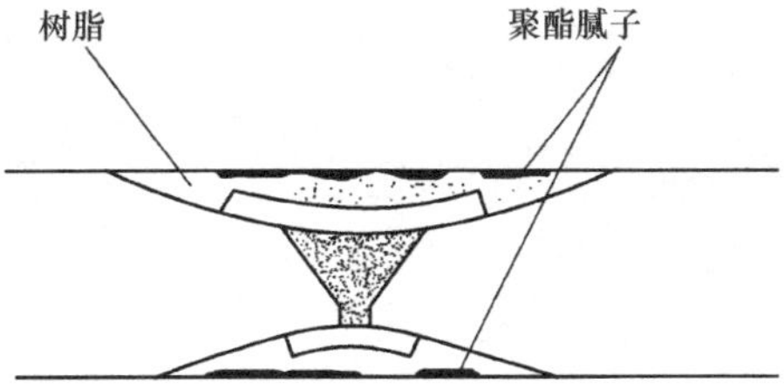

图 4-23　表面刮涂聚酯腻子并打磨平整

（四）干燥

贴上隔膜需静置 20min 后，再用红外线烘干灯慢慢加热。开始时可将烘干灯的距离调得远一些，树脂受热过快会发生开裂现象。在 40～60℃范围内烘干 2h 以上，待树脂完全干透固化后，揭去隔离膜。

（五）修整

用单旋和双旋打磨机修整树脂表面，或者用中粗砂纸将表面磨光，然后用聚酯腻子将树脂表面存在的小凹陷和针孔填平，干透后用细砂纸和极细砂纸蘸水磨光（图 4-23）。

用 FRP 补料修补后的车身构件，强度和韧性都十分好，经过表面涂装后可以获得比较理想的外观效果。但施工过程中应特别注意劳动保护，要防止玻璃纤维、固化剂等溅入眼内或与皮肤接触，一旦发生意外时应及时清洗并请医生帮助处理。

胶粘技术不仅应用于车身塑料件的修补，对于其他材料同样具备修复能力。借鉴上述工艺，并有针对性地选用胶粘材料，可以十分容易地实现对金属或其他非金属材料的胶粘、修补等。

本章小结

1. 车身维修的基本技能主要包括：划线、錾切、切割、锉削及修配等。
2. 錾切、切割、锉削及钻削的操作方法与应用范围。
3. 塑料件的修补方法。
4. 塑料件的焊接与粘接的方法。
5. 玻璃钢构件的粘接修整方法。

复习思考题

1. 车身维修的基本技能包括哪些内容?
2. 车身塑料件的胶粘如何操作?
3. 如何对塑料件进行热矫正?
4. 塑料件的焊接要求有哪些?
5. 塑料件焊接有哪些步骤?

实训项目五 热塑性塑料件的焊接与热固性塑料件的粘接

一、实训内容

1. 热塑性塑料与热固性塑料的区分。
2. 塑料件的焊接工艺。
3. 塑料件的粘接工艺。

二、实训目的与要求

1. 区分热塑性塑料与热固性塑料。
2. 塑料件焊接的基本工艺。
3. 塑料件粘接的基本工艺。
4. 合理地选择工具、材料等。

三、实训设备与工具

1. 塑料焊枪	若干把	2. 锉	若干把
3. 剪刀	若干把	4. 砂布	若干张
5. 工作台	若干个	6. 热吹风机	若干个

四、实训过程

1. 热塑性塑料与热固性塑料的区分

用加热的方法可以区分两者，用热吹风机对两者分别进行加热，变软为热塑性塑料，碳化的塑料为热固性塑料。

2. 热塑性塑料件的焊接

（1）焊接表面的处理　先用压缩空气吹净焊接位置表面的灰尘与杂物，用溶剂将需焊接部位的油污除去。用锉对需要焊接位置进行打坡口处理（如图4-16）。

（2）焊丝的选择　选择与待焊部位材质相同的塑料焊丝，如没有，则可以在与待焊部位材质相同的旧塑料件上剪切几段，将其表面处理干净后，在一端切成60°的斜角，以便于焊接时使用。

（3）塑料件的焊接　焊枪对塑料件和焊条同时加热，使焊枪、焊条、焊件三者相互成一定的夹角，由裂纹中间部位逐渐焊向边缘（图4-17b）。待其一起发生熔化时，将焊条塞入裂缝用焊枪口将焊缝吹平。

（4）表面的修整　焊缝影响美观或对安装有妨碍时，必须进行修整和打磨。当需要修整的量较大时，可用锉削并结合粗、细砂纸打磨的方法。

3. 热固性塑料件的粘接

（1）粘接表面的处理　先用压缩空气吹净焊接位置表面的灰尘与杂物，用溶剂将需要焊接部位的油污除去并对粘接部位进行打磨，如图4-13所示。

（2）塑料件的粘接　将SA102按1∶1的比例调和后，涂施于打磨好的凹陷处（图4-13b），注意不要存留气泡、蜂孔等；用热风机或红外线烘干灯等，使其在50℃的温度下干燥30min以上。

（3）焊缝影响美观或对安装有妨碍时，必须进行修整和打磨。当需要修整的量较大时，可用锉削并结合粗、细砂纸打磨的方法。

热塑性塑料件的焊接与热固性塑料件的粘接

实 训 报 告

第五章

车身整体变形的诊断与修复

学习目标：

1. 了解力的分解方式与碰撞时的能量转化。
2. 能够根据力的分解判断变形的趋势。
3. 掌握测量方法与测量工具的使用。
4. 掌握移动式车架校正仪与地锚式车身校正设备的使用方法。
5. 掌握车身变形剪切位置与剪切工具的使用。
6. 掌握车身构件的拆装与调整的方法。

汽车车身维修的主要任务在一定程度上是针对变形或与之关联的不良因素进行的。车身局部损伤的修复主要依赖操作技能，而车身整体变形的诊断与修复，则需要更多的经验并借助专门的仪器和设备完成。本章的重点在于如何对车身整体变形进行综合技术诊断，并有的放矢地加以矫正与修理。

碰撞修理的目的是将碰撞的汽车恢复到事故前的完好状态。要精确地估算完成修理所需要的零件、工时和有关材料，修理人员应充分了解汽车的设计和制造的工艺过程；并能识别所有的损毁部件，对损毁的部件需要修理或更换做出恰当的选择；还须知道碰撞的汽车在制造过程中所用的材料，及这些材料对于修理过程有何影响。

第一节　车身的构造

已有60多年历史的传统的车架式车身构造在轿车、微型货车和不少小型载货车上已被无架式车身取代。无架式车身在汽车设计上是一个完全不同的概念，需要新的装配技术、新的材料和完全不同的碰撞修理方法。在无架式车身设计中，重型冷轧钢已经为轻型、高强度合金钢所取代，这就需要新的处理、校直和焊接技术。塑料制品和压制玻璃应用的不断增长及喷涂系统的进步也都使汽车修理的技术方法大大改变。在无架式车身汽车中某些机械系统，如悬架系统和操作系统的对准位置和操作平稳，也要依赖于整体车身部件的正确定位。

车架式车身构造在0.5t和0.75t载货车、某些小型载货车和大多数大型货车上仍然在应用。虽然进口的20世纪80年代制造的全部小轿车都是无车架式车身构造，但是越野车和大型轿车仍采用传统的车架式车身构造形式。

一、车身形状

汽车分类方法很多，一般以发动机型式、车身/车架构造、驱动方式等划分。用户熟悉的分类方法是按汽车的车身形状、车座布置、车门数量等分类的。当前使用的有六种基本车身形状如下。

（一）典型的三厢轿车车身

这种车一般有前座和后座，适合4～6人乘坐，并可分为两门或四门轿车，如图5-1所示。

（二）硬顶无行李箱轿车

这种车有前座和后座，金属顶盖，通常以没有门柱或有B形支柱为特征，如图5-2所示。它也可以分为两门或四门车。

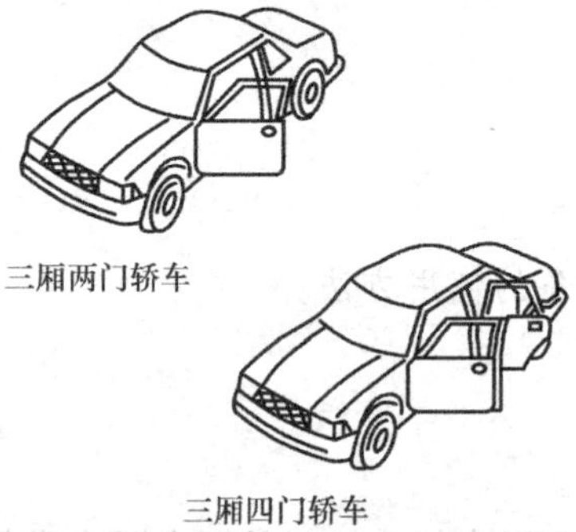

图5-1　典型的三厢轿车车身形状

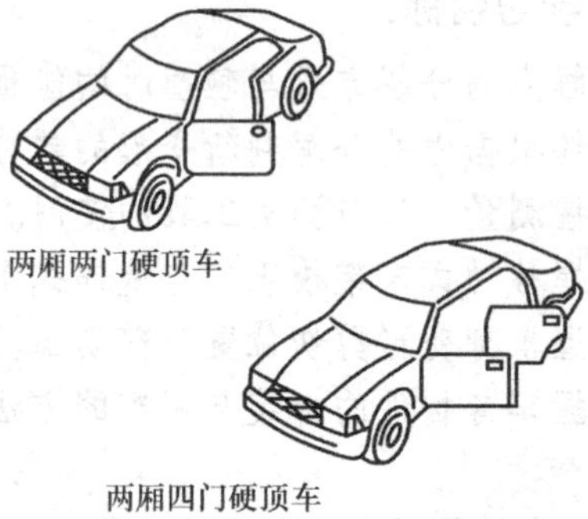

图5-2　典型的两厢轿车车身形状

（三）敞篷轿车

敞篷轿车曾在美国市场断货几年，于1985年又回到市场。目前敞篷轿车具有塑料顶篷，它可以升起或落下，如图5-3所示。像硬顶轿车一样，敞篷轿车没有门柱，根据需要可以制造成有后窗或者没有后窗的。它有两门或四门形式。

（四）典型的有行李箱轿车

这种轿车的特征是它的尾部行李箱是客厢的延伸部分。行李箱有一个向上开启的箱盖，如图5-4所示。这种轿车流行3门或5门型式。

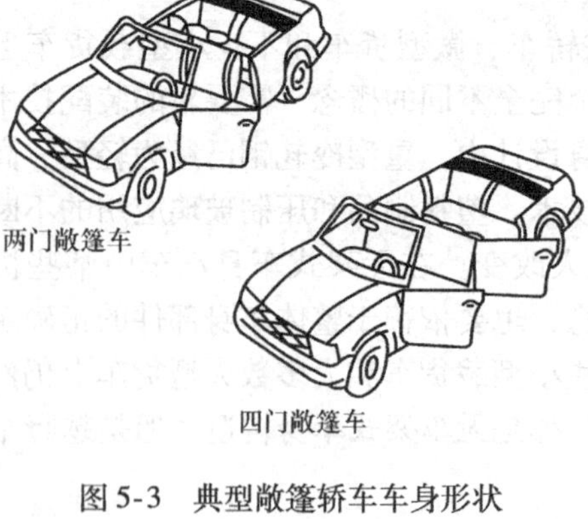

图5-3　典型敞篷轿车车身形状

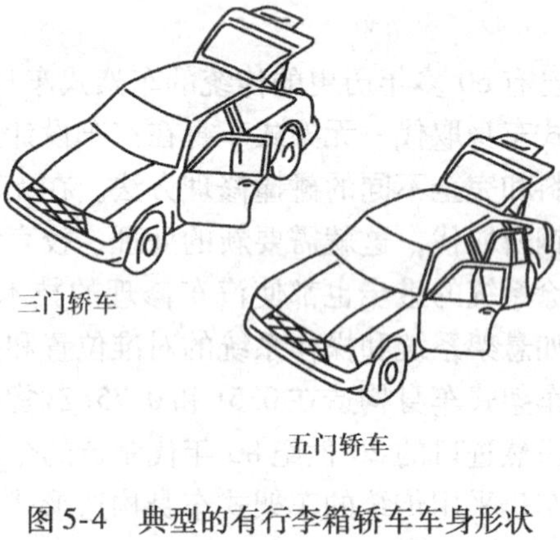

图5-4　典型的有行李箱轿车车身形状

（五）旅行车

如图5-5所示，旅行车以其顶部向后延伸至全车长为特点，在车后部提供一个内部宽敞的行李箱，尾门根据车型以不同方式开启，形成行李箱入口。旅行车流行两门或四门形式，并有容纳9位乘客的空间。

（六）轻型或多用途汽车

这类汽车包括一系列的车身设计，如图5-6所示。它可分为2轮驱动、4轮驱动（4×4）或全轮驱动。小型货车车身可以有标准驾驶室、有较大的驾驶室（有些已在前排座椅后面增加后排座）等不同设计。有些车型带有敞开或封闭的载货空间。野外运动汽车引起热心于野外活动者的兴趣，他们希望汽车能在道路条件和非道路条件下都能使用。微型厢式车是为家庭设计的一类休闲车。

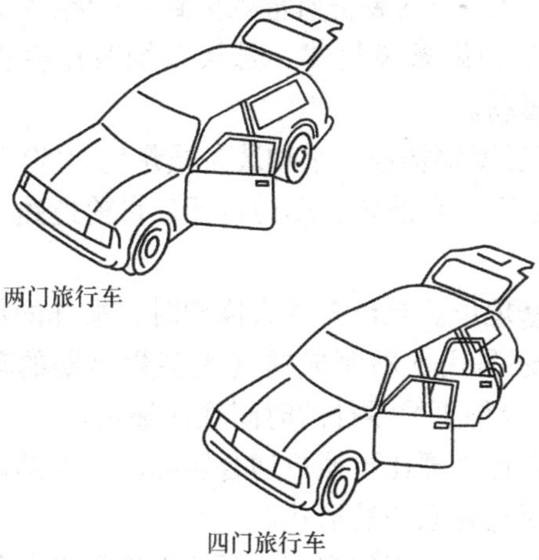

图5-5　典型的旅行车车身形状

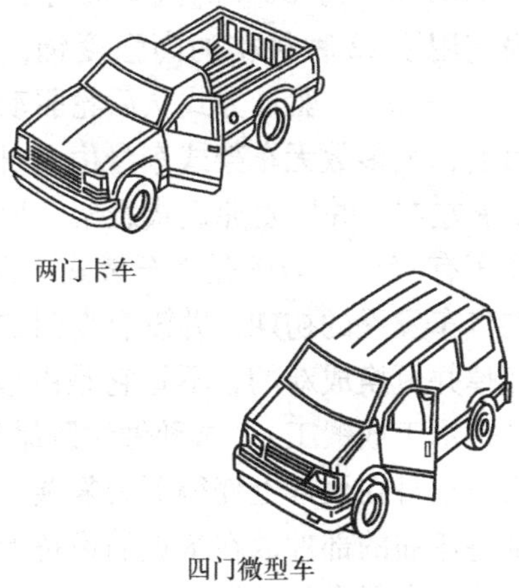

图5-6　典型的轻型车车身形状

虽然车身的形式有时按照这些不同的方法分类，但车身的强度则取决于汽车的型号和它的车身结构。诸如车门的大小、有无中心立柱、前车身柱、后顶侧板、顶板等因素，对于承受碰撞冲击力的大小有极大的影响。具有大型货厢面积的汽车，如货车或有行李箱的轿车，其结构部件和车身中加强板件的设计，都对车身整体刚性有明显影响。

二、车身构造形式

目前小轿车采用两种构造形式：传统的有车架车身和无车架整体式车身。

从20世纪60年代到70年代早期，汽车大多数具有以下特点：

① 采取有车架车身结构；

② 后轮驱动；

③ 独立的前悬架；

④ 对称性设计。

在20世纪70年代中期，一些国家出台了一系列政策法规，规定了非常严格的燃料节约和控制排放的法规与标准。这意味着汽车制造厂商必须研制出燃烧效率更高、排放污染更小的发动机。

由于高速公路的迅速发展，行车速度的提高，公众对汽车的安全性和运动性提出了更高的要求。同时要求提高汽车的燃烧效率以提高汽车的经济性。因此，目前国内外的汽车制造厂商都在研制较小、较轻、燃烧效率更高的家用汽车，以占领民用汽车市场份额。这种变化导致了今天整体式车身汽车的发展。

从20世纪70年代中期以来，轿车构造在以下五个领域发生了变化：车身构造、汽车自重、金属成分组成、悬架/操纵结构、发动机位置/驱动形式。

1977年大多数轿车采用框式车架。这些车的装备质量平均约2500kg，使用18种规格的低碳钢，并采用常规设计。1978年无车架式车身第一次应用于美国制造的汽车。薄金属板用于车身，汽车车身质量开始减少。美国制造的第一辆横置发动机、前轮驱动、撑杆式悬架汽车问世。

到1981年几乎50%的汽车采用了无车架式车身，平均装备质量减少到2000kg左右，汽车车身应用了22种规格的高强度钢，操纵系统改为齿条齿轮式，悬架系统改用麦弗逊式（Mac－Pherson），驱动方式从后轮驱动变成前轮驱动。

目前，大多数无车架式车身由24种规格的高强度钢构成，平均装备质量比1980年减少了800kg左右，并以麦弗逊式悬架、齿条齿轮操纵系统和前轮驱动为特征。目前道路上行驶的小轿车有95%~97%是无车架式车身构造。

在汽车发展的初期，并没有专门的汽车车身修理厂。当汽车送去修理时，损坏的部分往往拆卸掉并更换成新的，不管它是由金属锻成的还是用木料制成的（大多数早期的车身修理人员是木工或锻工）。这种做法既昂贵又费时，等待更换零件的时间往往很长。

汽车车身在设计上变得更为复杂，其结果是进行修理比更换更切合实际。早期的修理程序包括将弯曲的部件放在笨重的设备上强力使它回复到原来的形状。

随着汽车保有量的增加，汽车修理厂的经营达到了一定的规模，开始出现了专业化的车身修理技术人员。由于车身修理技术人员的经验日益丰富，出现了专门的车身修理技术人员培养院校。从车身内部推压已成为可接受的车身矫正方法。

由于修理程序的改进，固定的车身修理设备逐渐形成。这种机器是锻工用的滑轨装置和机械起重机的一种更完善的改型。这种固定车身修理设备通过一些改进已变得更有效率，使用更方便。这些机器还可提升汽车离开地面，使修理人员易于接近不同的部件。

轨道和液压装置共同作用，推动重型车架，加力于弯曲的车架部件使其回到原位。车身修理设备制造厂商必须继续更新他们的设备，因为汽车车架设计变得更复杂，修理技术也随之变得更复杂。车身维修技术人员的工作已成为一种高技能的技术工作。

无车架式车身问世后，一系列新的碰撞修理问题随之产生。由于车身已没有车架可承受推压，车身内部和车架的推压技术已无任何价值。无车架式车身任何地方都没有足够的材料去承受推压。

将损坏部位推压出来的这种基本修理技术，变成了将损坏部位拉出的技术。由于技术上的需要，手提式车身牵拉器得到发展，并很快在世界范围内得到运用。

固定式车身校正设备的制造厂商再次被迫改进其设备，增加了可调节的牵拉台，将推进修复装置改为牵拉装置。这种设备具备原有的功能，但变得更大、更复杂、更昂贵。

手提式车身牵拉器与现代化的固定式车身校正设备在许多年里会继续使用。随着汽车工业的发展，如果再一次改变车身和车架的基本设计，这些机器就将过时。当第二代框架式车架和整体式用螺栓固定车架普及时，将需要一种新的修理系统。这种修理系统必须有足够的灵活性，能同时修理无车架式车身和车架式车身。

从车身维修的观点看，维修人员必须了解车身的构造。对于每一种车身构造形式，修理方法都是不同的。例如，汽车的部件——操纵系统、悬架系统、冷却系统、传动装置、电气装置——是由汽车制造厂商制造的，但对无车架式车身而言，所有机械部件要直接固定在整体的车身上，它要求十分精确的定位。由于车身修理厂的责任是把汽车全部修好交给用户，现代的车身修理人员要比无车架式车身诞生以前的修理人员需要懂得的知识更多。

三、无车架式车身

无车架式车身没有单独的车架。车身设计采用了一种用于飞机机身的设计概念，并经常引用蛋壳作为这种结构类型的特征。即用手对蛋壳施以很大压力也很难使其破碎，这是因为手指所施加的全部压力不是集中在一点，而是被分散在整个蛋壳上。在力学上这种作用称为“应力薄壳结构”。

在汽车车身中没有完全的“应力薄壳结构”，但通常一个能承受外力的车身结构就称为无车架式车身或承载式车身，其特点如下。

① 它由若干个由压力加工而成的不同形状的薄钢板散件构成，并以点焊连接成一个整体。这种质量轻的结构对于弯曲和扭曲有很高的刚性。

② 可以采用原先车架所占用的空间，从而使汽车更小型化。

③ 传动系统和悬架产生的振动和噪声进入地板槽并被放大，车身起到音响的作用，这就需要附加部件以抑制振动和噪声。

④ 一旦车身损坏变形，则需采用特殊的不会导致进一步损坏的程序来恢复原来的形状。

⑤ 以薄金属板制成的车身紧挨地面，因此应采取适当的措施以防止由于腐蚀引起的损伤，确保车身底部材料的使用寿命。

无车架式车身的主要优点是它易于形成紧密的构造，因为主要部件是焊接在一起的。这种设计的特点有助于在碰撞时保护车内乘员，其损坏模式不同于车架式车身。用重型规格低碳钢制成的支架式车身有助于减弱和限制碰撞损毁，而无车架式车身所用的刚性较大的部件则有助于传递和分散冲击能量到整个车身上，会引起远离冲击点的一些部位的变形，甚至已经扭曲和裂开松动的部位在变形之前可能一直经受着沉重的负荷。这样的损坏在检查中容易被忽略，但是这些损坏的存在，将会引起操纵或动力系统故障。

无车架式车身前部结构的复杂性和刚性特别关键。车身前部不仅装有前悬架构件和操纵联动装置，而且装有整个驱动系统——发动机、传动轴、驱动轴和万向接头等。要保持所有这些部件有序布置，需要由前端金属板提供支架。因此，一个损毁的无车架式车身比常规车架式车身在类似碰撞情况下更要进行彻底的损毁分析，否则就可能存在后续操纵不安全或其他机械故障及噪声。

有三种基本的无车架整体车身结构：前置发动机后轮驱动（FR）汽车；前置发动机前轮驱动（FF）汽车和中置发动机后轮驱动（WR）汽车。

四、前置发动机后轮驱动汽车的车身结构

前置发动机后轮驱动汽车具有装在前面的发动机和装在后面的驱动车轮。汽车的车身被分成三个主要部分：前车身、乘坐室（侧车身）和后车身。发动机、传动装置、前悬架和

操纵系统装在前车身，差速器和后悬架装在后车身。由于来自道路的所有冲击通过前、后车轮传递到整个车身，汽车正常驾驶时，车身必须有足够的强度满足汽车运行需要。这一强度是由焊接在地板上的纵梁和横梁保证的。

（一）FR 汽车的特点

1）由于发动机、传动装置和差速器处于不同的位置，重量能均匀分布在前后轮之间，从而减轻了操纵系统的操纵力。

2）在 FR 汽车中，发动机是相对于汽车纵向放置的，而大多数汽车有一个悬吊横梁放在前纵梁之间，大致在前车身的中间位置，以它来支撑发动机。

3）可单独地拆卸和安装发动机、传动轴、差速器和悬架装置，因此具有良好的车身复原性，也便于维修。

4）由于后轮驱动的需要，在地板上要有一个通道，从而减少了乘坐室的内部空间。

5）因发动机的输出要由差速器通过传动轴传送给后轮，所以汽车的振动和噪声源一般分布到汽车的前面和后面。

（二）FF 汽车的特点

前置发动机前轮驱动（FF）汽车的发动机可以横向或纵向安装。发动机支撑方法依照其定位方向而不同。四轮驱动（4WD）汽车和采用纵向安装发动机的 FF 汽车，它们的发动机支撑方法相同。

第二节　车身整体变形的测量

导致汽车车身变形的因素很多，主要有以下几个方面：设计、制造过程中本身的薄弱环节；部分车身材料上存在的缺陷；维修工艺不当形成的隐患或损伤；经长期使用所引起的变形或材质劣化；碰撞事故而导致的机械损伤。

对于局部变形或损伤可以比较直观地做出判断，但对整体变形的诊断就显得不那么容易了。对于车身的整体变形，没有正确的测量结果做依据，修复作业便无从下手。

一、车身测量的意义

汽车车身测量是车身维修中不可缺少的重要环节之一。它是维持或恢复车身的正常工作能力，延长使用寿命并使其经常处于完好技术状态的主要依据。

由汽车车身的基本构造与机能可知，车身整体定位参数如果发生变化，对行驶性、稳定性、平顺性、安全性和使用性等都有至关重要的影响。整体定位参数，是指那些对汽车发动机、底盘、车身主要构件的装配位置有直接影响的基础数据，如：汽车的前轮定位、轴距误差和各总成的装配位置精度等。这些可以定量测得的表征车身外观、装配尺寸和使用性能的参数值，是原厂技术文件上做了重要规定的技术数据。测量是影响车身维修质量的关键之一，一方面用于对车身技术状况的诊断，另一方面用于指导车身维修。

车身维修的测量，一般分为作业前、作业中和竣工后三个步骤。作业前的测量，旨在确认车身损伤状态和把握变形程度的大小；维修作业过程中的测量，有助于对修复过程的质量进行有效地控制；竣工后的测量，为验收和质量评估提供可靠的数据。

车身整体变形的认定，主要依赖于对关键要素的测量结果，它有助于对变形做出正确的技术诊断，为合理地制订维修方案提供依据。其中，属于单一构件变形时，可以通过更换或修复相应的构件来解决；属于关联部件变形时，从变形较大的构件入手逐一进行矫正和修复；而对于车身的整体变形，则应以基础构件为基准，综合、全面地对整体定位参数值进行校对和修理。以测量结果为依据制订的维修方案，不仅可行而且可靠，是实现正确诊断和高质量维修的基础。

对车身的矫正或更换主要构件，需要通过测量来保证其相关的形状尺寸精度和位置准确度。维修过程中不断测量车身定位参数值，可以确保修复作业是否在质量控制之下。为维持或恢复车身完好技术状况、工作能力和使用寿命的作业，应遵循的技术标准除可以进行定性评价的技术要求外，更多的则是依照测量结果进行定量评价的技术指标。更确切地说，测量对修复效果起着量化的验证作用。在矫正变形的过程中，如果离开了对外观参数的测定，修理作业就不可能成功，甚至无法进行。

二、车身测量的基准

车身维修中对变形的测量，主要表现为尺寸数值与形状上的对比，就是对车身及其构件的形状与位置误差的检测。选择测量基准是形状与位置公差中十分重要的内容。

（一）车身测量的基本要素

正确的车身检测与测量是车身维修的基础，而掌握车身测量的点、线、面三个要素，又是高质量完成车身测量任务的关键。

1. 控制点原则

车身测量的控制点用于检测车身损伤与变形的程度。车身设计与制造中设有多个控制点，检测时可根据技术要求测量车身上各个控制点之间的尺寸。如果误差超过规定的极限尺寸，应设法修复使之达到技术标准规定范围。

车身上的控制点并非无据可循。承载式车身的控制点如图 5-7 所示。

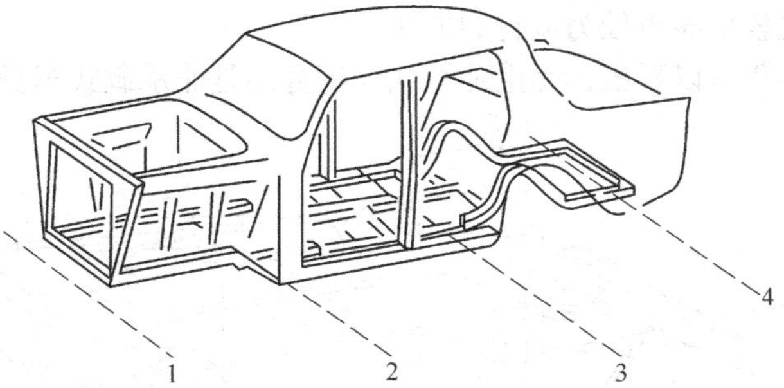

图 5-7 车身控制点的基本位置

1—前保险杠或前车身散热器支撑部位 2—发动机舱的中部相当于前横梁或前悬架支承点

3—中间车身相当于后门框部位 4—后车身横梁或后悬架支承点

车身进行整体矫正时，可根据上述控制点的分布将车身分为前、中、后三部分，主要基于车身壳体的刚度等级和区别损伤程度，分析不同控制点及其在车身测量基准中的作用和意义。

对控制点的测量就是对关键参数的检查与控制，并且这些参数又是有据可查的。一些车身测量设备就是根据控制点研制而成的，是车身维修中比较实用和流行的测量原则。

2. 基准面原则

车身设计时往往先选定一根基准线，将该基准线沿水平方向平移到一个水平平面，由车身上各个对称平行点所形成的线或面与之平行。车身图样上所标注的沿高度方向上的尺寸，为车身各部分与基准平面间的距离。既然车身设计与制造是以该平面为高度基准的，车身测量与维修同样需要这些高度要求来控制其误差的大小。

在实际测量中，应根据上述基准面原则调整车身沿水平方向的高度，由此确定车身高度测量基准。如果遇到实际测量部位不便于直接使用量具时，可以根据数据传递方法将基准面上移或下移，这样不仅有利于测量仪器的使用，而且也可以获得更加精确的测量结果。

3. 中心线及中心面原则

中心线及其沿垂直方向平移获得的中心面，实际上是一个假想的具有空间概念的直线和平面，该平面将车身沿长度方向截为对称的两半。车身的各个点通常是沿这一平面对称分布的，因此所有宽度方向的尺寸参数及测量，都是以该中心线或中心面为基准的。

实际测量中，如果使用定中规等测量仪器检查车身损伤时，如果在不同测量断面上，定中规的中心指示在同一条直线或平面上，可以说明车身无横向变形或损伤。如果经测量发现定中规有偏移时，则说明该断面车身发生了横向变形或损伤。

修复车身所发生的变形或损伤时，应在纵向、横向两个截面上反复调整、校对相对于标准的形状与位置误差参数，使车身表面各关键点（空间坐标）符合技术规定。更换车身覆盖件时，对互换性、形状与位置公差和装配准确度亦有着较高的技术要求。这些都很难单纯地依靠技术、工艺标准来实现对车身维修质量的控制与判定。

由于绝大多数车身都是对称设计的，要注意非对称部位及其测量要求。选择带有补偿调节装置的定中规，测量时先消除因非对称零件而造成的数据差别，不便于消除非对称部位的数据差的，也可采取措施避免因此带来的测量麻烦。

（二）参数法测量

参数法以车身图样或技术文件中的规定来体现基准目标。汽车车身尺寸图中，一般都注明了车身上特定的测量点，以此为基准对车身的定位尺寸进行测量，可以准确地评估变形及其损伤的程度，是比较可靠也较为流行的方法。

由图5-8和图5-9可以看出，无论是承载式车身还是非承载式车身的车架，其定位基准

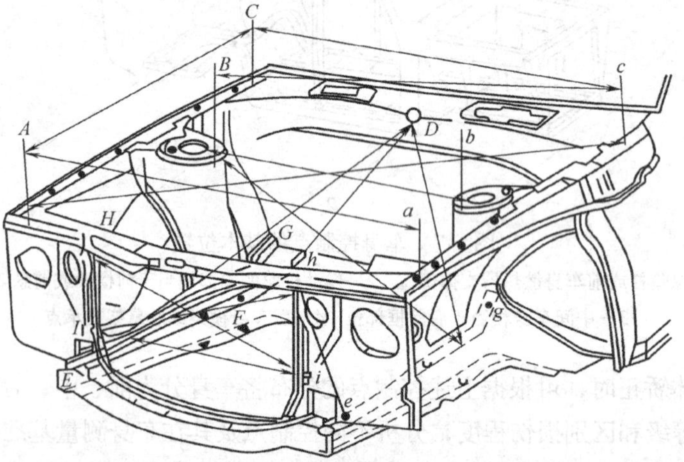

图5-8　承载式前车身定位参数测量示例

和测量参数存在着密切的关联性（表5-1）。这种数据链关系一方面说明车身定位参数的变化“牵一发而动全身”，在一定程度上增加了矫正与测量的复杂性；另一方面说明，较为严重的机械损伤，可以利用目标参数来实现对车身、车架的矫正与修复。按车身定位尺寸图体现的基准目标，既可以满足设计要求，又可以保证测量结果的可靠性和重现性。

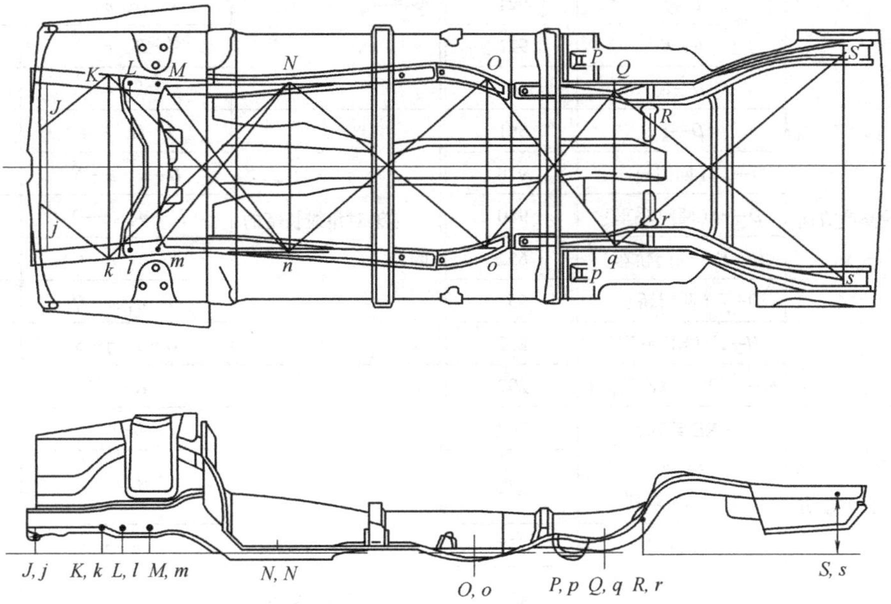

图5-9　旅行客车车架的定位参数测量示例

表5-1　车身的定位参数及数据　　（单位：mm）

测 定 方 向	前车身测定部位	参数示例	测 定 方 向	车架测定部位	参数示例
发动机舱长度方向的测量	*A*—*C*	901	车架长度方向上的测量	*M*—*N*；*m*—*n*	582
	a—*c*	901		*N*—*O*；*n*—*o*	891
	B—*C*	454		*O*—*Q*；*o*—*q*	585
	B—*c*	454		*Q*—*S*；*q*—*s*	1082
发动机舱高度方向的测量	*A*—*a*	1256	车架高度方向上的测量点与基准水平线的高度差	*J*，*j*	66
	B—*b*	901		*K*，*k*	106
	C—*c*	1284		*L*，*l*	90

（续）

测定方向	前车身测定部位	参数示例
发动机舱对角线的测量	A—c	1557
	a—C	1557
	B—c	1168
	b—C	1168
	B—f	921
	b—F	921
发动机舱高度方向的测量	D—G	561
	D—g	561
	D—E（四门轿车）	978
	D—e（两门轿车）	980
	D—F（四门轿车）	652
	D—f（两门轿车）	653
	H—E（KE系列）	287
	h—e（TE、AE系列）	297
散热器支架宽度方向的测量	H—h（KE系列）	762
	H—h（TE、AE系列）	538
	I—i（KE系列）	758
	I—i（TE、AE系列）	538
散热器支架对角线的测量	H—i（KE系列）	779
	H—i（TE、AE系列）	580
	I—h（KE系列）	783
	I—h（TE、AE系列）	580

测定方向	车架测定部位	参数示例
车架高度方向的测量点与基准水平线的高度差	M，m	90
	N，n	−25
	O，o	−32
	P，p	5
	Q，q	12
	R，r	150
	S，s	244
车架对角线长度的测量	J—K，j—k	352
	K—n，k—N	1114
	M—n，m—N	960
	N—o，n—O	1180
	O—q，o—Q	939
	Q—s，q—S	1379
车架宽度方向的测量	K—k	780
	L—l	778
	M—m	761
	N—n	765
	O—o	782
	P—p	892
	Q—q	690
	R—r	490
	S—s	1060

以图样规定为基准的参数法在车身测量中，其定向位置要求用点与点之间的距离来体现；其对称性要求用模拟轴线（或点）的相对位置来体现。

（三）对比法测量

对比法是以相同汽车车身的位置参数作为基准目标。当然，所选择的车身应完全符合技术文件规定要求的状况，必要时还可以通过增选台数来提高目标基准的精确性。运用对比法确定测量基准时，应注意以下两个问题。

1. 数据的选取

由于对比法需要操作者视情况量取有关数据，选择哪些测量点、数据链作为车身定位参数的基准目标时应遵循的原则如下。

1）利用车身壳体或车架上已有的基准孔，找出所需的定位参数值。

2）以基础零件和主要总成在车身上的正确装配位置为依据。

3）比照其他同类型车身图中的标示方法，来确定基准参数的量取方案。

2. 误差的控制

与参数法相比，对比法测量的可靠性较差，这就要求应尽可能将测量误差限制在最小，以防止因累计误差的增加而影响维修质量。具体措施如下。

1）选择便于使用的测量器具（如测距尺）。

2）不能以损伤的基准孔作为测量依据。

3）同一参数值应尽量避免接续，最好是一次性量得。

如果没有可供选择的车身作为对比条件，也可利用车身构件对称性的原则，进行对角线比较法和长度比较法测量（图5-10）。这种方法仅适于程度不大的变形，并要求将二者结合起来进行综合评价，这样才能判明损伤。

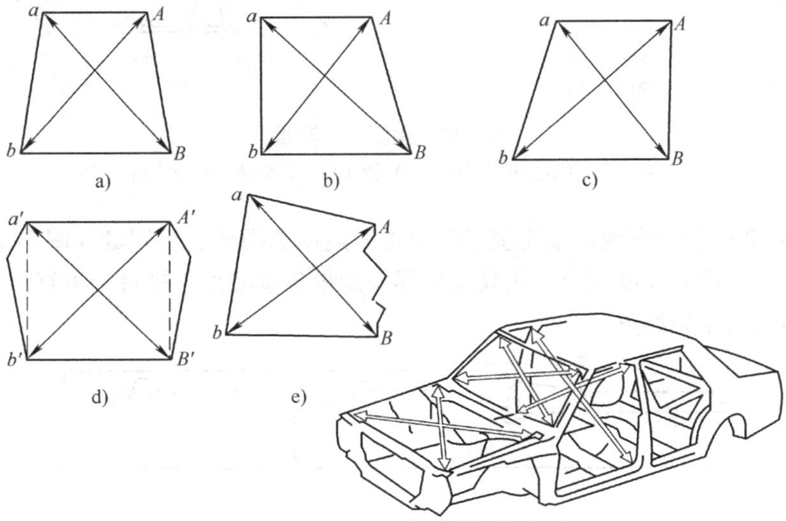

图5-10　对角线比较法和长度比较法测量

a）无变形（$ab = AB$）　b）左侧变形（$aB - Ab$）　c）右侧变形（$Ab > aB$）

d）左右变形相同（$a'B' = A'b'$）　e）长度比较法判断右侧变形（$ab > AB$）

三、车身测量方法的应用

对车身整体变形的测量，是依靠计量器具采集相关的技术数据，以判定车身构件及其与基准之间的相对位置的。以实际测得的状态参数为依据进行数值分析和比较，旨在找出相对位置的变化规律，进而对变形状况做出进一步的诊断。

（一）测距法

测距法可以直接获得定向位置点与点的距离，是最简单的一种测量方法，它主要通过测距来体现车身构件之间的位置状态。

测距法使用的量具是钢卷尺、专用测距尺等。钢卷尺的使用方法简便、易行，但测量精度低、误差大，适用于那些要求不高的场合。当测量点之间不在同一平面或其间有障碍时，很难用钢卷尺测量两点间的直线距离。这时使用专用测距尺，根据不同位置将端头探入测量点，应用起来显得十分灵活、方便。

用钢卷尺测量孔的中心距时，可从孔的边缘起测量以便于读数。应注意：当两孔的直径相等且孔变形为忽略不计的程度时，可以用孔的边缘间距代替心距，即 $A=B$；但当两孔的直径不同时，中心距 $A=B+(R-r)$ 或 $A=C-(R-r)$。

测距尺的测头为锥形结构，按图5-11a所示的方法使用，可以模拟测量孔的中心线，即使两个被测量的孔径不等也不受影响。属于图5-11b所示的情形时，也可以比照前述方法从孔的边缘起测量。

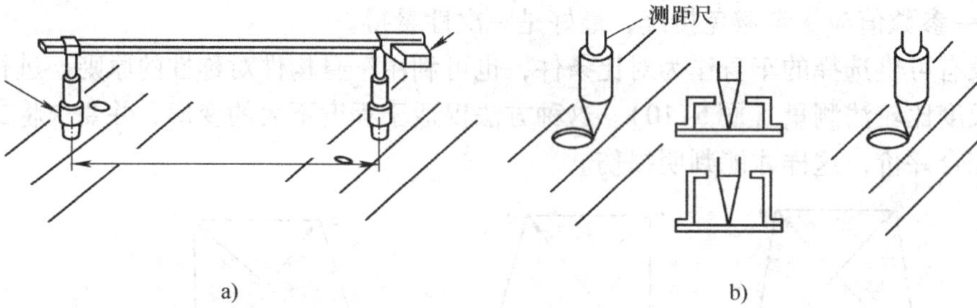

图5-11　用测距尺测量

a）模拟两孔间的中心距　b）测头触及孔底或孔径过大时

对于图5-12所示的车架，发生变形时也可以运用测距法进行测量（图5-12a）。将车架置于平台上并按一定的高度支稳，用高度尺逐一测量各基准点与平台的垂直距离，分别得出车架垂直方向上的相关参数。

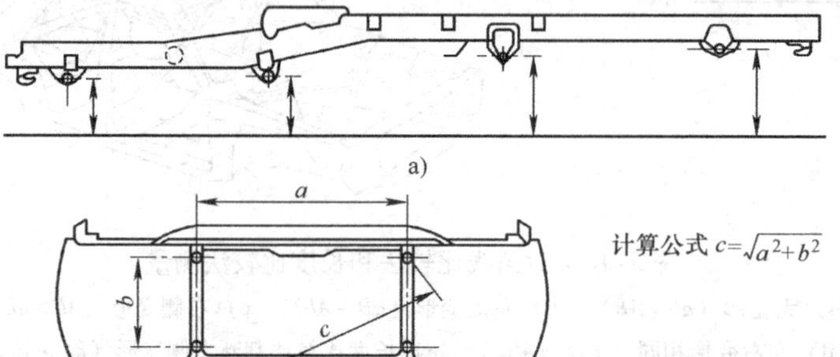

图5-12　测距法测量实例

a）车架垂直方向上的测量　b）散热器支架的测量

有些图样或技术文件，则是按图5-12b所示的方法标定的参数。在没有专用测量架的条件下，可使用测距法来测量，要先利用三角函数法或勾股定理进行相应的计算。

（二）定中规法

车身的许多变形尤其是综合性变形，用测距法测量往往体现得不十分明显，反映出的问题也不直观。如图5-13所示，当车身或车架与汽车纵轴线的对称度发生变化时，很难用测距法对变形做出准确的诊断。如果使用定中规法，就可以比较好地解决这类测量问题，但使用中应注意区别具体情况，有针对地做好对称调整，否则，会影响测量的准确性。

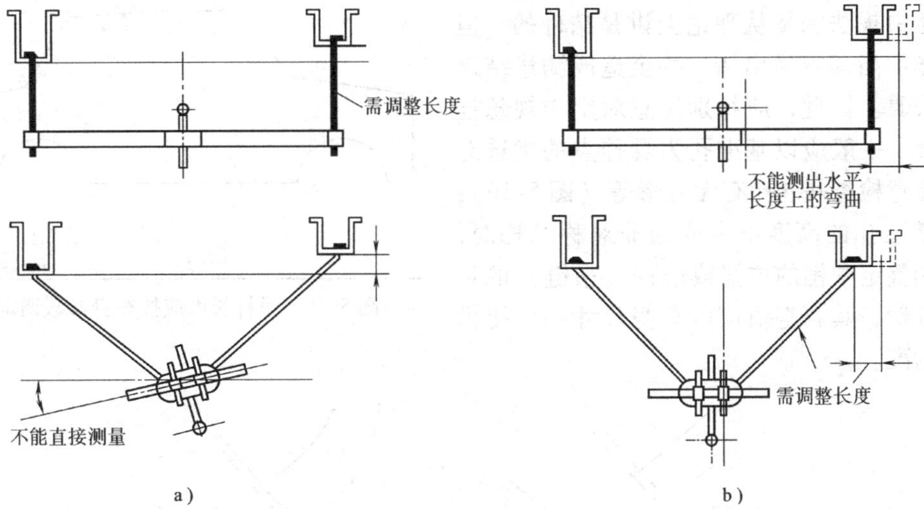

图 5-13　定中规悬挂点的对称性调整
a）垂直方向上的差别　b）水平方向上的差别

将定中规挂于车架的基准孔上，检查：①定中销是否处于同一条轴线上；②定中规的尺面是否相互平行，由此就可以十分容易地判断车架是否弯曲、翘曲或扭曲变形。

将定中规挂于车身壳体骨架的基准孔上，检查：①定中销、垂链及平行尺是否平行；②定中销是否处于同一条轴线上，由此可以十分容易地对骨架变形做出相应的诊断。

使用定中规诊断车身变形，如：当定中销发生左右方向的偏离时，可以判断为水平方向上的弯曲；当定中规的尺面出现不平行时，可以判断为扭曲变形；当尺面的高低位置发生错落时，则可以诊断为垂直方向上的弯曲（图 5-14）。

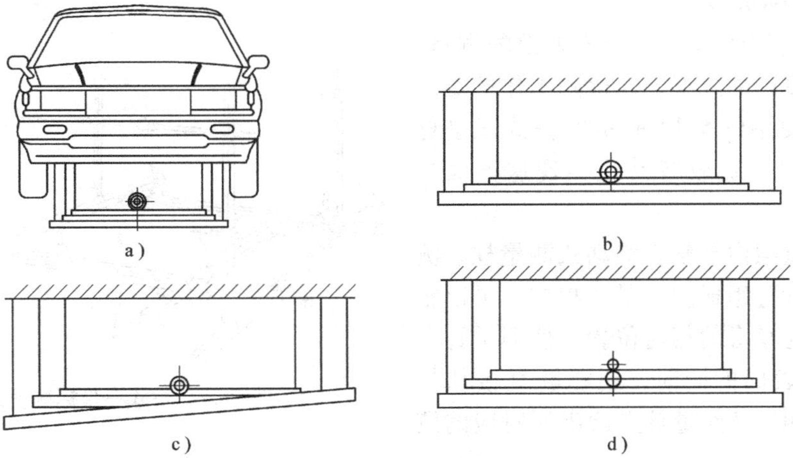

图 5-14　变形的评价方法
a）正常　b）水平方向上有弯曲　c）扭曲　d）垂直方向上有弯曲

应当指出，欲对垂直方向上的弯曲做出精确诊断时，应保证定中规的吊杆长度符合要求。当其中一个定中规的高度确定后，以参数表规定的数据为准，对其他定中规吊杆的长度，按高低差作用增减调整，使悬挂高度符合标准（图 5-15）。

用定中规法测量从理论上讲是精确的，但如果操作不当却容易出错，甚至造成测量结果的严重失真。因此，应特别注意对定中规悬挂点的选择。一般应以基准孔为悬挂点的优选对象，并注意检查基准孔有无变形等（图5-16）；当左右基准孔的高度不一或为非对称结构时，要通过调整定中销的位置或吊杆（吊链）的长度加以补偿，其调整值应以车身尺寸图中提供的数据为准。

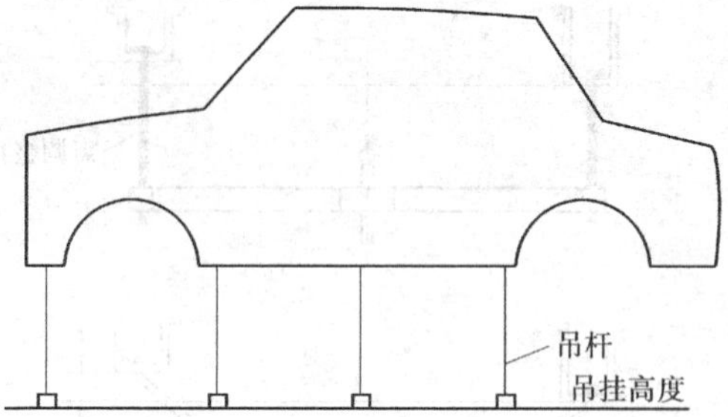

图5-15　吊杆长度应按车身参数调定

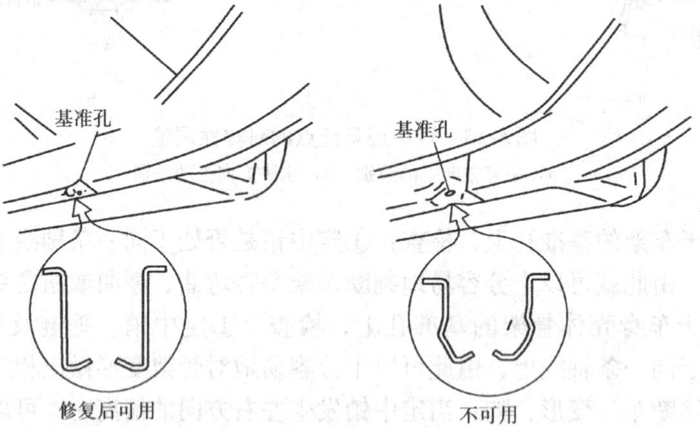

图5-16　定中规悬挂点的变形

（三）坐标法

坐标法适用于对车身壳体表面的测量。轿车那样的多曲面外形，使检测工作的难度加大。如果使用图5-17所示的桥式三坐标测量架，则可以比较容易地实现这方面的测量。

桥式测量架由导轨、移动式测量柱、测量杆和测量针等组成。测量过程中，可以根据需要调整与车身的相对位置，使测量针在接触到车身表面的同时，还能够直接从导轨、立柱、测杆及测量针上读出所对应的测量值。

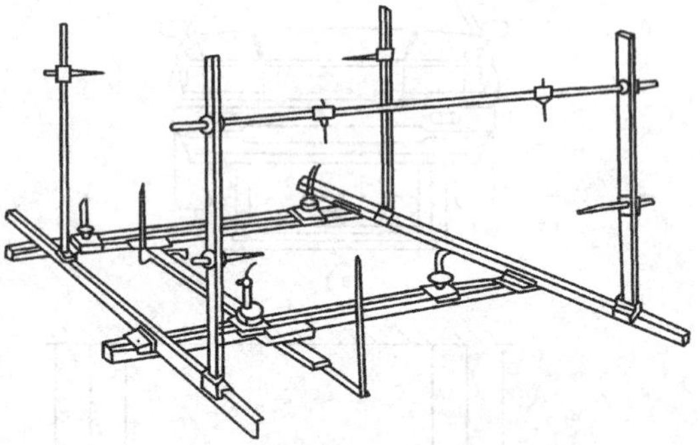
图5-17　桥式三坐标测量架

图5-18所示的专用聚光测量台，亦可对车身各部尺寸进行较为精确的测量。测量时光源发出的聚光束，可将光点投射在各塑料标尺上，读数既直观又方便。尺寸测量架可分别检测车身其他方面存在的变形。这种变形测量台，可与修理矫正装置配套，实现车身修理的过程测量。

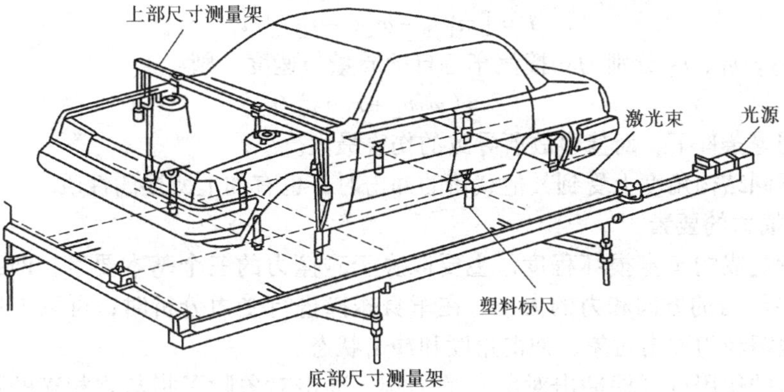

图 5-18　聚光测量台

第三节　车身整体变形的诊断

测量只是从一个侧面提供了分析、确认变形的依据，然而，矫正变形还需要提供其他一些数据，如：找出导致变形的诸多因素中的主要因素；确定损伤的类型及其严重程度；分析损伤倾向及其产生的影响、波及范围等。这些都是车身维修中诊断所要完成的任务。

一、碰撞力分析

从理论上讲，汽车行驶本身已经积蓄了一定的能量。因此，当碰撞事故发生时便转换成冲击能量，使车身构件在吸收这一能量的过程中变形。机械损伤的作用机理就在于此。

（一）碰撞力的大小

有公式表明，汽车行驶时运动能量（W）的大小与质量（m）和速度（v）的平方成正比，即

$$W = mv^2/(2g)$$

式中　W——运动能量（J）；

m——汽车总质量（kg）；

v——汽车行驶速度（m/s）；

g——重力加速度（9.8m/s^2）。

惯性力也与汽车的质量和运动速度相关，惯性力（Q）的大小是汽车质量（m）与速度（v）的乘积，即：

$$Q = mv$$

当汽车与其他物体发生碰撞时，由惯性力转换成的冲击能量释放并与之相互交换，由此产生的冲击力同时作用于两相撞物体之间。冲击力的大小不仅取决于冲击能量，还取决于相撞过程中的作用时间。如果其他条件相同而只有力的作用时间不同，即爆发的瞬间接触与从开始到结束经过一个相对长一点的时间过程，其冲击力的作用结果是不同的。前者必定会损坏严重，而后者则显然要轻得多。

还有，如果汽车与固定物体相撞，则该冲击力为

$$F = (mv)/t$$

如果汽车与相向的汽车相撞（对撞）时，则有

$$F=[m_1v_1-m_2(-v_2)]/t$$

式中 m_1、m_2，v_1、v_2 分别为相撞汽车各自的质量与速度，则

$$F=(m_1v_1+m_2v_2)/t$$

因此，同等条件下，对撞事故所导致的伤害最大。

车身从不同结构角度上受到其他载荷的冲击时，也有如上所述的性质。

（二）碰撞力的要素

由碰撞所造成的车身损坏程度，主要取决于碰撞力的三个基本要素，即：力的作用点（也称着力点）、力的方向和力的大小。在车身碰撞进行受力分析时，可以更进一步将以上三要素明确地解释为冲击对象、冲击角度和冲击状态。

首先看力的作用点（即冲击对象）的影响。冲击对象除了指与之相撞的物体外，也不能排除对汽车本身的分析。如果车身是以某一个平面与另一个平面物体相撞，如果其他条件等同时造成的损伤会小些，因为作用力分布在一个较大的平面上。如果车身以较小的端面与另一非平面（如：柱类、角类）物体相撞，在其他条件等同时所造成的损伤就会更大，因为作用力分布在一个较小的平面上。其公式为

$$p=F/A$$

式中 p——单位面积上所受到的碰撞力（Pa）；

F——碰撞力（N）；

A——作用面积（m^2）。

碰撞力的作用方向对损伤程度的影响也很大。因为根据力的可传递性和力的平行四边形法则，有不同碰撞力的作用方向就有不同的分散、分解。如图 5-19 所示，作用力相同且作用方向相同，碰撞所导致的结果却有着很大的不同。显然图 5-19a 对壁碰撞损伤往往比图 5-19b对柱碰撞损伤程度轻，这是由于碰撞力分散、分解效果不同的缘故。

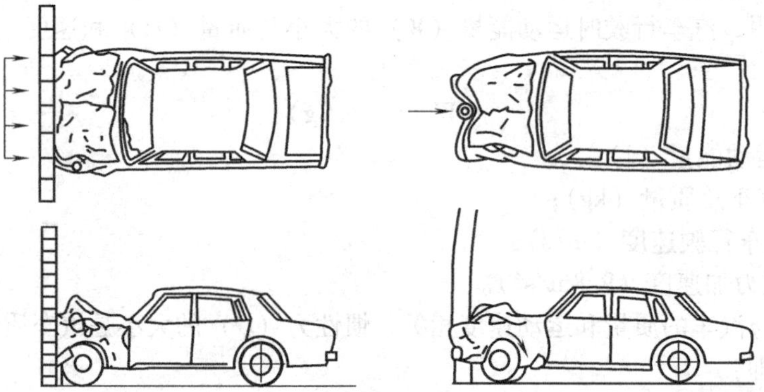

a) b)

图 5-19 损伤分析

a）对壁碰撞 b）对柱碰撞

综上所述，车身诊断过程中一定要根据车身的受力情况，分清力的作用点、方向和大小三个基本要素，从中找出变形的诸因素。在诊断过程中对车身碰撞力的三要素进行分析，有助于诊断某些隐含损伤。因为碰撞力在传递过程中，极易使其间的薄弱环节形成一定的损伤。

二、损伤的形式

汽车车身的碰撞是物体间的相互机械作用，这种作用的结果使运动状态发生改变，甚至使车身发生变形和被坏，亦即通常所说的机械损伤。

（一）损伤的性质

车身损伤的形态是多种多样的，可以分为直接损伤、波及损伤、诱发性损伤和惯性损伤。

直接损伤是指车身与其他物体直接碰撞而导致的损坏。直接损伤的特征是车身以外的物体直接触及车身，并于着力点上形成以擦伤、撞痕、撕裂为主要形态的损坏。

波及损伤是指冲击力作用于车身上并分解后，分力在通过车身构件过程中所形成的损伤。根据力的可传性，碰撞力在分解、传播、转移过程中，容易通过强度或刚度高的构件；对于强度、刚度相对较弱的构件，十分容易形成不同程度的损伤。波及损伤的特征是某些薄弱环节上形成以弯曲、扭曲、剪切、折叠为主要形态的损坏（图 5-20）。

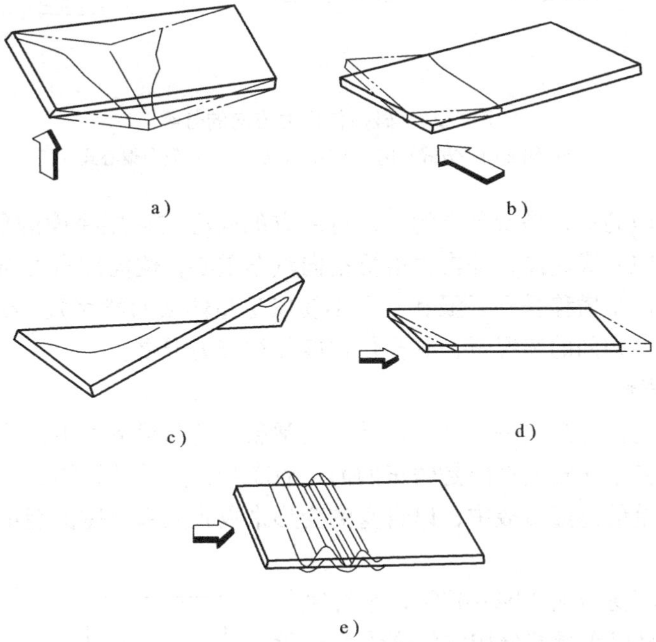

图 5-20　损伤的几种形式

a)、b) 弯曲　c) 扭曲　d) 剪切　e) 折叠

诱发性损伤是指一个或一部分车身构件发生损坏或变形以后，同时引起与其相邻或装配在一起的其他构件变形。诱发性损伤与波及损伤的不同之处在于：车身构件受碰撞过程中并不承载或很少承载，主要是关联件的压迫、拉伸导致的诱发性损坏，其特征以弯曲、折断、扭曲等为主。

惯性损伤是指汽车运动状态发生急剧变化，在强大惯性力作用下而导致的损伤。汽车碰撞或紧急制动时，装配于车身上的发动机、底盘各总成和载运的人员、货物等，都会不同程度地产生一定的惯性力，这一惯性力有时还是非常剧烈和强大的。与车身装配的结合部可能因过载而损坏；被抛起的人或货物与车身撞击而造成另一种形式的损坏。惯性损伤的主要特征是撞伤、拉断或撕裂、局部弯曲变形等。

（二）方向性分析

碰撞时作用力的方向与汽车重心的相对位置，对车身的整体变形产生不同的影响。作用力的方向与汽车重心位置重合称为向心式碰撞；作用力的方向与汽车重心位置不重合称为偏心式碰撞。碰撞作用力方向一般有如图5-21所示的几种类型。

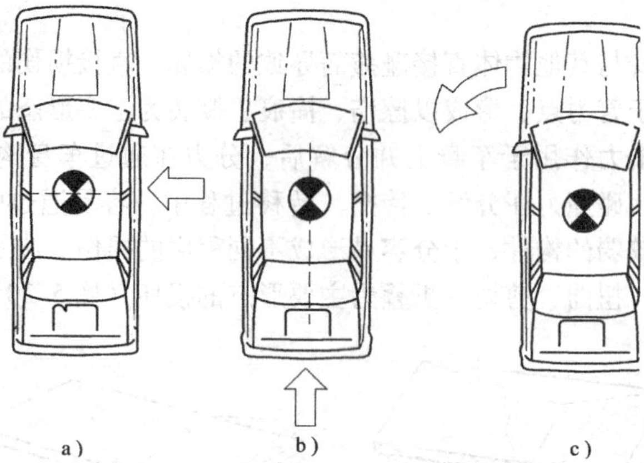

图5-21 碰撞作用力方向的分类

a）侧面向心方式 b）向心追尾方式 c）侧向偏心式

正面向心式碰撞的危害是最严重的，来自后方的向心式追尾碰撞的危害则相对小得多。来自于车身侧面的向心式碰撞，冲击力恰恰指向汽车重心，侧向冲击力与重心位置重合的结果是使碰撞过程中汽车横移受到了限制（即不易发生整体横向滑移）。力的作用时间表现为瞬时性。在其他条件相同的情况下，其损伤程度往往较为严重。

（三）结构性损伤

车身设计上安全性对策之一，是保证承受正常载荷的前提下发生碰撞时，能为乘客提供安全的生存空间。其中比较典型的是轿车的前、后车身，其缓冲结构具备衰减冲击能量的功能，可使车身在严重的碰撞事故中，以自身的变形来吸收大部分撞击能量，达到对乘客安全保护的目的。

有实验证明，车身压缩30%~40%，乘客室仅收缩1%~2%。这是以车身部分构件的变形为代价的，将这种类型的变形称之为结构性损伤。诊断过程中，应特别注意这种变形的规律与特征，以便制订合理的维修方案。

（四）应力集中

当车身构件在外力作用下拉伸或压缩，材料内部会同时产生一定的内应力，应力分布状态因结构而异。对此，我们以下面的实验来弄清这一点。

将两块塑料薄膜按图5-22所示的形状分别裁好，然后按图中箭头所示的方向，向外均匀地拉伸

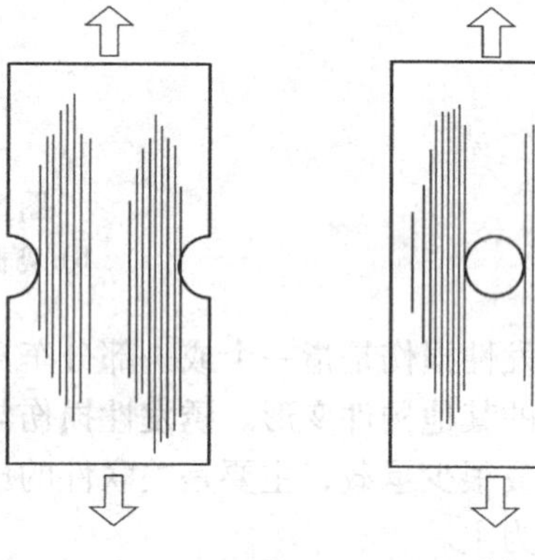

图5-22 应力集中现象

a）半圆形缺口 b）圆形缺口

塑料薄膜两端。可以比较清晰地观察到：塑料薄膜受到拉伸后，在不同部位产生呈条纹状的变形现象。两边开有半圆形缺口的塑料薄膜，以条纹为特性的变形多发生于中部区域；中心有圆形孔的塑料薄膜，以条纹为特征的变形多发生于两边。图中所标的竖线，象征性地反映了两种结构受力时，圆孔形状与位置的不同，形成的应力及其分布上的差异。图中线条的长短与疏密，即表示了应力的分布状态。

车身构件上的许多部位，据上述原理有选择地布置了应力集中点。在前段纵梁和翼子板支承上预制的结构突变和缺口，有利于应力集中和前面所讲到的避让效应，有效地吸收冲击能量而减少其他部位的损失。这些应力变形结构称为“卷褶区”，这种类型的构件称为卷褶型支承件。汽车车身中，经常会遇到这种性质的变形。在修复过程中只允许矫正而不得进行加固。

除上面正常的应力集中以外，车身上会时常发生一些非正常的应力损伤现象。有代表性的是普通客车乘客车门框的断裂。车身壳体侧的硕大开口，介于汽车的前、后桥之间，很容易造成应力集中，使车门的上、下边框与门柱的交结处断裂。属于这种性质的变形，可在搞清损伤缘由的基础上，采取一些增强的措施予以补救。

三、变形的倾向性分析

汽车发生碰撞会给车身带来不同程度的损伤，变形将以各种不同形式出现。对于直接损伤的诊断相对容易些，对于波及损伤、诱发性损伤等诊断就不那么直观。车身变形的倾向性分析，旨在解决如何“顺藤摸瓜”对这类损伤进行诊断的问题。

（一）承载式车身的变形倾向性

承载式车身没有车架，壳体主要是用薄板类构件组焊或装配起来的，如由图 5-23 所示的前车身、中间车身和后车身三大部分及其他相关构件组成。当发生碰撞事故时，对整体变形的影响都比较大。碰撞冲击作用于车身的各个构件上，使冲击能量不断地被吸收、衰减，最终以不同的变形体现出来。

1. 前车身的变形倾向

前车身主要由翼子板、前段纵梁、前围板及发动机舱盖等构件组成（图 5-24）。大多数轿车的前部，除装有前悬架及转向装置等总成外，发动机前置时发动机总成也装在前车身上。当汽车受到下身冲击时，靠前车身来有效地吸收冲击能量。

前车身的构造依发动机、前悬架和驱动形式等布置不同而存在一定的差别。发动机前置后驱动（FR）车与发动机后置后驱动（RR）车，在结构上就存在着很大的区别。发动机前置前驱动（FF）车的前车身，比前两者的结构更复杂些。对于发动机后置后驱动（RR）车而言，前车身没有发动机舱而只有行李箱，结构会简化许多。轿车大多采用前独立悬架方式，使前车身不仅受力复杂，对汽车行驶稳定性也起着重要的保证作用。图5-25为前车身与前悬架间的装配及受力关系分析图。

由图 5-25 可以看出车轮除承载外，起动、制动、加速和行驶过程中，还要承受前后两个方向的附加载荷。当转弯时车轮受到横向力的作用，力从不同角度通过前悬架摆叉、纵向拉杆、减振器、悬架弹簧等，将各方面的冲击和振动载荷通过前车身传递并分解。

通过图中的受力分析表明：独立悬架系统中车轮传递三个方向的力并作用于前车身。由此形成的载荷并未集中在一点上，而是分散到三处，分别作用于前车身的三个支点上，实现

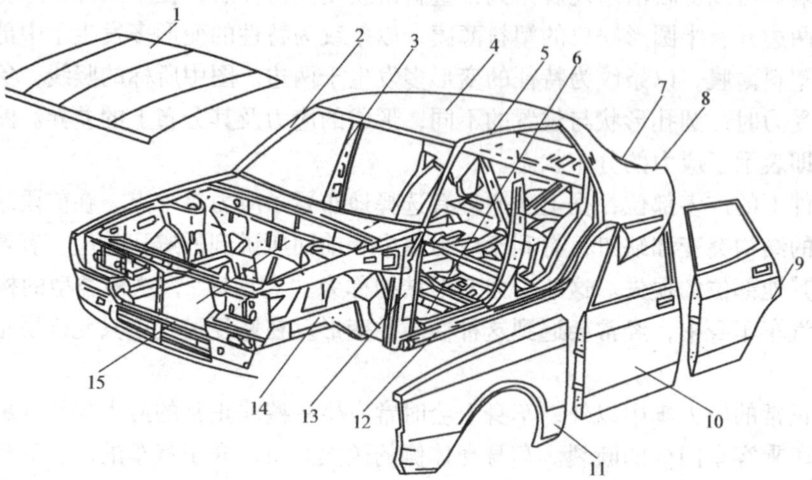

图 5-23 承载式轿车车身壳体的组成

1—发动机罩 2—前窗柱 3—中柱 4—顶盖 5—车顶边梁 6—车底 7—行李箱 8—后翼子板 9—后门 10—前门 11—前翼子板 12—门槛 13—前柱 14—前悬架支撑板 15—中间隔板

力的分散与平衡。悬架不仅可以防止载荷过于集中，达到简化结构、减轻质量的目的，还能十分有效地吸收来自车轮对车身的冲击能量。

针对前车身的受力特点，一般将前悬架支撑座的断面制成图 5-24 所示的箱形封闭式结构，保障其有足够的强度。前段纵梁作为前车身的主要强度件直接焊在车身下部，是承载式车身与非承载式车身的主要区别之一。

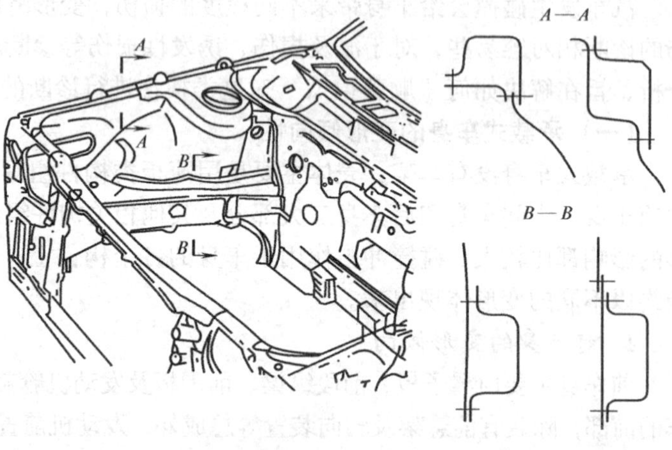

图 5-24 轿车前车身结构

为满足承载和对前悬架、转向系统等支撑的受力要求，并使载荷分布均匀，前段纵梁前细后粗形成不等的截面。为提高汽车受冲撞时对冲击能量的吸收效率，纵梁的截面变化明显，适应不同断面上的载荷变化（图 5-26）。当汽车受到冲击时，A、B 处的断面变形具有优先权，形成对室内乘客的安全保护。

大多数轿车的前车身还兼作发动机舱，纵梁还钻有许多不同直径的小孔，用于装配发动机总成及其他汽车零部件。前车身上部的发动机舱盖，用于发动机舱封闭并起到对风的导流作用。要求发动机舱盖既轻薄又有足够的刚度，同时还要具备隔声、减振和避免与发动机运转发生共振的功能。

发动机舱盖多用高强度钢板冲压成的网状骨架和蒙皮组焊而成。多数轿车在夹层之间使用了耐热点焊胶，以确保刚度并在其间形成良好的消声夹胶层。车身维修中应有针对性实施解体方案，不要轻易采用火焰法修理，避免破坏夹胶的减振与隔声作用。在不得已而将胶粘层破坏后，应使用环氧树脂液体聚硫橡胶先灌注再点焊。

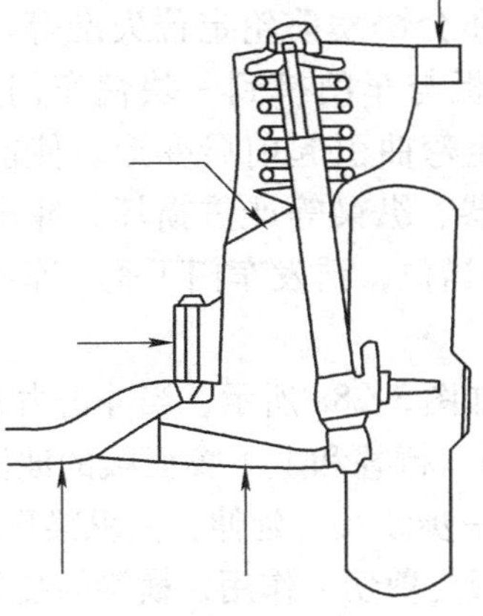

图 5-25　悬架与车身的装配及受力图

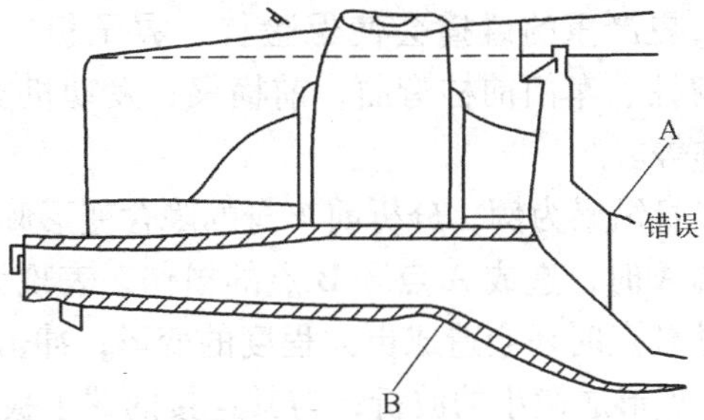

图 5-26　前段纵梁截面的变化

前车身的另一个重要构件是发动机舱盖支撑架和中隔板（图 5-27）。它位于乘客室前部，与前围板连接形成发动机舱与乘客室的屏蔽。两端与壳体前立柱和前段纵梁组焊成一体，使整体刚性更好。发动机舱盖是通过支撑铰链与其装配在一起的。

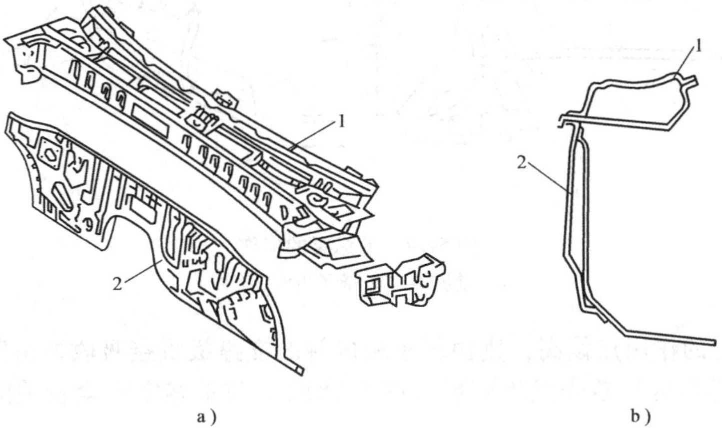

图 5-27　发动机舱盖支承架与中隔板

a）结构图　b）结构示意图

1—支撑架　2—中隔板

前车身的后部构造还起着横向加固壳体的作用，除选材上需要考虑外，还采用图 5-27b 所示的双重式结构。其中靠发动机舱一侧主要起辅助加强作用，靠乘客室一侧则用高强度钢板冲压成型，并于两侧涂有沥青、毛毡、胶棉等绝缘材料，以达到室内振动小、噪声低、热影响小。

翼子板与车轮拱形罩同属前车身的主要覆盖件，起着使车身线条流畅的作用，并使前车身的整体性更强。

前车身的变形主要是由正面碰撞事故造成的，其变形倾向与冲击力的大小、方向和碰撞对象等相关。

较为轻度的正面碰撞，一般会使车前的保险杠及其支架受到直接损伤，首先波及的是散热器边框、翼子板、发动机舱盖锁支架等；有时还会诱发前轮定位失准等。较大一点的碰撞力，会使直接损伤的范围进一步扩大，翼子板与车门挤到一块使车门启闭困难；发动机舱盖的铰链翘起并触及前围板；前段纵梁发生弯曲引起前梁变形，使前轮定位严重失准。更严重的碰撞会使保险杠、翼子板、散热器、纵梁等严重损坏，冲击力波及的结果使窗柱、车门前柱弯曲，前横梁、发动机支架等错位，诱发车门下垂、车身底板和前围板拱曲等。

以车身纵梁为例，分析前车身的隐含变形倾向。如图5-28a所示，当冲击力F作用于纵梁的前端A时，造成A点和B点的损伤，表现为弯曲、折叠和上下翼面板的波浪形等；冲击力通过C点时还会造成更大程度的变形；冲击力进一步波及、延伸，使纵梁后部的D点、E点和F点形成微小的波折，与其连接的翼子板、底板受剪切力作用，横梁的装配位置发生变化而影响前轮定位。

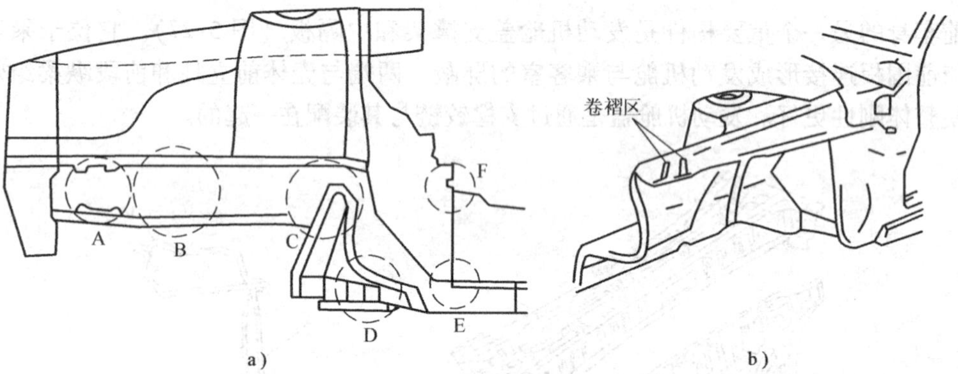

图5-28 前纵梁的损伤
a）前纵梁 b）翼子板内支撑件

如果冲击力的作用点偏高，则由翼子板内侧的支撑板直接吸收冲击能量，该构件上预留的开口（卷褶区）首先发生变形（图5-28b），与乘客室安全相关的底板等变形却较小。

如果正面碰撞时的着力点与车身形成一定的角度，则除了直接损伤和其他波及损伤外，以前纵梁缓冲点和装配点为轴的水平弯曲是不可避免的。这会引起前车身的整体偏移，使整个车身的纵向中心线弯曲；造成前轮定位严重失准，使前、后桥的轴距误差过大等。

2. 后车身的变形倾向

轿车后车身是指乘客室后侧用于放置行李、物品的部分（图5-29）。三厢式汽车有与乘客室分开的行李箱（图5-29a），而两厢式汽车的行李箱则与乘客室合为一体（图5-29b）。无论属于哪一种形式，后车身都装有开口较大的行李箱盖，这是后车身的薄弱环节。针对后车身构造的特点，与之的对策措施是将开口周围框架制成刚性封闭式断面。

后车身的主要载荷来自于汽车后悬架，对于后轮驱动的车辆，驱动力通过车桥、悬架直

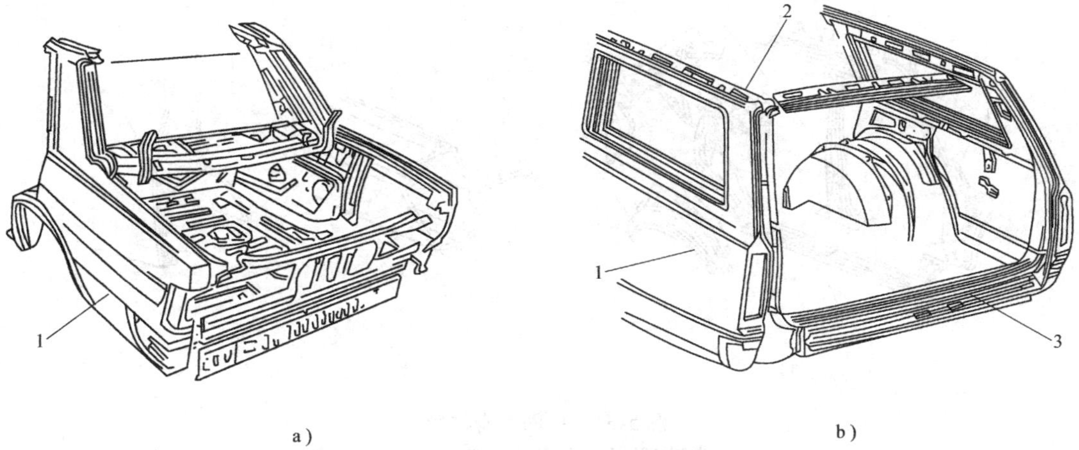

图 5-29　轿车后车身结构

a）三厢式轿车后车身　b）两厢式轿车后车身

1—后翼子板　2—窗柱　3—后门槛

接作用于后车身上。为确保后车身的强度，车身纵梁由中间车身径直向后延伸，到相当于后桥部位再形成弯曲。这样既保证了后车身的刚度，又使后桥与车身不发生干涉。当车身后部受到追尾碰撞时，还能瞬时吸收部分冲击能量，以其变形来实现对乘客室的有效保护。

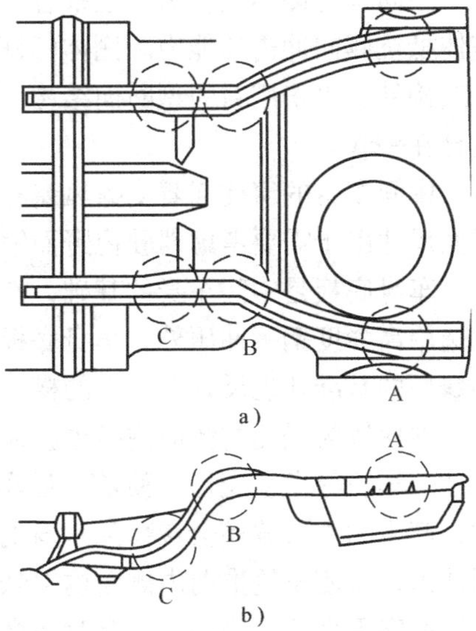

图 5-30　后车身吸收碰撞能量的缓冲点

a）水平方向　b）垂直方向

后车身的行李箱盖依车身外形的不同而存在着很大区别。如三厢式汽车的行李箱盖与发动机舱盖的结构相似，但由于两厢式车的行李箱盖还兼作后风窗，与前者相比就有很大区别。

后车身的变形主要是由于倒车或追尾事故造成的，其变形规律和损伤倾向与前车身大致相似。

后车身吸收碰撞能量的缓冲点，位于如图 5-30 所示加圈部位，使车身在受到追尾事故时首先变形。对后车身纵梁的损伤进行分析：当追尾碰撞力作用于车身后端时，先由 A 点吸收部分冲击能量；更大冲击能量则主要由 B 段的弧形拱起来吸收，C 点也因此发生关联变形。追尾碰撞不仅会使保险杠、行李箱等发生严重损坏，也会使拱形梁弯曲、后悬架失准。更大的冲击力及其波及作用，会导致车身壁板、底板、后围板乃至车顶、窗柱、门柱等的变形。在诊断过程中需要对损伤的性质、严重程度等进行认真分析。

3. 车身侧向碰撞的变形倾向

车身侧向碰撞多作用于中间车身上，即使是前或后车身受到侧向冲击，也会使中间车身受到折叠损伤。车身下部的冲击与振动也通过车身底板向上部扩散，车辆发生碰撞事故时需要由中间车身来抵抗变形。中间车身的构造如图 5-31 所示。

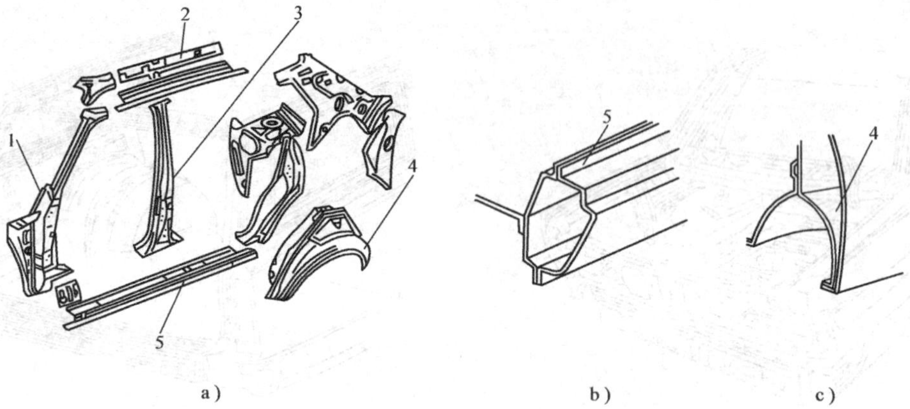

图5-31 中间车身构造
a）中间车身侧体构件 b）门槛断面 c）后挡泥板断面
1—前柱 2—车顶边梁 3—中柱 4—后挡泥板 5—门槛

中间车身侧体设有为方便乘客上下的车门，使车身侧面形成较大的缺口，大大影响车身整体抵抗侧向冲击的能力。侧体门框、门槛及周边采用高强度钢制成抗弯曲能力较高的边梁等结构件，也采用封闭型断面结构（图5-31b）。车顶、车底和立柱等构件，均以焊接方式组合在一起。

中间车身的窗柱起着支撑风窗和车顶的作用，一般下部往往做得比较粗大些，而上部的截面尺寸由于需要考虑驾驶视野而缩小。

车身底板是中间车身的基础，汽车行驶中加给车身的载荷都通过底板传递并加以扩散。除选用高强度钢板冲压外，车身底板上还配置了抗载能力强的车身纵梁和横梁。车身测量与维修用的基准孔也反映在车身的横、纵梁上。

即使较为轻度的侧向碰撞也会使车身壁板受到损伤；较为严重的碰撞还有可能使车门、中柱、车顶等发生变形，使前、后车身偏移等。前车身或后车身受到垂直方向的重度碰撞时，产生的冲击波还会转移到车身的另一侧。如果前车身的中部（相当于横梁的位置）受到冲击，将使车轮推向内侧而诱发悬架横移，轮距、轴距、前轮定位参数等会发生改变，造成的危害更大些。侧向碰撞有时还会影响到发动机、转向系统部件的正确装配。

中间车身部分发生的碰撞，其冲击力的转移会殃及车顶，路径主要是中柱和前后窗柱。对车顶伤害最大的还是倾翻或落体的砸击。这种冲击不仅使顶盖、顶梁和边梁弯曲，而且还会使前后窗柱、中柱变形。

（二）车架的变形倾向

汽车的车架与骨架是整车的基础，其结构形式决定车身的类型，对汽车行驶稳定性也有着重要的影响。

汽车车架的变形主要因碰撞、翻车、过载而致，一般可以分为弯曲、扭曲两大类，但在实际变形中往往还伴有皱褶类的损伤，是几种简单变形的综合体现。

（1）车架的弯曲 车架的弯曲有两种形式：一种是水平方向上的弯曲，另一种是垂直方向上的弯曲（图5-32）。其中，前者多为正面的碰撞所致，而后者则是由侧面的冲击所引起的。

非承载式车身的车架承担着吸收能量的主要任务。大多数边梁式车架的前部，都具备能够抗冲击的非直线型缓冲结构，采用扭矩盒设计方案的车架，前段纵梁形成鹅颈形弯曲，还具有良好的抗弯扭能力。当汽车受到正面碰撞时，车架前部的缓冲区首先发生变形，使汽车前部各车身覆盖件的装配位置发生变化，严重时还会使车门启闭受阻、转向传动失灵。车架前部弯曲，造成车轮定位失准、轴距误差过大。

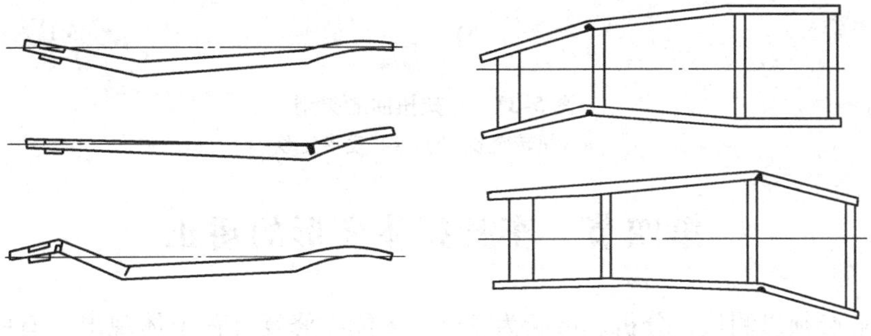

a)　　b)

图 5-32　车架弯曲的类型

a）垂直方向上的弯曲　b）水平方向上的弯曲

侧面碰撞则会导致车架纵梁的水平弯曲，使车架实际纵向轴线与理论中心线偏离，轴距误差过大是主要的表面特征。首先确认前、后桥的装配位置正确，通过测量汽车两边的轴距差，可对车架水平方向上的弯曲做出定性的诊断（图 5-32b）。

较为严重的碰撞，不仅会使车架发生弯曲变形，还会使车架的翼子板上出现皱褶，这是金属材料受到挤压的缘故。当然，与挤压变形共生的拉伸现象也一并存在，只不过金属材料的塑性体现不十分突出。车架变形过程中的过度拉伸，就有可能使车架钢板被撕裂。

（2）车架的扭曲　车架的扭曲也有两种形式：一种是水平方向上的对角扭曲（也称菱形变形）；另一种是垂直方向上的扭转（图 5-33）。前者多为偏离车架中心线的角碰撞引起的，后者为垂直方向上的非对称性冲击载荷所致。

当车架的前、后角受到碰撞时，由于着力点与车架中心线偏离，使车架纵梁的受力出现不平衡，由此导致纵梁的相对位置发生前后错动，车架横梁与纵梁的夹角相应变化。车架是车身和底盘的装配基础，这种变形的危害性较大。它对汽车整体定位参数和底盘部件的工作性能等，都会产生一定的不良影响。对于扭曲的诊断，可通过对角线对比法测得。如排除了其他影响因素和测量误差，对角线的基准值一般为其和的 1/2。

当车架的一角垂直方向受到剧烈冲击，如：高速上下台阶或重载状态下的过度颠簸等，都有可能使载荷大大超过车架的扭转刚度，导致车架发生永久性的扭转变形（图 5-33a）。严重的扭转变形，可使车身四周的离地高度发生变化。此时车架所形成的扭转力，已经达到足以克服空载状态下悬架弹力的程度。有时将这种现象误诊断为悬架方面的故障，即使几经处理其离地高度也很难达到均等。另一方面，也不能将悬架弹簧的弹力不均误诊断成车架扭转变形。检验车身的离地高度时，一定要先排除悬架弹簧的弹力不均问题。

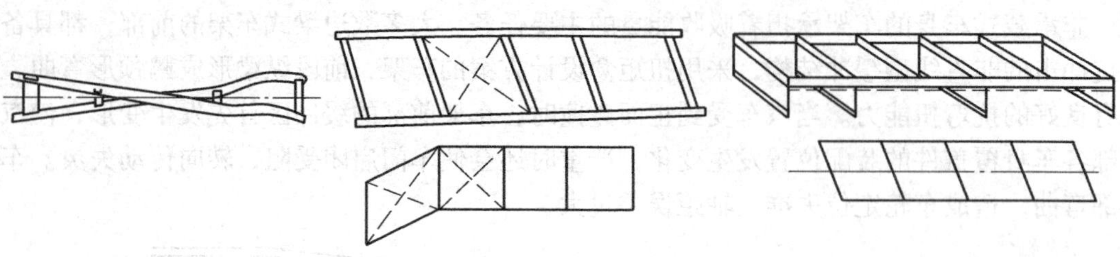

图5-33　车架扭曲的类型
a）扭转变形　b)、c）菱形变形

第四节　车身整体变形的矫正

矫正作业必须以测量、分析、诊断为基础，才能在修复过程中体现出“有的放矢”。矫正作业所遵循的基本原则是：利用力的合成、分解、可移性的原理，将车身构件受到碰撞的变形向相反的方向牵引，并根据金属材料的弹性进行矫正。

一、车身的固定与矫正方式

矫正会使车身构件承受很大的牵引力或压缩力，对车身可靠地进行固定是矫正变形的前提条件，否则不仅不能使修理、矫正到位，还会给测量工作带来许多困难和麻烦。

要实现对车身的可靠固定，需要满足一些基本条件。首先是对车身固定位置的选择，应在满足矫正作用力方向上，将车身上强度较高的封闭式或半封闭式构件作为优选固定点装配夹具，如：底板梁、车架、门槛、侧梁等，以使固定有效、可靠，还能避免因矫正所引起的固定点构件的二次损伤。

仅在一处固定车身容易造成构件的局部损伤。根据力的合成与分解法则，增加固定点可使车身实现多方位固定，可以有效地分解车身固定力和避免受力过于集中。多点固定，有利于分解车身固定力和避免受力过于集中。多点固定有利于作业过程中实现任意方向的矫正，对较为复杂的变形很有意义，在几个不同的方向进行矫正操作，可以收到事半功倍的效果。如图5-34所示，为实现对车身内侧变形的矫正，在前、后及另一侧三个方向、四个部位进行可靠地固定，可以十分容易将这类“香蕉形损伤”矫正过来。对于承载式车身发生的某些损伤，当牵引拉钩的安装方式受到限制时，可以采用图5-35所示的方法进行多点固定。

根据上述基本原则，再介绍几种常见的车身固定方式。

（一）插桩方式的固定与矫正

传统的车身维修作业中，是以大树等结实物体来固定车身的。在以往的一些教科书中，推荐的也是这类固定方法。然而，在汽车保有量和车身维修作业量猛增的今天，人们的环保意识提高后，认识到利用大树将会破坏生态环境。

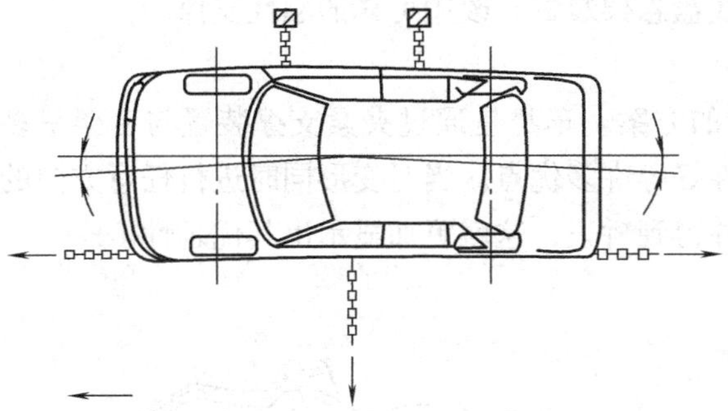

图 5-34　对称方向加以固定

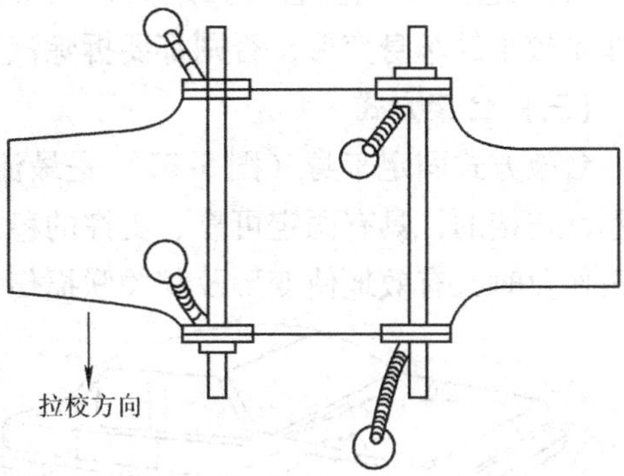

图 5-35　实行多点固定

（二）地锚方式的固定与矫正

对车身的固定要考虑选择最牢靠的构件，可以防止因矫正而造成二次损伤。承载式车身的底板纵梁和非承载式车身的车架，是车身的重要基础构件，都符合固定的优选条件。采用如图 5-36 所示的地锚方式，有利于在车身底部实施固定，对方向性的选择余地大，定位可靠性好。

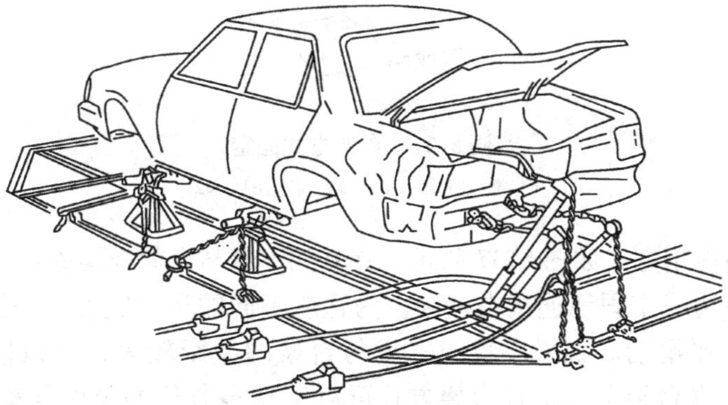

图 5-36　用地锚方式矫正

地锚与地面的固定方式有两种：一种是与地面位置相对固定的埋入式地锚；另一种是能与地面位置相对移动的滑动式地锚。前者施工简便、易行，但灵活性较差；后者虽然施工复杂些，但车身固定点的可选范围较大，使用起来比较方便。

地锚拉链与车身的固定方法比插桩方式灵活。需要对车身进行水平方向的牵引时，可采用如前所示的那几种牵引与连接方案。而对于垂直方向上的牵引与矫正，可以借助液压千斤顶来实现。

以地锚方式固定车身，可以满足水平方向上矫正的需要。对于垂直方向上的矫正，地锚也能实现可靠地固定，但要求车身摆放位置需要与地锚挂具的分布大致对应。埋入式地锚挂环的位置不可调整，需要预先计划好车身的摆放位置。

应用这种方式固定车身应注意到分力对矫正作业的影响。车身固定点与地面存在着高度差，在进行水平方向的矫正时，拉链受力后将产生一个向下的垂直分力。拉链与地面的夹角越大（拉链短），则垂直分力越大；拉链与地面的夹角越小（拉链长），则垂直分力越小。除非是较小的车身变形，否则都要拆除汽车底盘悬架装置，改用可靠的刚性支撑。

（三）台架方式

台架方式固定车身（图5-37）是最流行的方案。车身是通过夹紧支撑装置与台架呈多点刚性连接的，具有固定可靠、支撑的稳定性好等许多优点。当对变形同时进行任意方向的矫正作业时，有效地使变形及其关联损伤一并得到矫正，这就更加显示出其优越性。

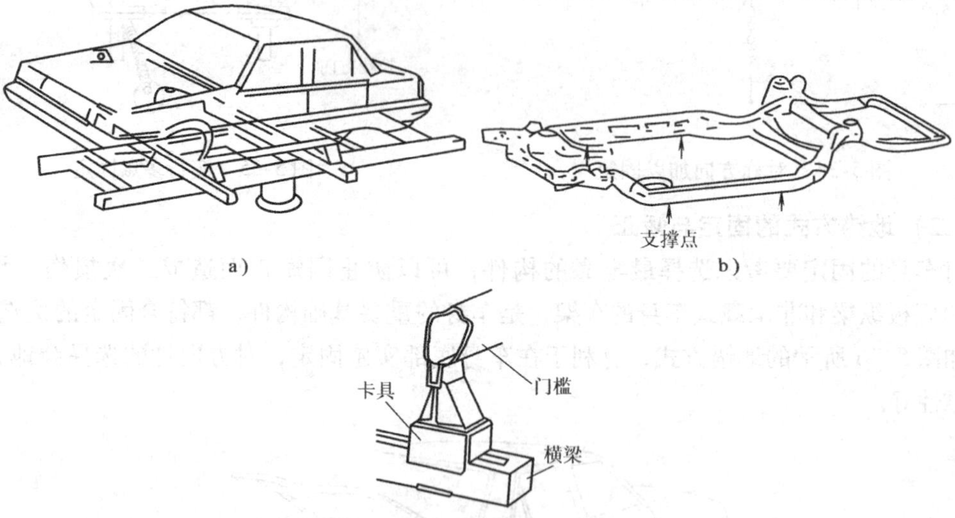

图5-37 台架方式固定

a）整车放置 b）支撑点 c）卡装

典型的连接与使用方式如图5-37所示。夹具的下部与台架横梁固定，上端则通过夹板、螺栓与车身门槛下边缘牢固地连接在一起。为适应不同的车身宽度，一般固定架还可以沿车身的宽度方向水平滑动。如果车身的宽度与台架的差距较大，可以借助贯通的中间轴和拉臂将车身固定在台架上。这种台架方式可以实现多方位的牵引与矫正。如图5-38所示，借助拉链与千斤顶可将门柱牵引复位。用液压顶杆支撑台架横梁，门槛的弯曲也很容易矫正。

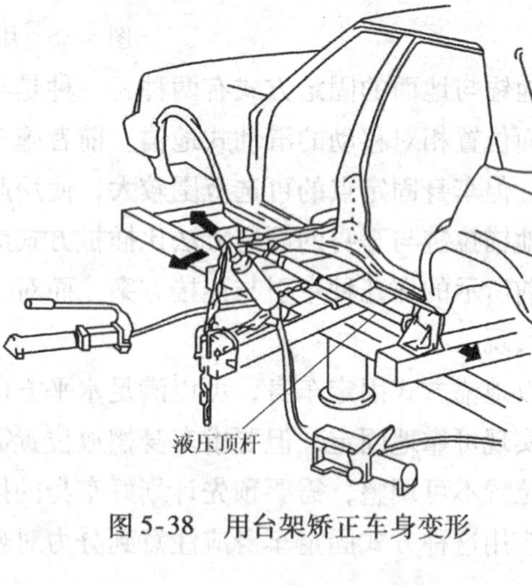

图5-38 用台架矫正车身变形

台架方式固定的车身为测量工作提供了很大的方便，矫正与定位都是在同一台架上进行的，操作过程中一般不会发生位移。作业前的检测、矫正过程中参数的校核、竣工验收的质量评价等测量工作，都可以在台式固定架上依次完成。

可移动的回转牵引桩式整形台，能够更加灵活地运用于车身和车架的矫正与修理（图5-39）。这种整形台可整体移动，牵引桩亦可方便地变换牵引方向；对车身高度方向上的测量容易实现。还有一种移动式车身矫正架（图5-40）虽不具备上述台架式固定车身的那些特点，但以其机动性好、构造简单、价格低廉等优点，也为汽车车身维修行业所广泛采用。移动式车身矫正架，直接以刚性方式支撑于车身底板纵梁的一侧，用以限制在同一断面上做侧向牵引时的移动；通过专门夹具以拉链方式固定于车身另一侧的门槛上，也可以实现车身的侧向固定和牵引；纵向牵引时的车身固定方案，则可参照图5-41所示的方法进行。

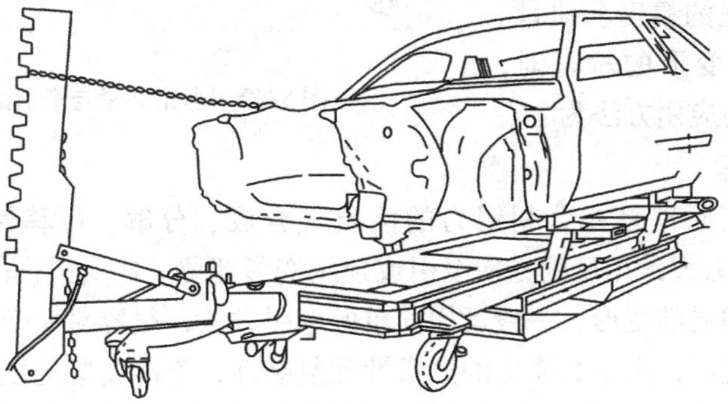

图5-39 回转牵引桩式整形台

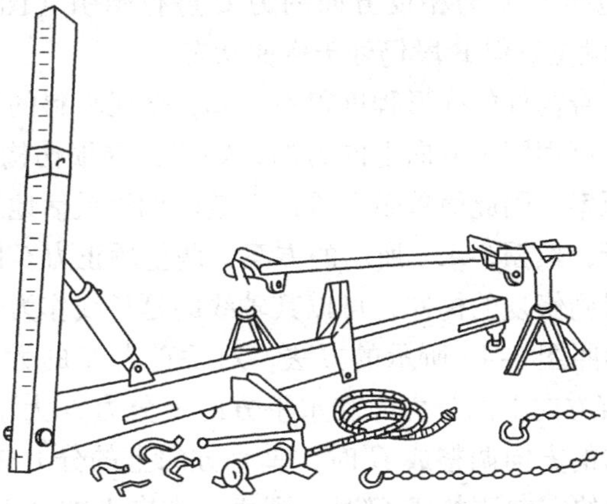

图5-40 移动式牵引架

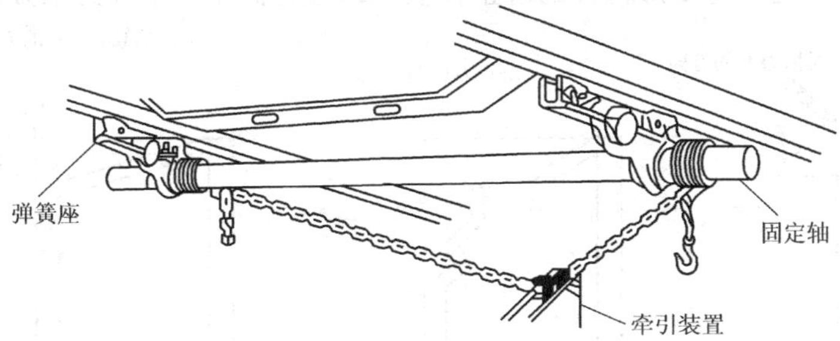

图5-41 纵向牵引的固定方法

如果需要安装卡钳用于牵引矫正时，也可以参照图5-42所示的方案对变形部位进行固定。

二、车身变形的矫正

对于现代汽车车身来说，精确的整体定位参数和消除构件的内应力，对使用性和安全性都有十分深刻的意义。手工操作或传统的作业方法，很难保证矫正的精度和质量。这里在介绍对车身变形的矫正时，以专用机械和设备的应用方法为主。

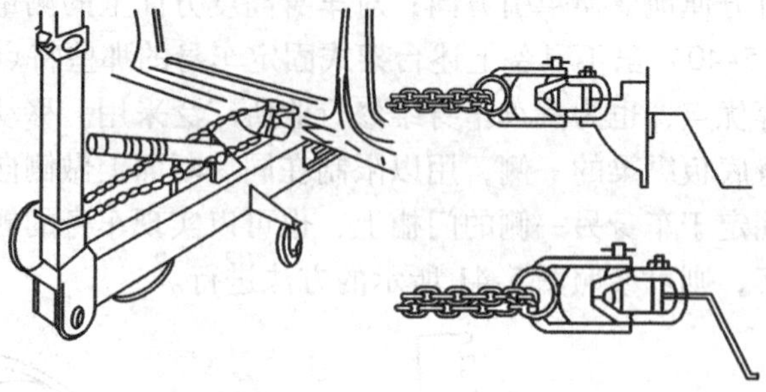

图 5-42 卡钳夹紧与牵引的正确使用

（一）矫正原理

车身变形的矫正原理是充分利用力的性质（合成、分解、可移性和平形四边形法则等），按与车身碰撞力大致相反的方向牵引或顶压变形部位，使受损伤的构件得以修复。

碰撞程度较轻的局部变形，一般运用简单的牵引方法，很容易使变形得到矫正，但对较为严重的车身碰撞变形，由于其受力的严重性和复杂性，不能简单地依靠这类矫正方案。如图 5-43 所示，当车身构件受到来自 F 力的重度角碰撞时，会形成如图 5-43a 所示的变形。如果矫正过程中，简单地用与 F 力相反方向的力 C 进行牵引（图 5-43b），很容易形成图 5-43c所示的结果，将 A 段拉直但 B 段仍处于弯曲状态。

复杂的冲击过程使车身构件的变形程度很不匀称，金属材料的强度会发生变化，如：皱褶的加工硬化现象严重。再用同一方向上的力加以矫正，受损伤构件表面上存在强度差异，必然会影响到矫正的复原率，因此简单牵引难以奏效。如果灵活地运用力的性质，对损伤状况做出进一步的细致分析，按图 5-43c 所示的方案，调整矫正力 C 的大小和方向，变形得到矫正。对局部损伤基本得到修复的构件，可以其轴线的延长线作为牵引的施力点一次完成矫正（图 5-44），还可以参照图 5-45 所示的方法，对矫正力 C 的大小做出更加直观的分析。当牵引力为 C 时，其垂直方向上的分力 A 和水平方向上分力 B 大小相同，与牵引力 C 所形成的夹角相等；当牵引力的方向调整成 C'时，垂直方向上的分力减小变成 A'，水平方向上的分力仍为 B；当牵引力的方向调整成 C''时，则水平方向上的分力减小变成 B'，而垂直方向上的分力仍为 A。对车身变形构件的矫正，就是以这种简单的平面力系分析为依据的。

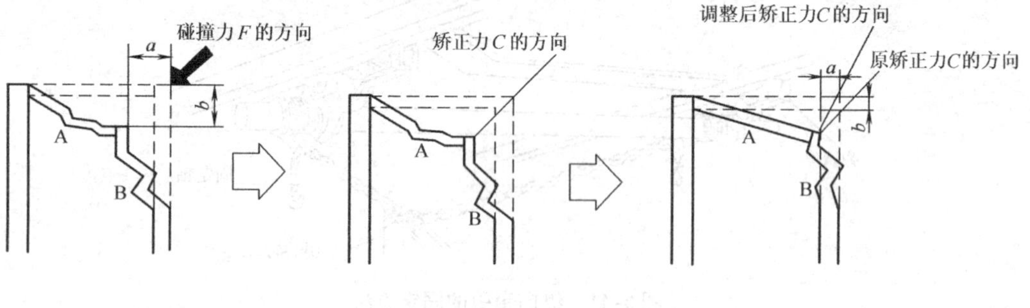

图 5-43 矫正力方向的分析

a）碰撞力 F 形成 A、B 两段弯曲 b）按与碰撞力相反的方向的力 C 牵引矫正

c）如果 A、B 两段的复原率不等，应调整矫正力 C 的方向

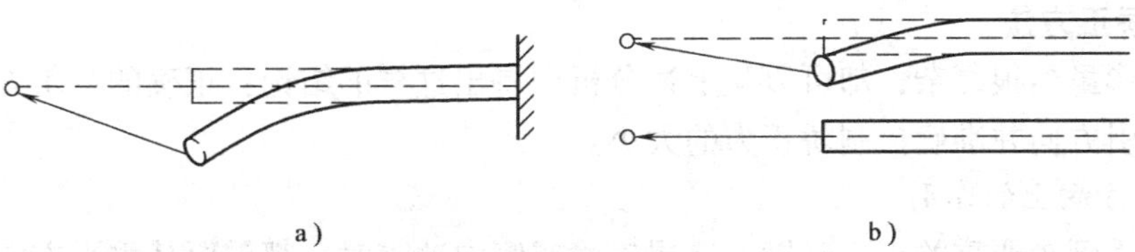

图 5-44　牵引方向的选择

a）假设构件的局部变形已经得到矫正，在其轴线的延长线上设定一点作为牵引施力点
b）构件经牵引后被矫直

事实上，由于车身构件多属于立体刚架式结构，这就决定了碰撞时的受力状态多为空间力系。即作用在车身构件上的冲击力由于分解的结果，使力的作用线（即分力方向）不在同一平面内。尽管大多数场合，可以将空间的受力简化为平面力系来对待，但总不如在详尽分析的基础上进行矫正来得更好。只需建立起关于空间力系的概念，就可以按本书推荐的方案矫正各类复杂变形了。

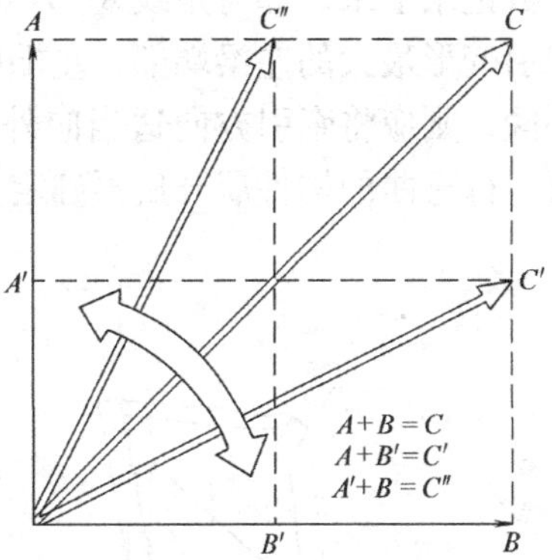

图 5-45　合力方向分析

许多变形都很难通过一次矫正来完成，而是需要不断修正力的大小和方向，有时要调整矫正力的作用点。例如：矫正如图 5-46 所示的严重弯折时，由于受牵引条件的限制而不能按理想方向施加力时，可以将牵引力分解成两个或两个以上的分力，通过辅助牵引同时对弯曲进行矫正。在垂直和水平两个方向同时牵引纵梁，容易使变形的纵梁恢复到正常工作位置。如果教条地非沿与碰撞力相反的方向进行矫正牵引，反而使作业趋于复杂化。

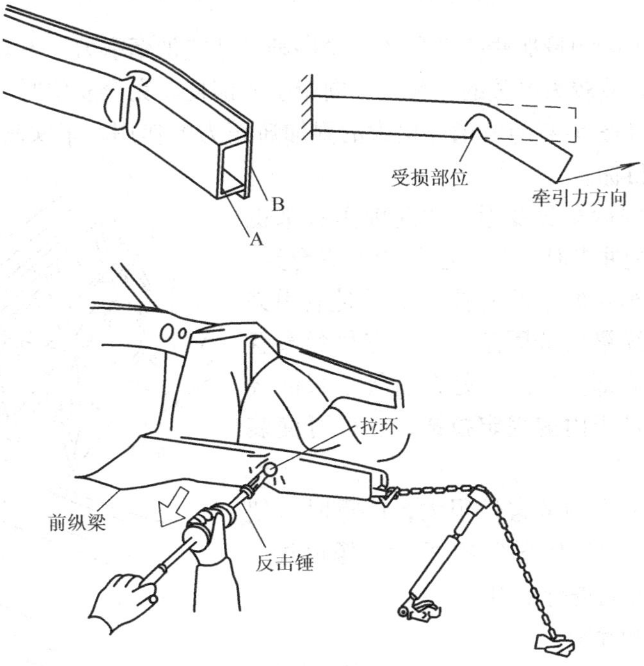

图 5-46　增加辅助牵引力校正变形

（二）矫正方法

车身变形虽然很复杂，却可以从上述分析中得出这样的结论：正确的矫正方法在于，选择合理的牵引方向并准确控制矫正力的大小。

1. 水平方向上的牵引

当车身受到较严重的正面碰撞、追尾碰撞或侧向冲击时，都需要从水平方向上对变形构件进行牵引。

图5-47为轿车前车身正面碰撞损伤的实例。矫正前应先测量变形状况，并将一些关键参数记录下来，如对角线*A*、*B*和左右的垂直弯曲等。属于图5-47a所示的情形时，可斜向牵引变形最大的左梁端部，左端的变形和右梁的弯曲自然会同时得以矫正。如果纵梁变形向外倾，则应将牵引方向适当向外倾斜一定角度；如果变形是向内倾的，则只需向前牵引即可，待弯曲的构件展开后再确定是否需要调整牵引方向（图5-47b）。

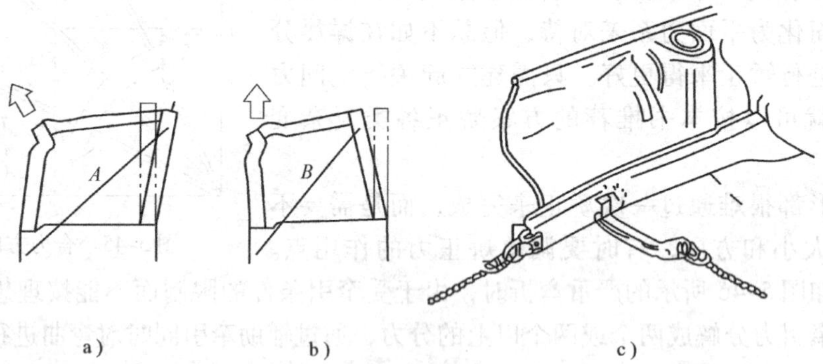

图5-47　水平方向上的牵引校正变形

a）斜向牵引　b）下身牵引　c）水平方向牵引时可视情况附加横向矫正力

牵引过程中应不断测量那些关键参数，循序渐进地施加牵引力，不要急于求成，以免造成二次损伤。如：弯曲较为严重的纵梁，纵向牵引不能使其完全复位时，还要在侧面附加水平方向上的牵引力（图5-47c），通过更大的附加矫正力的作用，来实现单方面强行牵引难以达到矫正弯曲的目标。

追尾碰撞造成的后车身变形，比起前车身来也并不简单。后车身受冲击时力的分散与传递更奇异，严重的还会波及到车身的中间支柱。牵引时应用夹具等将拉链与车身纵梁后端固定。牵引点尽量布置得分散些以免发生局部变形。只是在后翼子板的轻度变形时，可用夹具于内侧固定拉链，这样可使装卡更方便些（图5-48）。

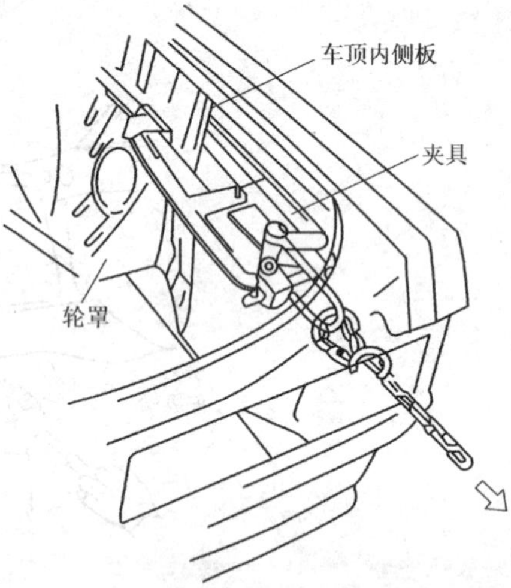

图5-48　车身后翼子板内侧的固定

车身受到侧向冲击的危害性很大，严重时可使车身整体弯曲。矫正方法如图5-49所示，像扳直一根铁条那样从三个方向进行牵引。

2. 垂直方向上的牵引

当车身于垂直方向上发生变形时（其中包括扭

曲），需要进行垂直方向上的上、下牵引。

前翼子板上扬一类的变形，可以采取图5-50a所示的牵引方法装配拉链，将向上变形的车身构件向下牵引。在进行向下牵引的操作时，车身构件将于三点承受两个不同方向上的作用力，门槛处的车身固定点 C 和牵引端 A 一样，都承受着垂直向下的拉力；而位于构件中间的支撑点 B 承受着垂直向上的支撑力。根据力的平衡原则，中间支点 B 所承受力的大小为拉力 A 与 C 之和，这与图 5-50b 所示的对称牵引时的受力（$A=B$）存在明显不同。矫正过程中应十分注意 B 点的承受能力，一方面要选择变形开始的过渡点作为支撑点，另一方面还要兼顾构件强度的大小。必要时应加垫木块等以减少单位面积上的压力，否则就有可能造成车身构件的损坏，也达不到矫正变形的目的。

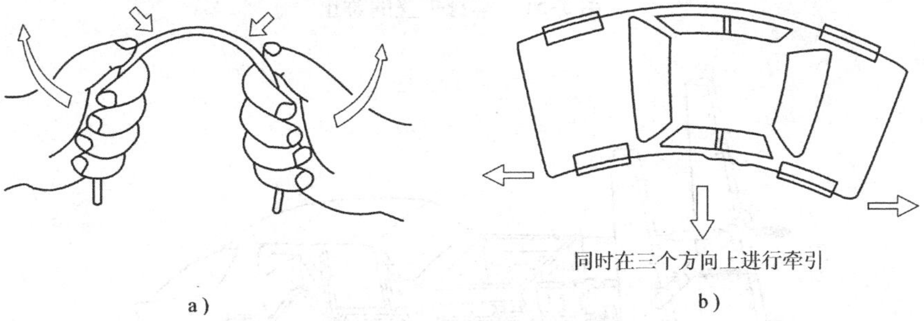

图 5-49　车身侧向整体变形的矫正

a）原理　b）加力方向

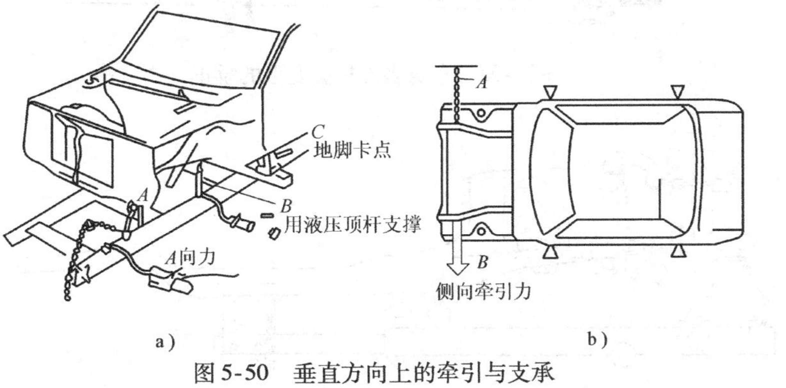

图 5-50　垂直方向上的牵引与支承

与向下牵引的意义相同，向上牵引也存在支撑方式和支点的选择问题。所不同的是，中间部位的受力方向与前述的正好相反。注意防止中间支撑部位的二次损伤。

3. 车身任意方向折叠的牵引

车身发生冲撞事故后的损伤往往是十分复杂的，车身整体出现严重折叠变形并伴随下垂损伤时，最好使用图 5-51 所示的台式矫正系统，利用车身底梁做整体固定后，借助拉链和挂钩分步骤牵引、矫正。牵引和矫正时应从强度较大的构件开始，首先修复对车身控制点影响较大的部位。

图 5-52 和图 5-53 也是矫正车身多处折叠变形并伴随下垂损伤时的修复方案。

矫正时可先用拉链将变形部位拉紧，再用液压千斤顶将下垂的纵梁适当顶起至正确高度。操作时一定要注意两个方向的牵引同时进行，反复矫正，反复测量，避免发生过度现

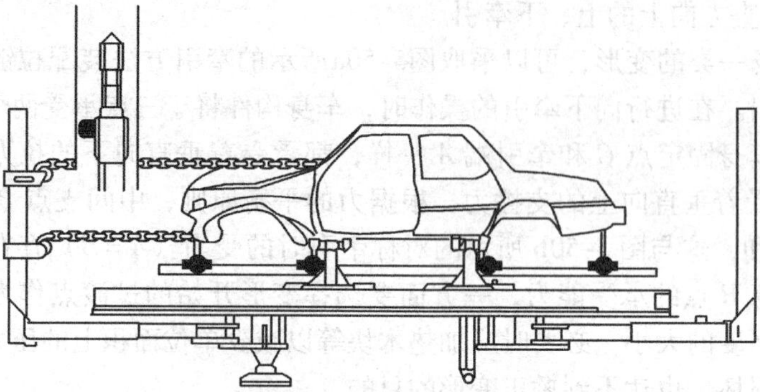

图5-51　车身折叠的矫正

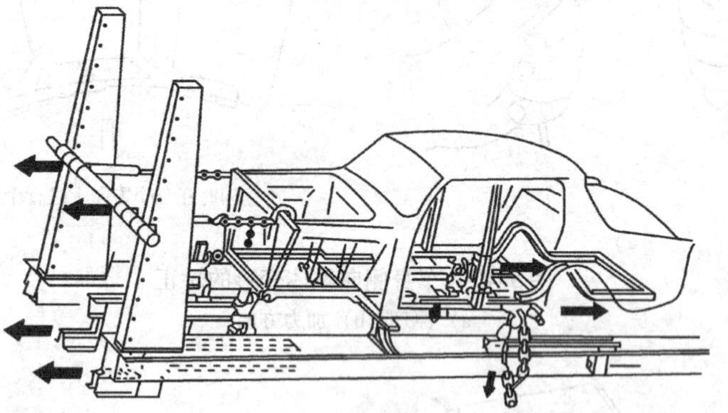

图5-52　车身多处折叠变形的矫正

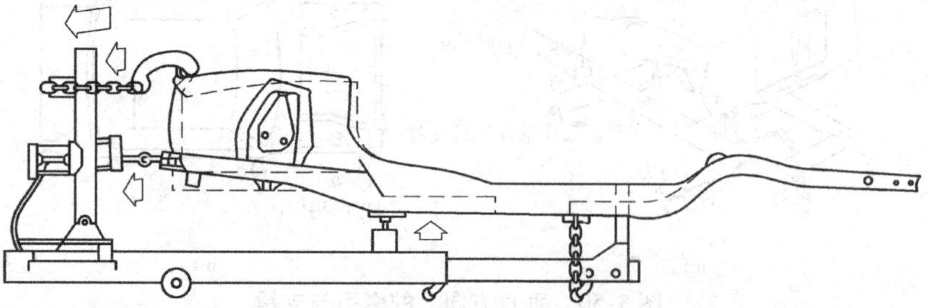

图5-53　车身多处折叠的牵引与支撑力分析

象。为防止操作支撑或牵引部位的构件发生变形或二次损伤，矫正时可在受力部位垫以木块或金属衬垫（图5-54）。

当中间车身受到冲撞损伤时，可采用图5-55所示的牵引方案予以矫正。矫正时应注意选择合适的挂钩，中央门柱为封闭式断面并且强度有限，矫正过度或因矫正造成变形损伤都会十分繁琐。

4. 车架变形的矫正

对车架变形的矫正方案有两种：一种是就车法矫正；另一种是解体法矫正。前者的车架与车身及底盘的大部分总成处于基本装配状态；后者则将车架由车上拆下，矫正作业是在工作台上单独进行的。

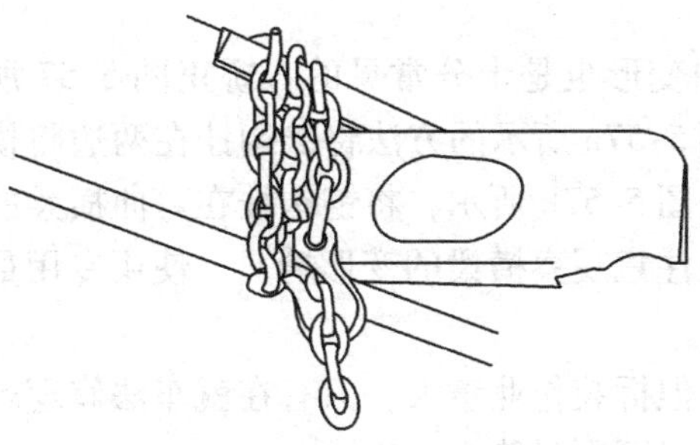

图 5-54 加衬垫予以保护

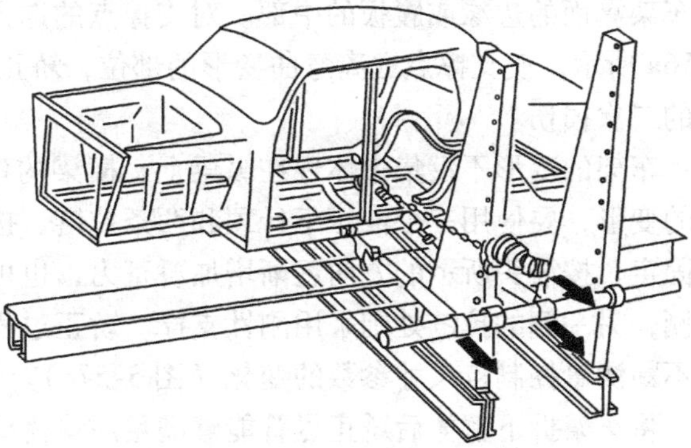

图 5-55 中间车身冲撞损伤的矫正

就车矫正车架的变形，完全可以参照如前所述的垂直方向和水平方向的牵引方法，要注意以下几个方面的问题。

1）矫正变形前后应将与车架装配在一起的有关总成联接螺栓松开（必要时应拆下），以免矫正过程中形成的相互位移将其损坏。

2）车架强度较高，固定点、牵引点以及支撑点的布置应尽量合理，防止构件受力的应力过于集中。

3）对不适宜就车矫正的变形，应及时改变修复工艺，不要强行牵引。

4）矫正竣工后，应检查车架各部的铆钉有无松动，发现松动时应予以拆除并更换。

车架变形的主要形式是弯曲和扭曲。其中，弯曲分为垂直方向和水平方向两种；扭曲则分为扭转和对角扭曲（菱形）。对于垂直方向上的弯曲变形，可参照图 5-56a 所示的方案予以矫正；对于水平方向上的弯曲变形，可参照图 5-56c 所示的方案予以矫正；对车架的扭曲变形，则可参照图 5-56d 所示的方案予以矫正。无论哪一种矫正方式，都要使力的作用点避

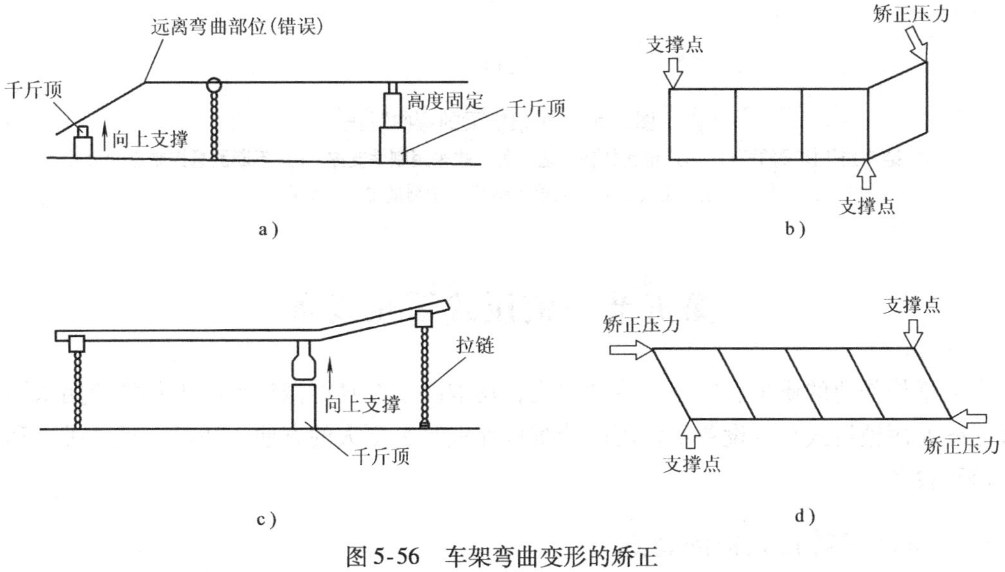

图 5-56 车架弯曲变形的矫正

a）垂直向下弯曲 b）垂直向上弯曲 c）水平弯曲 d）菱形变形

开车架翼面的边缘或腹板的中部。对支撑点的选择应兼顾支撑力与矫正力的合理分布。如图5-56a所示，使支撑点远离弯曲变形的部位，矫正时非但达不到修复的目的，相反会造成车架的二次损伤。

车架的变形不仅集中体现在纵梁上，横梁的弯曲变形也是十分常见的。矫正图5-57所示的变形，要使用三个液压千斤顶和两条拉链，按图5-57a所示的方法将链钩挂在两边将横梁固定，按箭头所示的方向逐渐增加矫正力，也可按图5-57b所示，将链钩挂在弯曲横梁的一侧，另一侧的拉链处则采用刚性支撑。矫正过程中注意观察横梁的变形情况，使用专用量具不断测量控制点尺寸参数的变化（图5-57c）。

将车架拆下解体后矫正尽管能够满足质量需要，但拆装作业量大，只有在就车法修理难以完成时采用。对车架进行解体修理，应根据具体情况区别对待。

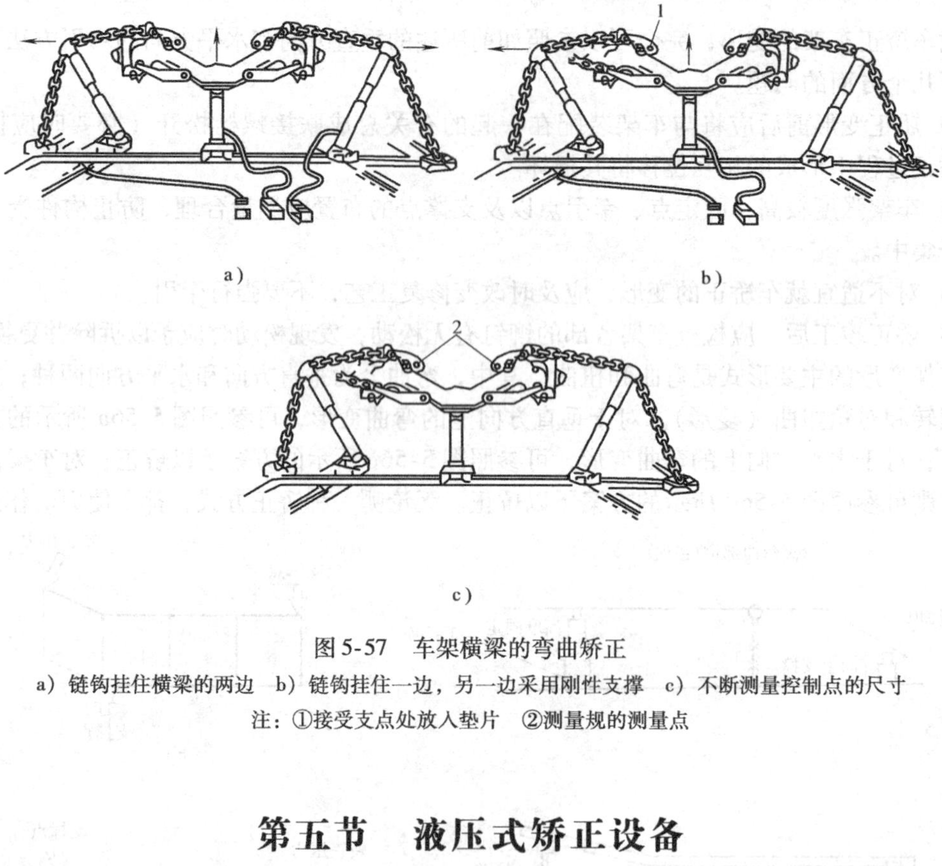

图5-57　车架横梁的弯曲矫正

a）链钩挂住横梁的两边　b）链钩挂住一边，另一边采用刚性支撑　c）不断测量控制点的尺寸

注：①接受支点处放入垫片　②测量规的测量点

第五节　液压式矫正设备

车身维修作业的质量、效率和劳动强度，均取决于车身维修机械与工具的应用水平。了解和正确使用液压式车身设备不仅可以给维修作业带来更大的方便，还可以正确维护和修理液压矫正设备。

一、液压式矫正设备的特点

液压式车身矫正设备在车身维修中的应用比较普遍。依靠液体压力所进行的能量转换，比其他方式所进行的能量转换来得方便、平缓、安全。液压传动的特点是更为省力，可以使操纵力与矫正力之间形成相差悬殊的能量转换。

现代汽车车身大多是由车身骨架、封闭型断面构件、金属车身覆盖件以及合理的加强支承等组成。当汽车受到碰撞冲击时，除了车身局部会受到损伤外，车身的整体变形也是不可避免的。若实现有效的、高质量的修理，必须对车身覆盖件、骨架及支撑构件进行矫正。针对金属材料变形和车身构件的特点，修复时的矫正力应连续、均匀，并且能够根据修理需要调节矫正力的大小。液压设备是车身维修作业中必不可少的专用工具。

车身矫正设备的结构形式很多，因适用车型、维修企业的任务和规模不同而有很大差异。在车身矫正作业中都必须使用相应的矫正装置和解决如下问题：施力装置、施力方向的实施装置、连接和支撑装置等；各装置之间通过图5-58所示的方法互相连接，有效地作用于损伤的车身构件上。

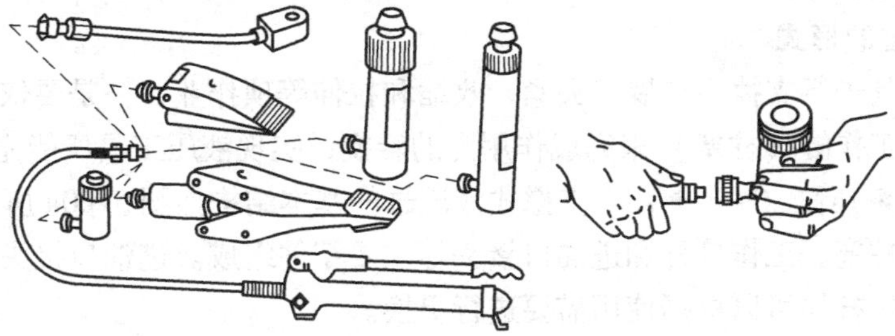

a)　　b)

图5-58　液压件的连接

a）液压泵和工作液压缸　b）快速接头

二、液压式矫正设备的组成

便携式液压矫正设备主要由液压泵、油管、快速接头、工作液压缸等部件组成。

液压式车身矫正设备的液压泵种类很多，其中液压静力式施力装置以其动力大、施力平衡、功能齐全、使用方便，在车身维修作业中得到广泛的应用。

（一）脚踏式液压泵

脚踏式液压泵操纵方便，具有运动精确、反应迅速等优点。它可以使作业者在操纵液压泵的同时，还能用双手从事与其相配合的其他作业（图5-59）。与手动式液压泵不同的是，这种类型的液压泵需要以压缩空气为动力，其结构可分为油、气复合式动力缸和控制阀两部分。其中，复合式动力缸可为工作液压缸输入动力；空气控制阀受脚踏板的操纵，可以实现增压或卸荷两个控制功能。

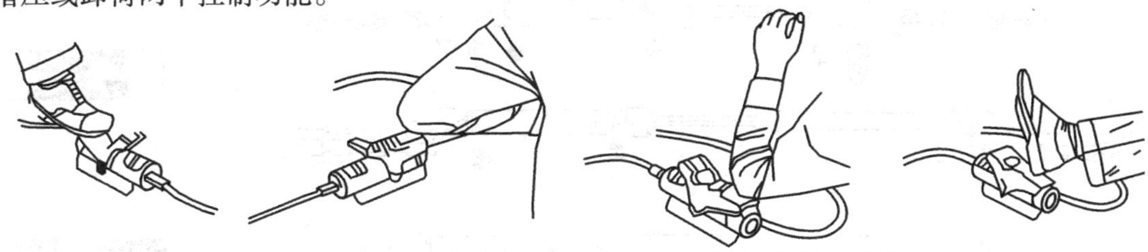

a)　　b)　　c)　　d)

图5-59　踏板式液压泵的操纵

a）脚踏操纵方式　b）膝盖操纵方式　c）肘操纵方式　d）脚跟操纵方式

液压静力式施力装置中的液压缸，是矫正作业中的执行机构，要直接或间接与车身各种不同的变形和部位发生关系，完成支撑、装夹、调向和操作中的各种要求。要求液压缸必须具有体积小、质量轻、结构简单、组装方便和功能齐全的特点，为此在液压缸的结构上采用如下措施。

1）采用柱塞式单作用液压缸，可以简化管路连接和液压缸内部结构，缩小外形尺寸。

2）将液压缸与液压泵油箱分置，既保留了液压千斤顶机动灵活的特点，又克服了垂直方向使用的不足，使液压缸可以做任意方向的安装。

3）采用组合式结构，通过在柱塞杆和液压缸端部加装各种不同结构的接头、接杆、接盘等装置，变换液压缸的尺寸和功能，使其能完成推、扩、拉等多种作业，可适应与不同支承结构的连接、定位等。

（二）液压缸的形式

使用液压工具进行支撑、扩展、夹紧、收缩和拉伸等项作业，一是要依赖液压泵提供动力，二是要依赖工作缸（柱塞）来完成作用力的转换，实现液压工具所能完成的各类任务。

（1）支撑式液压缸（⟷）　支撑式液压缸的基本结构如图5-60a所示。它主要由支撑座、液压缸、柱塞、工作接杆和进油口接头等主要零件组成。进油口接头与高压输油管连通，支座和工作接杆均可以根据使用需要进行更换。

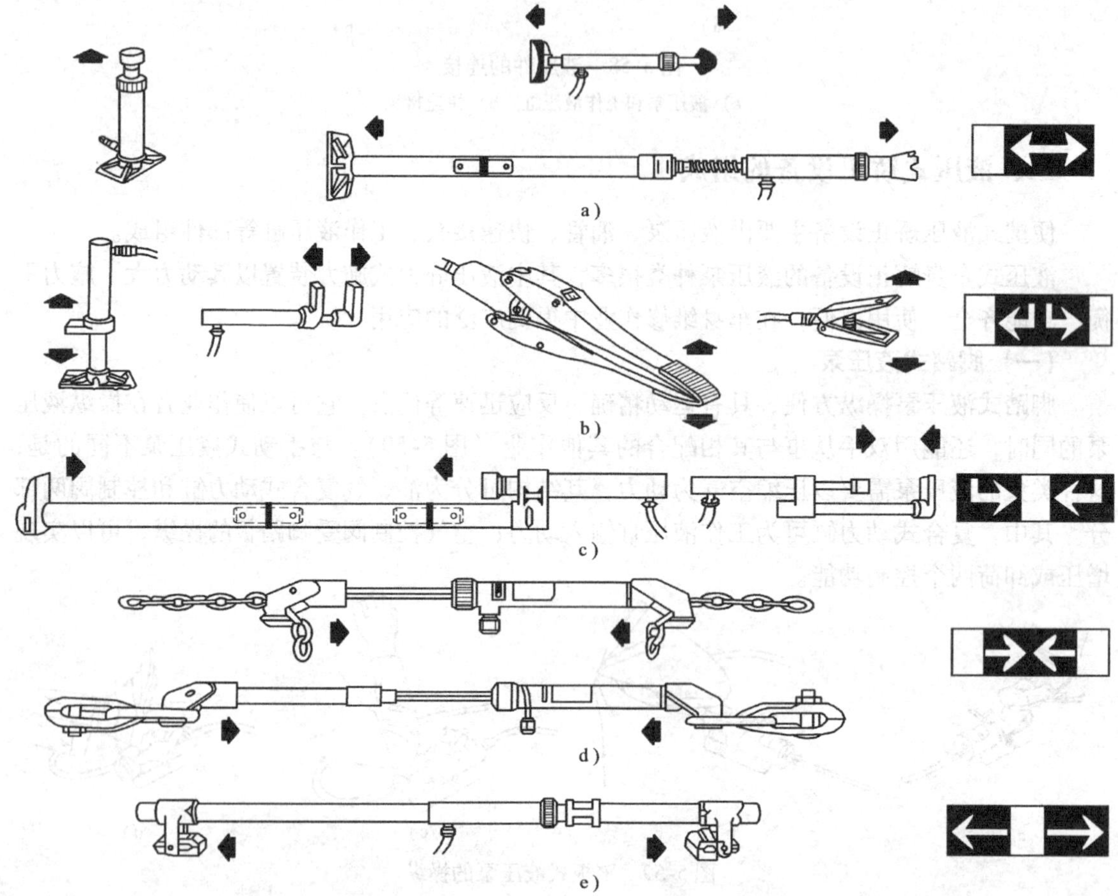

a）

b）

c）

d）

e）

图5-60　工作液压缸的类型

当有液压油输入至工作液压缸时，柱塞便在液压的作用下移动并产生相应的支撑力，实现对车身构件变形等矫正工作。在实际使用中对柱塞的行程要求往往有限，但对其长度方向上的尺寸要求却比较灵活，因而车身维修中所使用的工作液压缸就演变成了图 5-60 中所示的几种形式。加长杆、丝杠、支撑座、工作接头等，都成了良好的可供视需选择、调整的附件，液压工具也更加完善，适应性也更强。

（2）扩展式液压缸（←┘└→）　车身维修中的某些作业很适于使用扩展式液压缸来完成。扩展式液压缸有如图 5-60b 所示的两种形式。图中左侧所示的扩展式液压缸与支撑式液压缸相似，在工作接头的安装部位和方式有所不同；图中右侧所示扩展式液压缸就有些不同，它更适于将扩展臂插入较小的缝隙之中。

后一种类型的工作液压缸主要由两个臂、支撑轴、液压缸主体、柱塞、支撑杆、销轴和防滑垫等零件组成。工作时柱塞在油压的作用下向外移动，支撑杆由水平位置趋于垂直，扩展臂也因此沿箭头方向被撑开。

（3）夹紧式液压缸（└→←┘）　液压缸的内部结构基本相同，图 5-60c 中列举了两种典型的夹紧式液压缸外形。与支撑式液压缸一样，它的长短和工作接杆的长度与形状等也是可以调整或更换的。

（4）收缩式液压缸（→ ←）　车身维修中需要向内拉紧而进行作业时，使用如图 5-60d 所示的工作液压缸，完成不同场合下的收缩矫正作业。拉爪的形式也可以视需要进行调换，直接牵引时也可将其加长。

（5）拉伸式液压缸（← →）　车身维修中有时也需要从构件两端向外进行拉伸牵引性作业，用图 5-60e 所示的拉伸液压缸则是再合适不过了，它尤其方便于在车身内部从事各类矫正操作。

三、液压式矫正设备的应用

上面所介绍的液压缸功能中，多数是用于车身内部或局部变形的整修。但车身的损坏部位是多种多样的，特别是对于车身宏观的或外表的变形，除对液压缸采取上述结构措施之外，还必须借助辅助设施，以便能从车身外部空间建立对车身矫正的施力系统。

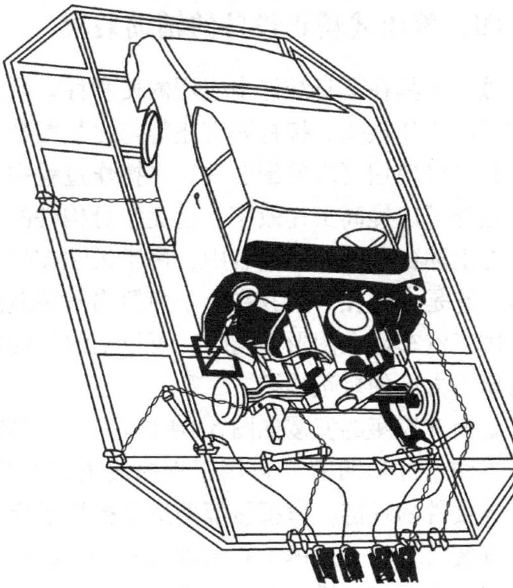

图 5-61　地面式液压矫正系统的应用

车身矫正的施力辅助设施可分为空间系统和地面系统两大类。空间系统又包括固定式和组装式。此类系统结构比较复杂，但操作比较方便，大部分的变形均可在系统上直接找到施力的支点，无须进行变换。图 5-61 所示的地面式液压矫正系统为固定式，结构比较简单，平时不占用空间，但为了获得不同的施力方向，要进行各种施力方式的变换，操作方法较为复杂，较适合于中、小型汽车维修企业。

这种矫正系统是用简单的矢量三角形来实现牵引和固定的。如图5-62所示，不同的三角形支承可获得不同方向的牵引力。由牵引座、拉链和工作液压缸构成的三角形相对固定时，随着车身损伤部位的拉动而自动变换牵引力的方向。操作时应特别注意其变化所带来的影响，应根据需要调节三者之间的位置。

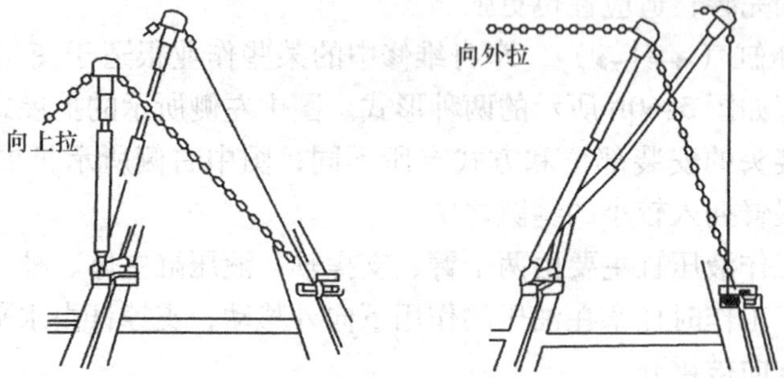

图5-62　牵引力方向的变化

车身变形的矫正应遵循以下几个原则。

1）先重后轻，即优先矫正操作最大的部位。

2）先强后弱，即同一部位的变形应先从强度大的构件开始矫正。

3）先中间后两边，即从中间部位开始。

4）先长度后侧向，即长度和侧向两个方向同时存在变形时，优先矫正车身长度方向的变形。

5）先低后高，即由车身底部开始矫正，而车身顶部的变形则可以放到最后进行。

四、液压式矫正设备的辅助装置

液压工具在车身维修中应用的便利性，既依赖于可供选择的各类工作液压缸，又需要有多样化的工作接头、接杆和支座等与之相配套。成套液压设备和工具中，一般都提供了适合于车身维修使用要求的配套件，在操作过程中一定要针对车身构件形状与特点，认真加以选用。这样可以提高工作效率，避免车身构件的二次损伤。

在上述各种不同的安装中，用于柔性连接件和液压缸与地面连接的平面布置可如图5-63所示。它是合扣在一起并在上平面留出安装缝隙后固化在水泥地面下的。其格网布置可保证当被矫正汽车摆在图形中间时，可以从汽车四周的任何方位安装柔性连接件和液压缸支座，进行所需方向的矫正连接。

地面支撑座的安装如图5-64所示，它主要由支座体1和两块楔板2组成。支座体1上面右方的半球形凹槽A可用于支撑液压缸下端的球形节，左方弯板上的豁口B可用于卡挂柔性连接件的环链，弯板腹部两道立槽用于穿楔板2。

安装时，将支座体1右端撬起，如图5-64将弯板下部弯头扣入地面系统槽形钢的缝中放平后，在弯板腹槽中楔入两楔板2，支座体1便被固定在地面系统上，不能向上拉起，也不会水平移动，既可作液压缸的支撑，又可作柔性环链的结构，拆装都十分方便。

柔性连接件另一端与车身的连接，可根据部位不同而采用各种形式的挂钩、夹钳，其结构则需根据实际情况而定。

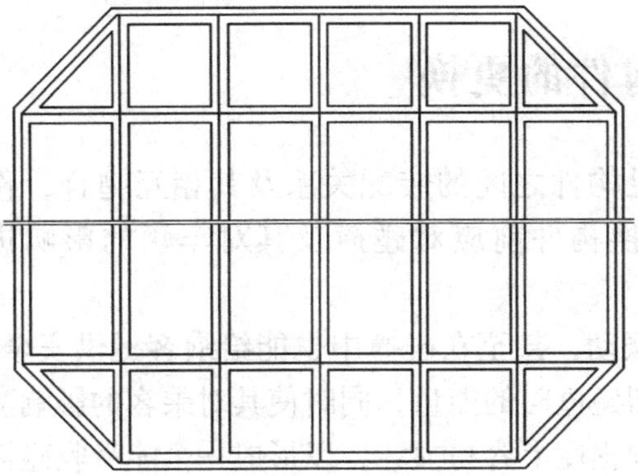

图 5-63　地面辅助矫正系统平面图

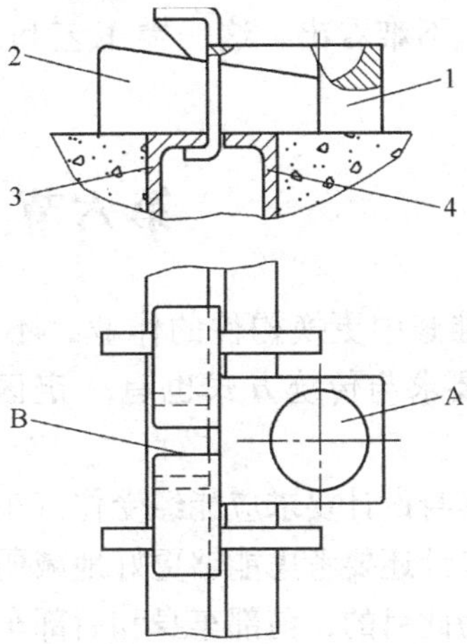

图 5-64　地面支撑座及其安装

1—支座体　2—楔板

3、4—地面系统槽型钢

柔性连接件在使用中，安装长度常须进行调整。粗调整可采用图 5-65 所示结构，只需按需要长度收拢后，将调整钩 2 钩在两相应链环上即可，然后由液压缸的作用涨紧。

图 5-66 所示环链长度调整结构不仅可进行粗调，而且可通过微调张紧，增加了螺纹调整结构，因而具备微调功能。

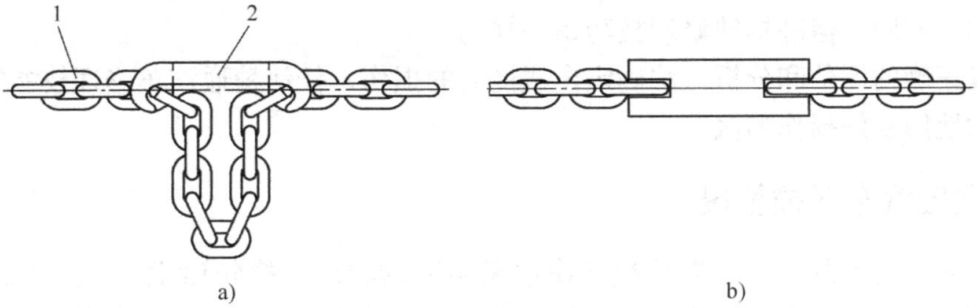

图 5-65　柔性环链长度的调整

1—环链　2—调整钩

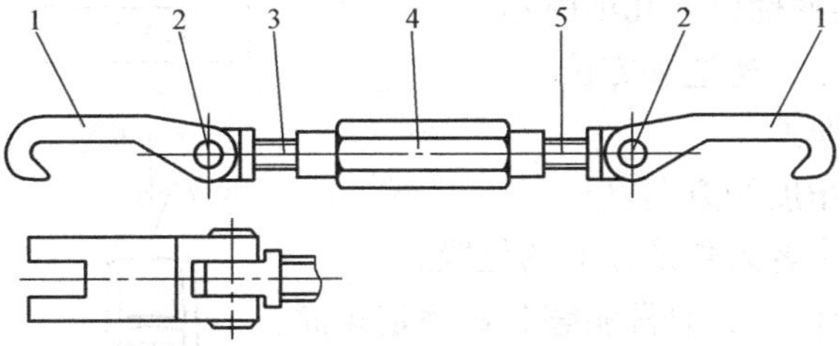

图 5-66　可微调的柔性环链装置

1—调整钩　2—销轴　3—螺杆

4—正反螺母　5—左旋螺杆

车身矫正作业和矫正专用工具在我国正处于迅速发展阶段，有许多需要借鉴、探讨和实践的内容。不难看出，这一类工艺和装备随着汽车维修行业的发展一定会有更加长足的进步。

第六节　车身构件的更换

车身维修中更换构件的作业，不仅需要满足构件之间的装配关系及其相互吻合，作业方法和要求与传统方式也有一定区别。在更换构件前应对碰撞及其对车辆的影响进行分析。

汽车车身设计要求应能经受住汽车行驶中的振动，甚至在碰撞中也能给乘客提供安全。汽车车身设计还要考虑能够更好地减弱并吸收剧烈碰撞时的能量，同时使其对乘客的影响减至最小。为此目的，前部车身和后部车身要在某种程度上容易损坏，以形成一个能吸收碰撞能量的结构，同时也要保证结实牢固以提供乘客一个安全空间。当汽车以48km/h的速度撞上障碍物时，发动机舱的长度会被压缩30%～40%，但乘客室的长度仅被压缩1%～2%。

如前所述，汽车车身构造有两种基本类型：车架式车身和整体式车身。车加式结构的乘客空间被与车架相连的装饰钢板密封住，车架也支撑着大部分的驾驶系统及机械部件。无车架整体式车身与传统结构中将装饰钢板安置在车架上相反，其车身钢板焊接在一起成为一个结构整体。对于车架式车身汽车，碰撞损伤可能是装饰性的部件，也可能是结构上的部件。但如果整体式车身的汽车被撞后，通常既会导致装饰性部件的损伤，又会导致结构性部件的损伤。在碰撞力冲击下，车架式汽车与整体车身式汽车的反应极为不同，同样，损伤评估与修理方法也不相同，但基本的修理技巧是一样的。

只要以正确的评估和分析方法确定出碰撞后的损伤，任何精通汽车修理技能的维修人员都能够成功地修复好损伤的汽车。

一、确定汽车碰撞情况

汽车碰撞时的力及受损程度取决于事故发生时的状况。换句话说，通过了解碰撞的过程，能够部分地确定出汽车损伤情况。为了了解碰撞详情，可向事故发生直接相关的人员或目击者询问，有助于评估损伤的程度，便于估算出修理的费用。因此，车身维修人员还应与评估人员做好沟通。

车身维修人员应当明确以下几项内容。

1）被撞汽车的尺寸、构造和方位。

2）碰撞时汽车的车速。

3）碰撞时汽车的角度和方向。

4）碰撞时汽车上乘客人数及他们的位置。

一个优秀的车身维修人员通常能够分析确定碰撞引起损伤的实际原因。由于碰撞发生前驾驶人会有预先反应，某些类型的碰撞大多以一定的形式和次序发生。如果驾驶人的第一反应是要绕离危险区，汽车的边缘就会被蹭伤，如图5-67所示。如果驾驶人的反应是猛踩制动踏板，损伤的部位就会是汽车的前部，

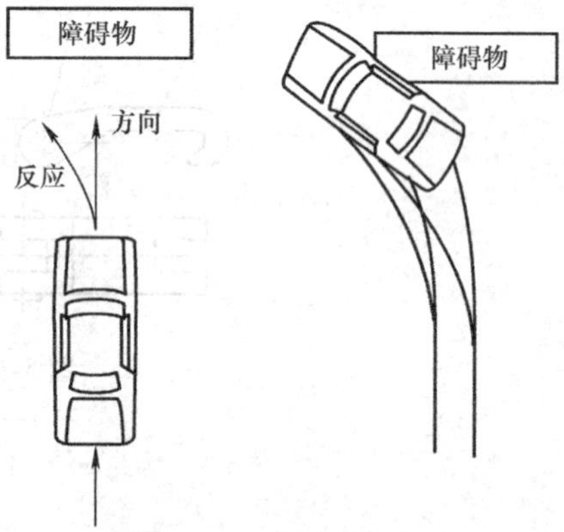

图5-67　驾驶人的第一反应

如图 5-68 所示。碰撞点在汽车前端较高部位，就会引起车壳和车顶后移及后部下沉。而碰境点在汽车前端下方，车身惯性就会引起汽车后部向上变形，使车顶被迫上移，在车门的前上方与车顶缝之间形成一个极大的裂口，如图5-69所示。

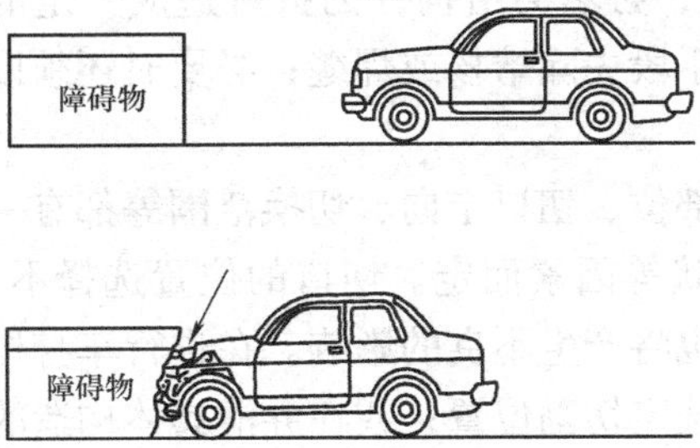

图 5-68 驾驶人的第一反映是猛踩制动踏板

图 5-69 汽车前端受撞后的形状

二、设计碰撞修理程序

任何修理工作开始之前，先要精确决定应采取的修理程序。首先，应进行车身损伤分析。通过分析，可以加快整个修理过程。

拆去车上的其他部件，再牵拉碰撞的部位，如果损伤部位的外部装饰铁皮不影响牵拉，也就不必拆掉，因为整体式车身的损伤较易扩散到较远处，经常扩散到一些意想不到的地方，有些甚至就藏在某些部件或系统的里面。一般情况下没有必要将金属板从整体式车身上拆下。但有时为了修理方便，有的金属板件必须拆下。

三、车身构件的拆解

拆解已经确定更换的车身构件，用合理的拆解方法，以达到关联构件变形最小和易于装配调校的目的。拆解作业应在关联件变形得到基本矫正后进行，否则，将使新件丧失装配基准，而给车身构件的定位带来困难。

拆卸汽车零部件通常的原则是：只拆卸靠近要修理部位周边那些必须拆除的部件。过去矫正整体式汽车车身时，要拆去悬架和传动装置。现在，有了定位器和发动机台架等辅助设备，就不需要再拆去悬架和传动装置了。在进行修理前，要根据车身结构、损伤位置和损伤程度等，确定拆去哪些部件更方便。要仔细研究汽车结构和损伤程度，决定应拆去什么。有时在将汽车放到修理台架之前拆去某些部件，为的是更容易接近紧固器件和其他附件。要认真检查发动机、传动系统和悬架的安装位置，查看这些部件本身是否损坏。多数情况下，这些部件应以单元的形式被拆卸，这样可减少拆卸的时间。

完全弄清楚整体式车身结构的损伤程度和损伤区域之后，就可以进行牵拉和矫正。矫正的控制点可作为进一步牵拉的参考。在牵拉时应保证通过最少的金属加工量来修复损坏部件，并且不会造成进一步的车身结构损伤。应记住以下两条基本规则。

1）按与碰撞损坏相反的顺序牵拉、修理碰撞时出现的损伤（先里后外）。

2）根据损伤的相反方向来设计牵拉顺序。

（一）拆解部位的选择

由于车身构件的连接与装配方法是多种多样的，拆解时应选择好合适的部位。对于螺栓连接或铆接的构件，不会存在这类选位的问题。以这种方式装配起来的车身，构件之间的划分都比较明确，一般按组合单元去除紧固件的连接即可拆解。以组焊形式装配起来的车身、构件之间就没有明显的界线特征。连接形式的多样化，必然会给构件的拆解造成一定的困难。无论是对接还是搭接方式的组焊，都需要以一定手段去除熔核或焊缝；必要时还须以切割方式将构件割断，车身维修中将其称为切换作业。

构件的切换在车身维修作业中比较实用，对切割部位、切口走向、切换范围等都有一定要求，应视车身构件的结构强度、组焊方式、断面形状等因素而定。切口的位置选择不当，会影响到切换作业的效率和质量，对车身构件的强度也将产生不良的影响。在进行车身构件的切换作业时，一定要按汽车维修手册中规定的方案选定切割位置；或在弄清具体构造的基础上，按以下原则选位。

1）避重就轻。就是要求切口位置一定要避开构件的强度支撑点，选择那些不起重要支撑作用的位置切割。同一构件上强度大小的区别在于，是否有加强板等结构在起辅助增强作用。

2）易于修整。构件割换后还需要对接口、焊缝等进行修整，如果按修整工作量的大小选择切口，可以简化构件更换后的作业，如：所选切口正好位于车身内、外装饰件的覆盖范围内，其接口或焊缝的表面处理就容易多了。

3）便于施工。选位应兼顾切换作业的难易程度，如：需要拆装关联件的多少与难易程度，是否便于切割和所选切口的大小等。

4）无应力集中。应力集中会使构件发生意想不到的损坏，切口的选位应避开车身构件的应力集中区，否则，将影响构件的连接强度并诱发应力集中现象的产生。

（二）车身构件的拆解方法

车身构件的拆解方法因车型、部位和焊接形式而异，只要掌握车身的构造与拆解的要领，从中找出规律而方便拆解。

1. 车身构件的割断

以组焊方式连接的车身构件，即使已经去除了熔核或焊缝，有时也不能将构件作为一个整体拆下。如果用“粗割法”沿接缝割断构件，则可以很容易地将形状复杂的构件拿下，再进一步清除熔核点或焊缝也就方便多了。

粗割作业所使用的工具应与切割部位相适应。用风动锯切割可以获得整齐的切痕，适于断面尺寸不大的中板类构件，如：窗柱、门柱、门槛板等（图5-70）；用风动錾配切割錾刀的割断效率高，适于切割薄板类构件，如：车身壁板、底板、翼子板等（图5-71）；氧乙炔割具虽然具有切割能力强、切断效率高的优点，但热影响较大且殃及面广，适于对较厚钢板制成件的割断，如：底板横纵梁、车架、骨架等。

2. 构件熔核的拆解

对于组焊而成的车身构件的拆解，关键作业是剥离熔核或焊缝。剥离方法则主要取决于焊接方式及其车身构件上的分布状况等，如：是熔核还是焊缝、在边缘还是在中间、朝上面还是向下面等，都以切割、钻削、磨削等方式为主。

万能夹钳改装成的专用风钻，可以十分便利地切除塞焊或点焊的熔核（图5-72）。由于

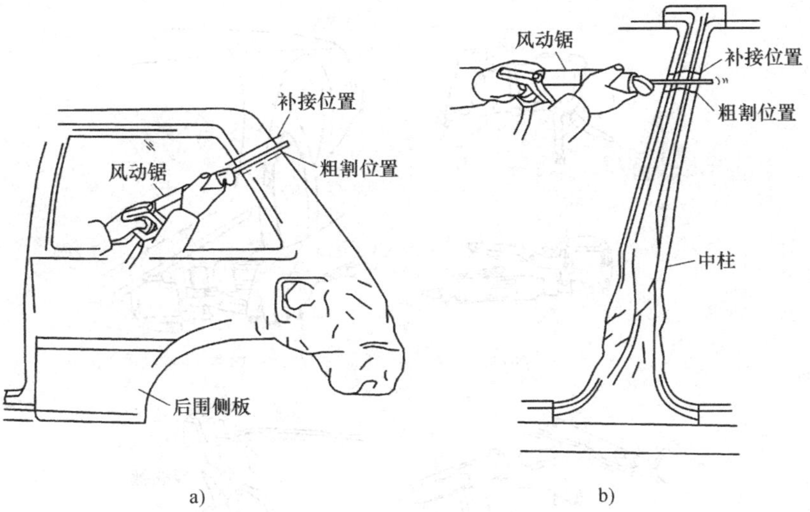

图 5-70　用风动锯切割
a）切割后围侧面板　b）切割中间门柱

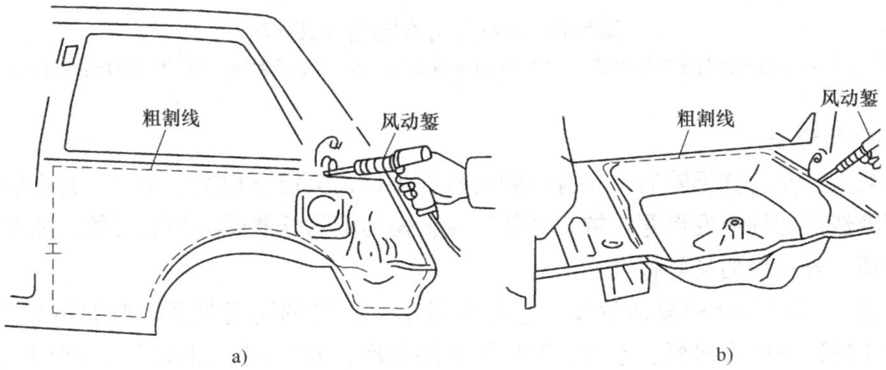

图 5-71　用风动錾切割
a）后围侧面板的錾割　b）车身底板的錾割

万能夹钳能自锁在熔核拆解部位并形成一定的预紧力，使钻削熔核时刀具不会发生跑偏现象（图 5-72b）。

车身构件如果是以点焊方式连接的，由于腻子和涂料的覆盖作用，使熔核的准确位置不易辨认，剥离熔核的作业也无从下手。对此，可用焊枪沿接缝的边缘加热，待表层涂料被火焰烧焦时，用钢丝刷或气动钢丝磨轮将涂层去掉。加热过程中应严格控制温度，以避免热影响对金属材料及周边构件的损坏；如果仍然找不到熔核，可按图 5-72c 所示的方法，将扁錾沿构件的接缝处冲入，隐含的熔核即可显现出来。

点焊或塞焊的熔核剥离后，可配合使用锤子及滑锤将构件拆下（图 5-72d）。

（三）构件拆解后的处理

车身构件拆除后，要对接口部位进行认真处理，才能装配新换的车身构件。其作业内容包括：端口的修整、位置度的矫正和防锈密封处理。

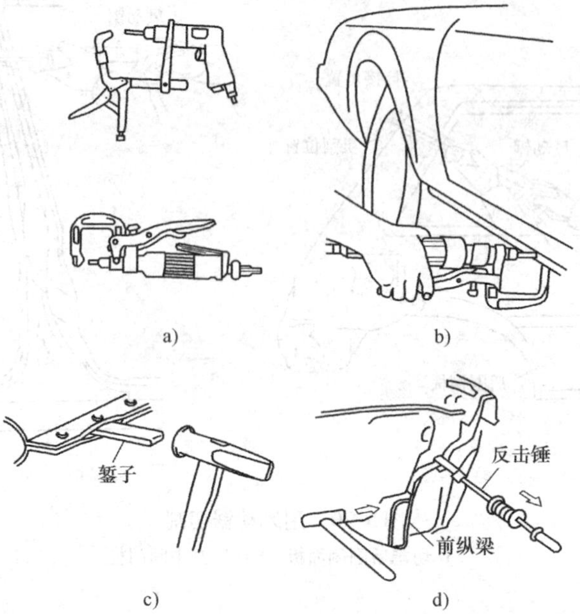

图 5-72 熔核的剥离与焊件的拆解

a）将万能夹钳改装在风动钻上 b）钻切应用实例 c）用錾子剥离 d）用双锤配合解板

1. 端口的修整

拟更换的车身构件拆除后，车身一侧的构件端口，会留下切割、钻削、磨削的痕迹，以及撬动接缝造成的局部变形等。端口修整作业就是为消除这些缺陷而进行的，使车身一侧的构件达到清、齐、平的良好程度。

（1）清 指端口处的整洁程度，它影响对车身构件的防腐处理。要通过砂磨的方法，将锈污加工后留下的金属屑、毛边、割痕等清除干净，对气割切口及其所残留的金属熔球，要用砂轮将其磨掉。只有干净、清晰的端口表面，才能实现可靠的防锈与密封。

（2）齐 指切口走向是否与划线定好的切割线吻合，它将影响新构件的装配与定位。由于拆解过程中不便于操作，切口的走向与划定的切换线不符是常有的事，用切割砂轮、锉削等方法对端口进行修整，能够避免新件装配时发生障碍性干涉，还有助于改善外观品质。

（3）平 指车身构件端口应无有碍于新件的安装、定位和焊接的弯曲、翘曲、波折等变形现象，变形严重时还会导致新换构件随之变形。操作方法是使用钣金锤、垫铁等工具，由内向外、由大到小地将其敲平（图 5-73），使之恢复到原来的正常形状。如果变形较重难以调平，还可以采取收放的措施消除金属材料发生的拉伸现象。

2. 位置度的矫正

车身一侧构件位置度的矫正是对新件定位及最后要进行的调整，是更换构件的关键步骤。这一矫正作业必须在新件的装配与焊接前进行，否则有可能使以后的所有作业都无效。

车身上的切换部位往往并无明确的定位标准可循，可采取对比法测取有关的位置参数值。通过与相同车身或同一车身上与之对称的部位进行对比，确定切换部位上有关坐标点的位置。具体操作方法是先测量切口各点沿纵向（行驶方向）至某一基准点距离，然后分别以这一长度值为准，与对比的车身上测得各点的空间位置，即垂直方向、水平方向以及任意方向上与车身某一基准点的相对位置（尺寸）。测量中应注意测量坐标点与车身基准点的相互位置，应分别于两个以上不同方向上量取参数值。参数个数过少不能实现坐标点的准确定位；参数个数过多则使操作复杂化，使矫正作业变得繁琐。有了目标基准，这种局部矫正作业就显得十分容易了。属于整体变形时，应按第二章中所述的方法予以修整。

3. 防锈与密封

车身维修作业中的防锈与密封应当贯穿整个过程。车身构件拆解后的最后一道处理工序是在构件搭接部位涂敷缓蚀剂（图 5-74）。不要误认为缓蚀仅仅依赖于最后涂装时进行的刮腻子、涂装等。最后涂装作业，并不能使车身构件的搭接或焊接部位得到缓蚀性和耐腐蚀性保护。

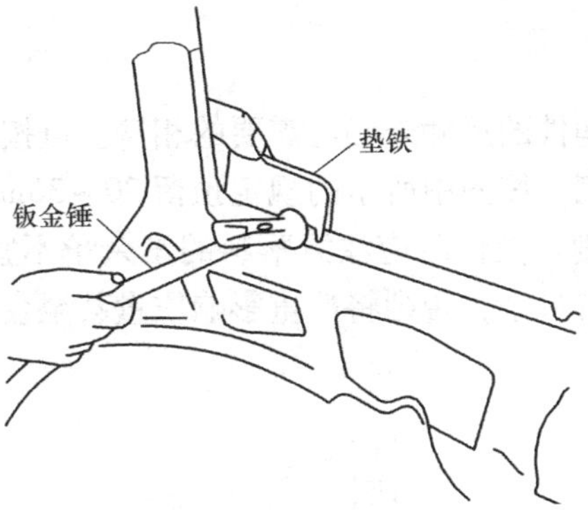

图 5-73　局部调平作业

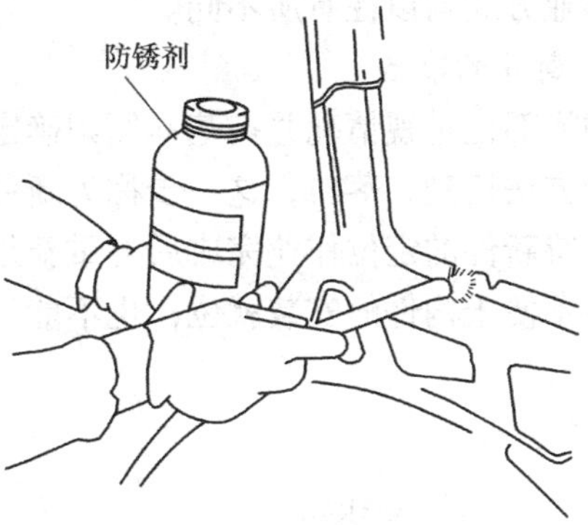

图 5-74　防锈剂的涂敷

两构件装配、组焊过程中的缓蚀和耐腐蚀处理，对维修品质和构件使用寿命都是至关重要的。在焊接部位涂敷富锌底漆时应注意不要涂得太厚，只限于焊接金属板的裸露部位。对有密封要求的车身构件，在相互搭接的焊接面上，还应一并涂敷点焊密封胶等。

四、新构件的更换

在修理受碰撞损坏范围较大的车辆时，通常将弯曲的结构性板件拉直并重新矫正。可是，有些板件可能毁坏严重，因此，可将损坏板件整体更换。

图 5-75 概括地说明将螺栓连接的板件和焊接的板件进行更换的一般步骤。

对于腐蚀损坏，通常采用更换板件这样永久的补救方法。将生锈的金属板切割下来，在原来的位置焊接上新的局部板件进行修理。对于经常受到腐蚀的部位，局部地更换板件是最好的方法。这些局部的板件可从一些销售零部件的生产厂商或原设备的生产厂商买到。

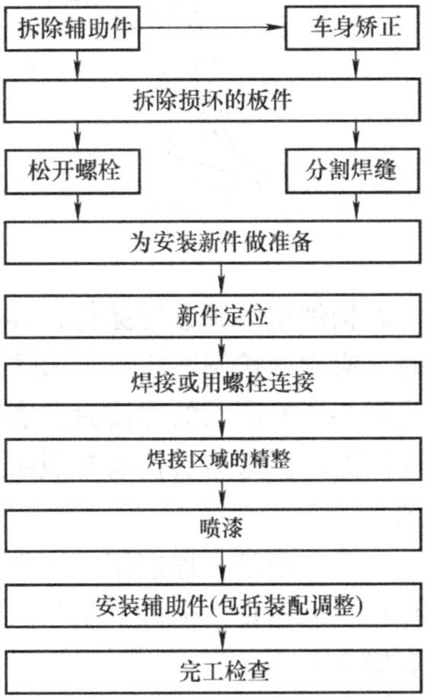

图 5-75　典型的板件更换步骤

车身是由众多的板件用螺栓紧固和焊接两种方法连接在一起而构成的。非结构性的或装饰性的板件，例如汽车的翼子板、后顶侧板可以焊接到整体式车身上，也可以用螺栓、柳钉和螺钉等其他方法与之相连。保险杠和有关的金属构件，通常也是用螺栓连接到框架上的。更换这些板件时，只要拆卸紧固件即可。

更换新车身构件的要点是定位准确。如果在新件定位参数不可靠的情况下，盲目进行更换和焊接损伤其后果将是可想而知的。新件的准备与定位是更换作业中关键的一环，是一项不容忽视的作业。

（一）新件的准备与定位

传统作业中并不十分重视新件的准备与定位这一关键环节。主要的缘由是以往的装配式车身构件允许有较大的装配误差，而且有些汽车的车身构件还采用了软连接装配方式，使换件过程中的装配与调整有很大的余地。如今流行的钢架式车身壳体结构，装配精度要求较高，作业方式与以往有所不同。

1. 新件的准备

切换部位是视情况并按基本原则确定的，新构件的尺寸未必与需要的相符。可按图5-76所示的方法切割、落料，这一步称为新件的粗切割，按图中所示的规定预留 20～30mm 的重叠量，待新件的定位作业完成后再重新划线精切割。操作时应注意落料的富余量不宜过大，否则将不便于构件的安装就位；也不能将尺寸留得过小，否则将严重影响质量甚至会使构件报废。

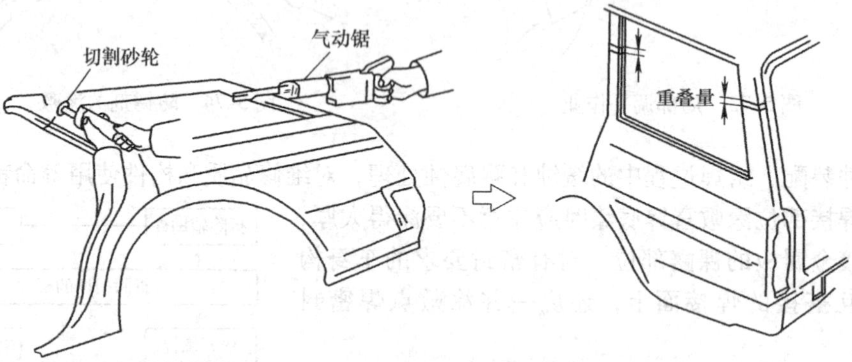

图5-76 新构件的粗切割

新构件整体都覆有涂料，其表面涂层的绝缘性会影响点焊电流的通过。拟用点焊方式焊接时，应预先按图5-77a所示的方法，用带式砂磨机将焊接部位两面的涂层除掉，使接触面形成图5-77b所示的焊接面。磨削时应注意不要用力过大并及时换位，以免使构件过热而影响周围涂层。打磨后仍需参照图5-77c所示的方法，在焊接面及以后不便涂漆的部位刷涂缓蚀剂。

对于拟通过塞焊连接的构件，不必除漆，但应按有关技术要求（数量、孔径等），使用冲孔钳或风动钻在构件上制孔。塞焊孔的位置理应选在构件的内侧，同一面应选在便于进行塞焊操作的那一侧。

2. 新件的定位

新换构件的基本定位方法一般有两种：一种为参数法定位，适用于对位置度要求较高的

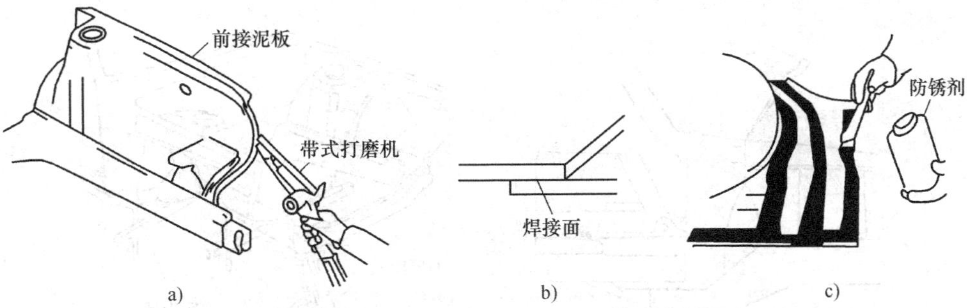

图 5-77　新件的准备

a）打磨　b）使焊接面无绝缘层　c）涂缓蚀剂

车身构件；另一种为试配法定位，适用于对外观品质要求较高的车身构件。在实际操作中并不将这两种定位方法割裂，而是结合在一起应用，以提高修复品质、效率和精度。

先以轿车翼子板内支承板（俗称挡泥板）的更换过程为例，介绍参数法定位的操作方法。

（1）安装挡泥板　将挡泥板按图 5-78a 所示的方法装配到位，并注意对正有关的安装标记；新件上没有做出装配标记的，可参照原件拆解后留下的痕迹安装；用万能夹钳固定，为使其结构稳定可与其他相邻构件暂焊（如横梁、散热器支架等）。

（2）长度调整　也称纵向装配位置的调整。依据维修手册或运用对比法确定挡泥板的安装长度，并以此目标参数值为准调整测距尺，按图 5-78b 所示的方法，沿纵向测量、调整挡泥板的装配长度，以符合规定参数值的要求。测量的起止点应以基准孔或构件的装配孔为准，不能以挡泥板的前端面为依据；纵向长度尺寸定位后应选 2 ~ 3 点暂焊（因为测量点在上面）。

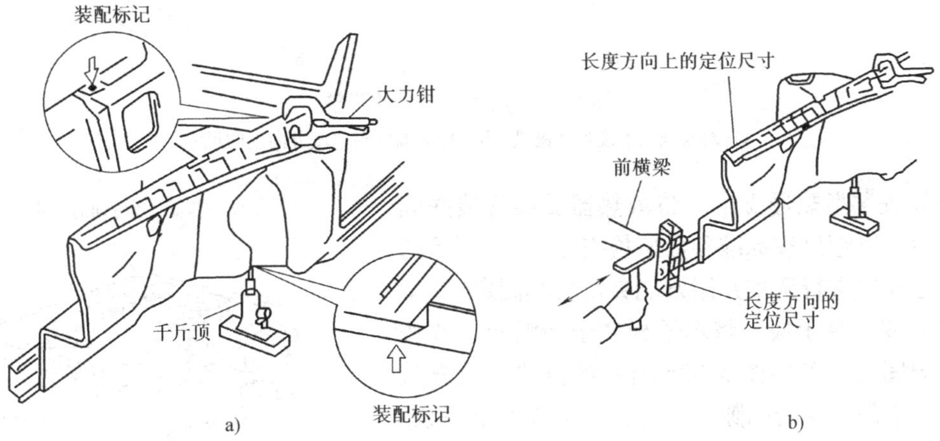

图 5-78　新件的安装与调整

a）安装并固定　b）长度方向上的调整

（3）高度调整　也称垂直方向上装配位置的调整。可按标准参数调整挡泥板基准测量点的定位高度，使定中规按图 5-79b 所示的方法测量，通过调整使之与对侧构件等高，条件是与之对称的挡泥板应无变形现象。挡泥板的高度调定后及时将液压千斤顶锁住，并将其下部与车身暂焊(图 5-79a)。

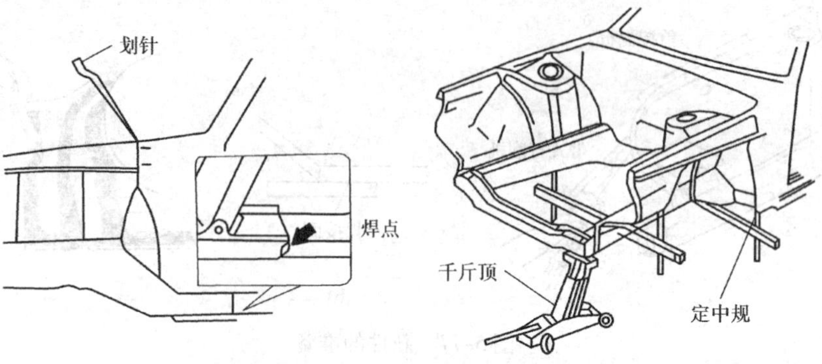

图 5-79　高度方向上的调整

a）高度方向上的尺寸确定后，当即在下部暂焊　b）高度方向上的测量与调整

（4）宽度调整　也称水平方向上装配位置的调整。使用测距尺检验图 5-80a 所示的宽度参数值，调定后将其与前横梁横向固定。重新按图 5-80b 所示的方案校准高度和长度方向上的参数。如不符合要求，应继续进行微量调整直至合格为止。确认无误后装上悬架横梁并加以可靠固定（如：螺栓联接、塞焊等）。

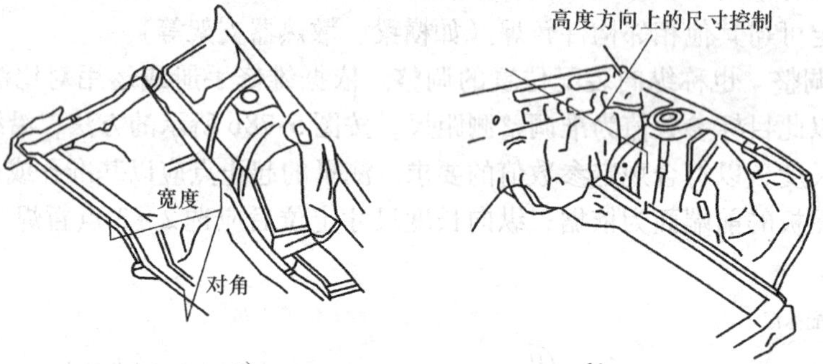

图 5-80　宽度方向上的调整

a）对角线及宽度尺寸测量　b）校对高度与长度方向上的尺寸

（5）安装散热器支架　将散热器支架安装并固定，然后用测距尺按标准参数值检查图 5-81 所示的尺寸，必要时进行调整并用万能夹钳将其固定。

（6）安装翼子板　将翼子板装于挡泥板上并按定位标记固定，参照图 5-82a 所示的方法，检查其后端面与车门边缘的间隙，应符合要求并上下一致。如果间隙不等，则说明挡泥板的装配高度有问题。

（7）参数验证　正式焊接前应按图5-82b所示方案，对全部定位参数做一次综合验证；并以目测的方式观察前车身的装配情况，检视各构件之间的平行与对称状态有无异常现象，如有问题，应查明原因并予以修整，然后可转入组焊作业阶段。

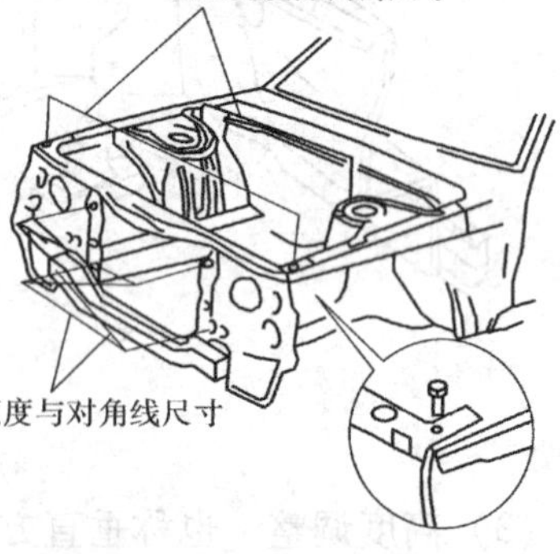

图 5-81　检查支架宽度与对角线尺寸及翼子板宽度

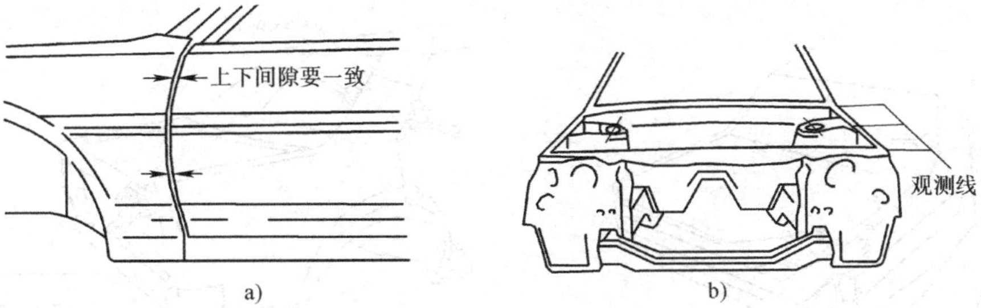

图 5-82　检查车门间隙

3. 定位更换新件操作

以轿车后翼子板的更换过程为例，介绍适配法定位更换新件的操作（图 5-83a）。

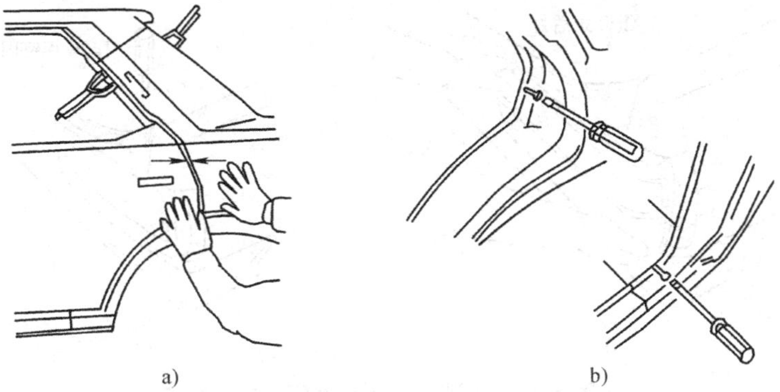

图 5-83　适配定位法

a）适配定位目标　b）暂装后翼子板

（1）安装后翼子板　将后翼子板按图 5-83b 所示的方法安装到位，用万能夹钳将相邻构件的边缘夹紧，使后翼子板若干处得到固定。新件落料时的边缘余量不宜留得过大，不便于装卡和固定。

（2）用适配法调整　用目测的方法检查：构件的型线是否对齐和翼子板与车门的间隙是否符合要求（图 5-84a），用自攻螺钉将其临时固定（图 5-84b）。在行李箱盖处于关闭状态下，检视后翼子板与行李箱盖之间的间隙和高度是否合适，并用对比法加以临时固定（图5-85b）。最后装上车身后部的灯具，以验证其适配情况及高度是否与另一侧对称（图 5-86）。

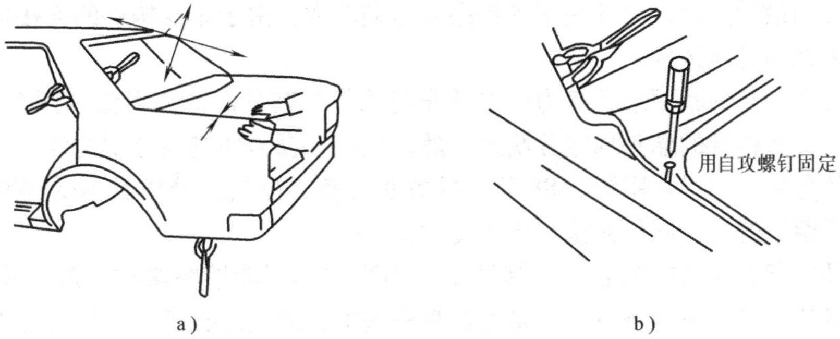

图 5-84　调整后翼子板与车门的适配度并加以固定

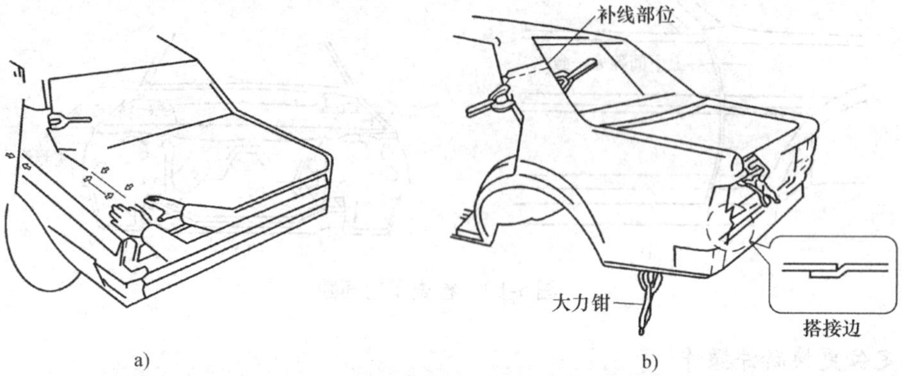

图5-85 调整后翼子板与行李箱盖及后窗的适配度并加以固定

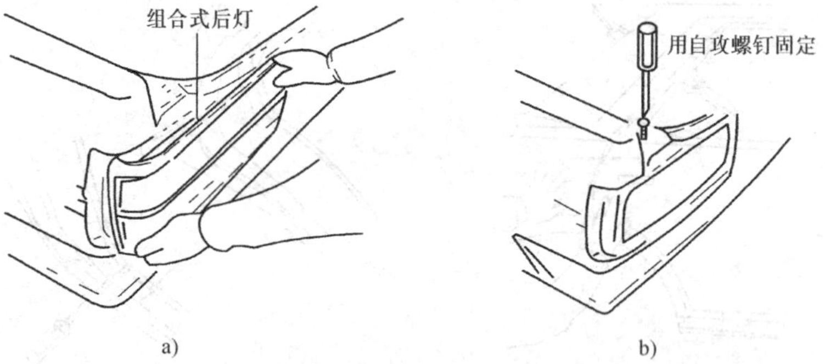

图5-86 安装后围下板及组合式后灯

（3）临时固定 每进行一项适配作业，都应在构件边缘的适当部位钻孔，而后用自攻螺钉将其临时固定。因为用夹具固定有时不够可靠，适配度的调整也不够方便。

（4）整体适配状况的检视 全部装配完毕后，再进行一次整体适配状况的检视，查看各部间隙、型线以及对称度等，还要检查新件及其与之关联的构件有无整体弯曲或扭曲等变形现象。在确认构件的安装与适配无误时，再进入组焊作业阶段。

（二）新件的分割与焊接

新换的车身构件正确定位后，转入分割与焊接作业。与构件的定位一样，分割与焊接也与整体品质密切相关。

1. 新件的分割方法

新换构件的最后分割，对外观和焊接品质影响较大。由于车身构件的连接形式不同，其分割方法也因此而有所区别。

对能搭接在一起的断面形状较为简单的车身构件，其分割方法可参照图5-87所示的方案进行。先沿搭接构件的端头划定分割线，然后用风动锯沿切割线分割构件，由此可获得对接质量很好的分割。如果采用图5-88所示的方法分割，虽然接缝质量不受锯割时走偏的影响，但锯割后留下的切口部分使接口缝隙变大。

有些构件的断面形状较为复杂，其异型结构决定其不能够搭接在一起（图5-89a），可分别采用测量法分割。所谓测量法，是通过量取基准孔或装配孔至切换部位的距离，以此作为确定分割位置的依据（图5-89b）。为使切割线能与新件的切口相吻合，可用由新件上割下的断头为基准在车身一侧划线（图5-90）。

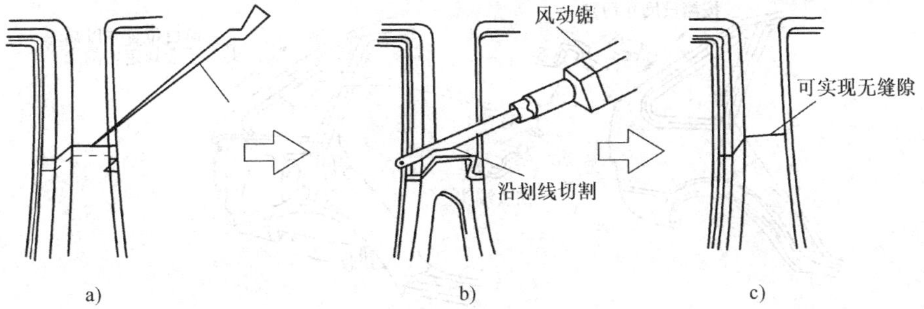

图 5-87　划线切割法

a）比照搭接边缘划切割线　b）沿划定的线切割　c）可使接口无缝

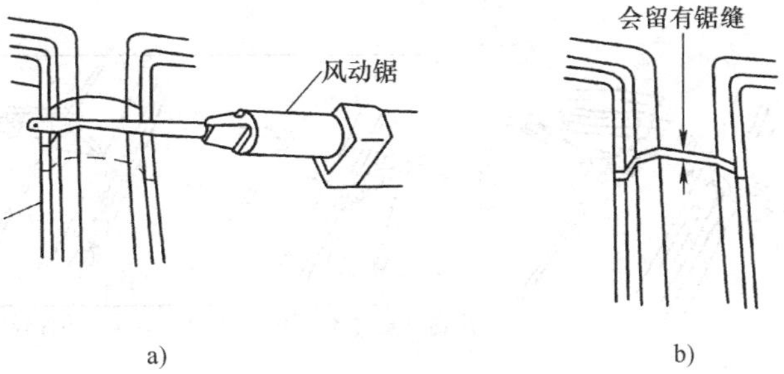

图 5-88　搭接切割法

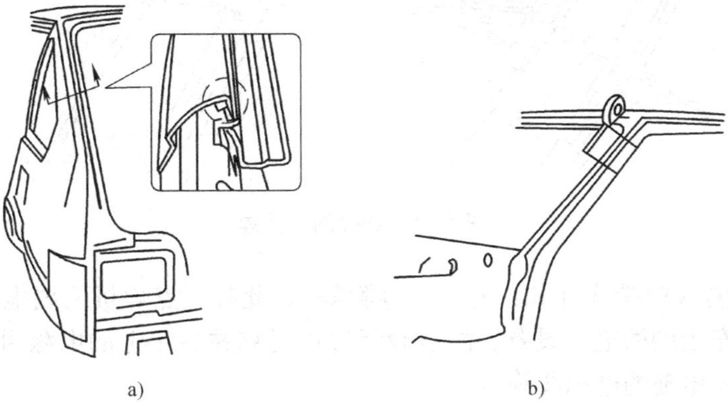

图 5-89　测量切割法

a）异型结构件　b）用测量法划定切割线

2. 新件的焊接

通过调整、固定、检查、验证等项作业，确认新件的尺寸和位置正确后，转入组焊作业阶段将其焊接就位。这里仅将有关注意事项做一简要说明。

（1）焊接顺序　焊接顺序应遵循由中间向两边、先基础件后附属件的原则。使用气体保护焊时，应按图 5-91 所示的程序焊接，以免使坡口局部过热而变形。注意暂焊时必须先用万能夹具予以固定，然后由中部开始起焊以避免焊接缺陷。

（2）焊接保护　焊接过程中所产生的火花或热影响，会损坏车身涂层、玻璃、装饰件

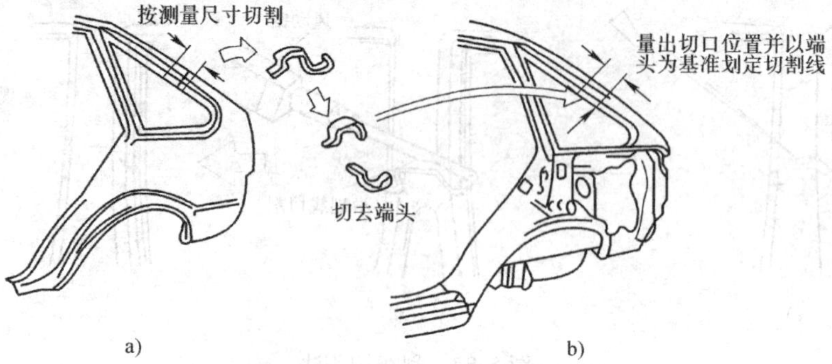

图5-90 比照新件切口划定切割线

a）按测量尺寸割下端头 b）比照新件端头划定切割线

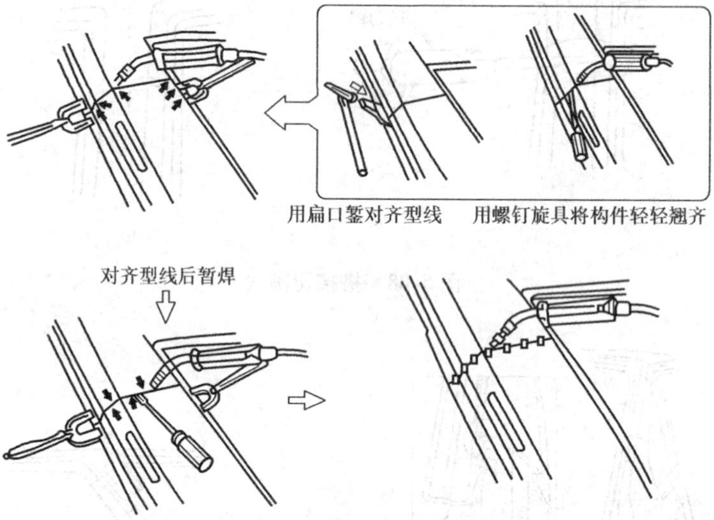

图5-91 新件的对接焊

等，应采取相应的保护措施（如：遮盖、拆除等）。此外，点焊机地线虚接所产生的电动势，有可能击穿车上的微电子设备，故应确保接地可靠并将车上的电源回路断开（如：切断总电源或拆下蓄电池的电源线等）。

（3）参数验证 焊接过程中有必要对那些重要参数进行抽查（测量），使关键要素始终处于受控状态之下。否则，当竣工验收不合格而需要重新拆解时，其损失将是很严重的。

（4）焊接标准 焊接对构件的连接强度和汽车的安全性都有很大的影响。因此，焊接时一定要严格遵守操作规程，通过谨慎操作来获得优良的焊接品质。

3. 焊缝的修整

光整程度无特别要求的部位（如隐含部位、装饰部位等）焊缝的修整方法主要是砂磨或锉削的，仅磨削到表面圆滑为止并留有一定的凸起；对于有平面度要求的部位，应磨削适度以免影响车身构件的焊接强度；对那些不便于用砂轮机打磨的部位，可改用带式打磨机或锉削的方法解决。

4. 焊缝的密封处理

除了焊前在接合面上少量施涂缓蚀剂以外，焊接竣工后还应在焊缝处涂施车身密封剂，阻止泥水等渗入使接缝部位的金属锈蚀。

施涂前应先将焊缝及其周围清理干净，然后用胶枪按图 5-92a 所示的方法沿焊缝施胶。枪嘴的直径应大致与焊缝相等，涂胶过量时应用手指将其抹平（图 5-92b）。对于有装饰要求的部位，还可先于焊缝两边粘接胶带纸并在施胶后将其揭除，使涂胶后的部件更加美观。

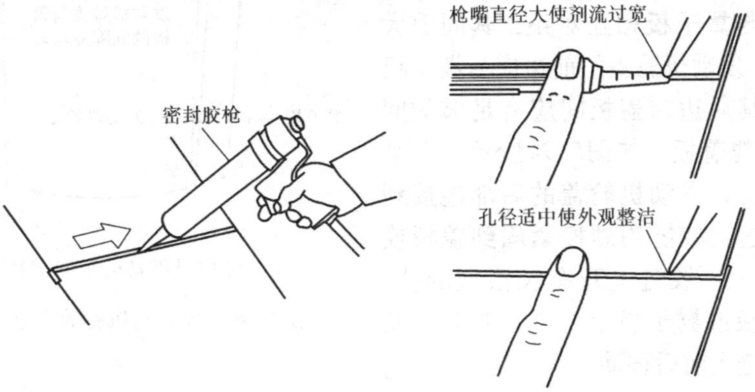

a)　　b)

图 5-92　用胶枪施涂密封剂

a）从一端开始至另一端结束　b）胶枪口的直径应与缝隙相称

对于图 5-93 所示的补接或箱式断面构件，由于焊接后原有缓蚀涂层已经破坏，故应按图示方法，在构件接缝或装配孔对准焊缝喷涂缓蚀剂，最好直至流出为止。

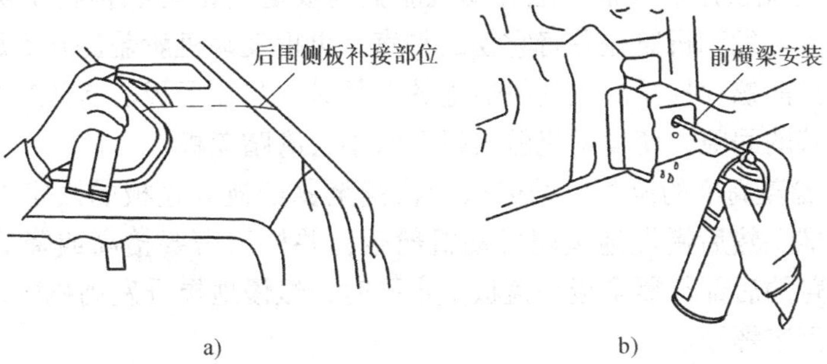

a)　　b)

图 5-93　焊缝缓蚀剂涂敷

a）直接将缓蚀剂喷入焊缝　b）利用装配孔将缓蚀剂喷施到位

（三）换件后的调整

无论是参数法定位还是适配法定位，都需要在上述作业结束后再进行一次最后的调整。一些安装问题、修理缺陷、运动干涉等不良状况，都将通过合理的调整得到解决。这里所指的调整，包括对车门、发动机舱盖、行李箱盖等装配位置的调整。

在此，仅就换件后容易出现的变形及其调整方法分述如下。

在整体式车身结构中，结构性板件较为常见，如散热器支架、内挡泥板、地板、车门槛板、发动机舱的侧梁、上部加强件、下车身后梁、内部的护板槽、行李箱地板等。

车身结构的完整性取决于各个板件的相互连接状况。板件通常以凸缘或配合表面的形式相互连接在一起。这些连接面通常位于板件的边缘，是设计生产期间所形成的。

1. *发动机舱盖的调整*

在大多数车辆中，发动机舱盖是最大的可调节板件。可以通过铰链、可调的定位器以及发动机舱盖的挂钩来调节发动机舱盖。为了使发动机舱盖与翼子板和盖板对中，应对发动机舱盖上下、前后方向的移动进行调整。发动机舱盖应与翼子板相互对正，其间隙大约是3~5mm。发动机舱盖的前边应与翼子板的前边对齐，其后边与盖板间应有足够的间隙，以利于清洗盖板。如图5-94所示。在某些类型的汽车上，发动机舱盖的后部连接到一对铰链上。这对铰链用螺栓紧固到盖板或里面的翼子板上。铰链上开有长槽型的孔，允许铰链在盖板或翼子板上升降，并允许发动机舱盖在铰链上前后移动。

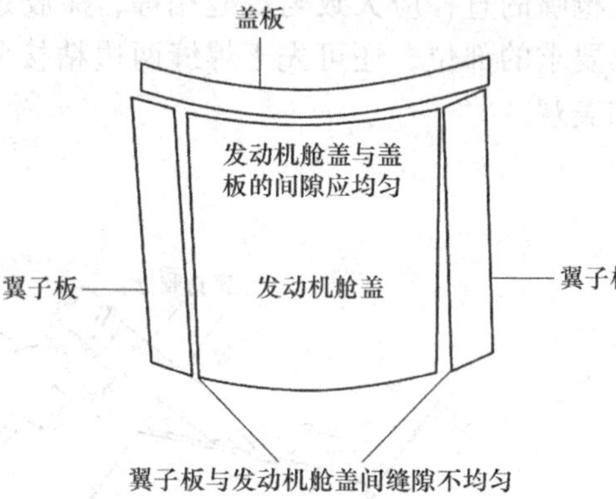

图5-94 前发动机舱盖周边缝隙不均匀

发动机舱盖的前部用安全拉钩固定在适当位置。拉钩使发动机舱盖的前部紧固并与两侧的翼子板对中。为了对中，通常在拉钩上设有开槽的孔。大部分车辆有可调节的保险杠托架，托架安装在散热器固定框上，或者沿着翼子板的里边安装，这些保险杠托架可以上下调整，因而能阻止发动机舱盖前端的振动。托架也决定发动机舱盖关闭时的位置。发动机舱盖同时装备安全装置，以防止车辆运行时，发动机舱盖会意外地打开，遮挡驾驶人的视线。

（1）发动机舱盖铰链的调整　把发动机舱盖与铰链连接的螺栓稍微松开，前后调节发动机舱盖。然后关上发动机舱盖并将它摆放平直。再把发动机舱盖提升到足够高度，将发动机舱盖与铰链连接的螺栓拧紧。发动机舱盖的前部必须与翼子板的前部对齐，发动机舱盖和盖板之间应有足够的间隙，使发动机舱盖提升时不会磨蹭盖板。

（2）发动机舱盖高度的调整　稍微松开铰链至翼子板或盖板的固定螺栓，调整发动机舱盖使其上下对准。然后慢慢地关闭发动机舱盖，并根据需要抬高或降低发动机舱盖的后部。当发动机舱盖的后部与翼子板和盖板呈水平时，慢慢地提升发动机舱盖并且拧紧铰链至翼子板或盖板的固定螺栓。

当发动机舱盖的后部调节到正确高度时，必须调节可调节的定位器。有些车辆只有两个定位器，位于每个前角部位。后定位器必须调节到能起到阻止发动机舱盖的作用，这样可消除发动机舱盖的移动和振动。前定位器控制发动机舱盖前部的高度。转动定位器，直至发动机舱盖的前部与翼子板的顶部齐平。调整定位器以后，一定要重新拧紧在定位器上的防松螺钉。

提示：为了降低发动机舱盖，可能需要调低发动机舱盖后角下面的可调节定位器。如果降低发动机舱盖而没有降低定位器，发动机舱盖可能弯曲和变皱，并因此而增加了车身修理工作。

（3）发动机舱盖安全拉钩的调整　进行高度和横向的调整以后，要试验发动机舱盖是否能正确地锁定。如果发动机舱盖与拉钩需猛烈地撞击才能扣上，应提升拉钩。当锁住时，如果发动机舱盖不接触前定位器，应降低拉钩。发动机舱盖拉钩的调节如下。

1）从散热器固定框上拆下发动机舱盖拉钩组件并降低发动机舱盖。

2）围绕发动机舱盖，检查所有的间隙是否调整正确。

3）重新安装发动机舱盖的拉钩，并降低发动机舱盖，直到它接触第一个拉钩（辅助拉钩或安全拉钩）。

4）试着提起发动机舱盖。如果发动机舱盖仍能打开，则调整安全拉钩，使它扣住发动机舱盖。有时候发动机舱盖会弯曲，除非辅助拉钩“扣住”。

5）慢慢地降低发动机舱盖，当发动机舱盖被锁住时，查看发动机舱盖是否移动到一边。用螺栓固定到发动机舱盖上的撞针，应对准U形挂钩。当锁住发动机舱盖时，发动机舱盖应与周围的金属构件均匀并紧密地配合。

6）将发动机舱盖拉钩的附属金属构件松开至刚好足以维持紧密的配合，但也能够移动拉钩。

7）反复地从一边向另一边移动拉钩，直至它与发动机舱盖上的挂钩对准。按需要上下移动拉钩，使向发动机舱盖的前部施加向上的压力时，发动机舱盖和翼子板前部之间配合齐平。

8）紧固发动机舱盖拉钩的附属金属构件。

9）打开发动机舱盖。

10）关闭发动机舱盖并观察左边和右边的前角。如果需要，调节保险杠托架，以消除发动机舱盖前部的任何松动，并且保证紧密的配合。

11）拧紧保险杠托架上的金属连接件。

12）检查保险杠侧面托架（如果有的话）是否在适当位置并处于良好状态。

（4）发动机舱盖缝隙的调整　新换装的发动机舱盖，容易出现如图5-95a所示的边缘弯曲现象。对此，仅仅通过对铰链等简单地调整，并不能将构件的变形消除，而需要调整发动机舱盖的边缘曲线。

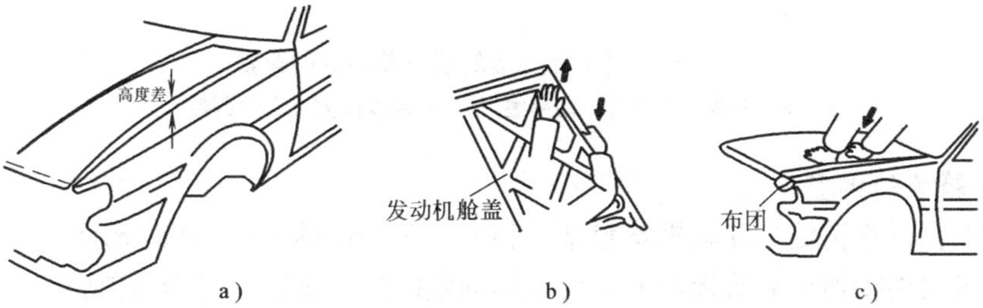

图5-95　发动机舱盖高度差的调整

a）边缘弯曲造成的高度差　b）用手力将弯曲调平　c）垫上布团往下按压

参照图5-95b所示的方法，用手搬动拱曲部位使其复位；也可以参照图5-95c所示的方法，在前端垫上布团、棉丝等物，然后用手掌轻轻下压拱曲部位，使其达到与翼子板边缘等高的程度。注意：矫正过程中应均匀用力，要绝对避免发生因矫正过度而造成的二次变形损伤。

发动机舱盖与翼子板的间隙不当、缝隙不均等，有可能是因为如图5-96所示的翼子板弯折角不当造成的。属于翼子板折角向内倾斜变形，应先将联接螺栓拧紧并参照图5-97a所示的方法在矫正部位垫上木块，通过敲击使变形复位；属于翼子板折角向外倾斜时，应先将联接螺栓旋松并参照图5-97b所示的方法，借助锤子、扁口錾沿弯角将其踩成直角，再将固定螺栓拧紧。

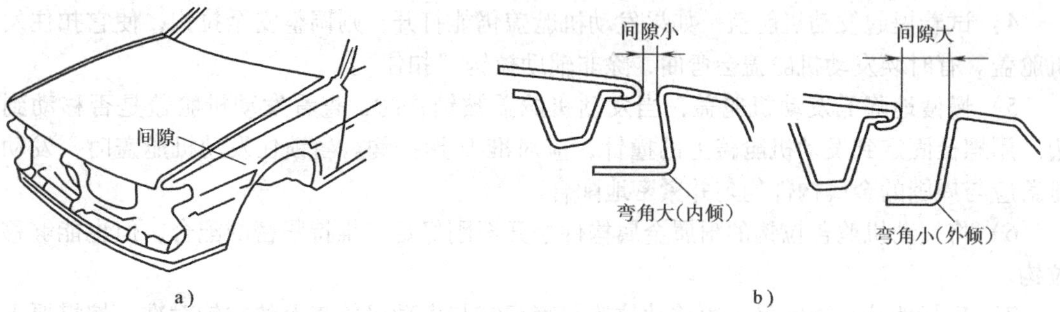

图5-96　翼子板形状对配合间隙的影响

a）翼子板与发动机舱盖的间隙　b）翼子板弯角不当

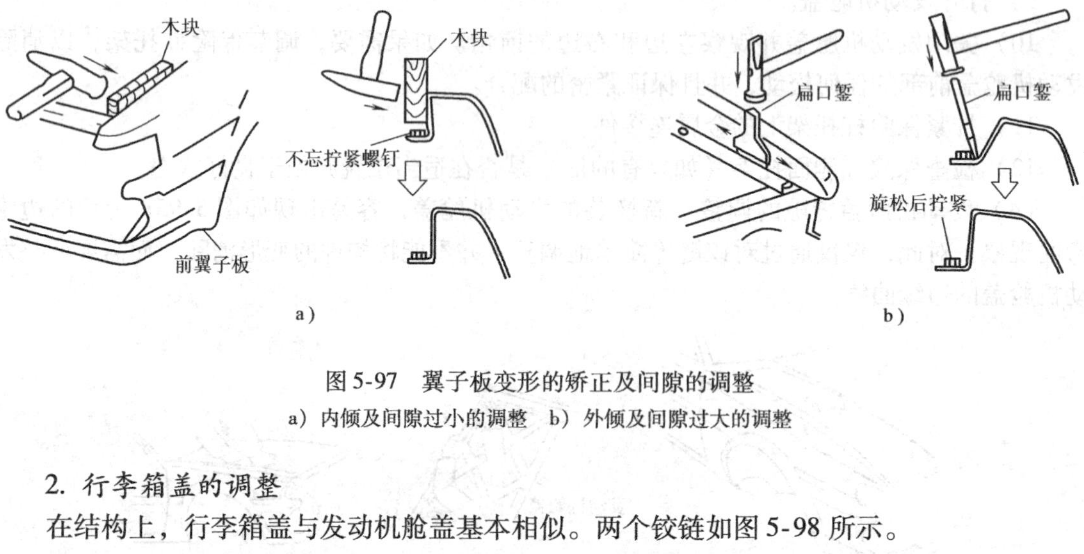

图5-97　翼子板变形的矫正及间隙的调整

a）内倾及间隙过小的调整　b）外倾及间隙过大的调整

2. 行李箱盖的调整

在结构上，行李箱盖与发动机舱盖基本相似。两个铰链如图5-98所示。

将行李箱盖连接到后部的板件上，后缘用锁定的挂钩固定。行李箱盖将行李箱密封。为了有效地密封，当关闭箱盖时，它必须连续地与密封条接触。

箱盖与毗邻板件的间隙要均匀一致。在铰链上开有带槽的孔或在盖上的盒盘结构，允许行李箱盖可前后、左右移动。为了向前或向后调节箱盖，稍微松开两个铰链上的金属连接件，按照要求关闭和调节箱盖，然后提升箱盖并将金属连接件固定。行李箱盖缝隙的调整方法与发动机舱盖缝隙的调整方法相同。

为了提升或降低箱盖前边缘，可在螺栓和箱盖之间使用垫片。如果必须提升前边缘，可在前螺栓位置将垫片放在铰链和盖之间。如果降低盖的前边缘，可将垫片放置在铰链的背面。

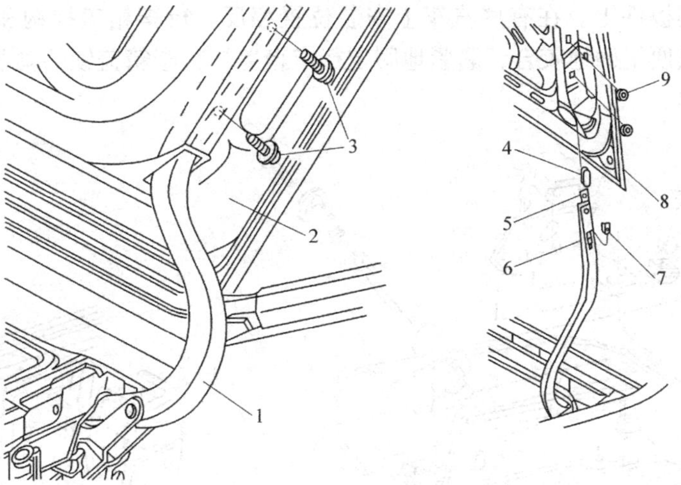

图 5-98　行李箱盖铰链

1—铰链组件　2—盖组件　3、9—螺钉和垫圈　4—调整垫片　5、7—螺母　6—铰链　8—行李箱盖

在一些车辆上，行李箱盖配有铰链组件，利用扭力杆来平衡箱盖的重量。这个装置使行李箱盖容易提升并固定在上面的位置。通过移动扭力杆端部与不同孔和槽的配合，能够调节扭力杆的松紧。如图 5-99 所示，用 Φ12mm 的管插入扭力杆的上端，是将扭力杆移至新的位置的另一种方法。

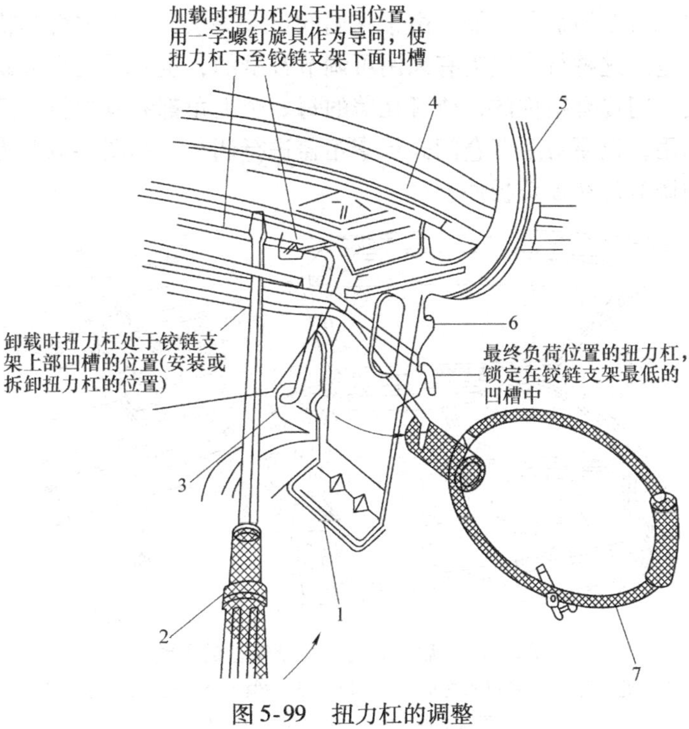

图 5-99　扭力杠的调整

1—后轮罩　2—一字螺钉旋具　3、7—手工制作工具　4—后围上盖板　5—行李箱铰链　6—行李箱盖右铰链支架

如图 5-100 所示，是典型的行李箱盖锁的组件。锁组件通常装在行李箱盖上，撞针用螺

栓固定到车身后部板件上。在有些汽车上安装位置相反。行李箱盖挂钩和撞针通常能够上下、左右调节，以便正确地咬合，紧紧地固定行李箱盖。行李箱盖锁的调节方法与发动机舱盖的调节方法相似。

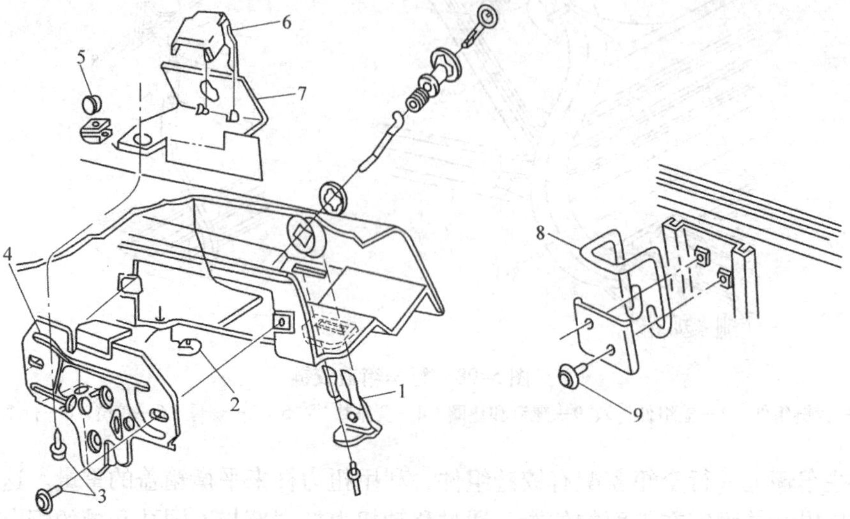

图5-100 典型的行李箱盖锁组件

1—定位器 2、5—弹性螺母 3、9—螺栓 4—挂钩组件 6—支座 7—托架 8—撞针组件

具有后背仓门式行李箱盖的车辆，由于它们的尺寸关系，很难进行调整。许多这种类型的行李箱盖密封性差。这种行李箱盖有采用可调节铰链的，也有采用焊接铰链的。后背仓门式箱盖也有采用充气门提升组件的，或者在盖的每一个上角都装有弹簧。门的提升支座上的某些余隙也可以利用，以便对后背仓门式行李箱盖进行调节，如图5-101所示。

注意：所有的调节都在顶盖板件上。

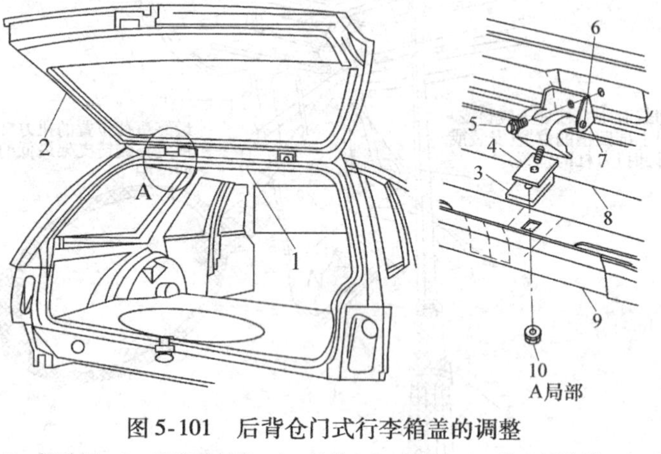

图5-101 后背仓门式行李箱盖的调整

1—密封条 2—提升门 3—铰链密封垫 4—垫片 5—螺栓 6—提升门铰链 7—提升门组件

8—顶盖板件 9—后窗顶梁 10—螺母

3. 翼子板的调节

翼子板用螺栓连接到散热器支架、发动机舱内部的防护板件以及车门后和汽车底下的盖

板上，松开这些螺栓时，翼子板可以向前或向后移动。

提示：挡泥板连接到翼子板上的螺钉也要松开。

翼子板也可以内外移动，以便使它与车门齐平，并且平行于发动机舱盖。翼子板对车门的调整，可以通过给翼子板连接到盖板上的两个大螺栓添加垫片来实现。上部螺栓通常是在车门的立柱上，下部螺栓或是在铰链柱上，或是在汽车下部的车门槛板上。给上部的螺栓加垫片，可以使翼子板的上部外移；给下部的螺栓加垫片，可以使翼子板的下部移出。

这些调节使翼子板、发动机舱盖和车门能够正确地对准。通常翼子板和发动机舱盖的调节必须同步进行，以达到最佳的效果。翼子板和发动机舱盖之间的间隙应不大于5mm。车门与翼子板之间的间隙也应不大于5mm。当然，翼子板前部和发动机舱盖同样也应该对准。环绕翼子板的所有缝隙都应是均匀的。

4. 车门的调节

汽车的车门必须精确地调节，以使它们容易关闭；当汽车在道路上行驶时不发出卡哒声；不漏水和进入灰尘。下面将介绍各种车门的调节以及车窗玻璃或可移动的玻璃的维修。

（1）车门的类型　在现今的汽车上使用两种基本形式的车门，即框式门和硬顶门。框式门使用一个上门框包围着玻璃。硬顶门不用门框结构。两类车门都使用整块玻璃。老式车辆有前角窗玻璃组件并使用整块玻璃。

框式门上的玻璃升降机结构较为简单，因为上部的门框对门玻璃起着导向和支承的作用。硬顶门没有这个有利条件，玻璃一般要靠在上部车门开口上。车门开口处采用柔软的橡胶衬垫，当玻璃完全提升时保护玻璃。当玻璃下降和提升时，必须有一些支承装置和高度控制装置。当车门关闭时，如果这类车门玻璃和流水槽相接触就易于损坏。玻璃也必须适当地倾斜，使其与上部的衬垫接触，否则将破坏密封性。如果倾斜得太多，车门的关闭就会困难，并且可能损坏衬垫。迄今为止框式门对车门玻璃的调节的要求是最少的。

采用下述方法将车门玻璃装到玻璃窗提升机构上。

1）螺栓连接方法。该方法是用带塑料或橡胶垫片的螺栓或铆钉进行连接，以避免直接与玻璃接触。紧固件贯通车窗并将它固定到提升导槽或托架上。橡胶垫片使玻璃与托架和紧固件分开。用螺栓将提升导槽或托架与玻璃连接在一起，螺栓贯通玻璃。

2）粘接或胶接方法。用粘合剂把下部提升托架与玻璃固定在一起，是另一种连接方法。通常采用具有隔离撑条的U形导槽以避免玻璃与金属导槽接触，如图5-102所示。

3）窗框导槽方法。把玻璃连接至提升导槽的最早方法是使用窗框导槽。橡胶密封条或密封胶带放在玻璃的下边缘，然后用橡胶手锤将导槽安放到玻璃上。如果导槽太松，可以用电绝缘胶带做填隙片加以紧定。为了均匀地紧密装配，通常可以轻微地挤压导槽的边。

（2）车门的调节方法　车门必须与门框配合良好。车门悬挂在门框上而且与毗邻的车身面板对准。当轿车的门需要调节时，首先从后车门开始。由于后顶盖侧板不能移动，后车门必须调节到对应这些板的轮廓线和门框。调节好后车门，然后可以将前车门对应着后车门进行调节。紧接着可以将前翼子板对应着车门进行调节。在硬顶轿车上随后可以对应着密封条调节玻璃窗。玻璃窗的调节通常从前角窗组件开始，然后向后进行调节。前角窗组件对应

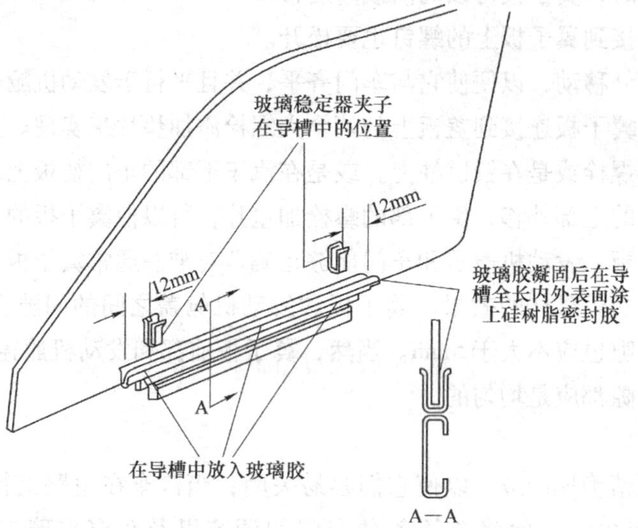

图5-102　门窗玻璃的粘接固定

着前门立柱调节，然后前玻璃窗对应着前角窗组件调节。后车门玻璃窗对着前车门玻璃窗的后缘和后车门开口组件进行调节。

车门用铰链连接到车身上。铰链可以用螺栓装在车门和车身上或焊接到车身或车门上。显然，焊接到车门上的铰链是无法调节的，不过车身这边的铰链可以向前、向后、向上及向下进行调节。使用垫片也能使铰链按要求内外移动。

具体的调节步骤如下。

1）首先确定铰链上哪个螺栓要松开，才能使车门向需要的方向移动。

2）松开铰链螺栓，刚好足以用一根撬棍或千斤顶和木块使车门移动。

3）移动车门到估计需要的距离，将铰链螺栓拧紧并检查车门和安装位置，以确保没有与相邻的板件互相干涉。

4）重复操作直至获得理想的配合。为了准确地关闭车门，要检查车门撞板的对准情况。

5）移动车门撞板螺栓并检查车门相对于门框的位置。

6）在所有各类硬顶轿车上，必须检查车门和后角窗玻璃，以确保对顶梁和立向密封条的正确配合。

在某些车辆上，必须使用一种特殊的扳手来松开或拧紧螺栓。如果拆卸铰链，应围绕着铰链画线，标出其位置，这样便于重新安装时确定铰链的位置。如果铰链的销钉严重磨损，则要更换铰链。有些铰链在销钉上装有轴套，如轴套磨损，应将其更换。如要重新紧固铰链中的销钉，也需将车门在一定的范围内重新调整。

车门向里和向外的调节也是非常重要的，必须把车门安装到门框上，并且使车门与车身板件正确地对准。确保密封条和车身门框之间具有良好的密闭性，必须把密封条紧紧地压到门框上，以达到最佳的密封效果。

当内外移动调节车门时，如果在上部铰链上将车门移出，不仅会影响车门的上部，而且也会使相对的底角移进；如果车门的底部在铰链上移进，会使相应的上角移出；但如果车门在两个铰链上相等地移进或移出，仅会影响车门的前部（向车门后的调节量减少了）。中央门柱、车门撞板螺栓和锁，将决定车门安装时的位置。车门的前边在前缘上总是比另一板件的后面稍微向里一些，这将有助于控制在车门面板前缘产生行驶风速的噪声。如果前缘超过另一板件的后缘，也可能会引起行驶风速的噪声。

必须调节车门时，移动撞板有时候会更有利。这样做，车门可以放在门框的中心，当关车门时，如果车门被升高或被迫下降，说明车门撞板没有调节好。当车门关闭时，车门撞板只能使车门稍稍提升。车门撞板能做上下、内外和前后移动。

在一些小型汽车中，使用另外一种形式的铰链，即不可调节的焊接铰链。这种铰链上有销钉，以便于在维修铰链时将车门卸下。安装在车门上的铰链的一半是预先钻孔的，可以用攻有内螺纹的盒板和螺钉安装。当更换装在铰链柱上的另一半铰链时，必须把它重新焊接在立柱上。

拆卸车门铰链的销钉时，要注意用布盖住弹簧，以防弹簧飞出。然后拆卸每个铰链中的销钉，并将车门从车上拆下。重新安装车门时，使用专用弹簧压缩工具，如图 5-103 所示。在压缩弹簧以前，弹簧必须正确地安置在工具中，以防止弹簧滑脱。

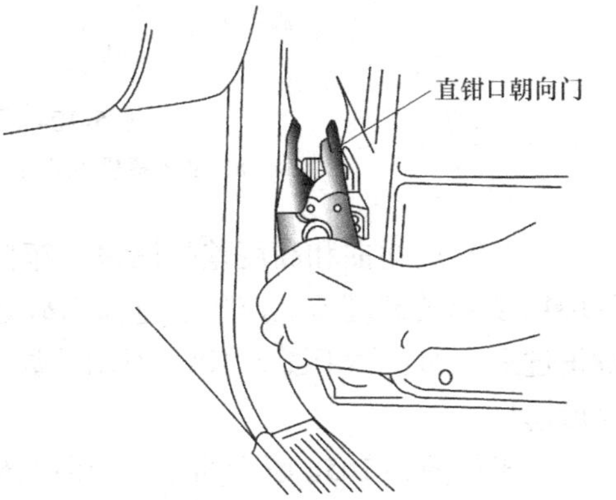

图 5-103　安装车门铰链时弹簧压缩工具的使用

（3）车门玻璃窗的调节　有些车辆的车门，习惯于用导槽控制前、后玻璃窗的调节。有些车辆的玻璃窗在可移动的导槽中装有可调节的导向滚子。另外一些则有一个中心提升导向装置，通过玻璃的倾斜，不仅可以内外而且可以前后调节。这些调节是在托架处控制的，而托架安装在下部窗框的导轨上，或安装在内部车门面板上的导槽处。

如果玻璃窗卡住或无法移动，应检查导槽并向玻璃滑道或导向导槽里加润滑油。车门窗向前（或向后）倾斜或卡住，这可能是由于下部的升降窗户托架调节不合适、导槽或凸轮滚子松开或者稳定的导槽失调引起的。

有些轿车的车门全部或部分长度采用橡胶窗玻璃滑道。如果滑道太紧或缺少适当的润滑剂，车窗玻璃就会卡住。为了使车窗玻璃能自由移动，可对玻璃滑道用干燥硅酮喷雾。不推荐将油用于橡胶导槽上，因为油会引起橡胶膨胀和变质。

使用装饰衬板的车门，有时候在车门的顶部有一套托架，装饰衬板附着在这些托架上。如果这些托架定位得太朝里，车窗玻璃就会卡住。减振器的滑动或其他设备安装不正确都可能导致车窗玻璃卡住。

如果要调节车窗玻璃，使之与后角窗玻璃边缘正确地对准，则一定要检查后角窗玻璃的调节是否有误。有些后角窗玻璃是可以移动的，有些是固定的。调节或拆卸后角窗玻璃时，不得不移动一些内部装饰件，例如后部座垫、后靠背、内部装饰衬板等，以便接近附属的装置。有些固定型或向外转动型车窗玻璃，不需要拆除座椅。固定的车窗玻璃可以通过松开定位螺钉或螺母，移动车窗玻璃，与车门玻璃对准。

可移动的后角窗玻璃的调节与车门玻璃相同，常用定位器来控制其上下运动。上部定位器控制玻璃向上和向前运动。必须调整这个定位器，以得到车门和后角窗玻璃之间的正确缝隙。有些车辆使用两个上部定位器，一个控制前部，另一个控制后部。正像车门玻璃那样，后角窗玻璃也有调节玻璃向内和向外倾斜的装置。在拆卸后角窗玻璃时，要参考产品制造厂商的维修手册，或经仔细研究后确定拆卸方案。

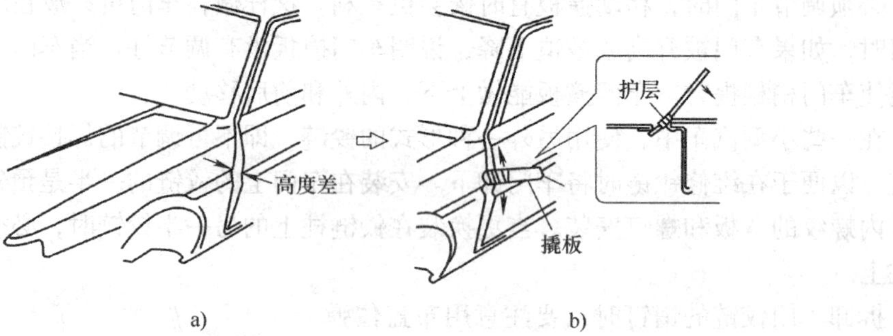

图5-104　覆盖件表面高度的调整

a）翼子板后边缘与车门外板的高度差　b）用撬板矫正

（4）车门扭曲和高度差的调整　车门板边缘与翼子板边缘的曲率不一，就会出现如图5-104a所示的高度差。应先通过诊断确定属于哪一构件变形所致，然后再有针对性地将其矫正过来。如：属于图5-104b所示的翼子板边缘向内弯曲时，可采用有包布的撬板向外将变形撬出。

对于如图5-105a所示的车门扭曲变形，可在适当部位垫上木块再用手推车门的另一侧，或直接用手劲向扭曲变形相反的方向扭转车门(图5-105b)，使扭曲变形得以恢复。

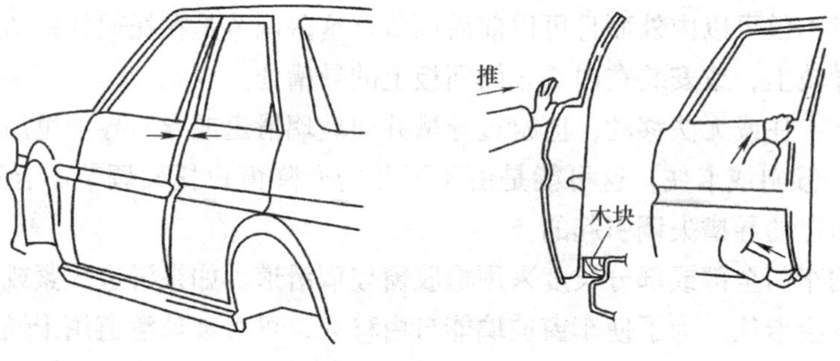

图5-105　车门扭曲变形的矫正

a）车门扭曲现象　b）车门扭曲的矫正

注意：使用撬板或木块的部位应防护有效，否则会破坏车身构件的表面涂层；矫正过程中亦应均匀用力，以免造成车身构件的局部损伤。

在修理金属板时，需要用原子灰填充剂做最后的修整。在很多情况下，将弯曲或受到拉伸的金属板恢复到原来的形状需要花费很多时间，有时甚至不可能实现。这时，采用合理的金属加工方法恢复了受损金属板的基本形状和可靠性之后，对于剩余的轻微缺陷，可以简单迅速地用一层很薄的车身填充剂来掩盖。但是，在准备和涂敷这些填充剂时，必须特别小心。如果不适当地混合或涂敷这些填充剂，将会降低修理和最终磨平的质量。

车身填充剂不仅用于修整经过金属加工的部位，而且也可以用在划痕、弯曲、凹点和锈穿处。给上述部位涂敷填充剂以后，用砂纸打磨到和金属板同样的高度，再给金属表面上剩余的缺陷处涂上油灰或底漆，或同时涂上油灰和底漆。图5-106概括了轻微缺陷的金属板加工程序。

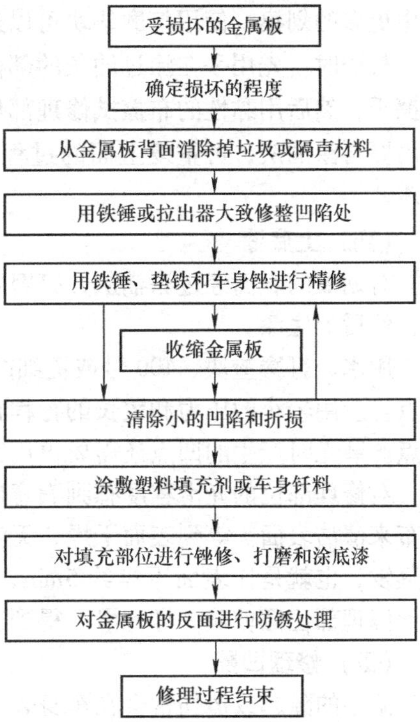

图5-106　轻微损坏的修理程序

五、划痕的修理

需要进行修理或重新喷漆的汽车的漆面上都有微小的缺陷。有些缺陷，例如轻微划痕或磨损产生的痕迹，可以用抛光膏清除。抛光膏可以清除油漆表面的缺陷，恢复油漆表面的光泽。有些过深的缺陷（例如划痕）无法用抛光膏清除。如果划痕已穿过底漆，使下面的金属暴露出来，就必须采用修理划痕和微小凹陷的方法修理。另外，太深的表面划痕必须磨掉，但不能磨到油漆下面的金属，然后用油灰或聚酯型底漆来填充。

（一）表面准备

用清除腊和油脂的溶剂清洗需要修理的表面，然后轻轻地打磨划痕处。较大范围的打磨应使用打磨快。而打磨范围较小时，可使用240号粒度的砂纸对折然后再三折。轻轻地打磨可以大致修平油漆表面，使磨光油灰和新的底漆能和原有的油漆相结合。不要用力压紧砂纸，压力过大会产生凹点或波状表面，这些凹点和表面波纹还需要再填充并打磨。大致的打磨结束以后，用压缩空气或柔软的棉布清理打磨过的表面，然后再用黏性的布擦拭。

（二）涂敷磨光油灰

如果需要重新喷漆的金属板面上出现了较大的划痕，可以尝试用底漆填充。一些喷射型的聚酯底漆涂敷的厚度最高可达0.381mm。另外一种遮盖划痕的方法是使用磨光油灰。

按照使用说明，将油灰涂抹在干净的橡胶刮板的边缘上，少量的油灰便能够涂敷很大的范围。如果只需要填充划痕处，不应该将过多的油灰挤到刮板上。

用适度的压力，将油灰涂敷在待修理部位。使用橡胶刮板快速地涂敷油灰，只能沿着一个方向涂敷，每一处只能让橡胶刮板经过一次。刮板多次经过同一个部位会使油灰剥离车身。

应确保油灰完全干燥。干燥所需要的时间由油灰的厚度决定，通常为20~60min。最好让油灰干燥一整夜，然后再打磨。如果在油灰完全硬化以前打磨，将会在表面上出现划痕。

（三）磨光油灰表面的打磨

油灰干燥以后，用240号砂纸打磨修理部位。湿润砂纸，以免油灰堵塞砂纸或在表面上产生更多的划痕。使用打磨垫块可以避免手指压力造成的凹点，使得打磨部位更平整。

打磨时，先用手在涂过油灰的部位摸一摸，找出表面上的高点。打磨结束后，洗净表面并擦干，然后用黏性的布擦拭修理部位。检查划痕处，找出凹点和油灰内的空隙。如果划痕处需要再涂油灰，可重复上面的过程。如果划痕处不存在缺陷，便可以开始上底漆并重新喷漆。

（四）上底漆

有划痕的表面经过涂油灰并打磨到与周围的金属板同样高度时，必须将修理部位打磨光滑，然后上底漆。

用水、打磨垫块、400号或更细的砂纸打磨修理部位。打磨垫块有助于避免表面上出现凹点。应用较小的压力和较长的行程在修理部位打磨。不可将力量集中在某一点，以免产生凹点。磨光时产生的凹点还需要再用磨光油灰涂敷。

对修理部位的光滑程度感到满意后，洗净打磨产生的沙粒并将表面擦干，然后再用黏性的布来清洁表面。等到表面干燥、无沙粒以后，向整个修理部位喷涂中等厚度的底漆。让底漆蒸发，也就是让表面干燥约5min，然后用400号或更细的湿砂纸打磨。重复这一过程，直到修理部位像玻璃一样光滑。得到这样光滑的表面以后，就可以开始喷漆了。

（五）修理凹隙

微小的隆起或擦伤常会在车身表面上留下凹隙或划痕。从旁边经过的车辆带起的石子会擦伤油漆表面，暴露出下面的金属板。侧面发生的碰撞也会造成擦伤。只要裸露的金属暴露在空气中，就必须喷涂底漆，以免产生锈蚀，然后才能够重新喷漆。

1. 在原有的油漆面上形成薄边

修理部位经过清洁、脱蜡以后，修理凹隙或较深的划痕的第一步是打磨参差不齐的油漆边缘，使它成为一个光滑的表面，这个过程通常称为打薄边。打薄边使油漆表面的边缘逐渐变薄，与金属表面相汇合。

打薄边过程中产生的缺口和裂缝可以用双向砂轮机和180号砂纸打磨，对于比较坚固的部位，可使用打磨垫块，将原来的油漆表面边缘打磨成很薄的斜面。当用手触摸打磨过的表面感到很光滑时，改用180号或240号砂纸，打磨掉所有的砂纸划痕。

2. 涂敷底漆和油灰

将原有的油漆表面打磨光滑以后，用金属调节剂清理金属的表面。金属调节剂是一种酸性化合物，用于中和锈蚀产生的微粒。另外，金属调节剂还起到酸洗金属的作用，增加了金属和底漆之间的结合强度。严禁将裸露的金属表面暴露在空气中，因为空气中的水分将促使金属表面很快生锈。即使金属表面最薄的一层锈蚀也会妨碍油漆与金属之间正常的结合，并产生隆起和气泡，使油漆受到损坏，对于这种情况，必须打磨后重新喷漆。用含有铬酸锌的底漆涂敷在裸露的金属表面上能够抑制生锈，从而确保金属和油漆层之间牢固地结合。

吹除表面上所有的沙粒，并用黏性的布擦拭。然后涂敷一层油灰，使这一部位升高并填满所有不均匀的薄边。等底层填充剂干燥以后，再涂敷一层很薄的半透明底漆，用打磨垫块打磨这一部位，找出凹点，并用抛光油灰填充这些凹点。

3. 最终喷漆

为了获得非常光滑的表面，必须进行最终的打磨和喷涂底漆。打磨时，使用400号或更细的湿砂纸和打磨垫块，应采用长距离的直线行程打磨，以免产生凹点。打磨曲面时，用手掌轻轻地托起砂纸打磨，也可以使用能够变形的打磨器。

对打磨过的部位进行清洁、干燥，并用黏性的布擦试，然后再喷涂底漆。底漆应完全覆盖涂过油灰的部位及其周围几厘米的原有油漆，让底漆干燥5min，然后用湿润的240号砂纸打磨。再清洁并喷涂1~2遍。在每两层涂层之间，用400号或500号湿润的砂纸轻轻地打磨，以便获得最佳光滑的表面。这时，可以开始喷漆。

六、车身装饰条的安装

汽车车身上配有多种装饰条。这些装饰条由于能盖住板件接头、加强车身轮廓线而使汽车更为美观，此外还有助于防止车窗和车门漏水和漏风。装饰条受到碰撞后必须更换。也有按照顾客要求在汽车上附加装饰条的。

可用多种紧固件把装饰条固定在汽车上，如图5-107所示的夹子和螺栓就是典型的例子。图中A类和B类夹子必须使用专用的拉夹器来拆除，C类和D类紧固件在拆除时要拆下车内装饰物，D类还要压下夹子并从孔中推出。

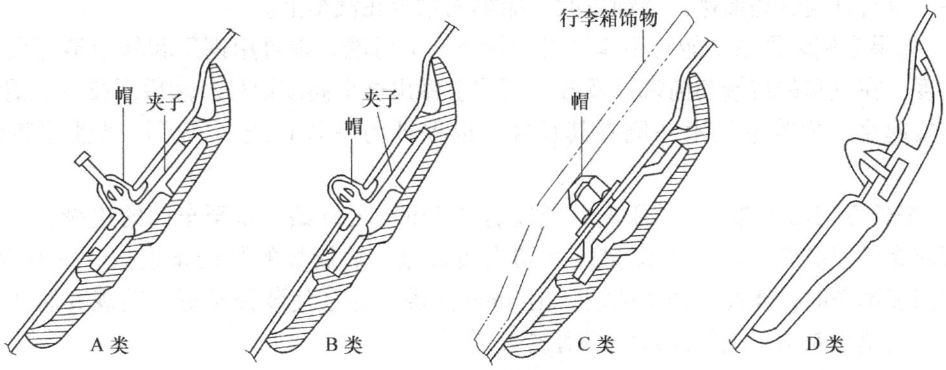

图5-107　典型的装饰条接合方法

最常用的装饰条结合方法之一是把螺栓焊到车身上。把夹子接向螺栓，装饰条在夹子上滑过。如果焊好的螺栓弯曲或断裂，可换上椭圆头盲铆钉或用专用焊机焊上的螺栓。

装饰条所用的其他接合方法有粘结和铆合。由4S店添加的车侧装饰条就采用了其中的一种接合方法。粘结的装饰条若能正确使用，则是永久性的。铆合的嵌条也具有永久性，但是对于大型的低拱板件来说会发生挠曲，需要钻穿车身的防腐蚀层。这两种方法说明如下。

（一）安装粘结的车侧装饰条

1）把汽车停在平坦地面上。清洗待安装装饰条的表面以保证正确粘结。

2）选定装饰条的安装部位。为了达到保护汽车的目的，装饰条应装在汽车的最外表面。如果汽车有外脊，应把装饰条装在外脊上方3mm处或外脊下方1/8处，如图5-108a所示，但是不要装在外脊上。如果板件没有突出的脊，则按车身轮廓选择最外表面，如图5-108b所示。

3）确定装饰条的最佳位置后，用水和洗涤剂彻底清洗该部位。然后用沾有亮漆稀释剂的清洁擦布或去蜡油脂剂除去蜡和硅树脂。用清洁布抹清汽车的两边。

注意：把车侧装饰条安装在刚重新喷漆的汽车上时，要使烘干漆有24h的干燥时间，风

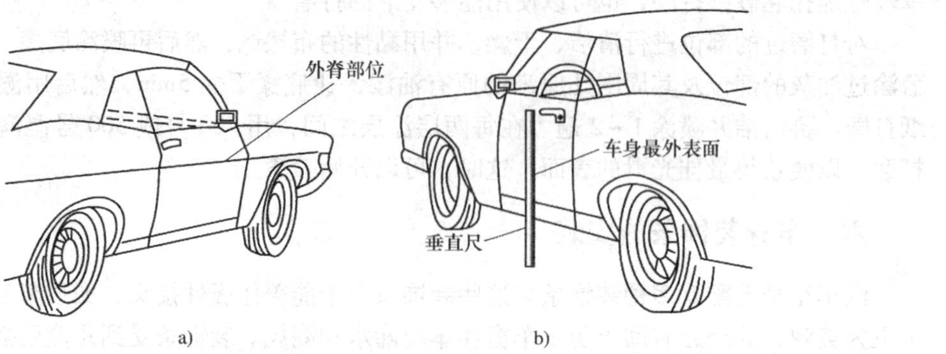

图5-108 安装车外装饰条

干漆要5天的干燥时间。此外，在需要抛光的汽车上用含有聚四氟乙烯、硅树脂或聚合物的蜡抛光前，先把装饰条装上。在粘结装饰条前必须彻底清除所有这些蜡和抛光剂的痕迹，如果板料上留有任何这些痕迹，装饰条就不能牢固粘合在汽车上。

4）如果车侧装饰条不能与用作导引的外脊上下对准，则可用钢尺和软铅笔标出嵌条的正确高度。在汽车的后端和前端以及各个门隙上做出这个高度记号。然后用胶带从前到后把记号连接起来，把胶带拉紧并侧看其长度，以保证为一条直线。也可用磁性塑料带作为直边。

5）按长度切出装饰条。从距离翼子板前缘75mm处开始，量至车门的边缘，装饰条和翼子板前缘的间隙为3mm。按测量尺寸切出装饰条。后侧板的装饰条也按这一程序进行。测量车门装饰条时，要在装饰条两端留出3mm间隙。为了使装饰条更为美观和防止开门时卡住，应用单刃剃须刀把装饰条两端削成45°斜角。

从翼子板装饰条切削端贴上保护用背纸150mm。除去背纸以后不要触动或弄脏外露的粘结剂。装上翼子板装饰条，与翼子板后缘相距3mm。把装饰条与纸带的顶端对准并轻微压向板件装饰条，按整个长度装好后用手掌或滚子全长压紧。

车门装饰条和后侧板装饰条也按这个程序进行。

注意：粘结剂强度充分发挥的过程是缓慢的。应提醒顾客注意，在装饰条装好后几天内不要人工洗车，在3个星期内不要用高压自动设备洗车。

（二）安装铆合的车侧装饰条

在铆合装饰条前，把汽车停在平坦地面，清洗待安装装饰条的汽车一侧。然后确定安装装饰条的最佳位置，并按上述安装粘结装饰条的程序进行。用胶带做引导，使装饰条在该位置上固定，按要求的长度做出记号。注意要在两端留出12mm间隙以便安装头卡和尾卡。

按长度切出装饰条，用一把锐利的金属切削刀具或剃须刀片切削端部。复制各装饰条以供另一侧使用。

第三章中介绍的各种钣金加工方法是所有车身修理工作的基础。必须采用展开折损、释放隆起处的加工硬化应力、收缩被延伸的金属以及对收缩区进行拉伸等方法，使凹陷的金属恢复到它原来的形状。能否成功地运用各种钣金加工方法将决定修理的质量。损坏部位经过敲击、拔出、撬起和猛敲恢复到原先轮廓的1/4以内时，目前维修厂均使用原子灰填充剂对修理过的地方进行整形和磨平。

本章小结

1. 通过碰撞力的分析，确定变形的位置与变形趋势。

2. 通过测量工具的正确使用，正确分析变形位置与变形量。

3. 根据实际情况利用车身校正仪、地锚车身校正设备(俗称地八卦)对变形的车身与车架进行矫正。

4. 车身矫正的同时不断进行测量以达到修复效果。

5. 根据具体情况选择切割部位与适用的切割方法。

6. 钣金构件正确的拆装方法。

7. 钣金构件在装配时的各个位置的调整。

复习思考题

1. 车身测量有何意义?

2. 车身测量的基本要素是什么?

3. 车身测量采用哪些方法?

4. 碰撞力的基本三要素是什么?

5. 损伤的形式有哪些?

6. 车身矫正的方式有哪些?

7. 切换作业的选位有哪些要求? 如何进行选位?

8. 车门拆装、调整的要求有哪些?

实训项目六 车架的矫正

一、实训内容

1. 量具的使用。
2. 车身校正仪的装夹与设备的使用。

二、实训目的与要求

1. 掌握量具的使用方法。
2. 掌握车架变形的测量位置与方法。
3. 掌握车身的装夹位置与方法。
4. 掌握车架的变形特点并根据具体情况进行矫正。
5. 掌握车身校正仪的使用方法。

三、实训设备与工具

1. 发动机与前悬架的拆卸工具	一套
2. 废油水的盛装容器	一个
3. 发动机吊装设备	一套
4. 车身校正仪	一台
5. 氧乙炔焊接设备	一套
6. 锤子与木方	各一个
7. CO_2 气体保护焊焊接设备	一套
8. 测量工具	一套

四、实训过程

1. 注意事项

1）只有在十分必要的情况下才将板件和保险杠拆去。当整体式车身进行矫正时，应尽可能地在车辆上对所有零件进行矫正。这主要是为了在对车身和加强结构件进行矫正及施加压力的过程中尽可能多地增加或获得支持。

2）如果有必要，可以将高强度钢结构的车辆上的动力系统总成和悬架总成移去。

3）用刷子彻底清理凹陷和开裂的区域。

4）当要对车身和车架进行矫正操作时，应该将车架或车身板件上有裂缝的地方进行焊接以避免进一步的撕裂。

5）在所有的焊接工作完成之后，在高强度钢的焊缝上涂抹敷涂料。车架/车身上的损伤一般按照其受到冲击相反的方向来消除。一般多采用拉的方法而不是推的方法来消除损伤。应该尽可能少地使用加热的方法，所有工作应尽可能多地在冷态下进行。修理工作可以在一台车架台架上或一个可移动的矫正系统上进行。

2. 矫正前拆卸与装夹工作

首先，视车架变形情况判断是否需要将发动机与悬架拆除，如变量较大，发动机的支撑与悬架支撑影响车架的矫正（发动机支撑与悬架支撑在矫正过程中起到力的传递作用），需要将发动机与悬架拆除，相关附属元件拆除（散热器、散热器框架、保险杠、前横梁等），以便车架的矫正。

其次，将移动式车身校正仪与车架相连接，注意装夹的位置，一定装夹在车身车架的高强度的构件上，如：车架、横梁等。

第三，将装夹合适的车身校正仪移至钣金车间的校正现场，进行下一步修理。

3. 变形部位的测量

选择合理的测量点与测量工具，对控制点的测量就是对关键参数的检查与控制，并且这些参数又是有据可查的。一些车身测量设备就是根据控制点原则研制而成的。目前车身维修中比较实用和流行的测量原则如下。

首先，将定中规挂于车架的基准孔上，检查：①定中销是否处于同一条轴线上；②定中规的尺面是否相互平行，由此判断车架是否弯曲、翘曲或扭曲变形。

其次，将带垂链及平行尺的定中规挂于车身壳体骨架的基准孔上，检查：①定中销、垂链及平行尺是否平行；②定中销是否处于同一条轴线上，由此对骨架变形做出相应的诊断。

第三，测量时一般应以基准孔为挂点的优选对象，并注意检查基准孔有无变形等；当左右基准孔的高度不一或为非对称结构时，一定要通过调整定中销的位置或吊杆（吊链）的长度加以补偿，其调整值应以车身尺寸图中提供的数据为准。

4. 变形部位的矫正

首先，将拉伸和拉动的吊钩安置在车辆损伤发生最多的一边。这种钩吊起到了基本的钩吊的作用，可以用来消除除了扭曲之外的车架的变形损伤。

汽车的碰撞损伤很少是一个方向的。碰撞会同时对汽车造成多方位的损坏，当车辆在前部受到撞击时，它首先会导致车辆在长度上的缩短，然后是高度、宽度和侧向的运动等。在损伤发生时应该仔细观察损伤的情况，因为从逻辑上来讲修理是要沿着与损伤时相反的顺序来进行的。因此，吊具都应该按照与损伤发生时相反的顺序将损伤拉出。要避免出现一些区域拉得过多而另一些区域又拉得不够，应该严格按照这种方法进行，使汽车的整体结构得到矫正。

采用的设备不同，吊钩的安装位置也不同。对于新型的整体式车身的车辆必须在车门槛板上采用四个挤焊夹固定，以控制汽车在垂直方向和侧向的移动。

只有金属板件碰撞内应力完全消除，才能完成对板件的校正工作。这样，当吊钩的拉力撤除后，板件仍会保持原来的尺寸。使用木块和锤子来消除板件的内应力。有些情况下应力的消除可以在冷态下进行，而在有些情况下却必须进行加热。

安全提示：开始施加拉力时，应经常保持拉刀夹子上的螺栓坚固。

如果金属发生撕裂，应该在重新矫正前将其进行焊接。这种类型的结构和金属必须慢慢地对其进行修整，以便允许有足够的时间来让金属恢复到其适当的形状和位置。

由于高强度钢被用在大多数的结构件上，当对它们进行加热时应该格外小心。热应力在大约482℃严格的温度下能够很好地减轻。应该将结构件加热得变为蓝色。有些制造厂商会推荐加热到高一点的温度，但不要超过760℃。只要区域被加热的总的时间不超过3min，根据国内制造厂商的情况，加热的温度范围对于大多数的高强度钢都是可以接受的。

其次，应该修理的第二个车架的损坏是弯皱损伤(图5-109)。将合适的吊具安装在车架上，然后将车架的边梁拉回以符合制造厂商图样上的技术尺寸。当碰撞损伤被修理之后，检查下部球头中心到车架上指定区域的距离是很重要的。如果这个距离误差大于3mm，说明有一个或两个车轮没有处于正确的位置。这将会导致车辆总是偏向距离短的一侧，使合适的矫正变得几乎不可能。这种情况经常被称为回转。因此，必须进行仔细测量，确保从下部球头的中心到车架上指定点的距离正确。

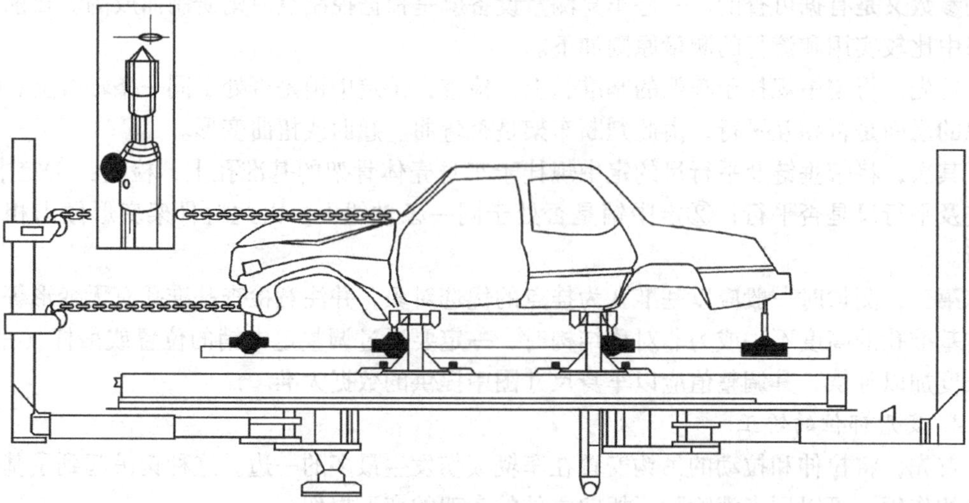

图 5-109　弯皱和下垂损坏的矫正

第三，当菱形损伤、下垂损伤、弯皱修理完成后，下一步要修理的是歪斜损坏。连接适当的吊具，将车架向回拉直到尺寸恢复至厂商技术要求范围内(图 5-110)。

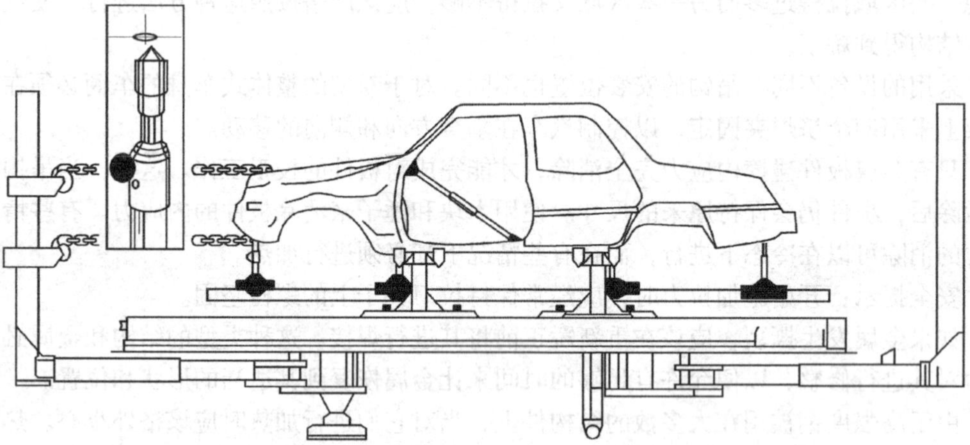

图 5-110　歪斜损坏的矫正

在修理整体式结构的车辆时，将车身与轮罩部分同时矫正。歪斜矫正吊钩的基本安装部位为车架、减振器及地板。当歪斜破坏量超过 3mm 时，施加拉伸力。当车架自定心规的 3 个指针在一条直线上时，说明歪斜损坏已基本得到纠正。

在这些修理操作的过程中，应该检查悬架支座的情况，在适当的时候也用撑杆式测量仪检查正在进行的修理的精确度和进展情况。

最后要矫正的损伤是扭曲。两个高点联结到车架的机构上进行固定，液压力被施加到两个低的边角。在很多情况下在对其他的损伤情况进行修理时扭曲损伤的情况已经得到矫正。

支架上的低点必须被升得足够高，而且车身和车架要像在其他的情况下一样进行正常化处理；如果在第一次推动之后扭曲现象又重新出现，则重复进行直到安装在前围板部位和后车门部位的仪器在水平方向上保持平行。要修理的是修平车架上的角状弯曲，这些弯曲部位是在开始修理车架时为了方便对车架的钩吊安装，进行初步矫正的。不管这些角状弯曲区域是要进行修理还是更换，它们都必须恢复到与车架的中心线和基准线为基准的正确位置。如果它们不在适当的位置，那么要将车辆的前端与车身配合良好是不可能的。用自定心规来测量并适当矫正角状弯曲。

在边梁上当车架的边梁被恢复到它们适当的位置时，有时需要在边梁上开出小窗来使零件得以矫正；在修理工作完成之后用焊接的方法再将这些小窗焊合上。这样能很方便地通过车架边梁上的孔采用各种曲度的杠和吊钩来推拉损伤区域，使边梁和零件被恢复到适当的形状并获得足够的强度。

车架的矫正

实 训 报 告

第六章

涂料的基本知识

学习目标：

1. 掌握涂料的组成与功用。
2. 了解常用涂料的性能与适用范围。
3. 掌握涂料的命名方法。
4. 掌握颜料的通性与功用。
5. 了解常用溶剂和助溶剂的种类与功用。

汽车车身涂装作业旨在缓蚀、美化和提高车辆档次。用各种涂装材料覆盖车身的内外表面是维修作业中的最后一道程序，直接影响着车身维修品质的优劣。涂装与车身维修的其他作业联系密切。一方面，涂装可以弥补其他作业遗留下来的缺陷；另一方面，如果焊接、钣金、维修等项作业的基础不好，会直接影响车身的涂装品质。

很早以前，我们的祖先从天然漆树中割取分泌的乳液，或从桐树的果实中获取桐子，熬制成漆和桐油，用来涂饰房屋、庙宇等建筑以及装饰物品等。随着科学技术的进步和石油化学工业的发展，涂料原料的来源更加广泛，品种、数量不断增加，涂料的品质提高得很快。目前，涂装行业已摆脱了过去以植物油、天然树脂为主要原料的时期。“油漆”这个名称也广泛地被称之为“有机涂料”。

第一节　涂料的构成及型号命名规则

涂料是一种含颜料或不含颜料的有机高分子胶体的混合物溶液或粉末。涂料涂装在物体表面上，结成较牢固的涂层，起防水、防腐、保护和装饰等作用。被人们通常称之为“油漆”的涂料，有其独到的作用及性能。

一、涂料的主要作用

涂料的主要作用可以归纳为以下几个方面。

（一）保护作用

涂料涂装在物体表面，干燥后结成薄薄的涂层。这种覆盖在物体表面的涂膜，有很强的附着力，起着隔离水分、烟雾以及外来腐蚀物质侵蚀的作用，通过增强封闭性(复合涂层由于致密度高,封闭性更强)使物体表面受到保护。

涂料防腐在经济建设和人们生活中发挥着重要的作用。当今社会有70%以上的钢铁暴露在易于腐蚀的环境中，如桥梁、交通工具、各种机械设备等，长期受到风吹雨淋，酸、盐和一些微生物的腐蚀，使设备的机械性能下降，使用价值降低，甚至造成提前报废。据统计，世界上的钢材和设备每年因腐蚀造成的损失，可达钢铁总产量的1/5～1/4。涂料的防腐保护作用就显得尤为重要。

用涂料作为金属的防腐保护是目前最广泛的应用方法，是国民经济、科学技术、人民生活中不可缺少的材料。随着化学工业的发展，各种高保护、低污染的新产品也不断出现。为适应特殊环境的需求，一些专用涂料品种不断问世，具有耐酸、耐碱、阻燃、绝缘等作用的涂料的诞生，为金属防腐保护的发展提供了广阔的前景。

（二）美化、装饰作用

在我们的生活中，周围环境的好坏，对人们的健康起着重要的作用。涂料与美化、装饰紧密相联。当你走在城市的大街上，那些高楼大厦、奇特的建筑、家具、商品、机械设备及生活环境都离不开色彩的美化。生活需要色彩的装饰，产品也要用涂料来装饰，以提高它的商品价值。

汽车作为一种交通工具，也需要利用涂料的色彩。根据汽车的种类、作用、用途、档次，选用不同性能和不同色彩的涂料，使它有光亮美丽的外观、协调或对比强烈的色调，并起到了耐腐和延长使用寿命的作用。

（三）标志作用

涂料可以改变物体表面的颜色，人们的视觉、精神、心理将对不同的颜色产生种种不同的反应。可利用涂料不同的颜色作为标记加以区别和刺激，例如在公路、铁路、机场等交通行业中，涂料的这种标志作用应用得很广泛。常用涂料的不同颜色表示危险、警告、前进、停止等信号。

此外，化学工厂、仓库等场所用涂料的颜色表示易燃、有毒等标志；各种管道、容器、电器等涂上各种颜色作标志，使操作人员容易识别；一些工程车、救护车、消防车等用涂料的不同颜色作标记，以引起人们注意等。

（四）涂料的特殊作用

涂料经涂装后，在特定的环境条件下，发挥着特殊作用。有特殊作用的涂料又称为专用涂料。

特殊用途的涂料使用较为广泛，如机电产品涂上绝缘涂料起到绝缘的作用。汽车上一些特殊部位涂装防振、消声、隔热等涂料使性能更好。船舶长年累月在江河湖海中航行，海水浸泡、巨浪的冲刷，以及海底微生物的侵蚀等都要用性能良好的特殊涂料。特别是在国防建设中，涂料的作用更为突出，用于军事装备上的涂料，如飞机、卫星用的抗辐射高温涂料，用于伪装的战车、军舰、隐形飞机、潜艇涂料等。

综上所述，涂料在国民经济、科学技术、人民生活等各领域起着重要的作用。

二、涂料的组成

涂料产品种类繁多，用途也各有不同。就其组成成分而言，是由油料、树脂、颜料（填充料）、溶剂、催干剂和其他辅助材料等组成的。

涂料按物质类型大致可分为主要成膜物质、次要成膜物质和辅助成膜物质三部分。

1. 主要成膜物质

主要成膜物质用油料或树脂在涂料中做粘合剂，可以单独成膜，也可以粘结颜料等共同成膜。以油料为主要成膜物质制成的涂料称为油基漆；以树脂为主要成膜物质制成的涂料为树脂漆。

2. 次要成膜物质

颜料是构成漆膜的主要成分之一，离开主要成膜物质，不能单独成膜。涂膜中有了颜料可提高漆膜的致密度、耐水性、耐候性和机械强度(硬度、抗磨性)，并且能延长漆膜的使用寿命。颜料可分为无机颜料和有机颜料两大类。按用途可分为着色颜料、防腐颜料和体质颜料。

3. 辅助成膜物质

辅助成膜物质分为溶剂和辅助材料两类，不能单独成膜。但在涂料生产、储存和涂装过程中，是不可缺少的材料。溶剂可分为真溶剂、助溶剂和稀释剂三类，溶剂在涂料形成涂膜的过程中逐渐挥发掉。溶剂对涂料的性能和品质有很大影响。

辅助材料有催干剂、增韧剂、抗结皮剂、消泡剂、分散剂、防霉剂、杀虫剂等，这些材料在涂料中的比例虽小，但在其组分中起着非常重要的作用。

综上所述，材料的构成如下所示。

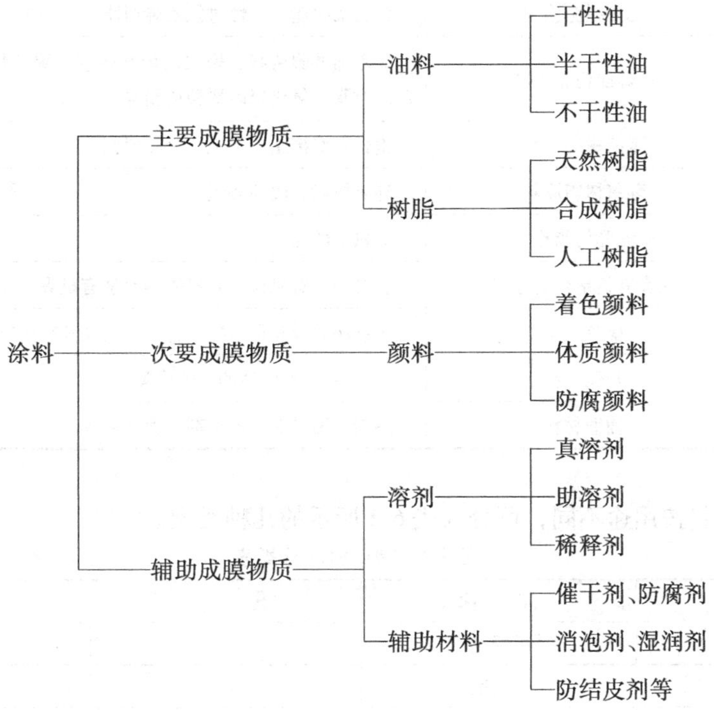

三、涂料的分类、命名及型号

涂料的分类方法很多，按用途可分为木器涂料、建筑涂料、工业涂料等；按使用工序可分为底漆、腻子、二道漆和面漆；按涂料专用效果则分为绝缘漆和防腐漆。

(一) 涂料的分类

原化工部颁标准对我国涂料的分类方法做了统一规定，标明涂料产品的分类是以涂料基料中主要成膜物质为基础。若成膜物质中有两种以上的混合树脂，则按在漆膜中起主要作用的一种树脂为基础进行分类。

如此，涂料共分18大类，具体分类情况见表6-1。

表6-1　涂料产品分类表

序　号	代　号	涂料产品类别	主要成膜物质
1	Y	油脂涂料	天然动、植物油，清油(熟油)，合成干性油
2	T	天然树脂涂料	松香及衍生物、虫胶、乳酪胶、动物胶、大漆及衍生物
3	F	酚醛树脂涂料	改性酚醛树脂、纯酚醛树脂
4	L	沥青树脂涂料	天然沥青、石油沥青、煤焦沥青
5	C	醇酸树脂涂料	甘油醇酸树脂、季戊四醇醇酸树脂、各种改性醇酸树脂
6	A	氨基树脂涂料	脲(或三聚氰氨)甲醛树脂、各种改性氨基树脂
7	Q	硝基涂料	硝基纤维素、改性硝基纤维素
8	M	纤维素涂料	乙基纤维、苄基纤维、羟甲基纤维、醋酸丁酸纤维、其他纤维及醚类
9	G	过氯乙烯树脂涂料	过氯乙烯树脂、改性过氯乙烯树脂
10	X	乙烯树脂涂料	氯乙烯树脂、改性过氯乙烯树脂
11	B	丙烯酸树脂涂料	氯乙烯共聚树脂、聚二乙烯基树脂、聚乙烯醇缩醛树脂、聚苯乙烯树脂、氯化聚丙烯酸树脂等
12	Z	聚酯树脂涂料	饱合聚酯树脂、不饱合聚酯树脂
13	H	环氧树脂涂料	环氧树脂、改性环氧树脂
14	S	聚氨酯树脂涂料	聚氨甲酸酯
15	W	元素有机聚合物涂料	有机硅、有机钛、有机铝等元素有机聚合物
16	J	橡胶涂料	天然橡胶及其衍生物、合成橡胶及其衍生物
17	E	其他涂料	以上16类没包括的其他成膜物质
18		辅助材料	溶剂、稀释剂、催干剂、固化剂等

各种辅助材料按用途不同，可分为表6-2所示的几种类型。

表6-2　辅助材料分类表

代　号	名　称	代　号	名　称
X	稀释剂	T	脱漆剂
F	防潮剂	H	固化剂
G	催干剂		

(二) 涂料的命名

涂料命名规则用下列公式表示：

涂料的名称＝颜色或颜料名称＋成膜物名称＋基本名称

例如：铁红醇酸底漆、白丙烯酸磁漆等。

涂料中不含颜色和颜料的，称为清漆。某些专业用途和特殊性能的涂料，应在成膜物质和基本名称之间表明，如：白醇酸画线磁漆、灰过氯乙烯机床磁漆。

基料中含两个或两个以上成膜物质，选一种或两种成膜物质，主要成膜物质在前，次要成膜物质在后，例如：氨基醇酸烘干磁漆。成膜物质名称可做适当简化，如：聚氨基甲酯简称为聚氨酯。

（三）涂料的型号

涂料的型号由三个部分组成：

型号 = 主要成膜物质代号 + 基本名称代号 + 序号

例：A 05—15

- 15：序 号
- 05：基本名称（烘漆）
- A：主要成膜物质（氨基树脂）

从上面的例子中可以看出，A 是主要成膜物质，即氨基树脂；05 为基本名称的代号（烘漆）；15 是序号，表示这类涂料中的一个品种。

辅助材料的型号由两部分组成，即：辅助材料种类代号 + 序号，例如稀释剂 X—2。涂料的基本名称是根据用途、性能等方面的不同，用分类代号的方法加以区别的（表 6-3），并规定用 00—99 两位数字来表示基本名称。其中，00 ~ 13 表示涂料的基础品种；14 ~ 19 为美术漆；20 ~ 29 为轻工用漆；30 ~ 39 为绝缘漆；40 ~ 49 为船舶漆；50 ~ 59 为防腐漆；60 ~ 69 为特种漆；80 ~ 89 为其他备用漆。

表 6-3 涂料产品基本名称代号

代号	基本名称	代号	基本名称	代号	基本名称	代号	基本名称
00	清油	17	皱纹漆	38	半导体漆	62	示湿漆
02	清漆	18	裂纹漆	40	防污漆、防蛆漆	63	涂布漆
03	调和漆	19	晶纹漆	41	水线漆、甲板漆	64	可剥漆
04	磁漆	20	铅笔漆	42	甲板防滑漆	66	感光漆
05	粉末涂料	22	木器漆	43	船壳漆	67	隔热漆
06	底漆	23	罐头漆	44	船底漆	80	地板漆
07	腻子	30	绝缘漆（浸漆）	50	耐酸漆	81	鱼网淋漆
09	大漆	31	绝缘漆（覆盖）	51	耐碱漆	82	锅炉漆
11	电泳漆	32	磁漆（覆盖）	52	防腐漆	83	烟囱漆
12	乳胶漆	33	绝缘粘合剂	53	防锈漆	84	黑板漆
13	其他不溶性漆	34	漆包线漆	54	耐油漆	85	调色漆
14	透明漆	35	硅钢片漆	55	耐水漆	86	标志漆、马路划线漆
15	斑纹漆	36	电容器漆	60	耐火漆	98	胶漆
16	锤纹漆	37	电阻漆电位器漆	61	耐火漆	99	其他

第二节　常用涂料的性能

随着石油化学工业的发展和科学技术的进步，涂料的新品种不断出现，性能好、用途广、施工方便、低消耗、低污染的产品相继问世，这里分别介绍普通常用的涂料和颜料的品种。

一、油脂涂料

以干性植物油或部分半干性植物油，加入颜料、溶剂、催干剂等炼制而成。其优点是漆膜柔韧、附着力好、不易粉化龟裂、耐候性良好、对木材渗透性好、施工方便、价格低廉。缺点是干燥慢、遮盖力差、漆膜软、耐化学性差、涂膜干后光泽低、不易打磨抛光、漆膜稍厚易起皱等。

油脂涂料主要用于室内外金属、木制品、要求不高的工程，还有建筑维修、调制腻子作基料时使用。它的主要品种有清油、各色油性调和漆、厚漆、防锈漆等。

二、天然树脂涂料

主要以干性植物油与天然树脂为主要成膜物质，加入颜料、催干剂、溶剂制成。根据树脂和油的比例分为长油度(1∶3 以上)、中油度(1∶2 至 1∶3)、短油度(1∶2 以下)。

油和树脂的比例不同，产品的性能也不同。如短油度的涂料，干燥快，硬度高，光泽、耐磨性等都比长油度涂料优良，显示出树脂的优点，常用于木器家具、建筑门面、楼梯、栏杆、金属制品以及工程机械、车辆的不重要部位。其主要品种有脂胶磁漆、脂胶调和漆、脂胶腻子、钙脂漆、虫胶清漆、大漆等。

三、酚醛树脂涂料

酚醛树脂涂料是以酚醛树脂、改性酚醛树脂与干性植物油做主要基料，根据使用原料不同加入不同种类的催干剂、颜料和辅助材料调制而成的涂料。该涂料可分为醇溶性酚醛树脂涂料、油深性纯酚醛树脂涂料、改性酚醛树脂涂料和水溶性酚醛树脂涂料。

涂料的类别不同，性能用途各异。如醇溶性酚醛树脂涂料又分为热塑型和热固型两种。热塑型醇溶性酚醛树脂涂料自然干燥快，漆膜较硬，耐酸性和耐化学腐蚀性较强，但是存在漆膜较脆、附着力不强、在阳光下颜色容易变深等缺点，适用于做防腐涂料。热固醇溶性酚醛树脂涂料经烘干后，有较好的耐水、耐油、耐酸、耐热、绝缘等性能，但漆膜柔韧性差，不耐碱，多用于防潮、绝缘、胶泥等。

酚醛树脂涂料具有良好的耐水、防潮、绝缘等优点，多用于交通工具、机械、仪表、电表、电器、建筑、木制品等做底漆、罩光和室内用漆。

四、沥青涂料

沥青涂料以天然沥青或人造沥青、加油料或不加油料为主要成膜物质涂料。沥青是一种热塑材料，是历史悠久的涂料品种，具有材料来源丰富、价格低廉、施工方便的特点，应用广泛。主要品种有纯沥青漆、加油沥青涂料、加树脂沥青涂料。其主要特点是：优异的耐水性、良好的耐化学性能和绝缘耐热性，是一种很好的保护、防腐装饰的涂料。常用于化工、机械、船舶、地下管道、轻工制品、小五金等。

五、醇酸树脂涂料

醇酸树脂涂料是以醇酸树脂为主要成膜物质的一类涂料。醇酸树脂原料来源有三种：多元醇类、多元酸类和植物油类。采用多元醇、多元酸和植物油脂肪酸通过脂化、缩合制成的树脂是合成树脂中最重要的一类树脂，在涂料工业中用途极为广泛，有着主导地位。

选择不同的原料，调整配方，可以制成各种各样的品种，如干性油、半干性油、不干性油醇酸树脂；长油度、中油度、短油度醇酸树脂。用这些树脂制成的涂料，各有特性。如长油度(含油量在60%以上)醇酸树脂涂料耐候性优良，漆膜柔韧性强，附着力强，宜用作户外涂装；中油度(含油量50% ~60%)醇酸树脂涂料干燥较快，耐候性能好，漆膜较光亮，适用于设备、大型车辆等涂装；短油度(含油量在50%以下)醇酸树脂涂料干燥快，漆膜硬，附着力好，适用于底漆、腻子等。

醇酸涂料用途范围广，适应性强，是我国大力发展的一类涂料品种。主要性能有：漆膜干燥后耐候性好，不易老化，保光性能持久，耐摩擦，柔韧性强，可采用喷、刷、浸等多种施工方法，经烘干后耐油、耐水、绝缘性都大大提高。缺点是：漆膜表面干燥较快，彻底干燥时间较长，耐水性差，不耐碱，涂膜时每次不能涂装过厚，温度过高易起皱。

六、氨基树脂涂料

氨基树脂涂料是以氨基树脂与醇酸树脂为主要成膜物质的一类涂料，热固性合成树脂主要的品种之一。制备涂料的氨基树脂有三种：一种是三聚氰氨甲醛树脂，另外两种是脲醛树脂和苯代三聚氰氨甲醛树脂。单纯用氨基树脂制备涂料，经过加热固化后的漆膜硬而脆，附着力也差，必须与其他树脂配合使用。

目前氨基树脂和醇酸树脂配合使用最普遍，在氨基树脂中加入不同比例的醇酸树脂制成的涂料，既改善了氨基树脂硬度和附着力，又使醇酸树脂的硬度、光泽、耐水、耐碱等性能大大提高。

氨基树脂涂料可分为四大类，即氨基树脂涂料、酸固化氨基树脂涂料、氨基树脂改性有硝化纤维素涂料、水溶性氨基树脂涂料，这四大类氨基树脂涂料中用途最广的是氨基醇酸树脂涂料。

氨基树脂与醇酸树脂用量比例不同，制成的涂料其性能也有差异，一般将氨基醇涂料分为三个档次。

高氨基 = 1∶1 ~2.5(氨基树脂∶醇酸树脂)

中氨基 = 1∶2.5 ~5(氨基树脂∶醇酸树脂)

低氨基 = 1∶5 ~7.5(氨基树脂∶醇酸树脂)

一般来说氨基树脂含量愈高，涂膜的光泽、硬度、耐水、耐油、绝缘性能方面越好，但漆膜的脆性增大，附着力变差。

氨基醇酸涂料的特点是：漆膜外观光亮平滑，色彩鲜艳，漆膜坚硬，附着力强，机构强度高，保光保色性能好，清漆色浅不易泛黄，耐候性强不易粉化、龟裂，具有良好的耐水、耐油、耐溶剂、耐化学品性能，施工性能好，湿喷涂不易起皱，有良好的电气绝缘性。缺点是由于该涂膜需要烘烤，固化湿度较高，不适用于木器家具、橡胶制品、有机玻璃和某些不能烘烤的物件上使用。

由于该涂料有许多优良的性能，已被广泛地用于各种交通车辆、仪器仪表、家用电器、钢铁家具以及其他轻工产品等适应烘烤条件的制品。

七、硝基涂料

硝基涂料是以硝化棉为主要成膜物质的一类涂料。硝基涂料虽然品种很多，但从性能和用途上讲，可分为外用硝基涂料和内用硝基涂料两大类。涂料中硝化棉的比例不同、改性树脂不同以及增塑剂的品种不同，其性能、用途也不同。硝基涂料的优点是涂膜干燥快，坚硬，耐磨，有良好的耐化学药品性能，耐水，耐弱酸，耐汽油和酒精的侵蚀，且柔韧性好。调配合适的增塑剂，可制成柔韧性很好的软性硝基涂料，如硝基皮革漆。施工性能优越，可以在较差的环境下施工(如室外涂装)，可湿喷涂，涂层干后可抛光上蜡。

硝基涂料的缺点是：固体含量低，一次喷涂成膜较薄，施工时需多次喷涂，消耗溶剂较多。在潮湿的环境下施工，漆膜容易泛白，由于硝基涂料干燥快，不适合刷涂。涂料刺激味大，施工环境需有良好的通风条件，否则操作人员容易发生中毒现象。

硝基涂料品种繁多，用途很广。外用硝基涂料可用于各种金属表面，如交通车辆、机械设备、木器家具、机电产品。内用硝基涂料多用于户内小型机械、各种仪表、家具以及装甲车、坦克内壁、光学仪器内部等。

八、过氯乙烯树脂涂料

以过氯乙烯树脂为基础的涂料，还包括其他树脂、增塑剂、稳定剂、颜料(不含颜料的是清漆)及有机溶剂。过氯乙烯树脂涂料是一种挥发性涂料，大致可分为三种类型：一般用涂料、耐化学涂料和航空涂料。每种类型涂料都分有底漆、磁漆、清漆，自成体系。

该涂料的优点是：自然干燥较快，仅次于硝基涂料，适合多种施工方法；有优良的耐化学稳定性，能在常温下耐25%的硫酸、硝酸及40%烧碱达几个月之久；有良好的耐候性、耐水、耐湿热以及很好的防火性能。其缺点有：固体含量低，附着力较差，表面干燥较快，但完全干燥较慢，涂层表面硬度较硝基涂料差。

过氯乙烯树脂涂料广泛用于化工设备、混凝土建筑、地下管道、车辆、机械、机床、飞机、木器等表面涂装。

九、丙烯酸树脂涂料

丙烯酸树脂涂料是由甲基丙烯酸脂与丙烯酸脂共聚树脂配成的涂料。为降低成本和改进性能，常用其他不饱和的烯类单体共聚，配制成各种不同性能的丙烯酸涂料。该涂料一般分为热固型和热塑型两类，它具有清漆色浅、漆膜干燥后坚硬光亮持久，耐水、耐酸碱、耐腐蚀、耐热性强的特点，可以和其他多种合成树脂并用，配制成多品种、多性能、多用途的系列化的丙烯酸树脂涂料，是近几年来发展很快的一种涂料。

丙烯酸涂料品种多，用途广泛，是室内外十分优良的保护和装饰涂料，主要用于飞机、交通车辆、机床设备、桥梁、建筑、高级木器、仪器仪表、家用电器和其他轻工产品等高级装饰的涂装。

十、环氧树脂涂料

环氧树脂涂料是以环氧树脂为主要成膜物质制成的。环氧树脂涂料的品种很多，可分为烘烤型和常温固化型两类。环氧树脂涂料综合了酚醛树脂涂料、醇酸树脂涂料、过氯乙烯树脂涂料的优点，补充了酚醛树脂涂料抗化学性差、醇酸树脂涂料不耐碱、过氯乙烯树脂涂料附着力差的缺点，被广泛用于钢铁表面防腐或铝镁合金及轻金属表面作底漆和机电产品绝缘漆涂装。缺点是户外耐候性差，漆膜易粉化，不适合做户外高质量涂装。

十一、聚氨酯涂料

聚氨酯涂料是以聚氨基甲酸树脂为基料的涂料简称，可分为聚氨酯改性油、温固化聚氨酯、封闭型聚氨酯、催固化型聚氨酯、多羟基组分固化型聚氨酯五类；从使用上可分为单组分和双组分两类。

聚氨酯涂料使用性能、品种、数量都发展很快，是一种很有发展前景的新型涂料，具有漆膜坚硬耐磨，以及优异的耐化学腐蚀性，良好的耐油、耐溶剂性能等，广泛用于木器、地板、飞机、汽车、机械机床、电器仪表、皮革、塑料、纸张、石油化工、地下设施的涂装等。缺点是涂料价格较贵，施工条件苛刻。

第三节 常用颜料的性能与用途

颜料是一种微细末状的物质，是构成涂料的次要成膜物质，它在涂料中能改善涂料的物理和化学性能，提高涂膜的耐水性、耐碱性、防腐性。颜料按化学成分可分为有机和无机两类；按来源可分为天然和合成颜料；按作用又可分为着色、缓蚀和体质颜料三大类。

一、颜料的通性

（1）遮盖力　颜料的遮盖力是指色漆涂膜中的颜料，起到遮盖承受涂膜的表面，能透过涂膜而显露出来的能力。颜料本身的遮盖能力受到很多因素的影响，如颜料的颗粒大小、颗粒形状、折光率以及对光的吸收能力等。

（2）着色力　指某一种颜料与另一种颜料混合后形成颜色强弱的能力。着色力影响着混合颜料的配制，决定颜料的经济价值。决定着色力的主要因素是颜料的分散度。颜料的分散度越大，着色力越强。

（3）渗色性　一种颜色涂覆在另一种底色上后，底颜色被溶解，将其带入面层上来，使面层改变颜色称为渗色。这种渗色一般出现在红颜色上，如底色是红颜色，上部覆盖一层白颜色，白颜色变成粉红颜色。

（4）粉化　某些颜料形成涂膜以后，经过一段时间的暴晒，粘结剂被破坏，颜料变成松散的粉末，逐渐脱落下来，称之粉化。

（5）吸油量　将100g颜料调成浆状所需要的规定精制亚麻油的质量克数。颜料吸油量的大小，跟颜料的颗粒大小、分散度和颗粒表面性能等因素有关。一般来说，颜料的颗粒愈小，分散度愈大，孔隙愈多，相应的吸油量愈大，反之则小。

另外，影响吸油量的还有颜料的颜色、折光率、分散性能、耐热性、耐溶剂性、耐酸碱性等。

二、着色颜料

着色颜料是涂料中用途数量最多的颜料，它能使涂料具有丰富的色彩与良好的遮盖力，能使涂料提高耐久性、耐碱性、耐磨性等多种性能。

（一）颜料的分类

颜料的分类及构成如下：

- 着色颜料
  - 红色颜料
    - 有机-甲苯胺戎立索尔红对位等
    - 无机-银朱、镉红、铜红、锑红等
  - 黄色颜料
    - 有机-耐光黄联苯胺黄、槐黄等
    - 无机-铅铬黄、锑黄、镉黄等
  - 蓝色颜料
    - 有机-西太菁蓝、孔雀蓝等
    - 无机-铁蓝、群青、钴蓝等
  - 绿色颜料
    - 有机-孔雀石绿、给多利绿、亮绿等
    - 无机-铬绿、锌绿、铬翠绿、简化铬绿、镉绿、铅绿等
  - 白色颜料
    - 无机-钛白、锌白、氧化锌、铅白、锑白、盐基性、硫酸铅
  - 黑色颜料
    - 有机-苯胺黑、磺化苯胺黑等
    - 无机-炭黑、松烟、石黑等
  - 氧化颜料
    - 天然-土红、棕红、黄土煅棕土、煅黄土等
    - 人造-氧化铁红、氧化铁黄、氧化铁黑、氧化铁棕、氧化铁绿
  - 金属颜料
    - 铅粉、铜粉等

（二）常用着色颜料的名称、性能及用途

常用着色颜料的名称、性能及用途见表6-4。

表6-4　常用着色颜料的名称、性能及用途

颜料颜色名称	别　名	主要成分和性能	用　途
镉红	硒硫化镉大红色素	由镉和硒与碳酸或草酸镉煅烧分解而成。颜色鲜艳而饱和，着色力强，耐光、耐热、耐碱等，性能良好，但价格较贵	常用于涂料、搪瓷、玻璃等工业
甲苯胺红	猩红	是一种有机颜料，色泽鲜艳，着色力强、遮盖力好，耐光、耐热、耐水、耐酸碱性优秀，是一种优良的红色颜料	用于涂料油彩油墨等
大红粉		也是一种有机颜料，质软，粉末鲜红，着色力好，遮盖力强，耐热、耐酸、耐碱等	广泛用于深涂料和油墨等
铅铬黄	铬黄 巴黎黄	是铬酸铅或铬酸与硫酸铅的混合物。它有良好的遮盖力，在大气中不易粉化，但耐光性差，色相易变成绿色，甚至棕黑色，不耐酸碱，有毒性	用在涂料和油墨、着色油彩、塑料等
铁黄	氧化铁黄	褐棕黄色粉末，具有很强的遮盖力、着色力，耐光性、耐候性、耐碱性能良好	涂料工业、建筑、工业、油彩、颜料等
锶黄	铬酸锶	呈柠檬色，色彩艳丽，有较高的耐光性和耐热性，质地松软，遮盖力、着色力较低，价格较贵	高级缓蚀颜料及绘画色料

（续）

颜料颜色名称	别 名	主要成分和性能	用 途
镉黄		色泽鲜艳，着色力、遮盖力强，耐湿性优良，能耐酸，但不耐碱，价格贵	绘画、陶瓷、搪瓷等，特殊性耐湿涂料用
铁蓝	普鲁士蓝	呈深蓝色粉末，着色力强，耐酸、耐光、耐候性良好，不耐碱且遇碱分解，遮盖力差	用于涂料油墨等工业中
群青	深蓝 洋蓝 云菁	是由高岭土、纯碱硫黄、硅藻土或石英粉经熔烧而成，耐光、耐热性好，能耐碱，但不耐酸，着色力、遮盖力差，在涂料中分散度不好，易沉淀	涂料、橡胶、造纸、印染、塑料工业等
酞菁绿		是铜酞菁蓝的氯代衍生物，是一种优良的绿色颜料，色泽鲜明，着色力、遮盖力、耐光性、耐热性良好，对酸碱作用稳定，价格较贵	涂料油墨工业等
铅铬绿		用铁蓝铅铬黄生成的颜料，有良好的遮盖力、着色力、耐光性、耐候性，遇酸碱而分解易燃	涂料、油墨绘画等
铁黑	氧化铁黑	由氧化亚铁与三氧化二铁配制成的粉有很强的遮盖力、着色力，耐光、耐候性好，但不耐酸	建筑工业，防锈、涂料底漆等
钛白	二氧化钛 大红色素	是白色颜料中最好的一种，分金红石型和锐钛型两种，白度纯，着色力很强，对大气中氧、三氧化硫、硫化氢和氨等都很稳定，具有耐光、耐热、耐稀酸、耐碱、不变色、无毒的性能	用于涂料、油墨、造纸、橡胶、塑料、化妆品等
锌白	氧化锌 铁丹 铁氧红 锈红	是以锌矿或含锌的废渣为原料，经过高温熔烧等处理制成的。颜色纯白，遮盖力不如钛白和锌钡白，耐光、耐热、耐候、不易粉化，不变色，性能良好	主要用于橡胶工业、涂料工业
锌钡白	立德粉	是由硫化钡和硫酸锌溶液作用而成的产物，颜色洁白，遮盖力强，着色力优，耐热性好，耐碱不耐酸，耐光性差，遇光易变暗，耐候性差	常用于室内涂料、橡胶造纸、油墨等
铝粉		是由铝熔化后喷成细雾再经球磨机研细或将铝片用机械制成铝箔，再用球磨经球磨机冲击成细小的鳞片状的。可分为漂浮型、不漂浮型两种。有极强的遮盖力、耐热性和耐光性，良好的缓蚀性和对紫外线的反射能力	多用于涂料工业等
铜粉	金粉	是铜、锌合金的细粉，呈美丽的金黄色，遮盖力强，漂浮性能好，易氧化变色	涂料工业中、塑料、彩色贴花丝网印花胶印等

（三）防锈颜料

在涂料中有特殊的防锈能力，它虽然没有鲜艳夺目的颜色，但用在防锈涂料中作底漆用，是不可缺少的组成部分。防锈颜料由于性质、作用不同，可分为两类：一类是化学性防护型，另一类是物理性防护型，其具体分类如下：

- 防锈颜料
  - 化学性防护型
    - 红丹、锌铬黄、锌粉
    - 钡钾铬黄、碱性铅黄
    - 酸钙、碳氧化铅
    - 铝粉
  - 物理性防护型
    - 非活性
      - 铝粉铁红
      - 铝粉石墨
      - 氧化锌
      - 碱性碳酸铅
      - 碱性硫酸
    - 活性

1. 常用的化学性防锈颜料

(1) 红丹　一种桔红色的粉末，对钢铁表面防锈能力强。有毒性，易沉淀，遮盖力强，吸油量小。

(2) 锌铬黄　柠檬黄色粉末，是轻金属优良的防锈颜料，在漆中有很强的缓蚀能力。在海洋气候条件下，对金属有良好的保护性能，遮盖力、着色力低于铅铬黄，耐光性较强。

(3) 铝粉　主要成分为氧化亚铅，灰绿或灰黄色磷片状细末，漂浮性很强，可浮在漆膜表面形成均匀的膜，能阻隔水气和其他腐蚀气体渗入，减少漆膜透水性，是钢铁表面很好的防锈颜料。

(4) 锌粉　主要用在富锌底漆中，常用于锌金属或镀锌金属表面的防锈漆。

(5) 锶钙黄　外观黄色，常用于铝合金电泳漆中。

(6) 铅酸钙　防锈能力不如红丹，主要用于镀锌表面，防锈效果好。

(7) 铬酸钾钡　颜色浅黄，主要用于铝镁合金表面、铝金属防护漆。

2. 常用的物理性防锈颜料

云母氧化铁是一种天然矿物，也可由亚铁盐与苛性钠反应后经过处理而得，它的特性类似铁红，具有很好的机械强度，附着力强，弹性好，抗紫外线，耐高温，不褪色，不粉化，不渗透，是钢铁表面优秀的防锈颜料。

(四) 体质颜料

体质颜料(也称填充料)绝大多数为白色或无色，它不具备遮盖力和着色力，折射率也很低，大多数来自天然产品，价廉易得。它的主要作用是增加漆的体积，降低成本，调整漆膜的光泽，改善施工性能和增强漆膜各种性能，如硬度、耐磨性、悬浮性等。其品种和分类如下所示：

- 体质颜料
  - 碱土金属盐
    - 硫酸钡(重晶石粉)
    - 碳酸钙(石粉、大白粉、白垩)
    - 硫酸钙(石膏)
  - 硅酸盐
    - 滑石粉、磁土
    - 石棉粉、云母粉
    - 石英粉、硅藻土
  - 镁、铝轻金属化合物
    - 硫酸镁、氧化镁
    - 氢氧化铝

常用体质颜料的品种和性能用途见表6-5。

表6-5　常用体质颜料的品种和性能用途

序　号	名　　称	性能用途
1	重晶石粉(硫酸钡)	耐酸碱、耐红外线、密度大、吸油量低，能使漆膜坚硬耐磨，但易沉底，常用于调和漆、底漆、防锈漆、腻子等
2	重体碳酸钙(石粉、白垩)	质地粗糙，不溶于水，易吸潮呈微碱性，多用于调和漆、底漆、腻子中
3	轻体碳酸钙	性能与重体碳酸钙相似，体质轻，颗粒细，遮盖力比石粉高，用于底漆、腻子、平光漆、调和漆中
4	沉淀碳酸钙	性能与重体碳酸钙相似，质地较软，粒度很细，吸油量较大；广泛用于调和漆、底漆、腻子中
5	石膏(硫酸钙)	质地较粗、吸水量大，主要用于调配腻子
6	云母粉	耐酸碱、耐热、耐化学药品、用在漆中能提高漆膜弹性和韧性，防龟裂，延迟粉化，常用于防火漆中
7	石棉粉	质轻而松、吸油量大，耐酸、耐碱、耐热稳定性极高，常作为耐酸漆、耐热漆、耐火漆的加强特殊性能颜料使用
8	石英粉	质地坚硬、耐磨、吸油量小，不溶于酸，作腻子必备底漆、地板漆等
9	滑石粉(硅酸镁)	在涂料中具有消光，防止漆膜流挂，防止颜料沉淀、漆膜开裂，有涂膜耐水、耐磨性能，用于底漆腻子和耐磨漆中
10	高岭土(磁土、陶土、白土)	质地细腻洁白，耐光、耐稀酸和稀碱，用于底漆、水粉漆等，提高漆膜硬度，防止颜料沉淀

第四节　涂料溶剂的类别

溶剂是一种能溶解树脂油类等物质的溶液，是涂料(不包括粉末涂料)生产制备和涂装中不可缺少的成分之一。溶剂可以降低涂料中的主要成膜物质的黏度(或稠度)以便达到施工的要求。溶剂多数为易挥发的液体，涂料经涂装干结成膜后应完全挥发掉，又称为挥发部分。涂料涂装时选择溶剂很重要，它可以影响涂料的性能和涂膜的质量，如选择不当，甚至会造成涂料报废或涂装工程返工。

一、溶剂的种类及性能

溶剂的种类很多，按其来源、化学组成可分为下列几大类。

(一) 水

水作为溶剂价廉易得，无毒无味，不燃不爆，是乳胶漆的主要成分。它可以单独与醇类或与醚醇类溶剂一起作为溶解水性树脂和水性颜料的溶剂。能与水混溶的有机溶剂是有限的，因此不能广泛使用。

(二) 烯类溶剂

常用的有松节油、双戊烯。松节油是松树的分馏产物。它们的溶解力大于松香水，低于苯类溶剂，是油性漆和油基磁漆的较好溶剂。双戊烯的挥发速度比松节油慢，可做油性漆的防结皮剂。

（三）烃类溶剂

烃类溶剂是涂料工业中用量最多的一类溶剂，分为两大系统。

（1）脂肪烃　如200号汽油溶剂（松香水）、煤油、汽油等，是脂胶漆类、酚醛漆类、中长油度醇酸树脂漆类很好的溶剂。

（2）芳香烃　如苯、甲苯、二甲苯等和其他有机溶剂混溶后，可作硝基醇酸树脂漆、氨基烘漆等的稀释剂。

（四）醇类溶剂

包括甲醇、乙醇、丁醇、丙醇。乙醇又称酒精，工业酒精能溶解虫胶和许多合成树脂，如环己酮树脂、缩丁醛树脂，对一般涂料溶解力很差。甲醇能溶解硝化棉，它与脂类、酮类溶剂配合使用可增加溶解力。

（五）酯类溶剂

有醋酸乙酯、醋酸丁酯、醋酸戊酯等。它是由醇类和有机酸反应而形成的产物，也可由石油气直接合成。它们的溶解力强，性质相似，搭配其他溶剂使用，作硝基漆、丙烯酸漆、过氯乙烯漆、乙烯漆等的稀释剂。

（六）酮类溶剂

溶解性强，是合成树脂的优良溶剂。常用的有丙酮、甲乙酮、环乙酮、甲基异丁酮等。丙酮是脱漆剂的主要成分之一；甲乙酮挥发速度较慢，是合成树脂的优良溶剂；环乙酮溶解力强，挥发速度慢，在硝基漆中起防泛白作用，并使漆膜表面流平效果好；甲基异丁酮挥发速度快，溶解力强，常用于烘漆中。

（七）醚类和醇类溶剂

如乙二醇乙醚、乙二醇单丁醚、乙二醇单乙醚乙酯，多用于硝基漆、乙烯漆、环氧漆、聚酯漆和乳胶漆的溶剂。价格较贵，在普通漆中很少使用。

（八）氯化烷烃类溶剂

这类溶剂的特性是溶解力强，不易燃烧，毒性较大，多用于特种漆和脱漆剂中，如二氯甲烷、二氯乙烷。

（九）硝基化烷烃溶剂

能溶解硝化棉、醋酸纤维素等，挥发速度快，如硝基甲烷、硝基乙烷等。

涂料溶剂按其作用可分为以下三类。

（1）真溶剂　能溶解涂料中的有机高聚物的溶剂。

（2）助溶剂　溶剂不能溶解有机高聚物，在一定程度上与真溶剂混合使用，具有一定的溶解能力，可影响涂料的性能，这种溶剂为助溶剂。

（3）稀释剂　不能溶解有机高聚物，也无助溶作用。在一定程度上，可以和真溶剂、助溶剂混合使用，价格比真溶剂、助溶剂低，可降低成本。

溶剂的分类是相对的，一种溶剂在这种涂料中是真溶剂，在另一种涂料中可能是助溶剂或是稀释剂。如乙醇在溶解虫胶树脂中为真溶剂，在硝基漆中只是助溶剂或稀释剂。在选择溶剂时，要根据主要成膜性质、种类性能等进行全面合理的考虑。选择溶剂时应注意以下几点：①溶解能力；②颜色及杂质；③挥发速度和释放性；④闪点和自燃性；⑤气味和毒性；⑥货源和价格。

二、常用溶剂的性能和指标

常用溶剂的性能和指标（溶解度、挥发率、沸点、闪点和自燃点）见表6-6。

表6-6　常用溶剂的性能和指标

名　称	溶解度参数	25℃时挥发率/(mL/min)	沸点/℃	闪点/℃	自燃点/℃
松节油	8.1	450	140～200	35	253
松香水	6.9	440～450	150～240	27～38	260
汽油		15	80～150	－10	253
苯	9.2	12～15	80.1	－11	580～650
二甲苯	8.8	81	135～154	17.1	490～550
丙酮	10	5	56.2	－17	600～650
环己酮	9.9		156.7	47	520～580
乙酸乙酯	9.1	10.5	77.1	－5	480～550
乙酸戊酯		90	142.1	24.4	560～600
乙醇	12.7	32	78.32	14	390～430
甲醇	14.5		65	12～14	
正丙醇	11.9		97	15	
异丙醇	11.5		82	12	460
正丁醇	11.4		118	35	
异丁醇			108	25	
仲丁醇	10.8		100	24	
醋酸乙酯			77.15	－5	480～550
醋酸丁酯			126.5	23	420～450
醋酸戊酯			142.1		560～600

三、稀释剂的种类和用途

稀释剂是由溶剂、助溶剂、冲淡剂三个部分组成，是涂料的重要组成部分，是挥发性液体。在涂料配制和施工中，常用稀释剂选择的正确与否，对涂膜的性能和品质有很大的影响，如果稀释剂用得不合理或用错，即使品质好的涂料与工艺也会造成低劣的涂装品质，常用稀释剂种类见表6-7。

表6-7　常用稀释剂的种类与用途

型号名称	曾用名称	用　途
X—1 硝基漆稀释剂	涂装稀料 甲级香蕉水 甲级信那水 甲级天那水	稀释能力高于X—2，用于硝基清漆、硝基底漆，也可用于稀释各种热塑型丙烯酸漆

（续）

型号名称	曾用名称	用途
X—2 硝基漆稀释剂	乙级香蕉水 乙级天那水 乙级信那水	一般用途的硝基漆料，也可用于洗涤涂装工具
X—3 过氯乙烯漆	甲级过氯乙烯稀释剂	稀释各种过氯乙烯底漆、磁漆、清漆腻子等
X—4 氨基乙烯漆	氨基稀料	用于氨基漆、氨基锤纹漆、短油度醇酸漆、环氧酯类漆等
X—5 丙烯酸漆稀释剂	648 丙烯酸稀释剂	用来稀释各种丙烯涂料，也要用来作硝基漆稀料
X—6 醇酸漆稀释剂	醇酸漆稀料磁漆稀料	用于稀释中、长油度的醇酸磁漆、底漆、清漆，也可用于酯胶漆和酚醛漆
X—7 环氧漆稀释剂	环氧稀料	稀释用环氧树脂制成的清漆、磁漆、底漆、防腐漆、腻子等
X—8 沥青漆酯稀释剂		供稀释沥青漆用，不能用于常温干燥的沥青漆
X—10 聚氨酯稀释剂	聚氨甲酸酯稀释剂	用于稀释聚氨酯涂料
X—15 硝基漆稀释剂	铅笔漆稀料	专供 Q20—30、Q20—80 硝基漆用，也可用作其他铅笔漆
X—20 硝基漆稀释剂	特级香蕉水 基丙烯酸稀料	用于要求高的硝基漆、热塑性丙烯酸漆、环氧酚醛以及罐头包装漆

催干剂又称干料，是一种加速涂料干燥的液体或固体材料，作用是促进涂料干燥成膜。主要用于油性涂料和醇酸脂涂料，常用催干剂主要有以下几类。

（一）钴催干剂

这是一种催干效果很强的金属皂，它的氧化作用是从漆膜表面开始的，可使漆膜表面干燥加速；单独使用或使用不当，会使漆膜表面干燥过快，产生桔皮，造成底层不干、漆膜长期发软等问题。常与钙、锌等助溶剂配合使用，效果较好。

（二）铅催干剂

它可使漆膜从里到外聚合，干燥比较均匀，漆膜干后坚韧而硬，可提高漆膜的附着力和耐候性，但其氧化催干性能低。单独使用易造成漆膜表面发黏，必须与钴、锰催干剂配合使用。铅皂有毒性，在食品和儿童用品的涂料中严禁使用。

（三）锰催干剂

催干特性在铅与钴之间，是氧化和聚合同时进行的一种催干剂。氧化作用稍强于聚合作用。在热固型涂料中使用可提高漆膜的坚韧性和硬度，效果比钴好，但色深并易泛黄，不宜用于浅色漆中。锰催干剂虽有效地促进底干，但仍需与其他催干剂混合使用。

（四）锌与钙催干剂

环烷锌和烷钙都是辅助性的催干剂，与主催干剂配合使用，可改善漆膜的性能，消除起皱发霜等毛病。在不能使用铅催干剂的产品中，如玩具、食品用的涂料中，可用钙催干剂代替铅催干剂。

（五）铁催干剂

环烷酸铁是一种表面催干剂，在高温下则具有较强的催干作用，主要用于热固型涂料中。铁催干剂颜色深，适用于沥青烘漆、黑氨基烘漆等，能增加漆膜的硬度和柔韧性。

（六）锆催干剂

它是一种新型的催干剂，有独特的催干性，对其他催干剂有强烈的促催干作用，有效地提高钴、锰皂的催干作用。它的催干性对铅、钙皂也有辅助作用，本身又具有类似铅皂的催底干性。由于锆催干剂有多功能性，常在烘干型涂料中应用，可提高漆膜的硬度和光泽。与钴、钙催干剂配合使用，效果尤为明显。

涂料催干剂的用量，按照涂料中所含干性油或半干性油的质量计算。醇酸树脂漆按树脂的含量或按干性油、半干性油的含量为基础，计算催干剂的需要量。

（七）固化剂和增韧剂

固化剂是一种具有催化作用的化合物，在双组分涂料中，能与合成树脂发生交联反应形成膜的物质。固化剂主要应用于不能自然干燥和烘烤成膜的涂料中，如环氧涂料、聚氨酯涂料、聚酯涂料等。

常用的固化剂品种有：环氧涂料固化剂、聚氨酯涂料固化剂、聚酯涂料固化剂。

增韧剂也叫增塑剂，它与成膜物质的高聚物混合以增加漆膜的弹性和附着力。增韧剂可分为两大类：一类是溶剂型，采用挥发速度很低的高聚物溶剂，用来增加高聚物的弹性，并可以任何比例互溶，也叫化学增韧剂；另一类是非溶剂型，是高聚物的一种不挥发的冲淡剂，用来增加高聚物的弹性，互溶性有一定限制，也叫软化剂。

常用的增韧剂有苯二甲酸二乙酯、苯二甲酸二丁酯、苯二甲酸二戊酯、磷酸三乙酯、樟脑、蓖麻油等。

（八）防潮剂和脱漆剂

防潮剂又名防白剂，是由高沸点和挥发速度较慢的酯类、醇类、酮类等有机溶剂混合而成的液体。在潮湿的条件下（相对湿度 70% 以上），空气中的水蒸汽就会凝聚在漆膜表面。水与溶剂不相溶，使漆膜变成白色雾状，明显无光，这种现象叫泛白。加入适量的防潮剂，提高溶剂沸点，减慢挥发速度，可防止泛白现象。

脱漆剂又叫去漆剂，主要是利用有机溶剂对漆层的表面溶解、溶胀作用，将旧涂层清除掉。脱漆剂一般分为两类：一类是由酮类、醇类、苯类、酯类物质加石蜡混合制成，有很好的溶胀漆膜性能，主要用于清除油脂、酚醛、硝基等旧漆层；另一类脱漆剂是由二氯甲烷、纤维素醚、石蜡等配合而成，毒性较小，脱溶速度快，主要用于环氧漆、聚氨酯漆等。

第五节　汽车涂料的选用与维修操作

车身修复后的汽车交付用户时，用户只能看到汽车外表面的状况，所以从用户的角度来看，涂敷面漆是车身修理过程中最重要的环节。有经验的维修人员能够在车身的某一部位、某一板块或整个车身上喷出漂亮的漆层，使漆层的颜色（颜色的效果）及结构都和原有的漆层相一致。这种颜色的效果有时是由底层加光亮层产生的，用户对这种结构的漆层非常喜观。喷漆工的工作务必使用户满意，为此喷漆工一定要充分掌握涂敷面漆的操作过程。

一、汽车面漆的功用

汽车面漆具有以下四项非常重要的功用。

1）保护。汽车车身主要是由钢板构成的。如果不把钢板遮盖好，空气中的氧和湿气就会发生反应而导致锈蚀。面漆可用来防止锈蚀的产生，从而起到保护作用。

2）改善外观。车身形状是由各种表面和线条组成的，例如升高的表面、平面、曲面以及直线和曲线等。因此，面漆的功用之一是改善车身的外观，展现出立体色彩感。

3）提高汽车的价值。把两辆外形和性能相同的汽车进行比较，具有更漂亮的漆面的汽车价格要高。所以，面漆的另一个功用是提高产品的价值。

4）颜色标志。汽车面漆还有一个功用是便于用一定的颜色标志出不同的用途，例如警车和消防车。

面层是汽车的可见表面。在外观上，它是平滑、有光泽和吸引人的。在功能上它是坚韧和耐久的。

面层修理人员应当知道底涂层和面涂层用的各种涂料的使用方法和特性。这有助于在进行每项面层修理时选择最佳的工作方式。

二、面漆的组成

目前汽车面漆基本上由三部分组成，对于某些汽车的面层来说是由四部分组成：颜料、粘合剂、溶剂和附加剂。

（1）颜料　是面漆中的两种非挥发性成膜配料之一（保持干燥的漆膜的部分）。可给面层提供颜色及耐久性，还具有遮盖性。除了耐久性和遮盖功能外，也可提高表面强度和黏和性、改变光泽及改善空气流动特性。

颜料颗粒的大小和形状非常重要，颗粒的大小会影响遮盖能力，其形状则影响强度。颜料颗粒大致呈球状，也可以呈杆状和板状。杆状颗粒可使油漆膜得到加强，相当于混凝土中的钢筋。

（2）粘合剂　是面漆中的另一种非挥发性成膜配料，它能使颜料呈液态、耐用，并具有粘住表面的能力。粘合剂是面漆的骨干。

粘合剂一般由天然树脂（如松香）、干性油（如亚麻籽油或棉籽油）或者合成树脂（如甲基丙烯酸甲脂、聚氨基甲酸乙酯、聚苯乙烯、聚氯乙烯等）组成。粘合剂决定着所要调配的面漆类型。

粘合剂一般用增塑剂和催化剂来改性，可以改进耐久性、粘合性、抗腐蚀性、耐擦伤性及挠性等。

（3）溶剂　是面漆中的“挥发性”配料。大多数溶剂是从原油中提炼的。溶剂在面漆中的主要功能是使面漆能适当涂敷在物料上，它必须有足够的溶解能力溶解薄膜的粘合剂。高质量的溶剂还可改进面层的质量和薄膜特性。此外，溶剂可增加光泽，因而减少了抛光的工作量。使用溶剂还有助于更精确地调配颜色。

除了面漆中已有的溶剂以外，还使用所谓的“冲淡溶剂”，以便面漆具有黏性而较容易涂敷。当与喷漆配合使用时，这种冲淡溶剂称为稀释剂。如果与瓷漆配合使用，则称为还原剂。在汽车修理中这种区别很重要，相应的产品也有明确的标示。应当牢记，喷漆用溶剂是稀释剂，而瓷漆用溶剂是还原剂。在面漆中颜料、粘合剂及溶剂所占的比例如图 6-1 所示。

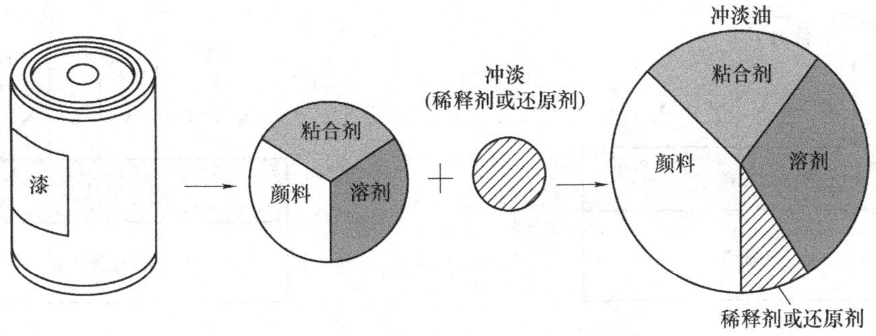

图 6-1　面漆中颜料、粘合剂和溶剂所占比例

(4) 添加剂　用于汽车面漆中的附加剂，目前使用添加剂成了大多数维修人员的一种谋生手段。尽管添加剂在面漆中所占的比例很小（最多为 5%，通常还要少得多），但是它具有多种重要功能。有些添加剂可使干燥加速和增加光泽；另一些添加剂则可使干燥变慢；还有一些添加剂用来减少光泽。有些添加剂具有综合功能，例如除皱、通过硬化处理（最终干燥）而更坚固、防止混浊（奶雾状）及提高耐化学性。

加速硬化处理和增加光泽所用的添加剂称为硬化剂。使干燥变慢的添加剂称为阻滞剂。用于减少光泽的添加剂称为消光剂。

三、车身面层的类型及修理

汽车外部的涂层基本分为两种，即喷漆和瓷漆。其他名称如硝化纤维、丙烯酸树脂、醇酸树脂或聚氨基甲酸乙脂也可用来描述汽车油漆，但是这些产品仍然是喷漆或瓷漆。喷漆和瓷漆这两种基本的车身面层用漆各有优点和缺点。

（一）车身面层的类型

喷漆经过物理硬化并蒸发而干燥，如图 6-2 所示。当溶剂蒸发时，留下粘合剂和颜料结合成固态。如果再把溶剂加进物理硬化的油漆中，就会变软。加进足够的溶剂后，最终变为液态。

喷漆变硬后可再软化，所以是可逆的。溶剂蒸发时漆膜收缩，再加入溶剂则膨胀起来。喷漆的表面干燥快，但是全部干燥需要很长的时间。维修人员如果使用喷漆，若选用底层涂料和油灰不当，就会产生严重的问题。

喷漆面层通常必须用化合物进行化合或用抛光装置抛光。大多数具有丙烯酸树脂基体的涂料和清漆面层的可在丙烯酸树脂基体涂料上涂以瓷漆作为清漆面层，就不必进行化合或抛光来获得光泽了。

瓷器干燥以溶剂蒸发为第一阶段，如图 6-3 所示。氧化是粘合剂与空气中的氧结合而发生变化的结果。加热会使这种作用加快。在普通溶剂中，完全干燥的合成薄膜很难溶解。干燥时间越长，就更难溶解并且更坚韧。所以，再涂漆时需要彻底用砂纸打磨。瓷漆面层干燥后具有光泽，不需要抛光。瓷漆一般干燥很慢，所以污物和尘土粘在面层上的机会较多。

现代汽车大多数采用丙烯酸树脂喷漆、热固性丙烯酸树脂瓷漆或新型的具有高固体基体涂料和清漆面层涂料。这些涂料需要在大型烘炉中烘干以缩短干燥时间，对油漆进行硬化处理。重要的是需要知道原厂使用的是哪一种面层，因为不同的面层其修理方法略有不同。

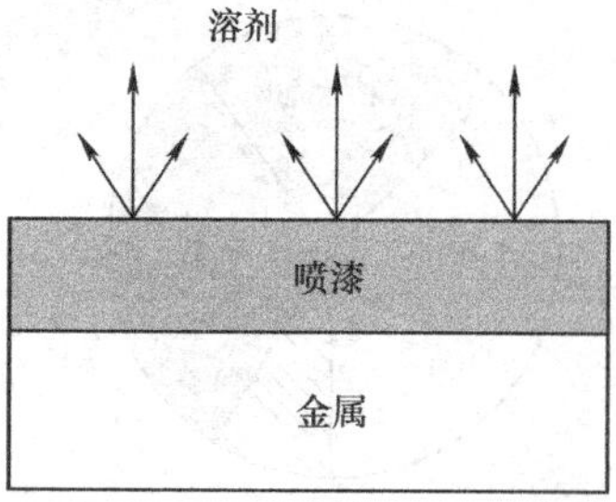

图 6-2　喷漆和丙烯酸树脂

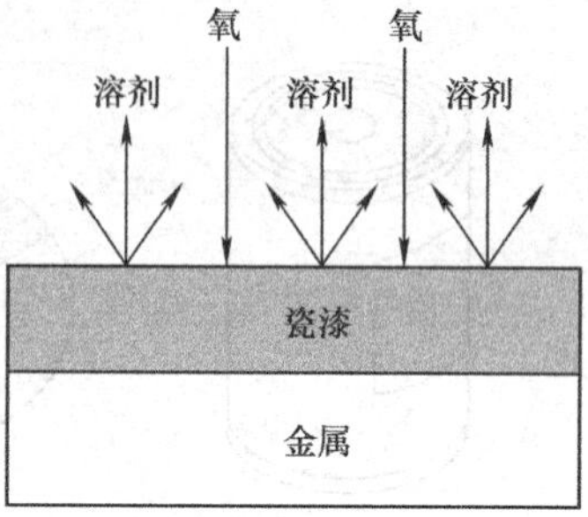

图 6-3　瓷漆的蒸发和氧化干燥

汽车制造厂商使用的喷漆与涂装车间是有区别的。两者都采用快速干燥，但是前者的喷漆烘烤是为了涂料重新流动获得平坦和镜面光泽而不必经过化合，后者则风干喷漆并往往需要化合以得到适当的光泽。车身修复喷漆一般不用高温烘炉，所以面层修理人员使用的稀释剂要比制造厂商使用的稀释剂干燥得快。

汽车制造厂商使用的热固性丙烯酸树脂瓷漆也要在烘炉中烘烤，以便适当干燥和进行硬化处理。修理车间一般不会有这些大型烘炉，即使有，高温也会损坏车内的装饰品、玻璃和线路。所以，面层修理车间应当使用易涂而耐用的瓷漆，这种瓷漆应能满足以下要求。

1）可风干而不用烘烤。

2）以低温烘烤来干燥。此外，根据面层修理车间的风干条件，使用的干燥溶剂要比汽车制造厂商的干燥快，并且能使用更多的干燥溶剂品种。

（二）车身面层的修理

尽管面层修理用的涂料有很多种，但目前修理人员仅采用三种修理方法，即点修理、板件面层修理和整车全部重新喷漆。

1. 点修理

这种修理往往称为勾缝和凹痕修理，因为损坏的部位通常很小，即浅划痕或凹痕。

点修理一般包括：①车身小修；②金属整修；③涂底层涂料；④涂面漆，与修理部位周围的旧面漆相结合。

2. 板件面层修理

板件面层修理基本上与点修理的方法相同，不同的是修理的部位是汽车上的整块板件（如车门、发动机舱盖等），并要在板件连接处得到配合。正如点修理那样，板件上的任何缺陷都要修整，涂面漆前先涂底漆。板件面层修理的关键是配色较困难，所以新颜色要与邻接的板件相一致。

点修理和板件修理均属小面积的修整。由维修人员选择采用哪种修理方法。

3. 全部重新喷漆

即对整车进行喷漆，此时，要考虑以下因素：①需要修理的各点的大小和数量；②面层暗淡、开裂或损坏的情况；③根据用户自愿而定。

（三）底层涂料的选用

1. 底层涂料的类型和功能

正确的底层涂料是构成美观耐用的面层的基础部分。如果底层涂料或底层涂料组成不正确，面层的外观就会受到影响，甚至开裂或脱落。

底层涂料好比是三明治的夹层，把两片面包“粘”在一起，面包的底片称为基片（即汽车的表面）。汽车的表面可以是裸露的金属、塑料或者经过喷漆或预涂底漆的表面。底层涂料可使基片光滑并与面层粘合。面层相当于面包的顶片，也是用户看得见的最终有色涂料。

底层涂料由颜料、粘合剂及溶剂组成。底层涂料一般有以下四种基本类型。

1）预涂底层涂料，如图 6-4 所示。一般用于薄涂层，不必用砂纸磨光。底层涂料涂在裸露的基底上。

2）腻子，如图 6-5 所示。腻子与预涂底层涂料不同，必须用砂纸磨光。可涂在裸露的金属或砂纸磨光的旧面层上。

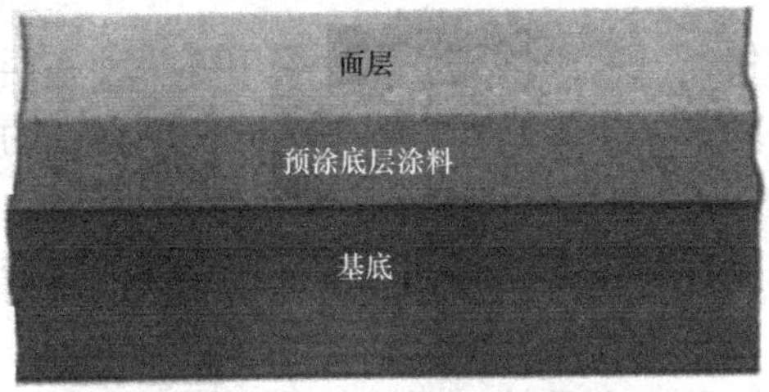

图 6-4 预涂底层涂料

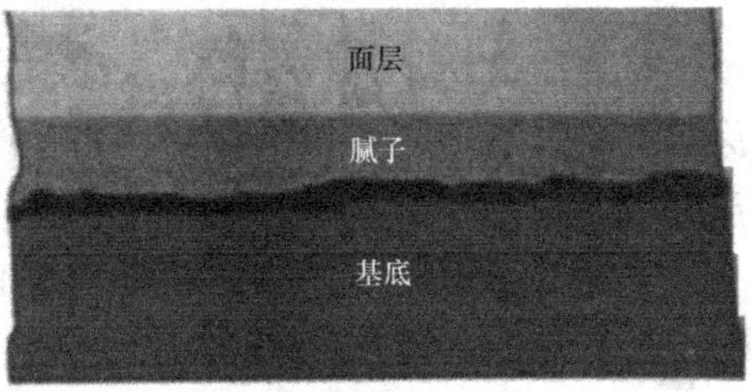

图 6-5 腻子

3）底层涂料 - 密封剂。

4）密封剂，如图 6-6 所示。如图 6-6a 所示，密封剂可改进面层的粘结性。可涂在底层涂料、腻子或旧面层上。如图 6-6b 所示，当涂覆与旧面层不同（指质量和颜色）的面层时，要用密封剂。

a) b)

图 6-6 密封剂

大多数表面在进行面层修理前都要涂底层涂料（表 6-8），其目的是把刮痕填平而形成良好的涂料基础。然而，如果仅用预涂底层涂料，就不能填平沙粒刮痕或其他的表面缺陷。用腻子可一次完成底涂和填充。预涂底层涂料 - 密封剂可防止面层中的溶液被吸进多孔的腻子里，这三种底层涂料（预涂底层涂料、腻子及底层涂料 - 密封剂）可共同使用、单独使用或以不同的组合来使用，使用方法取决于车身表面状况和修理工作的规模（表 6-9）。密封剂是用来改进旧面层与新面层的粘结强度的。为了获得良好的粘结效果，当新面层采用瓷漆时，一定要在喷漆的旧面层上涂密封剂。在其他情况下，也可以使用密封剂，但不是必须的。

表6-8　底层涂料的功能

功能	预涂底层涂料	腻子	底层涂料－密封剂	密封剂
抗锈蚀和抗腐蚀	是	是	是	否
使面层粘结得更好	是	是	是	是
填平刮痕和刻痕	否	是	否	否
使面层均匀一致	否	否	是	是
防止沙粒刮过留下痕迹	否	否	是	是

表6-9　底层涂料的表面和涂料使用情况

底层涂料表面	预涂底层涂料	腻子	底层涂料－密封剂	密封剂
裸露基底（金属、玻璃纤维或塑料）	是	是	是	否
砂纸磨光的旧面层	否	是	是	是

尽管有大量不同种类的底层涂料产品在市场上销售，然而维修人员无论采用哪一种底层涂料，选择表面配料及其他面层修理产品时都要遵守的一条原则是：不要把不同厂家生产的产品混合使用。

选用底层涂料时，最好选定与层面质量相配的产品。特别是对高档汽车进行面层的修理时更要注意这一点。

预涂底层涂料一般是任何面层涂料系统的第一道涂层。它是针对裸露的基底固定有色面层而设计的。预涂底层涂料能为基底表面提供最大的粘结力并形成防腐蚀的基础。这种涂料通常不能填平表面缺陷，所以一般不必用砂纸磨光。

有几种特别的底层涂料可供修理人员选用。例如，两组分环氧树脂底层涂料是目前市场上用途最广和最有价值的底层涂料。环氧树脂底层涂料系统由底层涂料本身及激活剂（或催化剂）组成，两者混合后（称为催化）通常要有反应时间，即在涂敷前各个组分彻底相互组合所需要的时间。必须牢记，这样的两组分的混合物有一个“灌藏”期，即限定的有效期。

环氧树脂底层涂料最适用于大量填充的情况。以粗糙的表面为例，可使环氧树脂底层涂料与裸露的基底粘结，在填充后得到光滑的表面。

2. 腻子

腻子是在面层修理中使用的所有底层涂料中应用最广的涂料。这种涂料可在粗糙的表面上形成光滑的表面，以利于喷面漆。优质的腻子应具备以下六种特性，如图6-7所示。

图6-7中右边三种特性是形成面层的基础；左边三种特性使修理工作快速、方便。

1）粘结力。在机体金属或旧面层之间形成强力粘合。

2）抗锈蚀和抗腐蚀特性。这种特性可防止因粘结失效而导致金属腐蚀。

3）可堆起性。这种特性有利于在修理中填平砂轮痕迹和砂粒刮痕。

4）砂纸磨光方便。这种特性表现为可迅速而方便地用砂纸把腻子磨光、整平。

5）固结特性。这种特性可防止面漆陷入腻子中而影响面漆美观。

6）干燥快。其结果是节省时间，以便面层修理人员进入下一步工作（优质腻子可在20～30min内进行砂纸磨光）。

腻子有以下几种类型。

（1）硝化纤维腻子　硝化纤维腻子在近几年来为大多数车身修理工作人员广泛使用，

主要是因为这种腻子干燥快并便于用砂纸磨光。尽管在大多数情况下硝化纤维腻子有足够的粘结性，但是不具备另外其他四种腻子所具有的两种特性，即抗腐蚀及形成坚韧的柔性薄膜。此外，它不能在铝材上使用。目前，这种腻子仅用于小面积的修理。

(2) 丙烯酸树脂腻子 丙烯酸树脂腻子已取代了硝化纤维腻子而成为车身修理工作人员的首选，因其具有良好的充填性并且干燥快。与硝化纤维腻子相比，它能在很多种面层上直接重涂，所以适用范围更广。它的耐用性较好，收缩较小，在填充程度相同的情况下所用的涂层较少。另外它还具有以下优点。

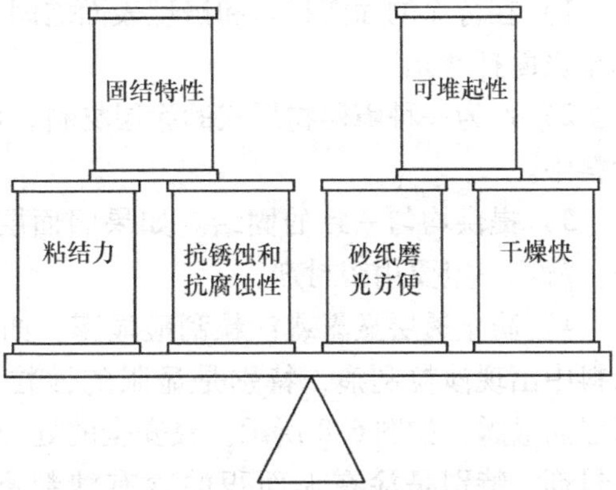

图 6-7 “特性平衡”对腻子很重要

1) 可用砂纸磨光。

2) 干燥快。如果使用正确，可在 30min 或更短的时间内干燥。

3) 固结良好，不呈多孔性。

4) 沉淀缓慢，在杯中沉淀并不太硬，在短时间内，搅拌后可迅速回到溶液中。

(3) 醇酸树脂腻子 醇酸树脂腻子或合成瓷漆腻子各方面的性能都很好，只有一项例外，即需要的干燥时间长，约 2 ~ 3h。如果进行湿磨，则要干燥过夜。由于它具有坚韧的柔性薄膜和较高的抗腐蚀性，所以被推荐用于大面积的面层修理，包括板件修理和全部重新喷漆。此外，它也有过量喷涂的问题。

(4) 自蚀腻子 自蚀腻子在市场上出现得比较晚，但却得到迅速推广，因为它将刻蚀裸露的金属和提供光滑面层两种特性结合起来，这种腻子有良好的粘结性和抗腐蚀性，还能缩短车身表面的准备时间，材料费用可减少 25% 以上。

(5) 丙烯酸树脂 - 氨基甲酸乙酯腻子 两组分丙烯酸树脂 - 氨基甲酸乙酯腻子可供目前更复杂更昂贵的车身面层使用。这种产品比普通的丙烯酸树脂腻子有更高的成膜能力，颜色更为稳定，实际上没有薄膜收缩，减少了过夜变得暗淡的情况。不足之处是干燥时间较长，成本较高，使用时需要控制操作间的温度并需要较高的清洁环境。这种产品特别适用于全车面层修理，并且适用于高档汽车的面漆。

3. 底层涂料 - 密封剂

底层涂料 - 密封剂像预涂底层涂料那样用来涂敷裸露的金属；此外，还可用来密封经过砂纸磨光的旧涂层表面。与腻子相反，底层涂料 - 密封剂不能用来填充也不必用砂纸磨光。

底层涂料 - 密封剂一般为瓷漆基产品，必须用瓷漆还原剂还原。使用这种底层涂料的主要原因是保证待喷漆的表面颜色一致（防止面层出现底层涂料斑点）及防止多孔性（防止面层溶液侵入底层涂料斑点中而出现暗淡斑点或薄边圈）。

4. 密封剂

密封剂与底层涂料 - 密封剂的不同之处是密封剂不能用作底层涂料。密封剂用来喷涂在预涂底层涂料、腻子或用砂纸磨光的旧面层上。密封剂用于汽车面层修理有以下四个特定目的。

1）在待涂的面漆材料和修理表面之间获得较好的粘结效果。在使用前一般要用砂纸把汽车表面打磨光。

2）作为一种障碍物形式的涂层材料，可防止和阻延面层修理用的溶液渗进颜色及底层涂料中。

3）提供均匀一致的固结。如果旧面层良好而坚硬，并且如果点修理用的腻子固结良好，就不一定要用密封剂。

4）防止透层显露或沙粒刮痕显露。如果在底层的涂料中出现沙粒刮痕，特别是显眼的沙粒刮痕会透过面层而显露，如图6-8所示。最安全的处理方法是涂上密封剂，特别是涂在大面积的含有沙粒刮痕的部位。如果修理的面积很小，则可用化学方法去除。

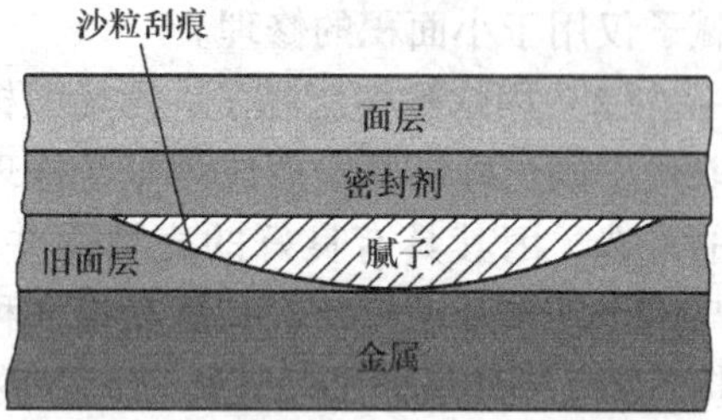

图6-8　密封剂可处理沙粒刮痕

密封剂具有下列优点：

1）改进面层颜色，加强与很硬的底层涂料和瓷漆表面的粘结效果；

2）改进光泽；

3）防止渗色（指为此目的而设计的密封剂）；

4）可用于小面积、清洁而裸露的金属表面。

有些情况下必须使用某种密封剂，应当记住下列使用准则：

（1）在喷漆上涂醇酸树脂瓷漆时，为了保证足够的粘结力，必须使用密封剂；

（2）在瓷漆上涂瓷漆时，虽然两种瓷漆之间可能有足够的粘结力，但是不能绝对确保，所以应当使用密封剂；

（3）在瓷漆上喷漆时，点修理一般没有问题，但是对于板件修理和全部重新喷漆的车身来说，建议采用密封剂；

（4）在喷漆上涂喷漆时，使用密封剂不是为了保证足够的粘结力，而是改善固结及把沙粒刮痕隐蔽起来。

密封剂有两种基本类型：

1）丙烯酸树脂喷漆系统使用的密封剂，不要涂在瓷漆面层上；

2）风干瓷漆系统使用的密封剂，不要涂在喷漆面层或丙烯酸树脂喷漆面层上。

通用密封剂适用于大多数面层系统。例如障碍物涂料密封剂为极端敏感的基片所用。快要断裂的旧面层或日晒过久的旧面层就要使用障碍物涂料密封剂。在经过擦光的原来喷漆涂层上涂瓷漆面层时，这些密封剂能消除隆起部分。

重涂密封剂是一种专用涂料，只有部分厂家生产，仅用于丙烯酸树脂瓷漆系统，可满足处于敏感阶段的板料重新喷漆的需要。这种密封剂是按着准备喷射的方式进行包装的，不需要还原，用于非敏感性油漆膜时粘结力很差。鉴别是否需要这种密封剂的唯一方法是在小片的油漆区域涂上一些瓷漆还原剂进行试验。如果还原剂没有效应或把面层溶解了，则表明并不需要这种密封剂。如果还原剂使面层起皱或隆起，则在重新喷漆前必须涂上这种密封剂。

渗色密封剂可把含有渗色的染色颜料的颜色密封起来。用白色进行点滴试验一般可以判断是否存在渗色的颜色。

还有一种带涂料的密封剂，当在原有的瓷漆上喷涂面层时，这种密封剂能产生特别好的粘结力。这种密封剂的透明树脂能“咬”入原来的瓷漆中，这是重整喷漆面层所需要的。

5. 油灰和车身填料

油灰和车身填料不能确切地列为底层涂料，但可以称为固体底层涂料，因为它们常与四种液体底层涂料中的一种或多种联合使用，具有很多相同的功能。油灰有很多种，其名称因制造厂家不同而不同，但是大致可分为车身填料、聚酯油灰及喷漆油灰，见表6-10。

表6-10　油灰的三种主要类型及用途

	车身填料	聚酯油灰	喷漆油灰
主要用途	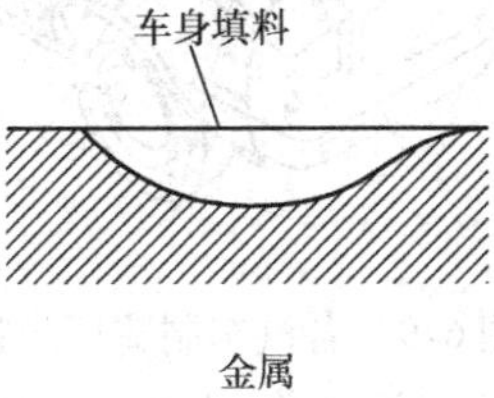 用来抹平大型凹陷及填充刮痕	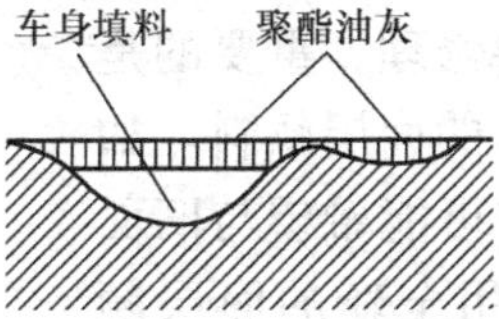 用来填充车身填料的孔隙和金属上的砂纸刮痕	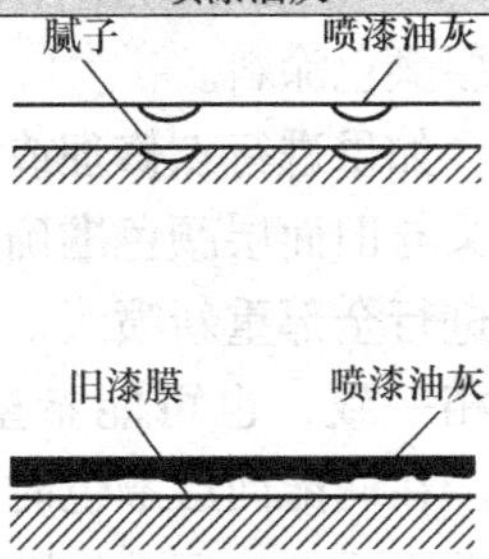 用来盖住腻子上的针孔和小刮痕及填平旧漆膜的小刮痕
每次施用的最大膜厚	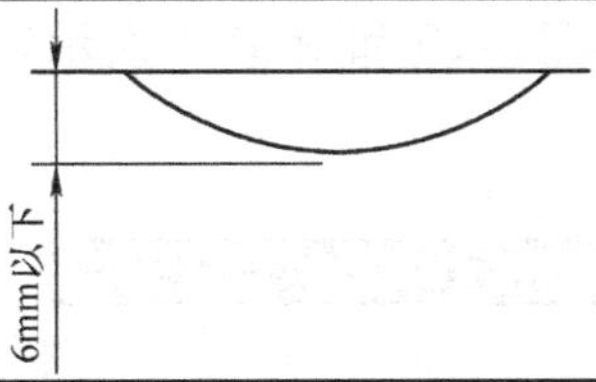	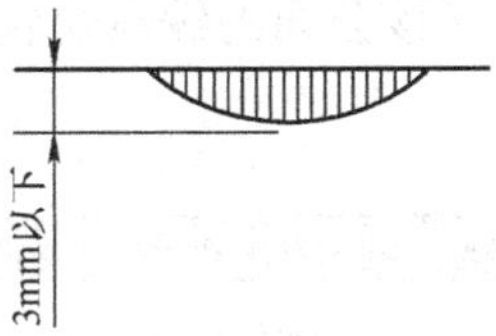	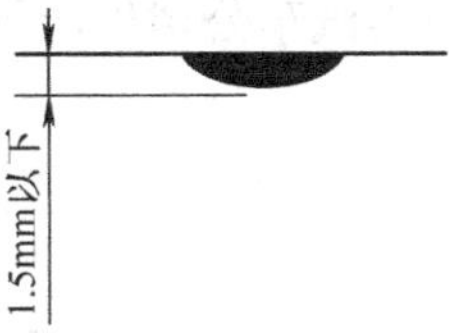

面层所用的涂料类型最终决定漆面颜色、光泽及精整的吸引人的程度。重新喷漆的涂料特性概要见表6-11。

表6-11　面层涂料特性概要

特　性		单组分类			两组分类	
		醇酸树脂瓷漆	丙烯酸树脂喷漆	丙烯酸树脂瓷漆	聚氨基甲酸乙酯	丙烯酸树脂-氨基甲酸乙脂瓷漆
喷射特性		极好	极好	好	好	好
每涂一次可能获得的厚度		相当好	相当好	好	极好	极好
光泽	不抛光	相当好	好	好	极好	极好
	抛光后	好	好	好	—	好
硬度		好	好	好	极好	极好
抗风化（消光、变黄）		相当好	相当好	好	极好	极好
抗汽油		相当好	相当好	相当好	极好	极好
粘结性		好	好	相当好	极好	极好
抗污染		相当好	相当好	相当好	极好	极好
干燥时间	触摸	68F 5～10min	68F 10min	68F 10min	68F 20～30min	68F 10～20min
	表面修理用	68F，6h； 140F，40min	68F，8h； 158F，30min	68F，8h； 158F，30min	—	68F，4h； 158F，15min
	室外存放	68F，24h； 140F，40min	68F，24h； 158F，40min	68F，24h； 158F，40min	68F，48h； 158F，1h	68F，16h； 158F，30min

（四）颜色的选择

在任何面层修理前必须要做的两个重要的步骤是：

1）确定所用的修理方式，即点修理、板料修理或全部重新喷漆；

2）准备修理所用的各种材料，特别是面层颜色涂料。

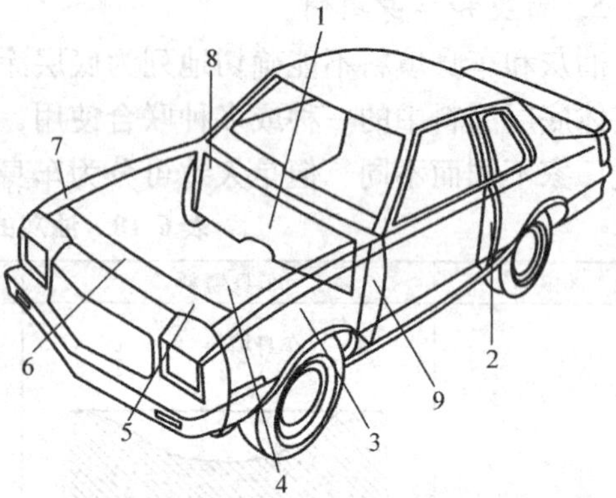

图6-9 各汽车制造厂涂料编码的位置
1—发动机舱 2—门锁支柱 3—挡泥板
4—发动机舱盖（右底面） 5—散热器支承（左）
6—散热器支承（中央） 7—挡泥板（右）
8—发动机舱（右） 9—前门车身铰链柱

如果进行点修理或板料修理，重要的是购买与旧面层颜色准确配合的面层颜料。如果进行全部重新喷漆，用户可能希望与旧面层相一致，也可能希望采用全新的面层颜色。在调配面层颜色时，首先要查看汽车出厂编码标牌，记下标牌上所示的汽车制造厂的涂料编码，如图6-9和表6-12所示，可查出所有汽车的涂料编码所在位置，但不包括通用汽车公司生产的汽车（该公司的编码位置如图6-10和图6-11所示）。

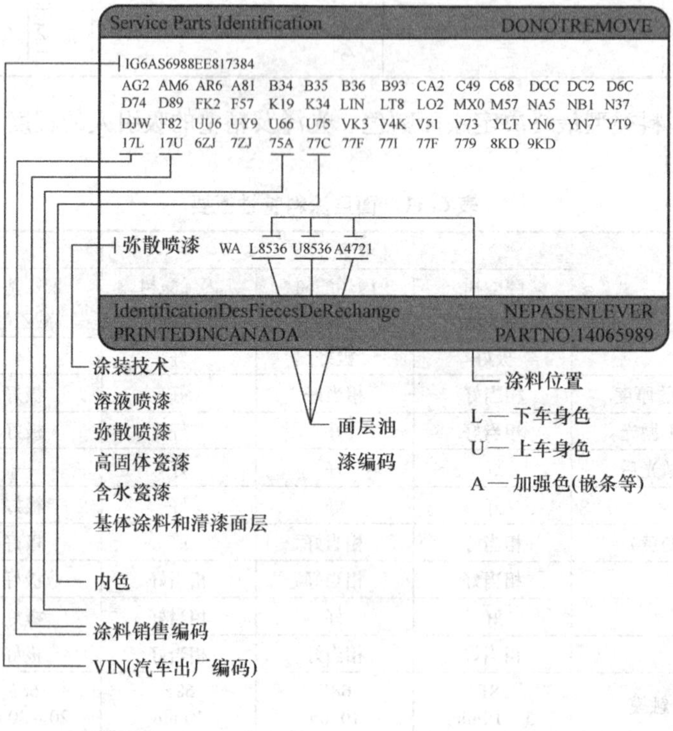

图6-10 典型维修零件识别码

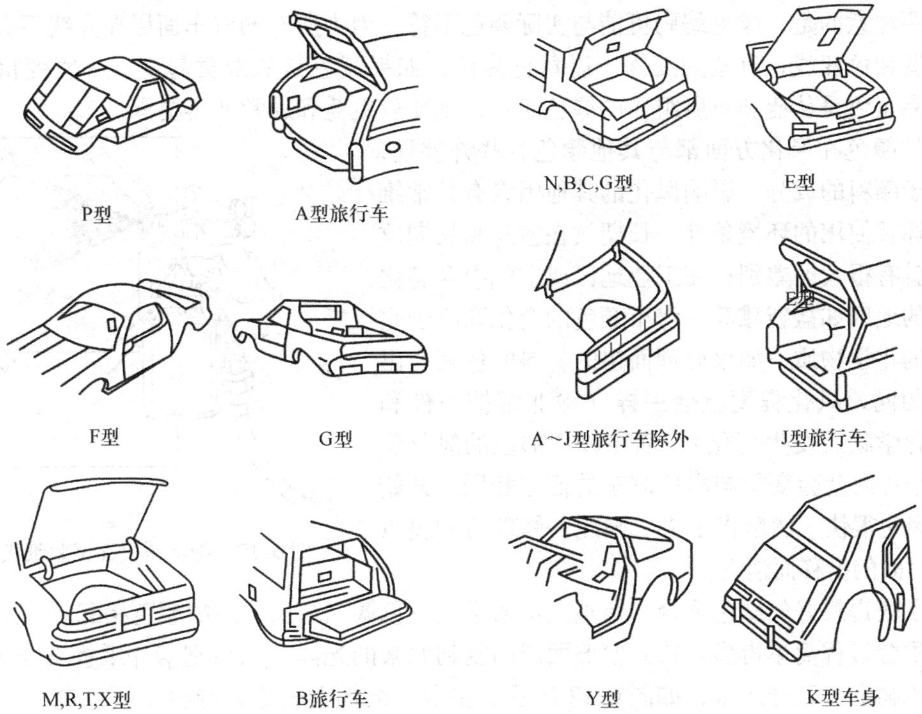

图 6-11　通用公司从 1985 年开始生产的各种类型的汽车

表 6-12　涂料编码位置（见图 6-10）

制造厂商	位置
AMC	10 2
ARROW	5
CHALLENGER　1978～1982 1983	5 4
CHAMP	3
CHRYSLER	3 4 5
CONQUEST	1
COLT　1974～1982 1983～1984	3 5
COLT VISTA	4
COURIER	2 5 8
DATSUN/NISSAN	6 8 9
DODGE D50	5
FORD	2
HONDA	2
ISUZU	6
LUV　1972～1980 1981～1982	1 6
MAZDA	5 8 9
MITSUBISHI Statrion Montero/Pickup Cordia/Tredia	1 5 7
OPEL	
SAPPORO　1978～1982 1983	5 4
SUBARU	6
TOYOTA 客车 载货车	1 7

需要注意的是，颜色编码可能与实际颜色不符，因为所有的汽车面层在光线下会逐渐变色，有些颜色变浅，有些则变深。以黄色为例，如果黄色是从淡黄起变，一般变得更淡更白。如果黄色是从蓝和黄所组成的绿色起变，则变得更蓝和通常变得更深。

每种颜色在风化方面都与其他颜色有些许差别，这取决于颜料的成分。影响风化的其他因素有日常维护的好坏及使用的环境条件，长期放在室外和长期放在库内就有很大的差别；在工业地区或空气中含有化学物质的地区如盐碱滩等，汽车颜色的变化取决于它所接触的化学物质。如果修理面层的材料的色素与出厂汽车相同，风化程度就会一样（除非维护条件和接触的化学物质发生变化），面层修理部位的风化颜色在几个月内就会变得与出厂汽车的面层相同。开始几个月风化很快，然后慢下来。因此，修理后的斑点会随着时间的推移而消失。

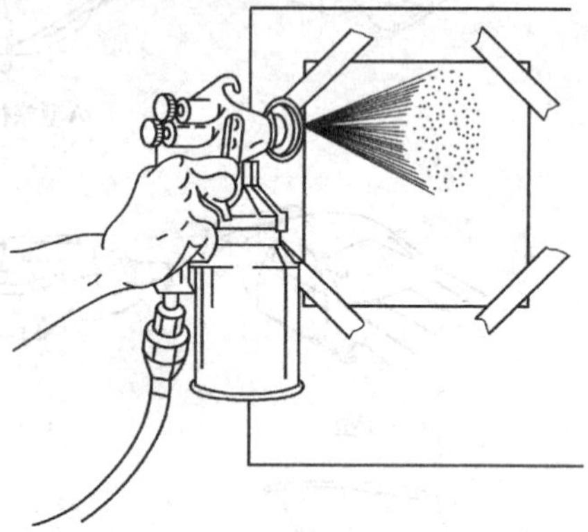

图6-12　把涂料喷在试验纸板上

为了获得最好的颜色配合，修理人员通常把颜色调到与风化后的颜色相配。采用实验卡片能使配合过程简单得多。首先使旧面层回复到原来的光泽。然后把卡片纸板（不要折皱）贴到支承物上垂直挂起来，如图6-12所示。在卡片纸板上喷漆并与汽车颜色进行对照以查看是否相配。可进行多次调整，每次轻微调整涂料颜色。为了获得良好的配合，可用若干张试验卡片来进行。色彩配合技能的提高主要靠经验的积累。

本章小结

1. 涂料由主要成膜物质、次要成膜物质与辅助成膜物质组成。
2. 涂料的作用是保护、美化装饰、标志与特殊作用。
3. 常用涂料的主要性能与用途。
4. 涂料的命名规则。
5. 颜料的通性是指遮盖力、着色力、渗色性、粉化及吸油量。
6. 涂料常用的溶剂与助溶剂。
7. 汽车面漆的功用、组成和修理方法。

复习思考题

1. 涂料分哪几类？
2. 涂料的作用包括哪些方面？
3. 颜料的性能包括哪些方面？
4. 溶剂的种类有哪些？
5. 催干剂的种类及其功用？
6. 涂料是由哪些原料组成的？
7. 汽车面漆通常由哪三部分组成？
8. 车身面层的修理有哪些方法？

第七章

涂装工具、设备的应用

学习目标：

1. 了解刷涂工具的种类与使用方法。
2. 掌握刮涂工具的种类与使用方法。
3. 掌握喷枪的结构与保养方法。
4. 掌握喷枪故障的处理方式。
5. 掌握喷枪的使用与喷涂方法。
6. 了解喷漆设备的结构，掌握使用方法。
7. 掌握涂装前构件表面的处理方法。

涂料的选择对汽车车身涂装品质的影响起着举足轻重的作用。车身表面涂装质量的优劣要通过维修人员的努力来实现的。车身涂装所使用的工具、设备、作业环境以及涂装前的准备等，都是影响车身涂装品质的关键性因素。

第一节　涂装工具的正确使用

刷涂是一个较古老的传统操作方法，操作简便，适用性强，适用于没有喷涂条件及其他涂装方法的场合或品质要求不高的物件表面涂装。刷涂的涂料最好是油性漆类或一些表面不容易结膜的磁漆类，对挥发性、干燥性较好的涂料不适合用刷涂的方法施工。

一、刷涂工具

（一）常用涂刷

主要是漆刷，它有很多种类。从制做材料上可分为硬毛刷和软毛刷两种。硬毛刷主要是用猪鬃、马鬃等为原料制成的。软毛刷用羊毛、狗毛、马毛等制成。毛刷从形状上可分为圆形、扁形、薄板形、歪把形等多种；从制作尺寸上可分为12mm、19mm、25mm、38mm、50mm、65mm、75mm等。

圆形毛刷可分为大圆毛刷和椭圆毛刷两种。刷毛一般用猪鬃或马鬃制成，直径也分大小不同的尺寸，圆毛刷适用于涂刷粗糙的物件。

扁形刷也分为硬毛、软毛两种。硬毛刷多用猪鬃制成，软毛刷多用羊毛制成。毛直、毛清为质量好。软毛刷常用于刷涂稀度涂料，由于含漆量大、刷痕轻、漆流展性好，适用于刷品质要求较高的物件。

排笔多用羊毛制做，常以杆材排列组成，多用于刷涂稠度小的油性涂料和水性涂料。

滚刷用尼龙制成，多用于辊涂水性涂料或伸展性好的油性涂料。大平面辊涂能提高工作效率。

（二）常用涂刷的正确使用

新刷在使用前要在1号砂布上来回磨擦毛头部，把刷毛磨顺使其柔软，然后再用手除去残毛和粉尘。使用漆刷刷漆时常用拇指在前，其他四指在后，用食指、中指夹紧刷柄，用手的腕力和臂力移动漆刷，在刷涂大面积物件时要通过身躯移动来配合。漆刷蘸漆时一次不要太多，刷毛深入油漆部分最好不超过1/2。蘸漆后漆刷应在漆桶内壁轻轻地来回各刮一次，以便将多余的漆液留在桶内。

操作时一般从物面的左上侧开始，本着“先里后外、先难后易、先上后下”的程序进行，并按“开油”——“横油”（或“斜油”）——“理油”的顺序操作。

刷子用完后，如果再次使用间隔时间不长，可将漆刷垂直地悬挂在溶剂或清水中，不要让刷毛露出液面，也不要让刷毛压在容器底部，否则刷毛易变弯，影响使用。下次再用时，取出漆刷，将液体甩净、擦干即可。如果漆刷用完后长时间不用，应立即用溶剂洗净、晾干，用塑料薄膜包好放在干燥的地方保存备用。

漆刷使用时间过久，刷毛容易变短而厚，可用刀削去两面短毛，使其变薄即可使用。漆刷掉毛可用小钉钉紧铁箍。刷毛较硬时用强溶剂浸泡，刷毛泡软后再用。

二、刮涂工具

为使汽车表面平整光亮，需要使用刮涂和打磨工具。刮涂工序的主要作业是刮腻子；打磨工序则包括打磨底层、除锈、磨腻子等。

（一）刮涂工具

刮涂腻子使用的工具主要是刮具（俗称刮子），分为硬刮具和软刮具两类，应根据不同的情况灵活选用。

硬刮具泛指那些有一定弹性和硬度的刮具，如图7-1a、b、c中所示的牛角刮子、硬聚氯乙烯板刮子、环氧酚醛玻璃（胶木）板刮子以及钢片刮子等。硬刮具中的大中型刮子，刮口较宽，适用于较大平面的刮涂等。硬刮子刃口较薄，易于对刮涂过的表面进行修整。钢片刮子规格分为25mm、50mm、75mm三种，市场销售的刮涂工具要求弹性好、能弯不折、不易变形。

软刮具则专指端口较软的橡胶刮具，如图7-1d、e、f所示的胶板大刮子和木柄橡胶小刮子等。软刮具中，胶板大刮子的厚度约为6~8mm；木柄橡胶小刮子的厚度约为3~4mm。端口两边均磨成对称的斜面，端口中间的直线度好且十分光滑。这种类型的软刮具，省力又快捷，适合于往垂直平面上刮涂腻子和最后找细用。

腻子手托板和保管橡胶类软刮具的夹具等，也是刮涂腻子作业所必不可少的辅助工具(图7-1g、h、i)。

正确握持刮具的方法如图7-2所示：三指法适于握持小型刮具，五指法适于握持大中型刮具，拳握法则适于握持刮平刀。

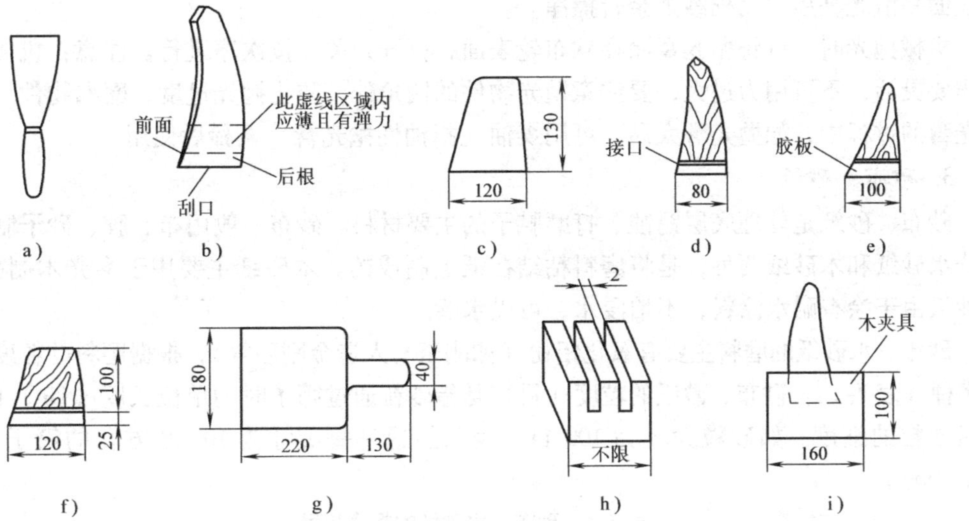

图 7-1 刮涂工具的类型

a）油灰刀 b）牛角刮子或硬聚氯乙烯板刮子 c）聚氯乙烯板块状刮子或薄钢片刮子 d）中型木柄橡胶刮子 e）木柄橡胶斜口刮子 f）木柄橡胶大刮子 g）腻子手托板 h）旋转橡胶软刮子的夹具 i）放置方法

（二）打磨工具

打磨已由过去的手工打磨转入到半机械打磨，所使用的主要工具如下。

1. 风动打磨工具

风动打磨工具主要有风动磨腻子机、风动砂轮、钢丝轮、抛光轮等，主要作用是清除钢铁表面上的铁锈、旧涂层、旧漆，打磨腻子、抛光、上蜡等，可减轻体力劳动、提高工作效率。

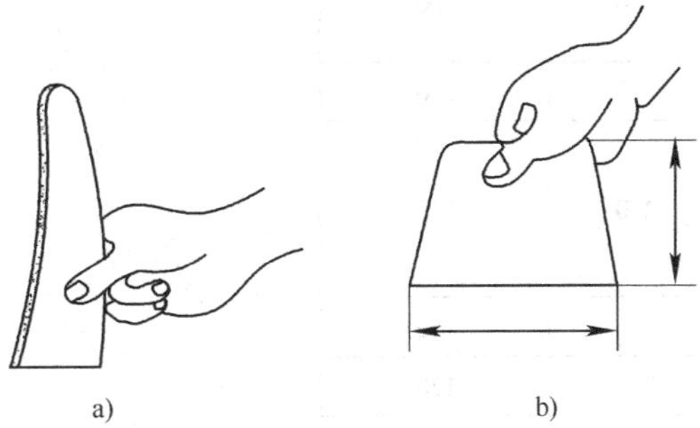

图 7-2 刮板的握法

a）三指法 b）五指法

2. 电动打磨工具

电动打磨工具有电动砂轮、布轮、磨腻子机等。它的主要作用和风动工具一样，但比风动工具使用方便。使用电动打磨工具时必须穿戴好劳保用品和采取必要的安全保护措施，不要在潮湿环境中使用。

（三）打磨材料

打磨材料是汽车涂装中不可缺少的材料。打磨材料包括砂轮、砂布、砂纸、抛光膏等。

1. 砂轮

砂轮主要是用来打磨腻子的，质量较为粗糙。为了节省砂布、砂纸，在打磨头道和二道腻子时可先用砂轮片粗磨一下，可提高效率，节约材料。

2. 抛光膏（又叫砂蜡）

抛光膏是一种乳膏状物质，它是由硅藻土矿物油、蜡、乳化剂、溶剂、水等组成的，分为水性和油性两种，颗粒有粗细之分。使用时应根据涂膜品质要求选用，在漆膜完全干燥后，将抛光膏涂在棉纱表面或涂膜表面，用手掌压住棉纱，用力在漆膜表面往返按擦，待漆膜表面平滑光亮后，用棉纱把余膏擦净。

机械抛光时，可将抛光膏涂在软布轮表面，打开开关，按次序进行。注意：机械抛光时动作要灵活，不可用力过大，要注意抛光物件的棱角处，防止抛光过度，磨漏物件。在使用抛光膏的过程中，如抛光膏太黏，可用煤油（指油性抛光膏）调稀后使用。

3. *砂布、砂纸*

砂布、砂纸是处理底层锈蚀、打磨腻子的主要材料。砂布一般用布、胶、砂子制成。砂纸分水砂纸和木砂纸两种，是将磨料粘结在纸上制成的。木砂纸主要用于磨光木制品表面；水砂纸由于涂有耐水涂料，不怕浸水，可以水磨。

砂布、水砂纸的磨料主要有氧化铝粉（如刚玉、人造金刚砂等），根据磨料的粒度大小分为多种（表7-1）。砂布、砂纸的粒度（目）是指砂粒通过筛子时的单位长度（1in）的孔数，表明砂粒的细度。如砂粒大小为100目，表示能通过每英寸为100个方孔的筛子（1in = 0.0254m）。

表7-1　砂布、水砂纸的规格和用途

砂布			水砂纸		
规格代号	粒度（目）	用途	规格代号	粒度（目）	用途
4/0	200	用于钢铁表面除锈，打磨木器家具表面，打磨底漆腻子、旧涂层等	150	100	用于底漆、腻子面漆或旧涂层进行湿打磨
1/0	180		180	120	
2/0	160		200	140	
0	140		220	150	
0.5	120		240	160	
1	100		260	170	
1.5	80		280	180	
2	60		300	200	
2.5	46		320	220	
3	36		360	240	
4	30		400	260	
5	24		500	320	
6	18		600	400	
			700	500	
			800	600	
			900	700	
			1000	800	

水砂纸规格代号号数越大，粒度越细。砂布和木砂纸则和水砂纸相反，即号数越大，砂粒越粗。

三、喷涂工具

喷涂工具是车身涂装作业中所不可缺少的重要工具，车身涂漆主要采用空气喷涂的方法，喷漆枪起着将漆液喷成细雾的作用。

（一）喷漆枪的类型与结构

喷漆枪（简称喷枪）是涂装施工的主要工具，可分为普通喷枪、高压喷枪、无空气喷枪、静电喷枪四种类型。普通喷枪应用最广泛，本书主要介绍普通喷枪。

1. 普通喷枪的类型

普通喷枪通过压缩空气以很高的速度从喷枪喷嘴流过，在喷嘴周围形成局部真空。涂料进入该真空空间时，被高速气流雾化，喷向工件表面形成漆膜。按涂料供给方式分为重力式、下吸式两种。

重力式喷枪的涂料杯安装在喷枪顶部，靠涂料自身的压力流到喷嘴，与空气气流混合喷出。重力式喷枪的口径为0.5～2.5mm。

下吸式喷枪的涂料在喷枪下部，又分为对嘴式和扁平嘴式。对嘴式喷枪喷出的圆形漆雾量小，适合涂小型物件和局部补漆、喷涂图案等，口径为0.5～2.5mm（图7-3）。

扁平式喷枪多为较大型喷枪，出漆图样可调成圆柱形、纵向扇面形、横向扇面形，适合大面积喷涂。喷枪口径为1.3～2.5mm。

2. 喷漆枪的结构

下吸式喷枪的示意性结构如图7-3所示。使用时用手扣动扳机，阀杆即被推开使压缩空气通道开放，继而出漆孔的针阀相应打开，压缩空气的高速流动使漆液随之喷出。调整喷漆量控制螺钉，可改变混合比的大小；调整辅助空气调节螺钉，可获得不同程度的雾化形状及漆流。

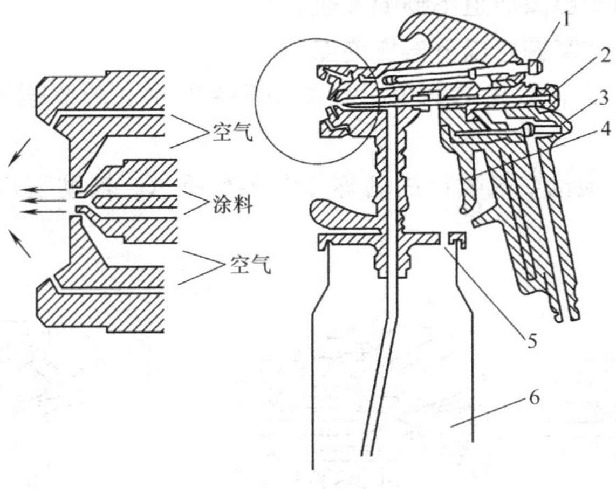

图7-3　下吸式喷漆枪的构造

1—辅助空气调节螺钉　2—主喷漆量调节螺钉　3—阀杆
4—扳机　5—空气补充孔　6—漆罐

将喷枪分为涂料流出部分、空气输入与输出部分、控制调节部分和储漆部分。

（1）涂料流出部分　主要包括出漆管、出漆管螺栓、密封垫、涂料喷嘴。

（2）空气输入与输出部分　主要包括枪身、空气通道、螺栓、空气螺母。

（3）控制调节部分　主要包括空气调节阀、图样调节螺栓、针阀、涂料调节螺栓、扳机、空气控制阀、密封垫。

（4）储漆部分　主要包括漆罐、密封垫。

（二）喷枪选择和正确使用

1. 喷枪的选择

选择喷枪时要根据喷涂物件的大小、涂料的品种以及喷涂的品质等级标准来考虑。

被涂装的物件大，需选用口径较大的喷枪，这种喷枪出漆量大，速度快。喷涂品质要求高时，要选择出漆嘴雾化好的喷枪。物件大、品质要求不高的，选用雾化好的喷枪反而会影响效率。涂料用量少、喷涂物件面积小而且颜色种类又多时，使用大喷枪会造成浪费，并且不能提高品质；应选用重力式喷枪，该枪装漆容量少，换颜色方便，清洗漆壶时节省稀释剂。

喷枪口径越大，需要的空气压力越大，喷出的漆料越多，需要漆的稠度越高。喷漆枪的口径大小与喷枪嘴的空气帽的风孔是互相配合的，空气帽分为多孔型和少孔型。多孔型的空气帽，空气用量大，雾化性能好，涂膜品质好。少孔型的空气帽，空气用量小，雾化性能差，适用于喷涂品质要求不太高的物件。喷涂涂料的雾化程度与喷枪的口径大小、涂料的黏度、出风孔的排风量多少及排列角度等有关。根据不同品种的涂料选择喷枪嘴的口径和出风孔的多少，调好涂料的黏度。

2. 喷枪的正确使用

使用前应检查喷枪工作是否正常，发现故障时要及时排除。较为常见的故障有：调整成扁形射流时仍喷出圆形漆雾，多为喷嘴两侧的辅助出气孔堵塞所致；喷射密度不均匀或自侧孔喷出漆雾，一般是因为喷嘴的环状空气通道不畅或出漆孔的针阀不正所致；喷涂过程中漆雾时断时续，主要是由于出漆通道不畅的缘故。

使用喷枪时还应注意掌握好以下操作要点。

（1）涂料的种类　涂料雾化的三个阶段如图 7-4 所示。调节喷涂模式的宽度如图 7-5 所示。

（2）喷枪的口径　喷枪空气喷口的名称如图 7-6 所示。辅助喷口的数量与喷枪性能如图 7-7 所示。

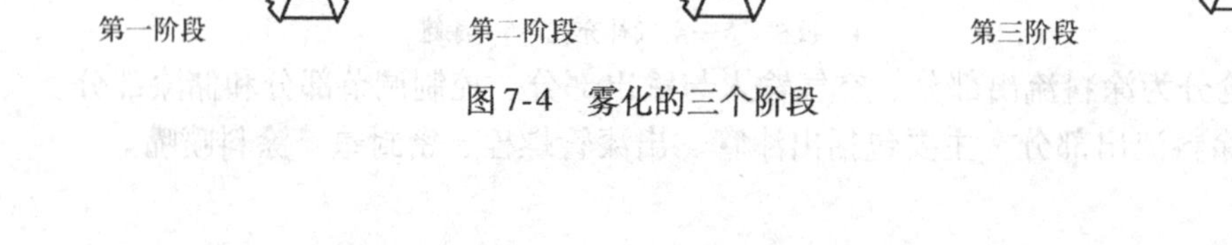

图 7-4　雾化的三个阶段

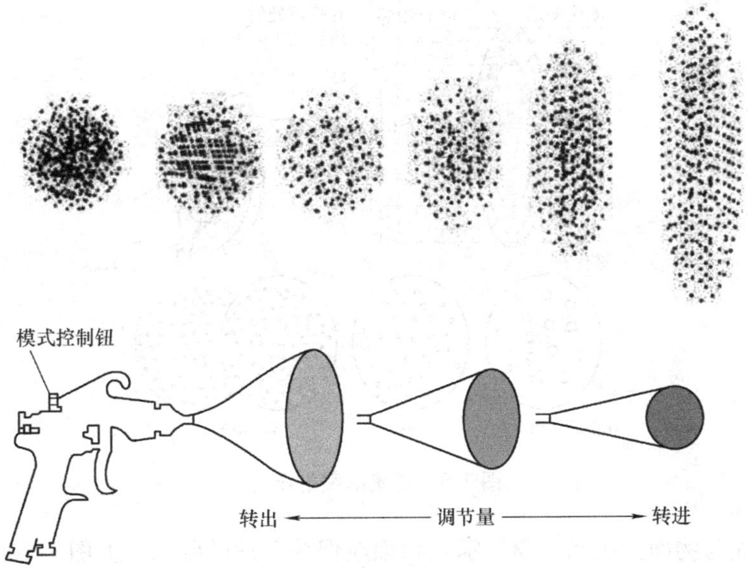

图 7-5　调节喷涂模式的宽度

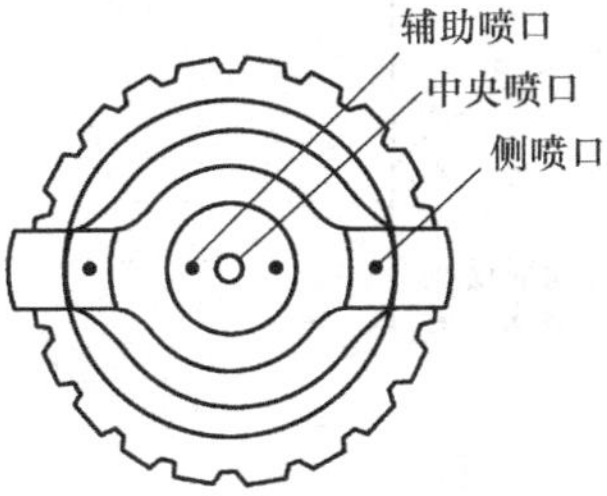

图 7-6　空气喷口名称

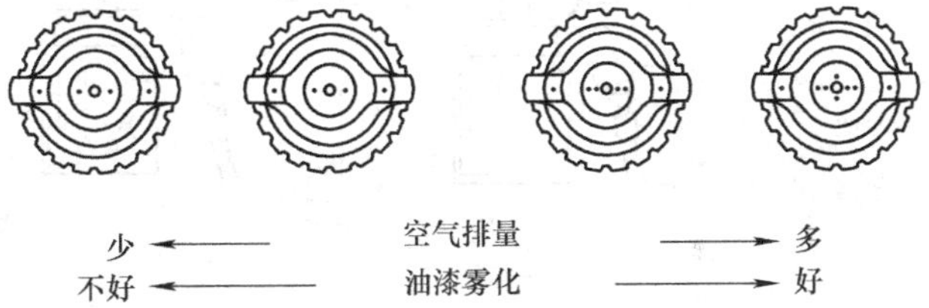

图 7-7　辅助喷口数量与喷枪性能

(3) 涂料稠度　通过流体控制钮调节涂料的流量（图 7-8）。

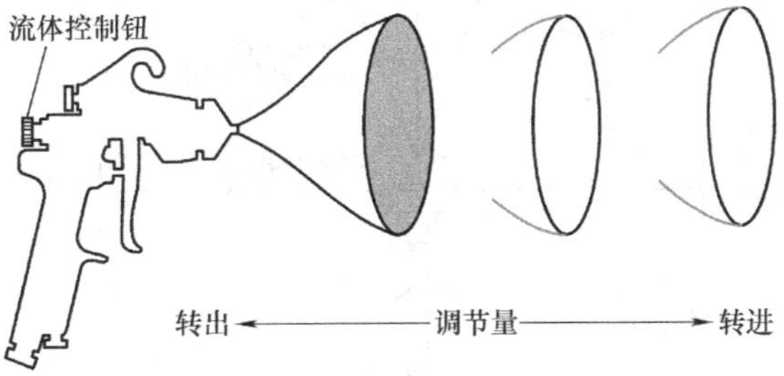

图 7-8　调节涂料流量

(4) 空气的压力　调整出正确的喷射压力（图 7-9）。

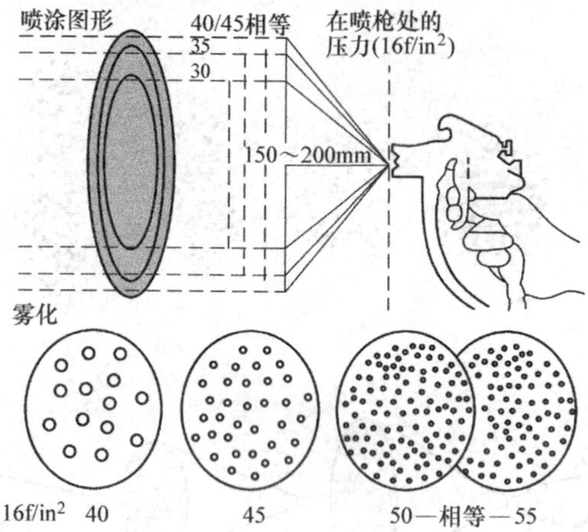

图 7-9 正确的喷射压力

（5）喷枪嘴与物面的距离 喷枪嘴与物面应保持合适的距离，如图 7-10 所示。

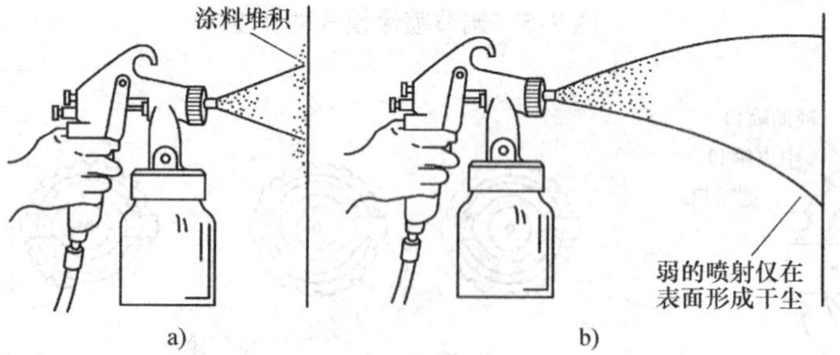

图 7-10 喷枪嘴与物面应保持合适的距离

a）喷枪太近，涂料堆积导致渗开和凹陷 b）喷枪太远，涂料在到达表面前形成干尘

（6）运行速度 喷枪应以适当的速度平行移动运行，如图 7-11 所示。

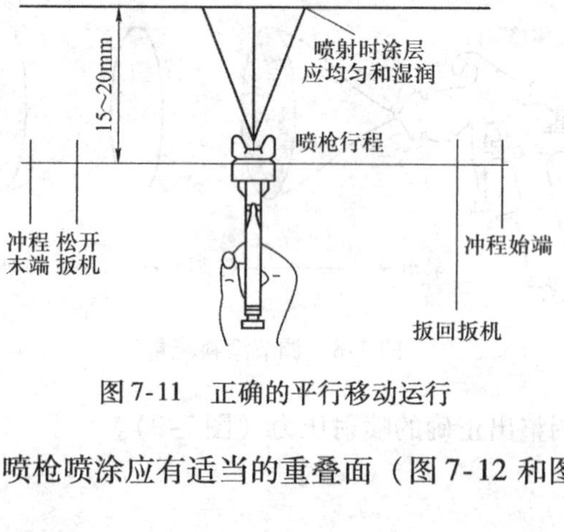

图 7-11 正确的平行移动运行

（7）重叠面的多少 喷枪喷涂应有适当的重叠面（图 7-12 和图 7-13）。

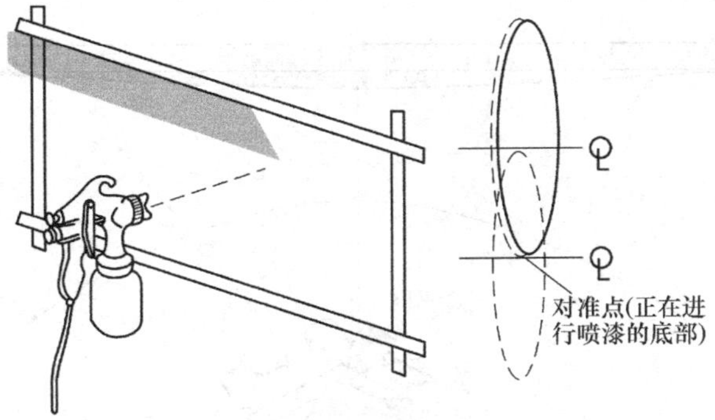

图 7-12 如何喷涂重叠行程

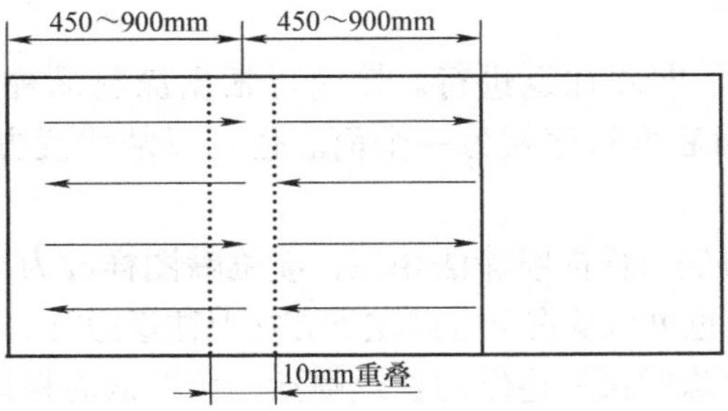

图 7-13 必须与各行程湿边混合

（8）喷枪的运动 正确的喷枪运动十分重要（图 7-14 和图 7-15）。

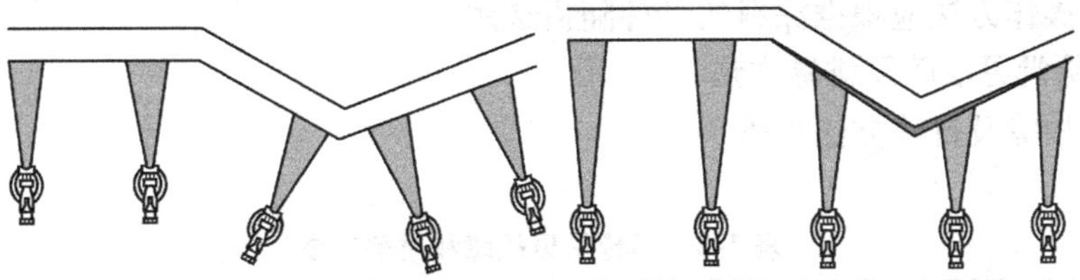

图 7-14 喷枪的运动

a）正确 b）不正确，在曲面上如果喷枪不保持与物体表面垂直就会产生不均匀的油漆膜

上述操作要点是相辅相成的，要全面灵活地掌握好，不能单独强调哪一个环节。在同一种条件下，喷涂距离、运行速度、重叠面的多少是喷涂操作的三要素。如果改变了条件（如涂料的种类），即使喷枪的口径一样，涂料的黏度、喷涂距离、运行速度、重叠面都需要相应进行改变。在同一条件下，三要素的掌握是比较严格的。如果改变了某种条件，操作的三要素需相应调整。

3. 喷涂方法

根据涂料品种不同和物件几何形状的差异，实际喷涂时常采用以下几种方法。

（1）横向喷涂法 喷涂图样呈直线状，右手掌握喷枪，操作者从左上侧开始，扳动扳机，从左向右进行。当行至一个接面的距离时（距离由个人掌握，一般以 800 ~

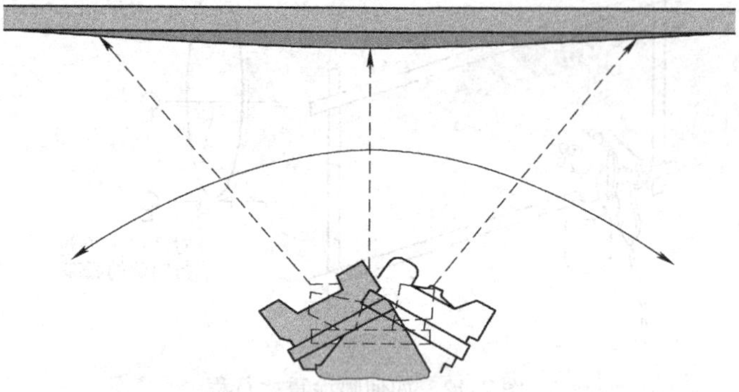

图 7-15 错误的弧线喷枪运动导致中间漆层变厚

1000mm 为宜)，迅速向下向左往返进行。接面可根据涂料品种自行掌握，一般为 1/2、1/3、1/4。当喷完一个面后再顺序喷另一个面。也可以从相反方向进行，即从操作者右下侧向上喷涂。

(2) 纵向喷涂法　方法与横向喷涂法相似，喷枪嘴图样改为水平方向，喷枪从左上方或右上方往下往返运行，也可以从右下方或左下方往上往返运行。

(3) 纵横交叉法　喷涂时第一遍纵向往返喷涂，第二遍时横向往返喷涂，每遍都要改变图样的方向。

(4) 横向双重法和纵向双重法　喷涂方向不变，第一遍喷完后，再按原来的方法喷涂。

以上各种操作方法应根据涂料的品种随机选用。

(三) 喷枪常见故障及排除方法

喷枪常见故障及排除方法见表 7-2。

表 7-2 喷枪常见故障和排除方法

常见故障	故障原因	排除方法
涂料时断时续	漆壶涂料不足，涂料过稠，空气进入涂料通道，漆壶上盖进气孔不畅，漆壶联接螺栓松动，针阀密封垫不严	补加涂料，调节涂料稠度，检查空气通道是否正常，通顺壶盖进气孔，紧固螺栓，更换密封垫
出漆量不足	出漆嘴风帽松动，漆液黏度过高，涂料通道不畅，进气孔堵塞，气压过低	检查紧固出漆嘴风帽，调节漆液稠度，清除涂料通道杂物，通顺进气孔调整气压
漏漆、漏气	漆壶口变形，漆壶盖垫老化，涂料通道管螺母松动，垫圈破损，风道钩栓松动，空气控制阀不严	检修漆壶口，更换垫圈，紧固螺母

（续）

常见故障	故障原因	排除方法
喷雾图样过小，不出扇面	风压过低，漆液黏度大，空气控制阀没有打开或螺栓内弹簧折断，空气帽、风孔堵塞或空气帽中间孔与喷嘴间隙过大	检查喷嘴与空气帽的间隙，检查空气控制阀螺栓弹簧，通顺空气帽风孔，更换喷嘴或空气帽
图样呈扇面或下重上轻	空气帽与喷嘴间隙不均，上大下小或下大上小，空气帽风孔角度不对，喷嘴变形破损	检查喷嘴与空气帽的间隙，检查空气帽风孔角度是否变形，喷嘴是否破损
图样扇面两头浓，中间轻	空气帽与喷嘴中间孔间隙过小，风帽两侧角孔过大	检查喷嘴空气帽中间孔是否有杂物，喷嘴是否变形，风帽角孔是否风压过大
初扳扳机时风和漆雾同时出现	喷针塞调节过长，空气控制阀阀杆行程小	调节针塞杆与扳机间隙，检查空气控制阀阀杆调节行程，检查控制阀内弹簧压力

（四）喷枪的维护

1）喷枪用完后应立即用溶剂洗净，漆液通道不残留漆液，先用溶剂喷洗一次。在喷洗时可用手指堵住喷嘴和风孔，让溶剂回流，然后将溶剂倒出，再换干净溶剂按上述方法重洗，最后切断风源，用棉纱将外部擦洗干净。

2）喷嘴、风帽、扳机等不容易擦净的地方，用毛刷仔细刷洗一次。风帽孔如有堵塞，应将风帽拆下浸泡在溶剂中，然后用风吹掉杂物。不要用钢丝或坚硬细针去捅风孔，避免风孔损坏、变形，影响喷涂图样，造成喷枪不好用。

3）喷枪暂时停用时，应将风帽拆下浸入溶剂中；各螺栓活动部位涂上黄油，保证下次使用时操作灵活。喷枪停用时，应放在安全的地方保管，注意不要撞坏。

4）喷枪不能拆卸，也不能因表面有漆或脏物就全部泡在溶剂中，否则会使胶垫破损变形，造成喷枪漏气或管道堵塞影响正常使用。

第二节 喷涂设备的应用

车身维修企业的喷涂设备和设施，主要是指供气系统和喷涂、烘漆设施等。供气系统和喷涂设施是车身喷涂作业的主要设备，它们对车身涂装品质有至关重要的影响。

一、喷涂供气系统

（一）供气系统的组成

供气系统主要由空气压缩机、调压阀、分水滤气器（也称油水分离器）、储备罐、送风软管等组成。喷涂系统主要有喷枪、过滤网调漆桶、工作台等。

空气压缩机俗称气泵，分固定式和移动式两种。固定式气泵功率较大，适合大规模范围使用。现在的大型汽车维修企业由于风动工具应用较多，多采用此类供气设备。小型汽车维修中多使用移动式气泵，移动灵活，使用方便。移动式气泵分单缸和双缸两种，它是用电动机带动空气压缩机曲轴、连杆，使活塞在气缸内做往返运动，产生气压并输送到储气缸内。

气泵使用时应放在阴凉、通风的地方，房间要有一定的空间。四轮垫好、放稳，查看润滑油量是否加到合适位置，打开放气阀门先进行运转，转一段时间后如无故障即可全负荷运转使用。

气泵在使用期间要检查安全阀是否正常，气压调节器是否准确及自动停车是否正常。气压调节器是否准确和起动可靠，在气泵使用250h左右定期检查清洗一次，并根据气候温度情况及时放水。气泵长期停用，应将气缸上的气阀拆下保存，在气缸的活塞表面及开口处用油纸封好，以防锈蚀。

调压阀的功能：调整空压机输送的空气压力并使其衡定在规定的范围以内。其构造与工作原理如图7-16所示，压力正常时压缩空气经输入口、进气阀后输出；由于有旁通孔而使平衡气室的压力与之相等。

当输入、输出压力增大时，平衡气室的压力也随之提高；在膜片的作用下平衡弹簧被压缩，进气阀座连同阀杆一起被底簧推至关闭位置，输出端的压力降低。当输入端气压提高时，平衡气室的压力也会相应提高；膜片上移并带动阀杆及进气阀上移、关闭。超过一定压力时溢流阀还会起作用，以避免输出端压力过高并消除输出端气压的脉动幅度。

供气系统的另一个装置是分水滤气器。它主要起水气分离和过滤空气的作用，为喷枪提供纯净而干燥的空气，其构造如图7-17所示。叶片旋风式分水器能有效地将微小水滴从压缩空气中分离出去；铜珠烧结的多孔过滤杯，能够滤掉空气中的污垢。

（二）供气系统的检查

使用供气系统前应着重检查调压阀和分水滤气器的工作状况。不同型号的喷枪，对供气压力均有不同的要求，在喷涂前应按说明书的规定预先调好。如无标准可循时，可依经验方法判断：喷射力过剧并产生强烈的雾状，一般为空气压力过高且漆液的输出量不足所致；反之，则由于空气压力调节过低所致。

旋转调整调压器手柄，平衡弹簧的作用力迫使进气阀杆下移，进气阀被推开使输出端压力也相应提高，直至平衡气室的压力与平衡弹簧相平衡为止，输出端的压力再次衡定在一个新的调高压力上。反之，当调整阀杆旋出时，平衡弹簧的作用力也相应减弱，平衡气室的压力相对低一些，使其可将进气阀关闭，从而达到了调低输出端气压的目的。

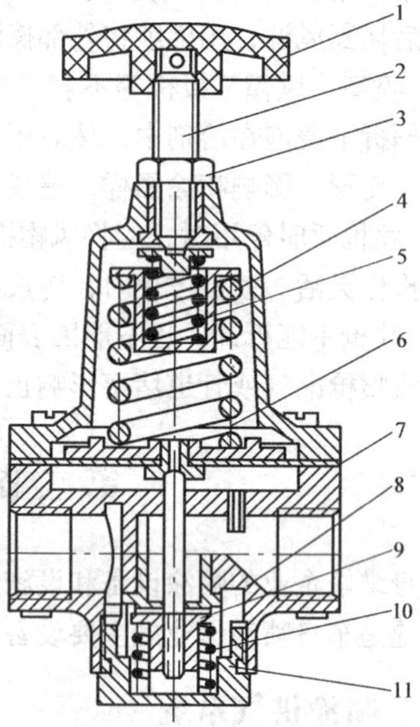

图7-16　QTY型调压阀

1—调整手柄　2—调整杆　3—锁紧螺母　4—工作弹簧　5—管道弹簧　6—溢流阀座　7—膜片　8—下壳体　9—阀杆座　10—弹簧　11—O形圈

使用分水滤气器之前，要打开排水阀将存水

杯中的污物放掉。每使用一段时间后，还应将多孔过滤杯和存水杯拆下，用汽油洗净、晾干。分水滤气器失效，会使喷涂后形成的漆膜产生水泡或麻点。

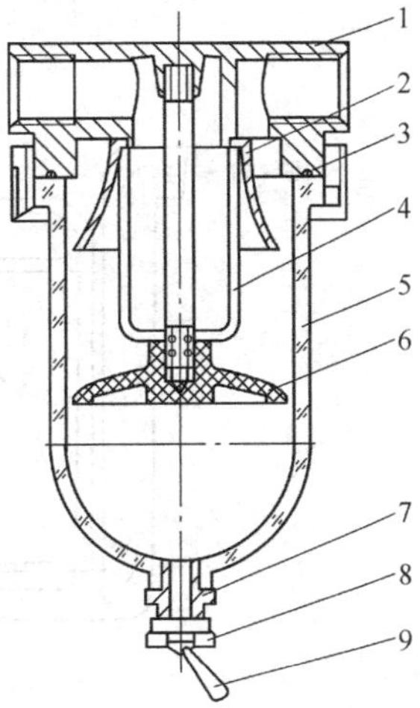

图 7-17　QSL 型分水滤气器
1—壳体　2—铝杯　3—O 形圈
4—多孔过滤杯　5—存水杯
6—挡水板　7—放水阀座
8—放水接头　9—放水手柄

二、喷涂室和烘干室

喷涂室和烘干室是汽车涂装中主要的设备之一，它对净化环境、保证施工者的健康和提高涂装品质都有帮助，对缩短工期更是起到了极重要的作用。喷涂室和烘干室种类很多，这里仅介绍常见的几种。

1. 普通喷涂室

一般为单体死端式，根据使用不同分为大、中、小三种。在喷涂过程中，漆雾在抽风机的作用下经过滤器，使漆雾被粘住留在过滤器中，空气经过风道排出室外。这种喷涂室结构简单，成本较低，涂料消耗量小，涂覆效率高。缺点是漆雾不能很快排出，容易粘在室内壁上，过滤网耗量大，需要经常更换。风机、风速等部件易被污染，易燃性较大，仅适用于小件或小批量喷涂。

2. 汽车喷涂烘房

最可靠的方法是在图 7- 18 所示的封闭式喷涂、烘漆房内施工。这种类型的喷涂房不仅密封良好，而且还附加了带有过滤系统的强制换风装置。使用时开动引风机，可以将过滤的新鲜空气不断送至喷涂室，再通过设在地板上的滤网过滤后排入大气。清净的通风效果既有利于操作（能见度好），又改善了工人的作业环境。

喷涂烘房设计合理，结构先进，它应用电子技术进行温度自动控制，可根据需要显示出烘烤过程中的温度、时间，在结构上采用过压原理，室内风压高于室外4 ~12Pa，使灰尘不能进入室内。外部空气进入室内已经多次过滤，空气净化程度较高。

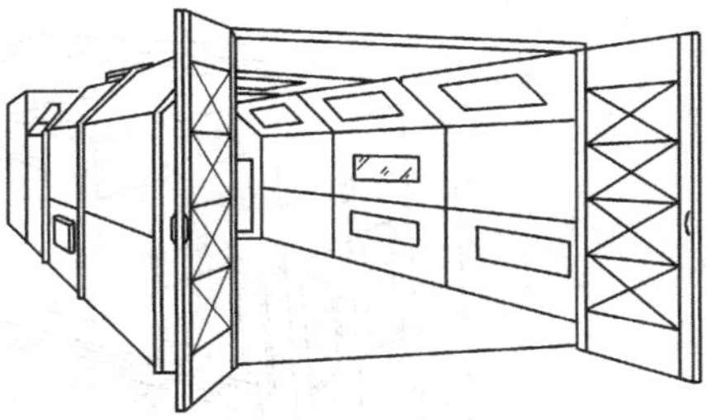

a)

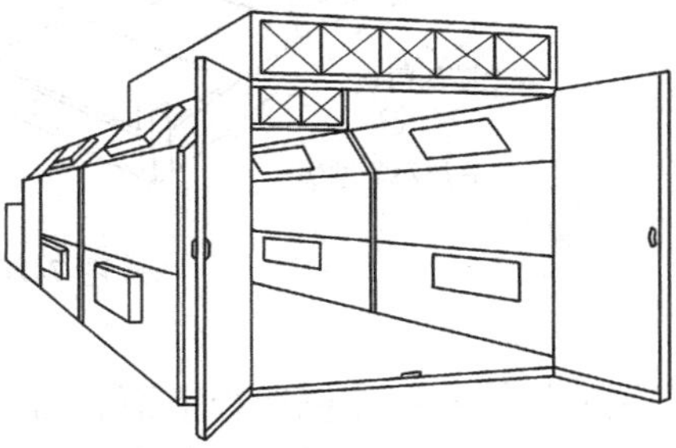

b)

图 7-18　喷涂烘房的基本形式
a）通过式喷涂房　b）尽头式喷涂房

喷涂烘房能启动热交换器并使其工作，不仅可以改善喷涂室内的温度，还可将其调整到所需的烘干温度，对车身涂层进行烘干。升温过程中打开二次循环阀门，可使新吸入的冷空气得到预热，大大提高了喷涂烘房的温升效果（图 7-19）。

在烘烤过程中，空气循环加热每次仅需补充10% 的新空气，热量利用率高，节约能源；废气经过滤后排出室外，排放符合环保标准要求；操作简单，温控均匀、适度且保温性能好；美观大方并使喷涂工作环境舒适。

喷涂烘房基本结构如图 7-20 的所示。它由镀锌铁板压制的框架构成，全体框架内均有加强肋并用

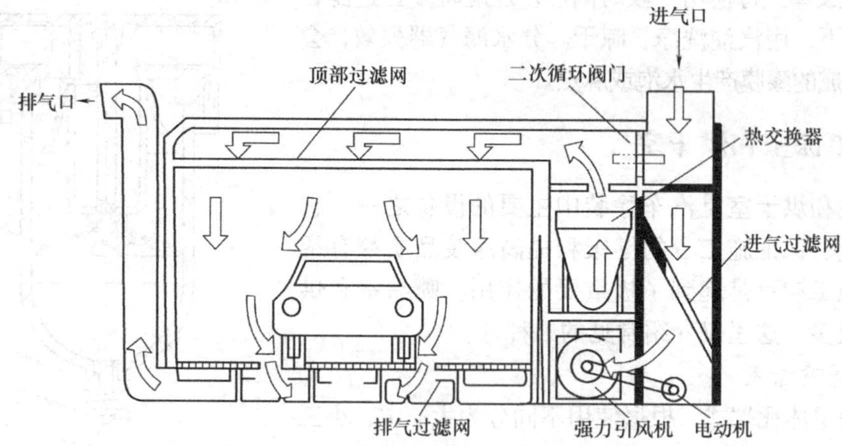

图 7-19 喷涂烘房的通风与循环

螺栓联接。室体壁板用聚氨泡沫夹心板制成，保温性能好。喷涂烘房的进出由三扇小门组成，供车辆进出并且门上安有门栓和可调节的安全弹簧锁。当房内压力过大时，安全防压门便会自动打开，避免房内压力过大而发生意外。门的夹层装有隔热保温层，过滤层网均采用钢丝网，过滤棉层用 W2—OP—1 型滤布，净化效率高，阻力低，容尘量大。

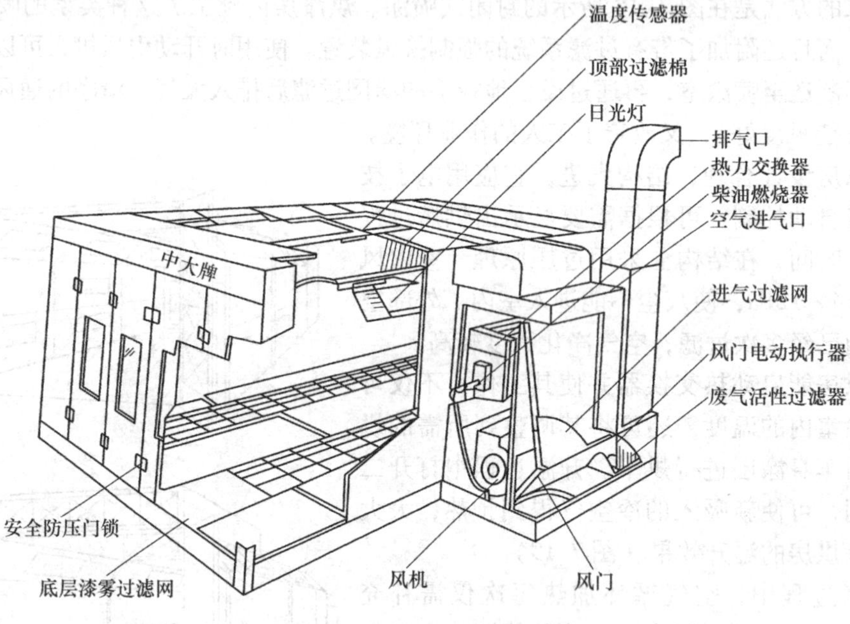

图 7-20 喷涂烘房的基本构造

照明灯管安装在侧壁板上面，两个面上共八组，每组由四支 40W 日光灯管组成，室内光线明亮，工作环境可达无影效果。

室内温度可以实现自动控制，喷涂时温度控制在 20 ~ 25℃（环境温度≤25℃），烘烤温度最高为 80℃。升温速度快，室温从 20℃ 升到 60℃ 的时间不超过 20min（环境温度为 20℃时）。

3. 远红外线喷涂烘干室

远红外线喷涂烘干室采用红外线辐射板或辐射管进行烘干。烘干室根据设计要求确定尺寸大小，分小件烘干和整车烘干等多种。

板式远红外线辐射器，由金属框架、石棉板、电阻丝和涂有硫化物和碳化物等涂层的辐射板组成。红外线与可见光一样都是直线传播，一部分在涂层板面上被反射，一部分被涂层吸收，其余部分可穿透涂层。被吸收的部分能量便转化成为热能，使物体的温度升高。被吸收的能量越多，温度升高也越大。由于红外线具有穿透能力，可以使涂层上、下及底材均匀吸收得到加热（图7-21）。

辐射板每块分 0.8～1.5kW 等多种规格，可根据烘干室的体积和尺寸安装不同数量的辐射板。使用远红外线烘干（图 7-22），具有升温快、干燥时间缩短、方法简便、投资费用低、节约能源等优点。涂料干燥过程中，内外可同时吸收辐射线，使加热均匀且内外温度一致。

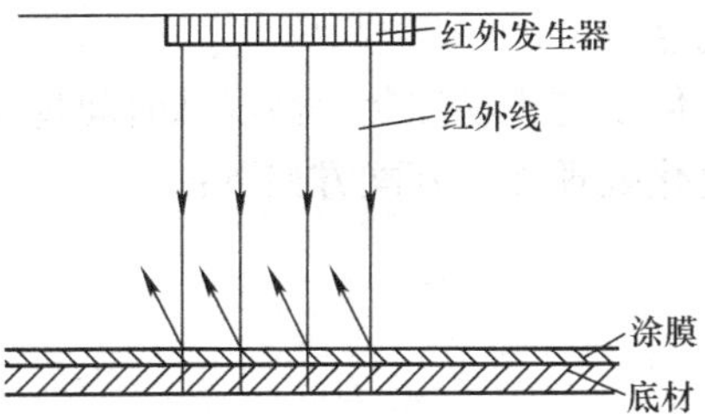

图 7-21　红外线加热干燥原理

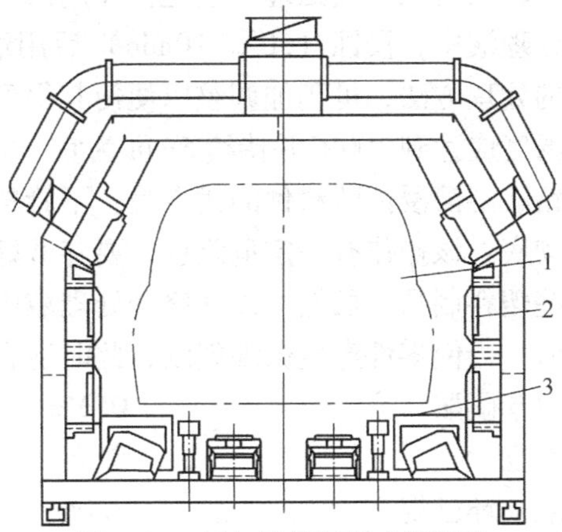

图 7-22　远红外线辐射式烘漆房
1—工件　2—碳化硅板　3—运输线

需要指出的是，正式喷涂前一定要将车身清洗干净、烘干并用压缩空气吹净。否则，喷涂作业时会使车身上的粉尘飞起而影响室内空气质量使净化工作前功尽弃。

第三节　涂装工件的表面处理

汽车涂装前进行表面处理是为了获得优质的涂层，充分发挥涂料的保护和装饰作用。表面处理是涂装的基础工序，它关系到涂层的附着力、耐久性和表面质量，因此是十分重要的。

涂装前表面处理的主要作业是去掉被涂构件表面的氧化层、铁锈、焊渣、油污、旧涂层、蜡质和其他杂物等，增加涂料与物面的接合力，延长使用寿命。

对于金属表面处理的内容，我们在第一章中已讲述过了，在这里重点介绍除金属以外的其他工件表面的处理。

一、非金属表面的处理

汽车工业使用的非金属材料较多，如塑料、玻璃钢、木材、皮革等，在涂装前都要进行合理的处理，才能获得优质的涂层。

（一）塑料件的表面处理

对于塑料制品，由于加工和成形的原因，使脱膜剂残留在表面，在运输、组装及使用过程中，易使表面粘有油污、脏物等。许多塑料表面光滑、湿润性差，造成涂装后产生漆膜缩孔和附着力差等缺陷。在涂装前进行表面处理，以提高涂膜的附着力及耐久性。常用的表面处理方法有以下几种。

1. 化学氧化处理

常用的氧化处理是使用铬酸处理液，其配方如下：

重铬酸钾	4.5%
水	8.0%
浓硫酸（90%以上）	87.5%

以聚乙烯为例，其处理工艺是：先用汽油或二甲苯擦去表面油脂、污物等，再将物件放在铬酸处理液中，浸蚀（50℃/10min）后用清水彻底洗净，晾干或在50℃下烘干。其他聚乙烯烃的处理方法，可稍加调整以便使其得到良好的处理效果。如聚丙烯用铬酸溶液处理浸蚀时，温度应达到100℃并持续5min为宜。温度较低，会影响表面处理效果。

用铬酸溶液浸蚀塑料件的优点是：不管塑料件的几何形状多么复杂，表面的处理都十分均匀、彻底。该操作有一定危险性，要穿戴好保护用品。

有些塑料制品，虽然可以在铬酸处理液中浸蚀，但工艺不易控制，当浸蚀时间过长或深度过高时，会使零件产生微细裂纹，此时适宜使用皂化处理液，其配方如下：

对甲苯磺酸	0.3%
硅藻土	0.5%
二氧杂环已烷	3.0%
四氧乙烯	96.2%

将工件浸蚀在皂化液中38~40℃（10~30s），在40~42℃活化1min，用71~80℃热水清洗干净，晾干或50℃下烘干。

2. 喷砂处理

用高压空气或将细砂喷打在塑料制品表面，可除去油脂得到粗糙的表面，应将砂粒和高压气体控制好，以免使塑料制品损坏变形。

3. 溶剂清洗

聚丙烯塑料可用热三氯乙烯甲苯、丙酮溶剂清洗，其除去油污、杂物的效果也很好。

4. 溶剂或乳液

用溶剂或乳液（煤油、肥皂水）清洗后用砂纸打磨，可使表面粗糙，以增强涂料的附着力。

（二）玻璃钢的表面处理

玻璃钢制品强度高、质量轻、抗腐蚀，在汽车工业中常代替金属使用。由于玻璃钢制品在成形时表面带有脱膜剂（如蜡脂、硅等），表面比较光滑坚硬，如果涂料直接涂装在表面上，则附着力不强而影响涂膜质量，因此需对零件进行表面处理。

最常用的处理方法是：用热水浸煮，去掉表面蜡质油污，然后用砂纸打磨晾干或低温烘干。也可用松香水、二甲苯混合溶液除去表面的油脂，再用热水擦洗，最后用砂纸打毛晾干或低温烘干。

（三）皮革的表面处理

汽车内饰部分用皮革材料较多（如仪表板、内装饰板等），在涂漆前也要进行表面处理，使用的清洁剂配方如下：

醋酸乙酯	200mL
丙酮	250mL
氨水	50mL
乳酸	50mL
水	1000mL

将上述溶液混合后擦拭皮革表面，去掉油脂、污物及其他物质，擦拭后应立即进行下道工序。

皮革的表面处理还可用3%的防霉剂（五氯酚钠等）溶解于97%的松节油中，配制成防霉剂溶液，均匀地涂刷在皮革制品表面，晾干后可涂刷软性硝基清漆或皮革漆。

二、旧涂层的处理

在汽车维修涂装过程中，处理旧涂层是必不可少的作业。根据涂层的损坏程度和作业条件采取合理的处理方法。车身维修中对旧涂层的处理常采用以下几种方法。

（一）手工除漆法

手工除漆法主要依赖铲刀、刮刀、钢丝刷、砂布等工具，清除车身构件表面上的旧漆层。操作时用刮刀、铲刀、钢丝刷、砂布等，将破损的涂层全部或局部清除掉。该方法简单方便，不用过多的设备，但劳动强度高，工作效率低，质量差，适合于对较小面积旧漆的清除。

使用电动或风动工具（如钢丝轮、钢丝打磨机等）除漆，可使清除旧漆的作业效率提高，并降低劳动强度。目前车身维修作业中，这是应用最为广泛的一种除漆方法。

用喷射的方法清除旧涂层，在一些具有一定规模的汽车维修企业中也有采用。它是利用压缩空气、高压水流、机械离心等作业方式，将磨料、沙子、钢丸等投射到车身构件表面，借冲击和摩擦的作用来清除旧漆。这种清除方法不仅效率高，而且能获得比较理想的干净表面，但不适合构件的局部除漆，并且投资大，运转成本也高，是一般小企业所无法采用的。

（二）化学除漆法

化学除漆法包括碱性脱漆和有机溶剂脱漆两种方法。碱性脱漆成本较低，使用安全，但要有一定设备，如脱漆槽、清洗槽、蒸汽加热装置等。

最好的化学除漆法是使用脱漆剂。用这种方法清除旧漆层，具有方便、高效、干净等许多优点。进口脱漆剂的效果更为突出，使用时只要用软毛刷将脱漆剂涂于金属表面，数分钟后旧漆膜即开始起皱、卷曲并与之脱离，再用钢丝刷、铲刀等将漆皮清理干净即可。采用这种方法除漆时要注意安全，防止中毒。

国产脱漆剂的使用效果稍差一些，使用前需用水浴加热溶化，趁热用软毛刷涂于旧漆表面。经一段时间后漆皮即开始变软、膨胀，用铲刀、钢丝刷将旧漆除去再用稀释剂擦拭干净。

有机溶剂脱漆施工简单，使用方便，但成本较高，对人体有危害，且溶解蒸发快、易燃。在操作时应戴好防护用品，如口罩、手套、眼镜等，并备好防火设备。

碱液也可代替脱漆剂。将一定浓度的碱液有间隔地分多次涂刷于旧漆表面（一般为3~4遍），经过数十分钟的渗透以后，漆皮会发生软化、膨胀现象，用同样的方法将表面清除干净即可。

碱性脱漆液、有机溶剂脱漆剂的配方和用途分别见表7-3、表7-4。

表7-3 碱性脱漆液（膏）的配制及使用方法

组别	成 分	数量/g	调 配 方 法	使 用 方 法
第一组	磷酸三钠 硅酸钠 肥皂 重铬酸钾 水	25 12 3 3 1800	将水煮沸，各成分按顺序加入水中溶解，重铬酸钾分多次加入，配制完后，溶液的pH值应不超过11	将物件放入溶液，煮2~3h后取出，放在80~90℃的热水中煮20~30min，取出后用清水清洗、干燥。使用中当pH值小于7时可加入磷酸钠15g、重铬酸钾1.5g、硅酸钠6g、肥皂1.5g进行调整
第二组	硅酸钠 碱液 氨水	500 100 100	混合均匀	涂刷在旧漆膜上，数分钟后旧漆层软化即可铲除，然后连续涂刷，除净为止
第三组	亚硫酸钠 碳酸钠 硅酸钠 肥皂 水	0.03 0.02 0.02 0.02 10000	加入水中充分混合	将物件浸泡在溶液中10~30min后取出，用清水清洗干净
第四组	氢氧化钠 碳酸钠 多烃醇 甲酚醇 表面活性剂	77% 10% 5% 5% 3%	将各成分混合使用时先取6~15份加入85~90份的水中配水溶液，再将水溶液加热到90℃即成脱漆液	涂刷在漆膜表面，待数分钟后，再进行涂刷，直至漆膜软化、溶解进行清除
第五组	马铃薯淀粉 氢氧化钠 水	500 2000 5000	先把淀粉溶于1:1的水中调均匀，将氢氧化钠溶于1:1的热水中，将两种溶液混合后加入热水混合	将膏、液涂在漆膜表面，待漆膜软化后除掉，如漆膜较厚可多次涂盖，直至涂层全部脱掉
第六组	氢氧化钠 水 氧化钙 碳酸钙 机油	16000 34000 18000 22000 10000	先将氢氧化钠溶于水中，再加氧化钙搅拌均匀后加油，最后加入碳酸钙混合	将脱漆膏多次涂于漆膜上保持一定温度，也可先将涂层表面破坏，再涂脱漆膏，这样效果更好

（续）

组别	成　分	数量/g	调配方法	使用方法
第七组	碳酸钙 碳酸钠 水 氧化钙	60～100 40～60 800 120～150	将其混合均匀即可	涂刷覆盖于涂层表面待上层软化后清除掉，再涂刷覆盖一层，脱尽为止
第八组	碳酸钠 生石灰 大白粉 水	400～700 1000 600 8000	将以上成分混合调制成膏状即可使用	

表7-4　有机溶剂脱漆剂的配方及用途

序号	名　称	组成成分	用　途
1	T—1 脱漆剂	醋酸乙酯、丙酮、乙醇、苯、石蜡	主要用于清除油脂漆、酯胶漆、酚醛漆的旧漆层
2	T—2 脱漆剂	酮、苯、醇、酯类等混合组成	脱漆作用比T—1效果好，用于清除醇酸漆、硝基漆的旧漆层
3	T—3 脱漆剂	二氯甲烷、有机玻璃、甲苯、石蜡及有机酸混合组成	毒性小、脱漆速度快，适用于脱除油基漆、醇酸漆、硝基漆等。对环氧漆、聚氨酯漆等效果差
4	自行调配 脱漆剂配方 （质量）（份）	苯　40 杂醇油　30 乙醇　15	将物件浸泡1h后即可脱落，主要用于金属面层旧漆层
5	脱漆剂 （自行配方） （份）	（甲组） 二甲苯　139 矿物油　55.5 油酸　22.1 （乙组） 氢氧化钠　2.1 水　80 三乙醇胺　4.9	将乙组微微加热，加入甲组迅速搅拌均匀，用于一般清漆旧涂层脱除
6	脱漆剂 （自行配方） （g）	二氯甲烷　65～85 甲酸　1—6 苯酚　2—8 乙醇　2—8 乙烯树脂　0.5—2 石蜡　0.5—2 1—4	此配方脱漆效果好，适用于氨基漆、丙烯酸、酚醛、醇酸、环氧有机硅、聚酯等旧漆层。使用时将脱漆剂涂刷在漆层表面，经数十分钟后漆层溶胀即可清除
7	脱漆剂 （自行配方） （份）	T—1　8 乙醇　10 苯酚　5	先将苯酚加热熔化，在40℃下加入T—1脱漆剂，然后加入乙醇、氨水搅均匀，可用于油基漆、树脂漆等大多数旧漆层脱漆

（三）火焰处理法

利用喷灯高温将漆层表面软化、焦化，然后用刃具将旧涂层除掉。此方法较为简便，经济实用，清除效果较快，但只适用于金属表面旧漆层。对于易燃不耐热的零件表面的旧漆层，或较精制的缺口表面的旧涂层，不能使用火焰处理方法。

本章小结

1. 刷涂和刮涂工具的分类与刷涂前的表面处理及刷涂方法。
2. 喷涂工具的组成与使用方法。
3. 喷涂模式的调整方法。
4. 喷枪的常见故障与解决方法。
5. 车身喷涂的常用设备：空气压缩机与烘干室（烤漆房）。

复习思考题

1. 涂装的常用工具有哪些？
2. 喷枪的组成及功用是什么？
3. 如何正确使用喷枪？
4. 如何正确维护喷枪？
5. 工件涂装前对其表面如何处理？

第八章

涂装材料的正确使用

学习目标：

1. 了解车身涂层的划分。
2. 掌握涂料的选择依据。
3. 掌握底漆、中间涂层、面漆的选择依据。
4. 掌握腻子的刮涂方法。
5. 了解进口涂料的相关性能。
6. 掌握进口涂料的选择方法。
7. 了解色彩的基本知识。
8. 掌握涂料颜色的调配方法。

汽车车身的涂装材料如果以化学成分进行分类，并以此为基础讨论它们的品种、性能、用途的话，那就不免有些过于专业化。本书采用了更实用的方法，就是对汽车涂装常用的腻子、底漆、面漆、罩光漆的品种、特性适当进行介绍，然后以它们的正确使用作为介绍的重点。

第一节　涂层的划分及选择

汽车涂装的目的主要是为了提高其保护性和装饰性，达到使用耐久性和提高商品价值，又避免了材料的浪费。

一、涂料层的分组和等级

涂料涂层的划分根据 QC/T 484—1999（2005）《汽车油漆涂层》的规定，汽车涂料涂层适用于载货汽车、自卸汽车、牵引汽车、公共汽车及轿车等车型，不适用于汽车电器和仪表产品的涂料涂层。根据汽车各零件的使用条件和涂漆质量要求，汽车涂料涂层共分为 10 个组和若干等级（表 8-1）。

表 8-1　涂料涂层的分组和等级

涂层代号	分组名称	等级	油漆涂层名称	备注
TQ1	车身组	甲	优质装饰保护性涂层	
		乙	一般装饰保护性涂层	
TQ2	轿车车身组	甲	高级装饰性涂层	适用于高级轿车
		乙	优质装饰保护性涂层	适用于中级轿车涂层

（续）

涂层代号	分组名称	等级	油漆涂层名称	备注
TQ3	车厢组	甲 乙	防蚀、装饰性涂层 防腐、装饰性涂层	适用于铁制车厢 适用于木车厢及铁木车厢
TQ4	车架、车轮挡泥板组		优质防腐蚀涂层	
TQ5	发动机组		保护性涂层（快干）	
TQ6	底盘组			
TQ7	毛坯、冲压件半成品、弹簧组	甲 乙	一般防蚀性涂层 防腐涂层	
TQ8	特种涂层组	甲 乙 丙 丁	耐酸涂层 耐汽油涂层 耐热涂层 防声、绝热、耐磨涂层	适用于蓄电池箱及其托架 适用于汽油箱内表面 适用于消声器排气管
TQ9	散热器、钢板、弹簧组		耐水防锈涂层	
TQ10	车内装饰件组			适用于轿车及大小客车的内饰件

涂装的不同等级又有不同的标准和技术要求，一般可将装饰性涂层和保护性涂层分成下列五种类型。

（一）高级装饰性涂层

高级装饰性涂层又称一级涂层，外观质量要求极其美丽，涂膜坚硬平整，颜色鲜艳一致，没有用肉眼能见的杂质、裂纹、桔皮、小泡、麻点、划伤等缺陷。在户外使用时应具有足够的耐候性、耐潮湿性与足够的机械强度。这一涂层一般是由底漆、中间涂层和2～6层面漆配套组成的复合涂层，具有一定的厚度。该涂层还可采用抛光、打蜡等工序来提高装饰性。

（二）装饰性涂层

装饰性涂层又称二级涂层，有中等的光泽、平滑的表面、一定的机械强度，颜色鲜艳一致，允许有细小的缺陷、轻度的擦伤和滴痕。户外使用时，也应具有优良的耐候性、耐潮湿性。这一涂层由头道底漆、局部涂刮腻子及2～3层面漆组成。

（三）保护装饰性涂层

保护装饰性涂层又称三级涂层，这一涂层主要以保护性为主，装饰性为辅，也具有一定的装饰性。要求表面颜色一致，不应有起泡、桔皮、严重流淌和露底现象，应具有较好的耐腐蚀性、耐潮湿性，在户外使用应具有良好的耐候性。这一涂层一般由一道底漆和1～2道面漆配套使用。根据涂料品种和使用条件，涂层的道数还可增加。

（四）一般保护性涂层

一般保护性涂层主要用以保护物体在各种环境下不受腐蚀性介质的腐蚀，延长使用寿命，对外观无要求，涂层一般1～2道，无漏涂现象。

（五）特种保护性涂层

该涂层对物体起着特种保护作用，主要功能是保护底材耐某种介质或隔绝等，如耐盐、耐碱、耐化学药品、耐汽油、耐热、防污、防霉、绝缘等。一般底漆、面漆、清漆多层涂装，厚度可达数百微米。为了达到涂层的强度、厚度和防腐效果，有时还进行外表包装，如地下输油管道等。

由于汽车涂料涂层分组情况和等级的不同，各涂层涂料的特性和用途亦有所区别，见表8-2。

表8-2　涂料涂层的特性和用途

涂层代号	等级	涂层特性	用途举例	推荐配套涂料材料名称牌号及标准
TQ1	甲	属于优质装饰、保护性涂层，具有优良的耐候性、耐水性、装饰性和机械强度，适用于湿热带气候地区，可作为出口载货汽车的涂层	载货汽车驾驶室，公共汽车、轻型越野汽车车身，工程车车厢覆盖件及与上述总成使用条件和外观、耐候性、装饰性要求相同的中小零件（如前风窗框、门手柄、前照灯支架及护网、仪表板及各种盖板）等	H06—2 铁红环氧底漆；F06—10 酚醛电泳底漆；F06—9 铁红纯酚醛底漆（HG2—580—74）；轿车用高氨基醇酸面漆；A05—11 军用胺基无光烘漆（HG2—601—67）、C04—51 军用无光醇酸面漆
	乙	属于装饰、保护性漆层，它的耐候性、装饰性和机械强度与 TQ1 甲相仿，仅耐水性差，适用于温带和北方气候	载货汽车驾驶室，公共汽车、轻型越野汽车车身，工程车车厢覆盖件及与上述总成使用条件和外观、耐候性要求相同的中小零件（如前风窗框、前照灯支架及护网、仪表板及各种盖板）等	除上述底漆外，还可采用 C06—1 铁红醇酸底漆（HG2—113—74）；C04—49 各色醇酸磁漆；C04—51 各色无光醇酸磁漆；氨基醇酸水性面漆
	丙	属于一般装饰、保护性漆层，除它的装饰性与上述相仿外，其耐候性、机械强度较差。本涂层适用于小批量生产或无烘干条件的施工场合	载货汽车驾驶室，公共汽车、轻型越野汽车车身，工程车车厢覆盖件及与上述总成使用条件和外观、耐候性、装饰性要求相同的中小零件（如前风窗框、门手柄、前照灯支架及护网、仪表板及各种盖板）等	C06—1 铁红醇酸底漆（HG2—113—74）；F06—9 锌黄铁红纯酚醛底改性醇酸底漆；Q04—31、34 各色硝基磁漆；C04—9 各色过氯乙烯外用磁漆（HG2—621—74）；B04—11 各色丙烯酸磁漆
TQ2	甲	属于高级装饰性涂层，具有极优良的装饰性、耐候性、耐水性，适用于各种气候条件	高、中级轿车车身及覆盖件	铁红铝粉环氧聚铣胺底漆；H07 环氧脂腻子（HG2—607—74）；A07—1 氨基腻子；Q04—31、34 高级轿车用特黑硝基磁漆；丙烯酸树脂磁漆
	乙	属于中级装饰性涂层，具有一定的耐候性、耐水性和机械强度。装饰性仅次于 TQ2 甲，优于 TQ1 甲，机械强度优于 TQ2 甲，适用于各种气候条件	中级轿车车身覆盖件及车内门窗框	底漆及腻子同 TQ2 甲轿车用高胺基醇酸树脂磁漆；B04—10 各色丙烯酸磁漆；A05 各色胺基磁漆

（续）

涂层代号	等级	涂层特性	用途举例	推荐配套涂料材料名称牌号及标准
TQ3	甲	属于防腐、装饰性涂层，具有较好的耐候性、机械强度和防腐性，可作为木制品涂层	木车厢各部件和铁木混合车厢的木质件	C04—50 各色醇酸树脂磁漆；C04—2 各色醇酸磁漆（HG2—590—74）；C04—51 各色无光醇酸漆；水性醇酸磁漆；防霉漆（即在上述漆中加1%八羟基喹啉铜盐）
	乙	属于防蚀装饰性涂层，具有较好的耐候性、防蚀性和机械强度，装饰性次于TQ1	铁车厢各部件和铁木混合车厢的金属件、翻斗、油罐和汽油箱外表面	参见TQ1
TQ4	甲	属于优质防蚀性涂层，具有优良的耐盐雾性、耐水性和机械强度。适用于使用条件苛刻、防蚀性要求高的零部件，如经常与泥水接触的车下零件	车轮各部件，踏脚板、挡泥板、风扇、汽油箱托架及箍带、翼子板托架、车身底板上各种检查孔盖板等	L06—3 沥青烘干底漆（HG2—586—74）；L01—12 沥青烘漆（HG2—585—74）
	乙	属于一般的防蚀性涂层，具有较好的机械强度，其耐盐雾性和耐水性次于TQ4甲	除TQ4甲所述零件外，还适用于底盘小件（如U形螺栓、钢板弹簧吊耳和吊环、制动系统零件等），装在车身内的小件（如压条、门玻璃夹框及滑槽等）、散热器固定架、备胎托架、储气筒及车架等	L06—3 沥青烘干底漆（HG2—586—74）；L05—2 车架用沥青烘漆；F06—8 锌黄铁红灰酚醛底漆（HG2—579—74）；L04—1 沥青磁漆（HG2—111—74）
TQ5		属于保护性漆层，具有较好的耐机油、汽油性和快干的特点，一般适用于常与机油、汽油接触的或不宜过高温烘干的工件	发动机总成和变速器总成	Q06—4 各色硝基底漆（HG2614—74）；G06—4 锌黄、铁红过氯乙烯底漆（HG2—623—74）；Q04—2 各色硝基面漆（HG2—610—74）；G04—9 各色过氯乙烯面漆（HG2—621—74）
TQ6		属于一般防护性漆层，具较好的耐蚀性、耐机油性	前、后、中车桥总成，传动轴，转向部件，制动系统零件，分动器绞盘，减振器，千斤顶总成	除与TQ5用漆相同外还可用：F06—8 铁红酚醛底漆；L04—1 沥青磁漆（HG2—111—74）
TQ7	甲	属于防锈底漆涂层，它对金属表面有良好的附着力，具有良好的缓蚀性和机械强度，用于防锈和零件底漆	各种铸件毛坯，木车厢用的各种金属连接件，发动机、变速器、分动器、车桥总成上用的冲压件（如底壳盖板、离合器盖等）	F06—10 铁红纯酚醛防腐漆；H06—2 铁红环氧脂底漆（HG2—605—74）；F06—9 铁红纯酚醛底漆；C06—1 铁红醇酸底漆（HG2—113—74）
	乙	属于防腐涂层，对木材具有较好的渗透性、防腐性和耐酸性	各种木制垫板	L04—1 沥青磁漆（HG2—111—74）；L50—1 沥青耐酸漆（HG2—587—74）

（续）

涂层代号	等级	涂层特性	用途举例	推荐配套涂料材料名称牌号及标准
TQ8	甲	属于耐酸涂层	蓄电池托架及常与硫酸接触的工作件	L05—1 沥青耐酸漆（HG2—587—74）；L06—3 沥青底漆；G06—4 锌黄、铁红过氯乙烯底漆（HG2—623—74）；G04—9 各色过氯乙烯面漆（HG2—621—74）；H52—6 环氧酚醛防腐漆
	乙	属于耐汽油涂层	汽油箱盛油槽的内表面，与汽油经常接触的零件	五氧树脂耐汽油漆；H06—5 白色环氧电泳底漆
	丙	属于耐热涂层	消声器、排气管、气缸盖密封垫圈	W61—25 铝粉有机硅耐高温漆；有机硅耐高温清漆
	丁	属于防声、绝热、耐磨涂层，它具有抗振防声、绝热降温、耐磨和密封的作用	驾驶室和车身的顶盖内表面和底板下表面、车身的焊接缝、门板内表面、翼子板内表面	G98—2 醇酸隔热胶；6731 阻尼涂料；L99—1 沥青石棉膏；泡沫塑料（喷或粘）
TQ9		属于耐水防锈涂层，具有较好的耐水性和机械强度	散热器、机油散热器、各种钢板弹簧、螺旋弹簧、座垫靠背弹簧及各种弹簧等	L04—1 沥青磁漆（HG2—111—74）；F04—1 各色酚醛磁漆（HG2—575—74）；黑色电泳水性漆
TQ10	甲	属于车内的高级装饰性涂层	轿车车内装饰件（如仪表板、风窗、护条等）、木制件或仿木纹的金属件	B01—12 丙烯酸清漆；B22—4 丙烯酸木器漆
	乙	属于车内装饰性涂层，具有桔皮、锤纹、冰花纹等花样	轿车和公共汽车内装饰件	—

二、涂料的选择

为满足汽车涂料涂层的装饰性和保护性的要求，应从汽车的特点出发来合理选择底漆、中间涂层和面漆的配套品种。汽车在制造和维修过程中所用的材料种类很多，部位不同，其本身的防腐性能也有较大的差别，所需用的涂料品种、性能也各有不同。选择车身涂料时应着重考虑以下几点。

1）极好的耐候性和耐腐蚀性。要求适用各种环境气候条件，可经风吹、日晒、雨淋，保光保色性好，不开裂、不脱落、不粉化、不起泡、无锈蚀现象。

2）极好的机械强度。适应汽车行驶中振动和应变，漆膜坚硬耐磨，各部位涂层达到设计要求。

3）耐汽油、机油、公路用沥青等。在上述介质中浸泡一定时间不产生变色、失光、软化或留下痕迹。在和肥皂、清洗剂、鸟和昆虫排泄物接触时，不留下斑印。

4）极好的施工性和配套性。能够适合生产型流水作业，可以用作维修涂装。涂膜干燥时间短，适合烘干或自然干燥。在配套方面，底漆对底材要有较高的附着力，对中间层和面层要有良好的结合力。注意：底漆对底材不能产生副作用，各层次之间应配套，不发生咬起、渗色、开裂等涂膜弊病。

5）颜色外观应达到标准。汽车涂料色彩应多种多样，色泽鲜艳。

6）货源广泛，价格低廉，低污染，毒性小。选用涂料时要全面考虑，既要了解涂料品种来源是否充足、购买是否方便，又要考虑质优价廉，以及低毒或无毒低公害的产品。

合理选择汽车涂装涂料，使涂装质量达到工艺要求和用户满意，实际选择车身涂料时请参阅下列各表所推荐的技术参数和性能。

（1）各种涂料与被涂材质适应情况　见表8-3。

表8-3　涂料与被涂材质适应情况

被涂材质 涂料品种	钢铁	轻金属	塑料	木材	皮革	玻璃	织物纤维
油脂漆	5	4	3	3	3	2	3
醇酸树脂漆	5	4	4	4	5	4	5
氨基树脂漆	5	4	4	4	2	4	4
硝基漆	5	4	4	4	5	4	5
酚醛漆	5	5	4	4	2	4	4
环氧树脂漆	5	5	4	4	3	5	—
氯化橡胶漆	5	3	3	5	4	1	4
丙烯酸漆	4	5	4	4	4	1	4
氯醋共聚漆	5	4	4	4	5	4	5
过氯乙烯漆	4	4	5	4	5	—	5
有机硅漆	5	5	4	3	3	5	5
聚氨酯漆	5	5	5	5	5	5	5
呋喃树脂漆	5	3	5	5	3	3	3
聚醋酸乙烯漆	4	3	5	5	4	4	5
醋丁纤维漆	4	4	4	4	1	2	3
乙基纤维漆	4	4	5	3	5	3	5

注：表中数字5表示最好，1表示最差。

（2）溶剂型有机涂层的主要性能　见表8-4。

表 8-4　溶剂型有机涂层的主要性能

性能		涂层															
		酚醛	沥青	醇酸	氨基醇酸	硝基纤维	乙基纤维	乙烯基	丙烯酸	聚酯	胺固化环氧	环氧酯	环氧呋喃	环氧酚醛	聚氨酯	有机硅	氯化橡胶
抗化学品性能	盐水喷雾	5	5	5	4	5	5	5	5	5	4	5	5	5	5	5	5
	汽油	5	1	3	5	3	1	3	3	5	5	5	5	5	5	2	3
	盐类	5	3	4	5	3	3	5	4	3	5	5	5	5	5	3	5
	氯气	1	—	1	1	1	3	5	1	1	3	1	5	2	2	1	3
	碱类(20%;浓)	1;1	5;5	4;1	4;3	1;1	3;3	5;5	3;2	1;1	3;5	5;5	5;5	5;5	5;3	5;2	5;5
	酸类(矿物质10%;浓)	3;1	3;0	3;1	3;1	5;2	3;1	5;3	3;1	5;5	5;3	3;1	3;3	5;5	5;2	3;1	5;5
	油酸、硬脂酸	5	1	2	3	2	—	5	2	2	3	5	5	5	5	3	2
	磷酸	2	5	1	1	5	—	5	1	3	3	1	5	5	5	2	3
	水（盐水、淡水）	5	5	2	3	3	5	5	3	3	4	5	5	5	5	5	5
物理性能	柔韧性	3	5	5	4	5	5	5	5	3	2	4	5	5	5	5	5
	抗磨失性	4	—	3	4	2	—	4	2	3	4	4	—	4	5	2	4
	抗冲击性	3	5	4	5	5	5	5	5	2	3	5	3	4	5	2	3
	铁基金属上的附着力	5	5	5	5	4	1	3	4	2	5	5	5	5	2	2	2
	非铁基金属上的附着力	5	5	2	5	3	1	4	4	1	5	5	5	5	5	5	4
	旧涂层上	3	—	4	3	1	1	—	1	1	3	4	5	1	—	5	—

注：表中数字5表示最好，1表示最差。

（3）各种环境条件下面漆的选用　见表8-5。

表 8-5　各种环境条件下面漆的选用

环境条件＼涂料品种	油性漆	脂胶漆	沥青漆	酚醛漆	醇酸漆	氨基漆	环氧漆	有机硅漆	过氯乙烯漆	丙烯酸漆	聚氨酯漆	硝基漆	乙烯漆
在一般大气条件下使用，对防腐和装饰性要求不高	▽	▽		▽									
在一般大气条件下使用，但要求耐候性好、装饰性好	▽				▽							▽	
在湿热条件下使用（要求有三防性能）				▽		▽	▽		▽	▽	▽		
在一般大气条件下使用，但要求防潮、耐水性好			▽	▽			▽				▽		

（续）

环境条件 \ 涂料品种	油性漆	脂胶漆	沥青漆	酚醛漆	醇酸漆	氨基漆	环氧漆	有机硅漆	过氯乙烯漆	丙烯酸漆	聚氨酯漆	硝基漆	乙烯漆
在化工大气条件下使用，要求耐化学腐蚀性较好			▽	▽			▽		▽		▽		▽
在高温条件下使用								▽					

注：“▽”符号表示可选用。

（4）维修时原有面漆与重涂面漆的配套性　见表8-6。

表8-6　原有面漆与重涂面漆的配套性

原有面漆 \ 重涂面漆	醇酸	硅改性醇酸	醇酸酯醛	乙烯	丙烯酸酯	催化的环氧	环氧酯	环氧沥青	氯化橡胶	油/酚醛	乙烯/醇酸	乙烯/丙烯酸酯	聚氨酯	聚酯/玻璃片
醇酸	√	√	√	×	×	×	×	×	×	√	×	×	×	×
醇酸/酯醛	√	√	√	×	×	×		×	×	√	√	×	×	×
乙烯/醇酸	√	√	√	√	√	×	√	×	√	√	√	√	×	×
乙烯	√	×	√	√	√	×	√	×	√	×	√	√	×	×
乙烯/丙烯酸酯		×		√	√	×		×	√	×	√	√	×	×
丙烯酸酯	×	×		√	√	×		×		×	√	√	×	×
催化的环氧	×	×	×	△	△	△	△	△	×	×	△	△	△	△
环氧酯	√	√	√	√		×	√	×	√	√	√		×	×
环氧沥青	×	×	×	×	×	△	△	△	×	×	×	×	×	×
氯化橡胶	√	√	√	×	×	×	√	×	√	△	√	×	×	×
油/酚醛	√	√	√	×	×	×	√	×	×	√	×	×	×	×
聚氨酯	×	×	×	×	×	△	×	×	×	×	×	×	△	△
聚酯/玻璃片	×	×	×	×	×	△	×	×	×	×	×	×	△	△
硅改性醇酸	√	√	√	×	×	×	×	×	×	√	×	×	×	×

注：√—正常可配套的；△—需经认真表面处理方可配套；×—一般情况下不推荐；空格为不配套。

（5）各种金属与常用底漆、面漆的配套性　见表8-7。

表8-7　各种金属与常用底漆、面漆的配套性

面漆类型	黑色金属	铝及其合金	铜及其合金	锌及其合金	镁及其合金	镉铜合金
油性漆	油性底漆 酚醛底漆 醇酸底漆	锌黄酚醛底漆 锌黄醇酸底漆	酚醛底漆	酚醛底漆	锌黄酚醛底漆	酚醛底漆

（续）

面漆类型	黑色金属	铝及其合金	铜及其合金	锌及其合金	镁及其合金	镉铜合金
醇酸漆	油性底漆 酚醛底漆 醇酸底漆 环氧底漆	锌黄酚醛底漆 锌黄醇酸底漆	磷化底漆 酚醛底漆	醇酸底漆	锌黄酚醛底漆	环氧底漆
酚醛漆	油性底漆 酚醛底漆 醇酸底漆	油性底漆 磷化底漆 锌黄粉 锌黄酚醛底漆	酚醛底漆	锌黄环 氧底漆	锌黄环氧底漆	磷化底漆
氨基漆	醇酸底漆 环氧底漆 氨基底漆	锌黄环氧底漆	环氧底漆	酚醛底漆 磷化底漆	酚醛底漆 醇酸底漆	酚醛底漆 醇酸底漆
沥青漆	沥青底漆	沥青底漆	沥青底漆	沥青底漆	沥青底漆	沥青底漆
过氯乙烯漆	酚醛底漆 醇酸底漆 丙烯酸底漆 过氯乙烯底漆 磷化底漆	锌黄酚醛底漆 锌黄醇酸底漆 丙烯酸底漆 环氧底漆 磷化底漆	酚醛底漆 磷化底漆 丙烯酸底漆 过氯乙烯底漆	酚醛底漆 磷化底漆 醇酸底漆 环氧底漆	锌黄环氧底漆 锌黄酚醛底漆 锌黄醇酸底漆 丙烯酸底漆	环氧底漆 醇酸底漆 磷化底漆 丙烯酸底漆
丙烯酸漆	环氧底漆 醇酸底漆 磷化底漆 酚醛底漆 丙烯酸底漆	锌黄酚醛底漆 丙烯酸底漆 环氧底漆	酚醛底漆 环氧底漆	酚醛底漆 环氧底漆	锌黄环氧底漆 锌黄酚醛底漆	锌黄环氧底漆 锌黄酚醛底漆
乙烯漆	磷化底漆	丙烯酸底漆 磷化底漆				
硝基漆	酚醛底漆 硝基底漆 醇酸底漆 环氧底漆	锌黄酚醛底漆 锌黄醇酸底漆 环氧底漆	酚醛底漆 环氧底漆	酚醛底漆 醇酸底漆 环氧底漆	锌黄环氧底漆 锌黄酚醛底漆 锌黄醇酸底漆	酚醛底漆 醇酸底漆 环氧底漆
环氧漆	环氧底漆	环氧底漆	环氧底漆	环氧底漆	环氧底漆	环氧底漆
有机硅漆	酚醛底漆 醇酸底漆 或不用底漆	锌黄环氧底漆 锌黄酚醛底漆 锌黄醇酸底漆	环氧底漆			

第二节　车身涂装底漆的选用

近几年来汽车工业发展较快，各种新的车型不断出现，汽车种类、车型、档次都有很大的改变，制造与维修所用的材料也不尽相同，在使用底漆品种时应予以综合考虑。

一、底漆的选择依据

（一）底漆的选择依据

底漆的正确选择对涂层的品质有重要的影响，选用时应着重考虑以下几点。

1）汽车涂层一般采取复合型涂装，使涂料发挥应有的作用。底漆涂装在表面处理好的零件上（也称基础层处理），对底层有很好的附着力和极好的机械强度。

2）要与中间涂层有良好的配套性，起着承上启下的作用，不能发生被中间层或面层咬起、渗色等弊病。

3）底漆应具备耐水（耐潮湿）、耐化学药品等与外界腐蚀介质隔绝的作用，对底材没有腐蚀性。

4）底漆应具有良好的施工性能，既可以在流水线生产中使用，又可以在维修涂装中使用，能喷、能刷、能浸，还可电泳涂装。

（二）底漆的品种

常用的底漆品种及其性能、用途和使用方法见表8-8。

表8-8　涂装常用的底漆及其性能、用途和使用方法

型号及名称	性　能	用　途	使用方法
T06—5 红、灰酯胶底漆	附着力强，干后无光，易打磨，货源广泛，价格便宜	多用于钢铁、木制品表面打底	使用前充分搅拌均匀，用200号溶剂汽油稀释。喷、刷均可，自行干燥或120℃以下烘干
T06—6 各色酯胶二道底漆	含填充料较多，易打磨，干后无光	用于底漆和腻子上，填补针孔和细小的缺陷	使用时充分搅拌均匀，用200号溶剂汽油稀释，可喷涂和刷涂，与油性漆配套使用
F06—1 各色酚醛底漆	有一定的防锈能力，附着力良好。易于打磨，能与硝基漆配套	钢铁表面防锈打底，也可用于木制品表面打底	用200号溶剂汽油或松节油稀释，喷、刷均可，一般喷涂两道，24h干燥
F06—8 锌黄、铁红、灰酚醛底漆	有良好的附着力和一定的防锈能力	锌黄色适于铝合金表面打底，铁红、灰色适于钢铁表面打底	用二甲苯或松节油稀释，喷、刷均可，一般涂两道，与醇酸酚醛氨基L04—1沥青磁漆配套
F06—9 铁红酚醛底漆	附着力强，缓蚀性好	同F06—8	不能与铁红醇酸底漆C06—1混合
F08—10 铁红纯酚醛电泳底漆	附着力好，缓蚀性强，漆膜平整，与面漆有良好的结合力	铁红纯酚醛电泳底漆	水作溶剂，水质要好；用电泳涂装法施工
F06—13 各色酚醛二道底漆	体质颜料多，干燥快，易打磨	填平腻子表面砂眼、道痕及细小缺陷	用200号溶剂汽油稀释后使用，能喷涂和刷涂
F53—9 偏硼酸钡酚醛防锈漆	干燥快，缓蚀性和附着力良好，有一定的防霉性，耐溶剂、耐碱性差	用于钢铁和防腐设备的打底防锈，可代替红丹酚醛防锈漆使用	用200号溶剂汽油或松节油调稀、调均匀，喷、刷均可，与脂胶调和漆、酚醛磁漆、醇酸磁漆等面漆配套使用

（续）

型号及名称	性　能	用　途	使用方法
L06—33 沥青烘干底漆	附着力好，防潮，耐水耐热性好，耐润滑油性能良好	用于汽车车架，车轮挡泥板等	用200号溶剂汽油稀释后，喷、刷均可，涂在经磷化处理的金属表面最佳，烘烤干燥
L06—37 沥青烘干底漆	经高温烘干后，防潮耐水性良好，漆膜坚韧性、附着力和耐润滑油性比C06—3好	用于金属表面打底	用200号溶剂汽油或二甲苯稀释后喷涂
L44—1 铝粉沥青底漆	有优良的耐水性和防锈能力，涂膜坚韧，附着力强，可常温干燥	汽车底盘、散热器箱和其他金属表面，可用于铝质物面防锈	用重质苯、煤焦油溶剂或X—8沥青漆稀释剂，以刷涂为主，与沥青防锈漆、氯化橡胶配套使用
L44—2 沥青船底漆	同L44—1	汽车底盘、散热器打底用	同L44—1
C06—1 铁红醇酸底漆	干燥快，有良好的附着力和缓蚀性，与硝、氨基等多种漆结合力好	各种车辆和机械设备等打底用	用X—6稀释剂或松节油、二甲苯稀释，喷、刷均可，可常温干燥或在105℃ ±2℃时烘烤干燥
C06—10 醇酸二道底漆	漆膜细腻，干后易打磨，对腻子或底漆有良好的结合力	主要用于腻子表面，填补针孔、砂眼和细小缺陷	用X—6稀释剂或松节油、二甲苯稀释后，喷涂为主，常温干燥或烘烤干燥
C06—11 铁红醇酸底漆	附着力好，缓蚀能力较好。与C04醇酸磁漆配套使用，结合力优良。一般气候条件下耐久性好，在湿热带较差	拖拉机用底漆	用二甲苯或松节油稀释，喷、刷均可，常温干燥或烘干
C06—17 铁红醇酸底漆	干燥快，附着力好，耐硝基漆性能良好。干后不易互溶或咬起	汽车或小五金等表面打底，也可用于钢铁表面防锈打底	用二甲苯或二甲苯与松节油混合剂稀释，可喷涂和刷涂
Q06—4 各色硝基底漆	漆膜干燥快，易磨平	适用于汽车耐汽油和耐机油部件及铸件等金属表面打底	用X—2或X—1稀释剂调整稠度，适合喷涂，与硝基和醇酸面漆等配套使用
Q06—5 灰硝基二道底漆	喷涂在硝基底漆或腻子表面，干燥迅速，易打磨	用于腻子表面，填平砂眼，封闭底层	用X—1稀释剂调整稠度，以喷涂为主，与硝基磁漆等配套使用
G06—4 铁红、锌黄过氯乙烯底漆	干燥较快，耐油、耐候性、耐化学性、缓蚀性比铁红醇酸底漆强，但附着力差	用于汽车和机床设备用各种金属、木器表面打底	用X—3过氯乙烯稀释剂调整14 ~ 20s；配合磷化处理或涂X06—1磷化底漆性能更好；在湿度超过70%时，加入F—2防潮剂以防发白；常温干燥2h，经60 ~ 70℃烘干效果更好

（续）

型号及名称	性　能	用　途	使用方法
G06—5 过氯乙烯二道底漆	干燥快，填孔性好，易打磨	用于腻子表面，填补细小针孔、道痕，封闭腻子层	用X—3过氯乙烯稀释剂，根据浓度配合F—2防潮剂使用，可与过氯乙烯磁漆配套使用
H06—2 铁红、锌黄环氧底漆	漆膜坚硬耐久，附着力好	铁红环氧底漆适用于黑色金属，锌黄环氧底漆适用于有色金属打底，如与磷化底漆配套使用可提高涂膜防潮、防盐雾及缓蚀性能	用二苯稀释后，喷、刷均可，可与环氧、氯基磁漆配套使用，自干、烘干均可
H06—33 铁红、锌黄环氧底漆	具有优良的附着力和耐水性，耐化学药品性	是轿车使用的环氧醇酸底漆，铁红环氧底漆用于黑色金属表面，锌黄环氧底漆用于有色金属表面	二甲苯∶丁醇＝1∶1混合溶剂稀释，施工前充分搅拌均匀，可常温干燥或烘干，与A05—9氯基烘漆、Q04—2硝基外用磁漆、G04—9过氯乙烯外用磁漆等配套使用
H06—43 铁红、锌黄脂烘干环氧底漆	漆膜烘干后坚韧、耐久，附着力好。若与X06—1磷化底漆配套使用，漆膜的防潮、防盐雾和缓蚀性更好	用于汽车、机床等表面打底，铁红色多用于黑色金属表面，锌红色多用于轻金属表面	同H06—2铁红、锌黄环氧底漆
H06—11 铁红、锌黄环氧醇酸底漆	漆膜坚韧，耐温性良好，附着力和防锈能力比酚醛底漆好，次于H06—2铁红、锌黄环氧底漆	汽车、机械设备等打底用	基本与H06—2铁红、锌黄环氧底漆相同
H06—5 铁红环氧脂电泳底漆	水溶性漆，无毒，不燃烧，其附着力、耐水防潮性与环氧底漆相同	主要用于汽车工业	自动流水线生产，与环氧、氯基等磁漆配套使用
H06—10 环氧脂富锌底漆	漆膜坚韧，附着力强，耐磨、耐潮、耐腐蚀性优良，有阴极保护作用	主要用于汽车打底和零部件打底	用二甲苯溶剂稀释；可涂刷物件表面两道，每道间隔24～48h；与环氧沥青面漆配套使用
H06—12 环氧脂醇酸二道底漆	漆膜附着力强，易打磨，常温干燥	作腻子封闭底漆和填孔用	用二甲苯稀释后以喷涂为主，与环氧氨基磁漆等配套

二、车身涂装带锈底漆的选用

带锈底漆与一般的防锈底漆不同，它可以直接涂在有锈的表面上，起到除锈防锈的作用。因为这种涂料中的某些成分与铁锈发生化学反应，将铁锈转化成蓝色颜料，或者变成稳定的化合物，再调配一些树脂组分，可以形成连续的涂层，起到防锈、防腐的作用。

（一）带锈底漆的分类

带锈底漆按阻锈原理可分为转化型、稳定型、渗透型三大类。

1. 转化型

这种涂料是利用盐酸和黄血盐（亚铁氰化钾）作为转化液与铁锈发生反应，将铁锈转化成蓝色颜料——普蓝。由于反应在一定的酸值下才能进行，因而要有一定数量的磷酸。在铁锈较薄的地方，磷酸与铁锈起反应，生成磷酸铁，对金属有阻蚀作用。这种涂料干燥较慢，与碱性涂料配套易发生咬起等现象，施工困难。

2. 稳定型

这种涂料主要是以铬酸盐、磷酸盐等多种防锈颜料为主，加上一定的树脂成分组成的。这些化合物与铁锈发生反应，变成稳定的铁氧化物（四氧化三铁）。

3. 渗透型

以二聚脂肪酸为主要基料，采用渗透能力极强的溶液，通过物理的渗透作用进入铁锈层，把多孔的铁锈围住，使铁锈与外界隔绝，达到阻止锈蚀的目的。

目前常用的带锈底漆以前两类最为广泛。

（二）带锈底漆的使用方法

在钢铁表面使用70型带锈涂料时，先用铲刀、钢丝刷、砂布等将工件表面的砂尘、翘起的氧化皮、油污除掉。物面上如有酸、碱、盐、化工粉尘，应用水洗净。对于厚锈还应先用漆液涂刷一次，让漆液先渗透到铁锈的空隙中去。待涂层半干时，可连续再涂刷一遍，使漆液和铁锈充分发生反应转化成膜。

在薄锈和氧化皮上涂刷施工时，应将漆液在物面上连续多涂几次。在无锈区和旧漆层上施工时，可用极少量漆液均匀地刷涂几次。

带锈底漆是表面处理的一种方法，它不能完全代替底漆的作用。在涂装时应按涂层的配套方法操作，底漆、中间层、面漆施工必须待这种涂料完全干燥后方能进行，否则会造成咬起、起泡等弊病。注意酚醛、环氧漆类的配套使用。

（三）带锈底漆的品种

汽车车身涂装中使用的带锈底漆主要有以下几个品种。

1. 70型带锈涂料

70型带锈涂料（转化型带锈底漆）由磷酸亚铁、氰化钾等加环氧树脂用丁醇、乙醇、二甲苯作溶剂混合而成，用于薄锈和厚锈，可反复涂刷。

2. H06—17环氧缩醛底漆

H06—17环氧缩醛底漆（即带锈涂料）由丹宁酸、磷酸和醇溶液加环氧树脂、缩丁醛树脂溶液和苯二甲酸二丁脂、蓖麻油、稳定颜料等制成，涂刷在锈蚀的表面上，起阻锈作用。

3. C06—18铁红醇酸带锈底漆

C06—18铁红醇酸带锈底漆（7108型稳定型带锈底漆）主要是由醇酸树脂加化锈原料、稳锈原料和有机溶剂研制而成。特点是干燥快，附着力强，有较好的耐热、耐低温、耐硝基性，可阻止锈蚀发展，能逐渐将锈蚀转化成有益的保护性物质，可与硝基、酚醛、醇酸等底漆、面漆配套。

转化型带锈底漆也可以自行调配，其基本配方见表8-9。

表 8-9　转化型带锈底漆的配方

成分	磷酸	黄血盐	煤焦油	乙醇	丁醇	二甲苯	炭黑	6101 环氧树脂	其他树脂
%	44	2	8	20	6	6	1	12	1

第三节　中间层涂料的选用

汽车车身涂装工艺中的中间涂层是必不可少的工序，是为面漆涂层打基础的重要涂层。中间涂层介于底层涂料与面漆之间，使用的涂料主要是腻子和二道底漆。车身涂装用面漆主要起对车身构件的防护和装饰作用，颜色和光泽为品质追求的目标。

一、腻子的选用

腻子（又称填泥）是在成膜物之中，加入适量的颜料、催干剂和溶剂调制而成的一种厚浆状物质，具有容易干燥、涂施简便、干后坚硬、耐砂磨等特点。腻子的主要作用是改善车身构件表面的平整度，使涂层表面光滑和增加装饰效果。腻子的品种较多、功能各异，选用腻子需满足涂层材料所具有的配套性要求。合理选用腻子成了车身涂装作业中一项重要的工序。

（一）配套性要求

腻子与底漆及面漆的配套性问题，实质上也就是极性的匹配问题。极性大的材料其分子的结合力也大；极性小的材料其分子的结合力则小。可据此，简单地将所用涂料分为合成树脂涂料和油基涂料两大类。合成树脂类涂料的极性大，如氨基和环氧系列底漆、腻子、面漆等；而油基类涂料的极性小，如脂胶、酚醛系列底漆、腻子、面漆等。还有一种类型的涂料的极性介于前两种之间，如醇酸系列底漆、腻子、面漆等。

腻子选用的原则一是要从涂料极性大小来考虑其配套性，一般，底漆、腻子、面漆三者之间的极性，应以相近或基本相近为宜，以获得更可靠的附着力和层间结合力。

腻子选用的原则二是根据填充层的厚度和用途等来考虑所选腻子的类型，可将腻子分为填充型、中间型和刮（喷）涂型三类。

（二）工艺性要求

工艺性要求是指车身涂装过程中，根据施工要求对腻子性能提出的质量要求。

1. 填充型腻子

填充型腻子适用于填补构件表面上较大的不平（平面度误差大于 3mm）或车身构件的接缝等。这种类型的腻子强度高、堆积性好，一次可刮较厚的涂层。

2. 刮涂型腻子

刮（喷）涂型腻子适用于覆盖道痕、砂眼及构件表面上较小的不平等。这种类型的腻子有颗粒细腻、柔韧性好、易打磨和烘干后不变形等特点，与填充型腻子相比，堆积性差。

3. 中间型腻子

中间型腻子则介于前两者之间，既可有条件地替代填补型腻子，亦可经仔细打磨后直接涂施面漆。

（三）腻子及中间层涂料应具备的特点

腻子和中间涂层是介于底层涂料和面漆之间的一层重要涂料，对其加工性、配套性、耐候性等都有要求。主要要求如下。

1）应有与底漆、面漆很好的结合力和配套性，不易发生起泡、龟裂、脱落和被面漆溶剂咬起等弊病。

2）干燥时间短，能烘干、自然干或固化干燥，用水浸泡一定时间不应有起泡或脱落现象。

3）良好的干打磨或湿打磨性能。打磨时不沾砂纸，经过若干次填平后应有光滑、细腻、平整的表面。

腻子的选择还要与施工方法相配套。不同的施工方法适应于不同的场合，可以获得涂料过渡为涂层的不同效果。这些不同主要是指烘干还是自然干燥，是连续刮涂还是有充足的时间间隔，采用手工打磨还是使用专门的机械等。

最后需要特别指出的是：施工中应尽量不要使腻子层刮涂过厚，否则不但对涂层起不到良好的保护作用，还会破坏整个涂层。涂层外部环境变化复杂，汽车本身的振动、颠簸等，使腻子层产生早期龟裂、脱落，造成涂层的早期损坏，使水分和其他有害物质渗透到底层，使底层遭到腐蚀。

为了发挥腻子的功能，除腻子本身的性能外，还应该要求设计、制造、维修者采取技术和工艺措施，最大限度地消除物质表面的缺陷，增加车身构件的平整度。腻子刮涂得越薄越少越好。

腻子选择得当，将会使构件表面达到平滑、匀顺、细致的目的，涂装面漆后才能使漆面丰满、光泽突出等特性充分显示出来。

（四）商品腻子

根据车身涂装的使用要求，可以直接选择品种繁多的商品腻子。商品腻子的品种、性能用途及使用方法见表8-10，可供选择时参考。

表8-10　腻子的品种及性能

型号名称	性能用途	使用方法
原子灰系列腻子	由树脂颜料填装乙烯类单体及硬化剂等组成，干燥迅速，体积收缩率小，涂层机械强度高，与底材附着力强，利于施工，多用于汽车维修时使用	分组包装，腻子与固化剂比例为100:1或100:3~4，混合均匀后即可使用。一次不能调配过多，防止固化
Q07—5 各色硝基腻子	干燥快，易打磨，用于填补细小缺陷，或补找腻子上的小针孔	一次不能刮涂较厚，需要稀释时用X—1或X—2硝基稀料调整
C07—5 各色醇酸腻子	坚硬，附着力好，易刮涂，用于车辆、机械、机床、木器等填平使用	一次刮涂厚度不超过0.5mm，可自干、烘干，与醇酸氯基、硝基等面漆配套
F07—1 各色酚醛腻子	干燥快，刮涂性好，易打磨，用于金属和木制品表面填平	可自然干燥和烘干，可连续涂刮2~3道，每道厚度为0.3~0.5mm，用200号溶剂汽油稀释
C07—6 灰醇酸腻子	自然干燥较快，耐水耐潮，水磨性能好，不被硝基漆咬起，用于温热带交通车辆、机械设备及木制品表面填平	用X—6醇酸稀料或用200号溶剂汽油与二甲苯混合溶剂调整稠度，每道干后可连续刮涂2~3道，每道厚度不超过0.5mm

（续）

型号名称	性能用途	使用方法
C07—3 各色过氯乙烯腻子	干燥快，耐候性、耐油、防潮、防霉性能好，用于汽车、机床表面填平	先用稠腻子填平较大缺陷处，干后全面填刮，刮涂时往返1～2次，以防腻子卷起。可用X—3过氯乙烯稀料调节稠度
A07—1 各色氨基烘干腻子	附着力好，易打磨，刮涂不起卷，用于车辆和金属表面填平	每道刮涂厚度为0.3～0.5mm，用二甲苯调节稠度，烘烤80～100℃，半小时干燥
H07—4 各色环氧脂烘干腻子	腻子烘干后坚硬，附着力强，耐水、耐潮性好，用于各种车辆金属表面填平	每道刮涂厚度不超过0.5mm，用二甲苯调稀后涂刮在物件表面
H07—6 环氧腻子（分装）	附着力好，耐水、耐化学腐蚀性能良好，涂层坚硬，不易打磨，用于金属表面填平	按比例将两罐混合均匀，用多少配多少，一次用完，一次可以涂刮较厚，用二甲苯稀释

在中间涂层的施工中，根据条件和具体情况的不同，可由施工者自行调制腻子。它的特点是可使腻子刮涂得较厚，具有干燥时间短、使用方便、容易打磨、经济性好等许多优点。自制腻子的缺点是化学成分不稳定，如果调制不当，腻子容易产生耐久性差和易产生起泡、龟裂、脱落等缺陷。

二、涂敷填充剂

车身填充剂用于覆盖不能采用其他金属修理方法消除的微小缺陷。有些填充剂专门用作特殊的用途，另一些填充剂由于受到成分或价格的限制，只能用在某些场合。

混合及涂敷填充剂时，为了节省时间而走捷径，将影响修理的质量。混合或涂敷不当，填充剂最终将会开裂，失去粘合力，造成底层金属的锈蚀，从金属板上脱落，需要重新修理，由此而造成的时间、金钱和声誉上的损失。

（一）涂敷前对金属表面的处理

在涂敷填充剂的过程中，对金属表面的处理是很重要的步骤。先清洗掉待修理部位的泥土和灰尘；再打磨修理部位，清除旧的涂层，待填充部位周围7～10cm范围内的涂层都应清除掉。如果在原来的涂料表面加上填充剂，原有的涂层将从新涂的底漆和涂料中吸收溶剂，破坏填充剂的粘合力，填充剂将会隆起，使涂层开裂并让水分渗透到填充剂的下面，金属便开始生锈。

使用粒度为24号或36号的砂轮清除涂层，可以迅速清除掉涂料和表面锈斑，还可以磨光金属表面，得到更大的结合力。

在金属上修补过的地方涂敷填充剂时，不能将过高的焊缝向下敲。应将焊缝打磨到与表面同样的高度。如图8-1所示，敲击焊缝将使金属变形、在金属内部产生应力并增加需要涂敷的面积。

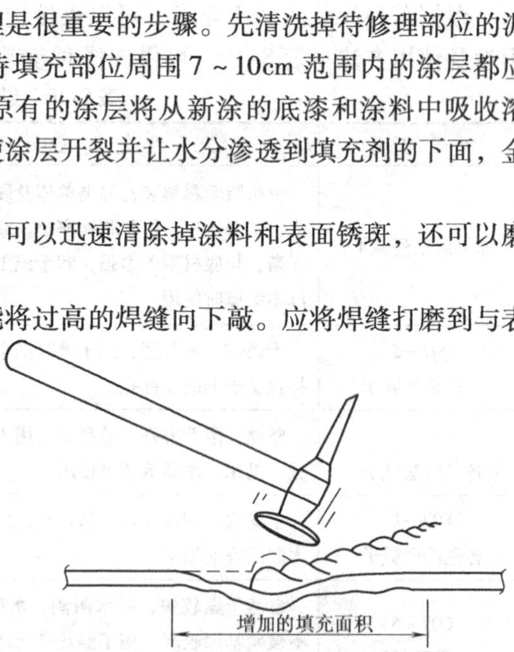

图8-1　向下敲焊缝扩大涂敷面积

用砂轮磨掉修理部位的涂层以后，用压缩空气吹除打磨时产生的灰尘，并用一块黏性的布擦拭表面，清除所有剩余的灰尘。

（二）填充剂的混合

将罐内的填充剂搅拌均匀，使它光滑紧密、无结块。对于重型填充剂，最好使用搅拌器搅拌几分钟。

使用前没有将容器内的车身填充剂充分搅拌到光滑均匀的状态，会使容器上部的填充剂太稀薄，造成涂敷时填充剂的流动和下沉，硬化迟缓，质量差；用砂轮打磨时出现发黏、薄边状态差、表面非常发黏等。在这种表面上涂底漆或重新喷涂时，会出现气孔和隆起。容器下部的填充剂太稠，粗糙，颗粒多，在这样涂敷过的表面上涂底漆或重新喷涂时，出现粘接强度低、针孔多，薄边不整齐以及颜色不耐久等问题。

（三）硬化剂的捏合

松开膏状硬化剂软管的盖子（排出空气），避免硬化剂受到空气的约束。充分捏合软管，确保在硬化剂挤出时，呈现出均匀一致的膏状。

如不对膏状硬化剂进行充分捏合，不使它在挤出时成为均匀一致的膏状（看上去像一条带子），将造成硬化迟缓而且效果差、表面发黏、粘合力小、薄边不整齐等问题。在它的上面涂敷其他涂料时，将会出现气孔和剥落。

膏状的硬化剂经过充分捏合以后，很稀薄，或者像水一样，说明它已经失效，不能再使用。

（四）填充剂和硬化剂的混合

缓慢打开罐子的盖，按照需要的数量取出填充剂。用一把干净的油灰刀或刮板，将填充剂放在光滑、清洁、没有气孔的表面上，例如金属板或玻璃板。按照罐上说明规定的比例加入硬化剂。加入的硬化剂太少，将使填充剂柔软发黏，不能很好地与金属粘合，不能磨光而且薄边不整齐（图8-2）。加入的硬化剂太多，将会出现过量的气体，产生大量的气泡（图8-3）。

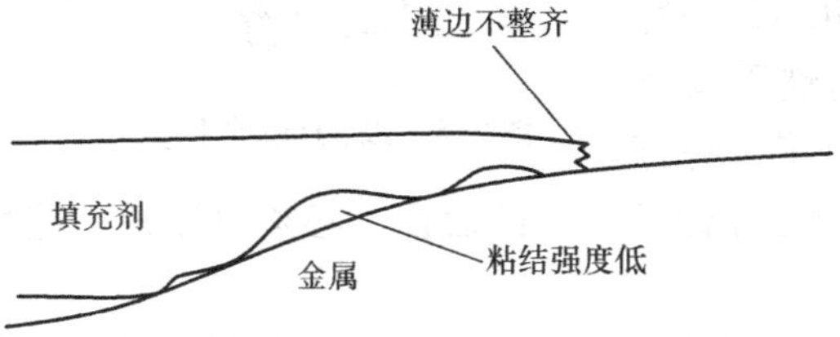

图8-2　硬化剂过少

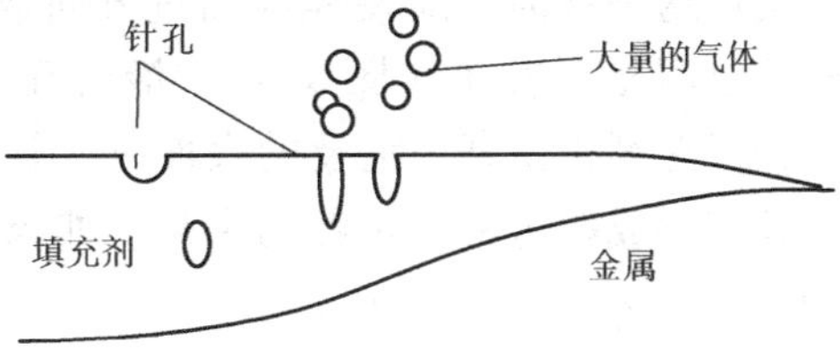

图8-3　硬化剂过多

使用干净的油灰刀或刮板在混合板上来回刮，将填充剂和硬化剂完全混合在一起，得到均匀的颜色。如果没有将填充剂和硬化剂充分混合到均匀的颜色，硬化后的填充剂中将出现局部的松软，结果造成硬化不均匀、粘结强度低、隆起、气孔等。

从容器内取出填充剂，将填充剂、硬化剂混合在一起时，都必须使用干净的工具，否则，在金属罐内以及涂敷的表面上都可能出现填充剂硬块，这将降低粘结强度并使硬化不均匀。

（五）涂敷填充剂

将经过混合的填充剂迅速涂敷在经过彻底清洁和磨光的表面上，第一层应涂敷得紧密，厚度较薄。压紧填充剂，使它进入砂轮打磨时产生的划痕中，使结合力达到最大值。第一层填充剂硬化后，根据需要进行较厚的涂敷，使修理的部位得到合适的形状（图8-4）。一层填充剂硬化以后，才可以涂敷下一层。对于传统的车身填充剂，应涂敷得稍

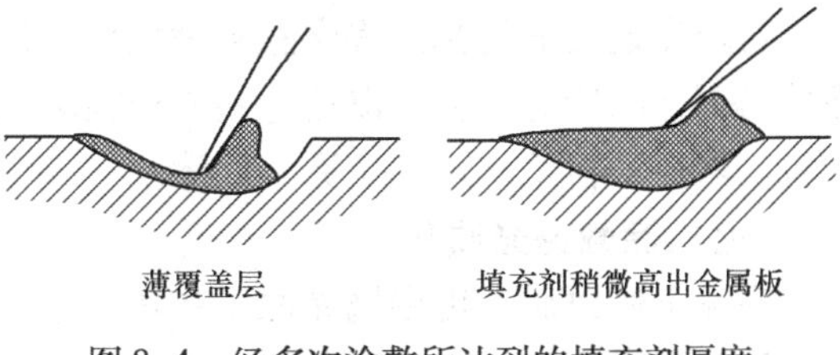

图8-4　经多次涂敷所达到的填充剂厚度

微高一点，使硬化过程中填充剂表面形成的一层蜡膜可被打磨机清除掉。

如果不先涂一层薄的、紧密的填充剂，而是一次将填充剂涂得很厚，将降低结合强度，并出现大量的针孔。在涂敷经过混合的填充剂以前，如果先用溶剂擦拭修理部位，溶剂没有完全挥发，会造成针孔并降低结合强度。

避免在低温下使用填充剂。如果填充剂、周围环境或车身金属的温度较低，车身填充剂得不到适当的硬化，会造成填充剂太软，表面发黏并降低打磨性能，会形成大量的针孔。填充剂应在室温下（65 ~70℉）保存，并用一个加热灯对低温表面加热。

在修理厂的高湿度环境中，应避免修理部位受水分的影响。在冬季，当一辆温度较低的汽车被送进修理厂以后，汽车上的金属表面将会出现水珠。而在夏季，由于地上水分的蒸发，金属表面将会出现冷凝水珠。涂敷填充剂以前，可以使用一个加热灯使表面温度升高，并擦干潮湿的表面。如没有先对修理部位进行加热并清除掉积聚在表面上的水分便开始涂敷，将在下一层涂敷后，出现结合强度降低、薄边不整齐等情况，产生隆起和大量的针孔。

（六）修平填充剂表面

填充剂硬化到半硬状态，然后用手指甲在涂层上面刮一下，如果出现坚硬的白色痕迹，便可以开始锉平。锉平是得到高质量表面并控制原材料消耗和劳动强度的重要环节。使用粗齿油脂锉可以迅速锉平多余的填充剂。用这种长锉可以锉成均匀、平滑的表面。这种锉的齿很粗，完全避免堵塞。砂轮机和气动锉都不能很好地修平，因为它们将会很快地被堵塞，会产生过多的灰尘，浪费大量的砂纸。

使用这种锉时，应使锉与前进方向成 30°角，并将它轻轻拉过填充剂表面（图 8-5），沿着几个方向锉平填充剂。当填充剂稍微高出需要的表面时，就停止锉平，为打磨锉纹和形成薄边留下足够的余量。如果填充剂已经低于所需的表面，必须再涂敷一层填充剂。

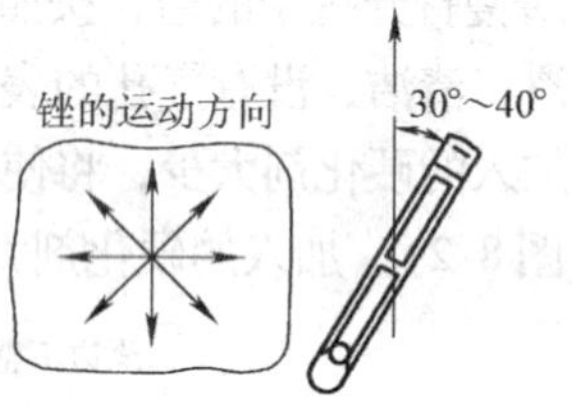

图 8-5　以 30°角锉平填充剂

锉平以后，采用垫块或气动锉磨掉所有的锉纹。气动锉也可以用于较大的平坦部位，然后，再用 80 号砂纸打磨，直到清除掉所有的锉纹。

最后，用 180 号砂纸清除所有 80 号砂纸留下的划痕。可以再次使用气动锉或慢速锉。注意不可过量锉平，以免造成填充部位低于需要的高度，需要再次涂敷的麻烦。

最终的打磨结束以后，用高压喷枪吹除表面的灰尘，然后再用黏性的布擦拭，可以清除掉所有隐藏在表面针孔和恰好位于表面以下的明孔中的细砂粒（图 8-6）。用原子灰填满这些孔和砂磨划痕。

经常用手在表面上摸一摸，以检验表面是否平坦，不可只凭眼睛来判断。喷涂并不能掩盖缺陷，而只能使缺陷更加明显。只有当修理表面非常平滑时，才应该感到满意。

对填充剂表面的光滑程度感到满意后，用一块黏性的布清洁修理部位。黏性的布可以清除填充剂上的所有砂粒，以免这些砂粒损坏光滑的表面。采用一般的清洁方法很难清除这些砂粒。然后，再给修理部位涂上底漆。

（七）涂敷抛光油灰

底漆干燥以后，再用抛光原子灰填充微小的针孔和划痕，应使用聚酯型油灰。可以按照制造厂的规定，将油灰和硬化剂混合在一起。将少量的油灰放在干净的橡皮刮板上，在填充

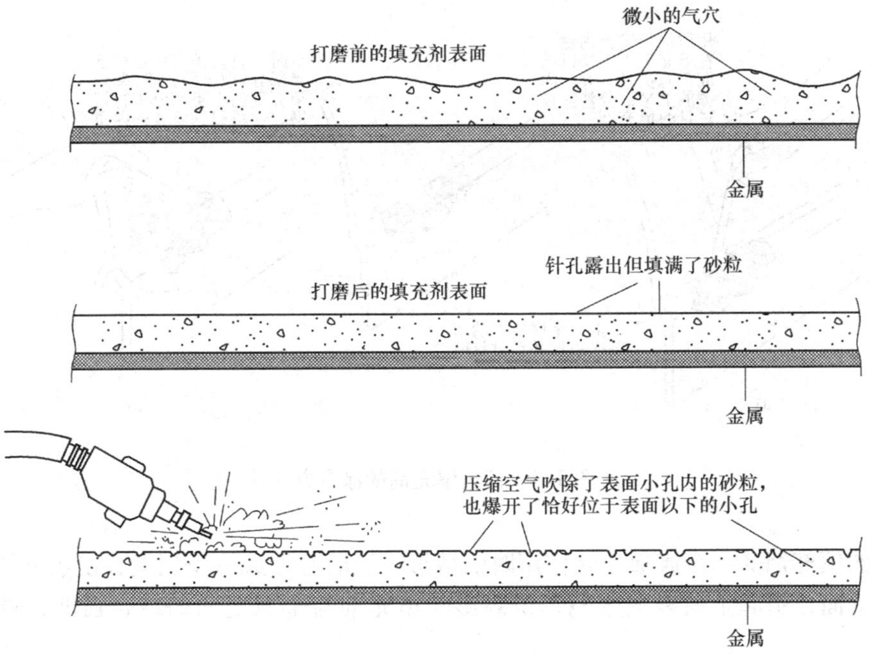

图 8-6　吹出针孔内的填充剂灰尘

剂上面刮上很薄一层。刮的动作应迅速，而且应是单行程。使用硝基油灰时，行程数量应该最少。硝基油灰干燥很快，刮板如在表面上反复刮过，会造成油灰从填充剂上面剥离。

在使用 240 号粒度的砂纸磨光以前，应当让油灰完全干燥。油灰内的溶剂完全挥发以前，如果对油灰进行磨光将造成表面上的磨光划痕。

（八）将填充剂涂敷到车身棱边上

目前许多轿车在门、后侧板、发动机舱盖等部位都有许多明显的棱边线。图 8-7 所示为两种常见的带角度的棱边线。涂敷填充剂时，很难将这些棱边线清晰地保留下来，特别是在凹进部分的棱边线更难保留。获得整齐、规则的棱边的最好办法是对各个平面、角或角落分别填充。

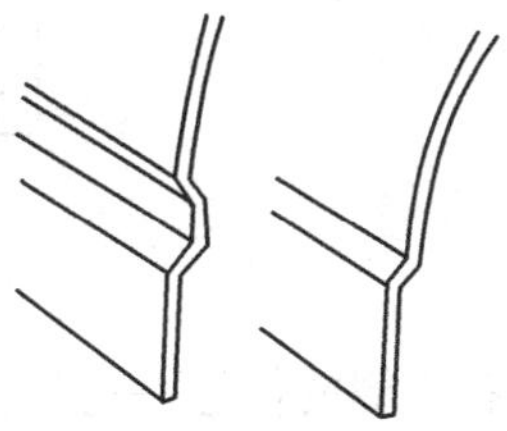

图 8-7　带角度的车身棱边

沿着一个边缘贴上防护带（图 8-8），然后将填充剂涂在邻近的表面上。在填充剂硬化以前，拉掉防护带，并清除掉折缝（或棱边）上多余的填充剂。待第一层填充剂干燥并经过打磨以后，再将另一个边缘贴上防护。应该在填充剂上面沿着棱边粘贴防护带。然后将邻近的表面涂上填充剂。取下防护带以后，再经过打磨，便可得到整齐、规则的线条或棱角。

（九）在金属板的接缝处涂敷填充剂

整体式车身的许多金属板都有接缝。这些接缝在汽车制造厂都经过能变形的涂料修饰，使相应的金属板能够进行弯曲和伸缩。接缝的两边受到损坏后需要涂敷填充剂。许多车身修理技师都不能正确地用车身填充剂覆盖受到损坏的接缝。图 8-9 所示是在正常的道路上行驶

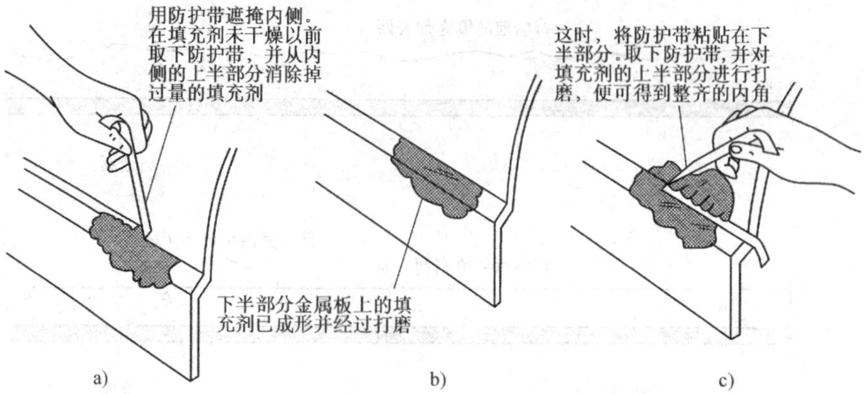

图 8-8　棱边填充剂的涂敷方法

时，刚性的填充剂受到金属板扭转作用时的情形。这时会形成一条裂缝，使水分能够渗透到填充剂的下面，引起金属表面生锈，最终影响填充剂与金属之间的结合强度，降低接缝的强度。

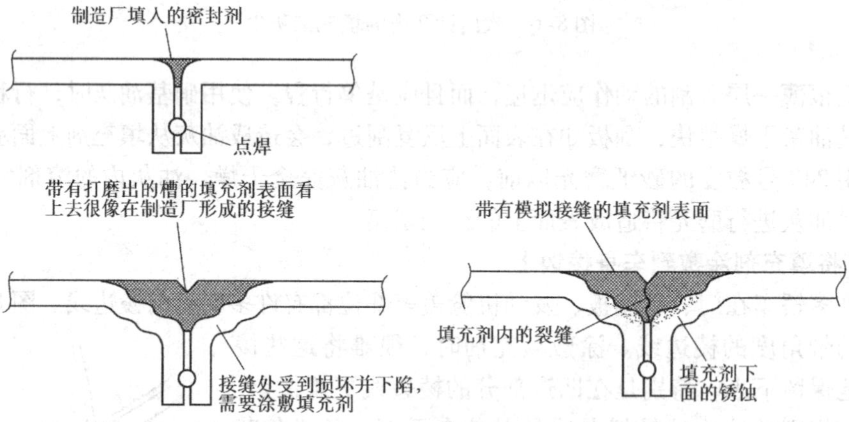

图 8-9　覆盖填充剂的接缝开裂

在接缝的任意一边粘贴防护条可以保持接缝原有的弹性。如图 8-10 所示，在一块金属板上粘贴防护条，然后在另一块金属板上涂敷填充剂并取下防护条，清除多余的填充剂。对于另一块金属板，也采用同样的方法填充。等到两边金属板上的填充剂都硬化并成形以后，再将密封剂填入接缝。

三、涂装二道底漆和封闭漆的选用

二道底漆和封闭底漆也可称为中间层涂料，主要用于腻子与面漆之间的涂层，用于填补腻子上的细小缺陷、道痕。封闭漆用于中间涂层的最后一道工序，避免喷涂面漆后发生与中间涂层咬起、渗色等缺陷。由于我国这种封闭漆品种较少，应用并不十分广泛，通常是使用头道底漆来代替的。

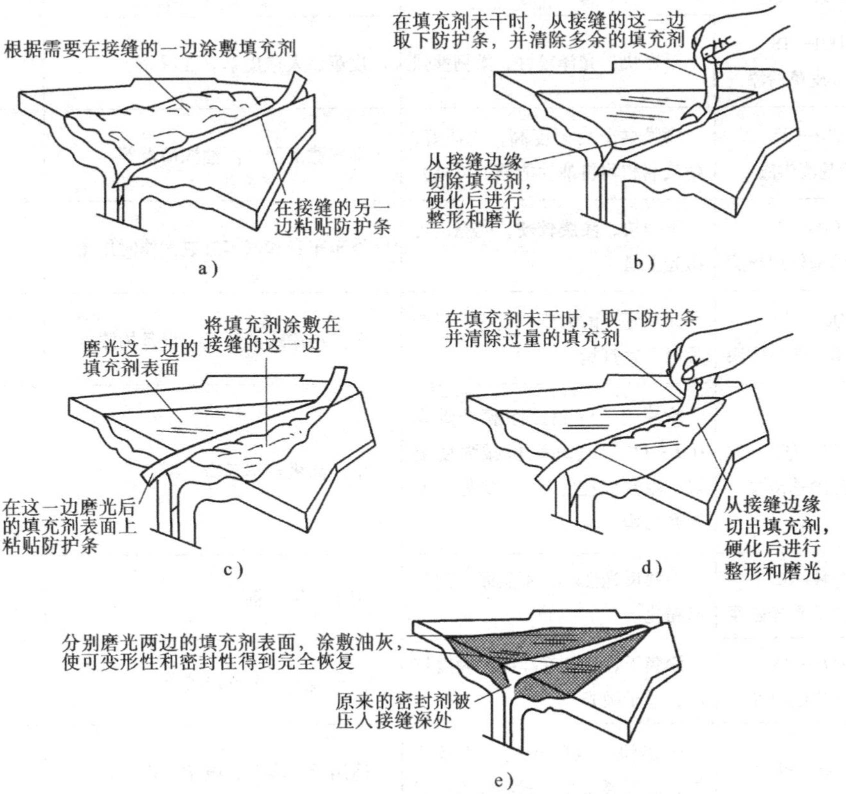

图 8-10　涂敷填充剂的金属板形成的接缝

四、车身涂装面漆的选用

随着石油化学工业的发展，汽车面漆的结构、品种、品质随之不断改善。我国汽车面漆已摆脱了过去仅以油树脂为主要原料的格局，进入了合成树脂涂料时期。汽车面漆是汽车涂装中最后一道工序，它的各项性能指标直接影响到汽车涂层的使用寿命和汽车车身的价值。科学合理地选择汽车车身涂装面漆是非常重要的。

汽车常用面漆的特性及使用范围见表 8-11。

表 8-11　常用面漆的特性及使用范围

序号	型号及名称	特　性	使 用 范 围	用量(mL/m²)
1	Q01—1 硝基清漆	干燥快，有良好的光泽和硬度	与汽车外用硝基漆配套使用，调入色漆内罩光，也可用于木制品罩光	50～70

（续）

序号	型号及名称	特　　性	使 用 范 围	用量（mL/m²）
2	Q01—18 硝基皮革清漆	干燥快，光泽较好，柔韧性强	皮革、人造皮革表面罩光	120～150
3	Q01—23 硝基清烘漆	漆膜烘干后硬度高，光泽好，耐汽油和耐机油性能强，可抛光	空气滤清器、汽油滤清器等	50～100
4	Q04—2 各色硝基外用磁漆	干燥快，漆膜较硬，光亮，可抛光上蜡	汽车车身和汽车总成大修时用漆	240～360
5	Q04—17 各色硝基醇酸磁漆	光泽好，耐大气性良好，三个月内不宜打蜡	车身用漆或其他机械设备用漆	120～240
6	Q04—31，Q04—34 各色硝基磁漆	涂膜光亮平滑，涂膜经烘烤100～110℃（2h）机械强度更好，耐候性比Q04—2漆好，能抛光打蜡	中、高级轿车车身	160～200
7	Q04—32 各色硝基平光磁漆	涂膜反光性小，不刺眼，户外易粉化	用于车用车辆	180～270
8	Q04—35 硝基静电磁漆	涂膜干燥快，光泽好，硬度较高，适于抛光	汽车金属表面静电喷涂	120～200
9	G04—9 各色过氯乙烯磁漆	干燥快，涂膜光亮，色泽鲜艳，能打磨抛光，耐候性和抗老化性优于硝基涂料，耐汽油性差	适用于大客车、电车、机床、医疗设备，用于湿热带地区	—
10	G04—10 各色过氯乙烯 半光磁漆	漆膜光亮平和，户外耐久性好，机械强度高，耐海洋气候和湿热带气候比硝基外用磁漆强，耐水、耐汽油性比过氯乙烯外用磁漆好，干燥时间较长	适用于工程车和军用车辆	—
11	G04—13 过氯乙烯静电磁漆	干燥快，涂膜硬度好，光亮，有良好的耐水性和耐油性，可用静电或手工喷涂	适用于大型货车、工程车、农业机械	—
12	G01—7 过氯乙烯清漆	涂膜干燥快，光亮，丰满	用于过氯乙烯磁漆表面罩光，或与最后一道磁漆混合使用	—
13	C04—2 各色醇酸磁漆	有较好的光亮度和机械强度，附着力良好，耐水性好，可自然干燥	常用于汽车驾驶室、车厢和大客车车身外表涂装	60～80
14	C04—18 各色醇酸磁漆	漆膜坚硬光亮，干燥快，有良好的机械强度，不易起皱，耐水性好于C04—2	用于货车驾驶室覆盖件和车厢，也可用于大客车内外涂装	50～80

（续）

序号	型号及名称	特　性	使 用 范 围	用量（mL/m^2）
15	C04—42 各色醇酸磁漆	比 C04—2 附着力、耐候性、耐久性强，实际干燥时间较长	同 C04—2	同 C04—2
16	C04—43 各色醇酸无光磁漆	漆膜无光，耐水性较好，耐晒性差	适用于国防设备，适用于汽车车厢内金属等	70～90
17	C04—44 各色醇酸半光磁漆	漆膜光度和谐，附着力好，坚硬，有良好的耐久性	适用于军工机械、车辆内外涂装	60～90
18	C04—48 各色醇酸磁漆	漆膜坚韧光亮，颜色鲜艳，附着力好，耐汽油和机油性良好，耐候性强	常用于汽车、机床、设备、船舶或木制品表面	50～80
19	C04—49 各色醇酸磁漆	有较好的附着力，耐候性、耐油性、耐潮湿性稍差	汽车驾驶室翼子板等和其他零部件	同上
20	C04—50 各色醇酸磁漆	有较好的耐水性、耐油性，附着力好	用于货车驾驶室、车厢等	同上
21	C04—51 各色醇酸磁漆	同上	适用汽车车身等	同上
22	C01—1 醇酸清漆	漆膜光亮，有较好的耐久性、柔韧性和硬度，附着力良好	汽车外部罩光，可与各色醇酸磁漆混合使用，也可用于车内外木器表面罩光	40～60
23	C01—5 醇酸清漆	漆膜干燥迅速、光亮、不易起皱，耐水性较好，柔韧性稍差	汽车表面罩光	40～60
24	A01—1 氨基清烘漆	漆膜坚硬光亮，附着力、耐水性、耐油性、耐磨性优良	可与氯基烘漆、沥青烘漆、环氧烘漆配套使用	—
25	A01—10 氨基清烘漆	漆膜坚硬、平滑、光亮，耐候性、耐潮湿、附着力良好	用于轿车和客车外部罩光	—
26	A05—9 各色氨基烘漆	漆膜光亮丰满、色泽鲜艳，有良好的附着力，耐水、耐油、耐磨等性能良好，与磷化底漆、环氧底漆配套使用可达到三防性能	中级轿车车身	—
27	A05—15 各色氨基烤漆	漆膜坚硬、丰满、光亮；与一般氨基漆比较，耐候性和附着力优良	轿车及其他车辆	—
28	A05—22 各色氨基静电烘漆	漆膜光泽好，其他同 A05—9 各色氨基磁漆	同 A05—9	—
29	B01—10 丙烯酸清烘漆	漆膜烘干后硬度好、光亮，保光保色性强，耐潮湿、耐直雾、防毒等性能良好	用于小轿车、面包车、电冰箱等表面罩光	—

（续）

序号	型号及名称	特 性	使 用 范 围	用量(mL/m²)
30	B05—4 各色丙烯酸烘漆	属于热固性漆，漆膜光亮丰满，硬度较高，有优良的保色、保光、三防性能	适用光泽要求较高的汽车表面	
31	B04—11 各色丙烯酸磁漆	常温干燥，漆膜光亮，耐候性、保光、保色和三防性能较好	适用于小轿车车身	
32	B22—1 丙烯酸木器清漆 （分装）	常温固化，漆膜光亮丰满，机械性能好，保光性强，耐寒、耐热、耐温变性能好，可抛光	适用小轿车内饰、木器、钢琴、家具等	
33	C04—50 丙烯酸木器清漆	常温固化，色浅，硬度大，耐水耐温，不变色	大客车内木制品罩光，普通木器表面罩光	

第四节 进口涂料的选择

随着国产高级轿车和进口轿车保有量的增多，进口涂料在汽车车身涂装中的应用也越来越广泛。由于进口涂料的品种繁多并且性能、价格等也有很大区别，合理选择涂料对品质和经济性都有重要影响。

一、进口涂料的选择依据

为使涂层能够充分发挥其保护与装饰作用，获得更加令人满意的涂装效果，必须从多方面考虑选择更合适的进口涂料。

（一）从使用条件和工艺性出发

根据涂层使用环境与条件选择涂料是非常必要的。涂料的耐候性好，喷涂后形成的漆膜就不易粉化、起泡、脱落、褪色；涂料的机械性能好，可使表面涂层牢固、坚韧和耐磨、耐冲击能力提高；优良的三防性能，使涂层耐湿热、耐酶菌、耐盐雾等。

每一种涂料都有各自的特性、优缺点和应用的局限性，在熟悉掌握的基础上加以分析并有针对性地选用。如：醇酸系列漆的耐候性好、附着力强，但涂层软、耐水性差；硝基系列漆干燥快、坚韧耐磨，但其固体成分少，耐酸碱性差；有机硅系列漆具有良好的耐高温性能，需要高温烘烤且附着能力差。

进口涂料中的双组分低温烤漆，以其干燥快、施工简便、设备要求条件低等优点，在汽车车身维修行业中较为盛行。这种双组分烤漆喷涂后涂膜较厚，遮盖力强，流平性好，光泽丰满，漆膜坚固耐用，施工时不受相对温度影响，是高级轿车车身涂装的优良涂料。

双组分低温烤漆使用时有一定的调配比例要求，使用时应掌握准确，随用随配，防止固化浪费；用完后应及时洗净喷涂工具，避免因胶结、干涸而损害喷涂工具。

（二）从涂料的配套性出发

车身表层涂料的选择同样应兼顾配套性。

选择时不仅应考虑到涂料与被涂层材料的配套，还要考虑到各涂层之间的材料配套性问题。例如：底漆、面漆、罩光漆三者之间，既要具备相互间的适当结合能力，又要能彼此相互适应，即彼此间存在容让性。烘干型的底漆要与烘干型的面漆相配套，自干型的底漆应与自干型的面漆相配套；硬度高的面漆不应与较软的底漆相配套，否则就十分容易发生龟裂；耐油性差的油性底漆不宜与溶解力很强的硝基或过氯乙烯等面漆相配套，否则就会发生“咬底”现象。

有时在不违背涂料配套原则的基础上，灵活选用涂料可获得比较理想的涂层。车身涂装中，把选用几种涂料共同制成复合涂层的方法，称之为“多层异类原则”。根据使用环境与条件，选择各有长处的涂料以发挥其各自的优点，使不同的涂料能相互取长补短。例如：使用硝基轿车面漆，其装饰性虽好但保护性较差；如果采用防锈性能很好的环氧底漆，又存在与硝基面漆结合不良的缺点，可在底漆与面漆之间加一层硝基二道底漆来弥补。再如：以醇酸底漆、过氯乙烯面漆和清漆构成的复合涂层，既具有良好的附着能力，又具有可靠的化学稳定性。

汽车车身涂层中底漆、腻子、面漆的配套，可参阅本书所推荐的方案。

（三）从车身涂装的经济性出发

选择进口涂料还要从车身涂装的经济性出发，应根据车身涂层的分组、等级和技术要求等，选择既能保证涂层品质指标又能降低涂装成本或减少投入的涂料。从货源充足、品质稳定、供应方便、价格便宜几方面，依据全面品质管理的概念，来综合评价涂料选择的经济性。

依据涂料的使用条件来考虑其对大气环境的影响。尽量选择对大气环境污染较小的涂料，当净化措施和劳动保护条件均不够完备的情况下，更要优先考虑有关这方面的要求。

由于进口涂料价格昂贵，在低档次汽车上应用的场合不多，喷涂时需要有一个良好的清洁环境，以充分显示其品质的优越性。

二、荷兰“新劲”系列涂料

荷兰“新劲”系列涂料在国内汽车车身维修行业有很大的市场，系列涂料中主要包括以下几种。

（一）原子粗灰系列产品

常用的“新劲”原子灰系列产品主要有以下几种：

（1）双组分原子粗灰　双组分原子粗灰（POLKIT）主要适用于填补凹坑较大的金属表面。它具有附着力强、填补力极高等优点，可作第一道腻子使用。

（2）原子粗灰　原子粗灰与催干剂按100:25的质量比进行混合，必须在20℃环境下3～4min内用完，20℃环境温度下15min干燥，即可用砂纸等打磨。

（3）双组分幼滑原子灰　双组分幼滑原子灰（POLYSTOPLP）用于刮涂凹痕不平滑的金属表面，也可填补在腻子面层。根据使用环境温度，100份幼滑原子灰可调配成不同的固化剂比例（以1～3份为宜），分别混合均匀后分阶段使用。其中一份应在20℃环境温度下20min内用完；第二份原子灰应在11min内用完；第三份原子灰则应在7min用完。在20℃环境温度下，第一份约50min、第二份约40min、第三份约30min即可干燥，经过一定干燥后即可用砂纸等进行打磨。

（4）单组分填砂眼绿漆灰　单组分填砂眼绿漆灰（KOMBIFILLER）比较适用于填补车

身底漆、原子灰腻子以及旧漆膜表面的细小缺陷、砂眼、道痕等。它不仅干燥快，而且不使用混合固化剂。使用时可涂刮两薄层，每层间隔15min即可。涂层在20℃环境温度下经过20min或60℃烘烤温度下经过8min后即可打磨。

（二）底漆系列产品

（1）常用的“新劲”底漆　防护性绿底漆具有保护车身免受腐蚀介质侵蚀的作用。它对高密度金属有极好的粘结力，可增加金属与腻子之间的结合力；具有干燥快、附着力强等优点。配合比例是：

底漆∶固化剂∶稀释剂＝100∶50∶30。

按上述比例混合并调和均匀后于20℃环境下存放的底漆应在8h内用完；20℃环境温度经过5h后可打磨；60℃烘烤温度则1h后可打磨。

（2）双组分3＋1喷灰　双组分3＋1喷灰有极高的填补力，使用范围也比较广，可遮盖大面积的砂纸痕迹或轻微凹痕、细眼，也可作底漆直接进行喷涂。配合比例是：

3＋1喷涂∶3＋1固化剂＝3∶1。

该底漆按比例混合并调和均匀后，应在20℃环境温度下于45min内用完，可喷涂1～3层；20℃环境温度4h、60℃烘烤温度30min干燥，并可进行打磨施工。

（3）680底漆　680底漆为多层用途、单组分快干底漆，可用于填补微小砂眼、轻微缺陷，并起到隔离底层作用。按着色区分有灰色和米色两种。配合比例是：

680底漆∶稀释剂＝1∶1。

该底漆混合并调和均匀后可喷涂2～3层，于20℃环境温度下30min、60℃烘烤温度下15min可干燥，进行下道工序施工。

（三）面漆及罩光漆系列产品

常用的“新劲”机漆系列产品主要有以下几种。

（1）6号系列面漆　6号系列面漆（AUTOCRYL）双组分面漆，漆膜丰满、光亮、坚硬、附着力强、颜色鲜艳持久，适合在任何环境中使用。双组分的混合比例是：

（1号油尺）6号系列面漆∶123催干剂∶123稀释剂＝100∶50∶30。

混合并调匀后应在20℃下4h内用完。不沾尘时间：20℃环境温度下为30min；完全固化时间：20℃环境温度下为20h、60℃烘烤温度下仅为50min。完全固化后可抛光、修饰。

（2）7号系列银色、珍珠色底色漆　7号系列银色、珍珠色底色漆为高品质面漆，具有遮盖力强、便于施工等优点。面层罩上配套清漆后，闪光夺目，色泽持久不变，是高级轿车面层涂料的佳品。混合方法为100份底漆添加100份123稀释剂即可喷涂，干燥15min后不需打磨，最后一遍面漆后可喷涂配套清漆。

（3）AUTOCLEAR烤漆　AUTOCLEAR烤漆是专为“新劲”底色漆（7号系列）而设计的双组分清漆，光泽特强、持久，流平性极佳，能耐各种环境气候，不易褪光。混合比例是：

（1号油尺）烤漆清漆∶123催干剂∶123稀释剂＝100∶50∶30。

混合并调匀后须在20℃环境温度下4h内用完。不沾尘时间：20℃环境温度下为45min；60℃环境温度下为5min。完全干燥时间：20℃环境温度下为16h；60℃烘烤温度下为45min。漆膜厚度为55～75μm。

（4）加光剂　加光剂是专为“新劲”套装烤漆而设计的加速剂，可以增加漆膜干固速度，保持光亮度及平滑表面，还能提高漆膜坚硬度。配合比例是：

套装烤漆：加光剂：MS 催干剂 = 100：20：60（6R 油尺）。

（四）催干剂系列产品

常用的“新劲”催干剂系列产品主要有以下几种。

（1）MS 催干剂系列　MS 催干剂为双组分烤漆清漆专用中浓度催干剂，有快干、标准干、慢干、特慢干等不同型号，用于不同施工温度和面积的涂装作业。

快干型可适用于 -15 ~ 15℃环境温度下使用，主要用于修补小面积喷涂表面用；标准型适用于 15 ~ 25℃环境温度下，用于局部修补或全车喷涂；慢干型则适用于 25 ~ 35℃环境温度下，用于局部修补或全车喷涂；特慢干型用于较高环境温度时做大面积的喷涂。

（2）123 催干剂系列　123 催干剂系列适用于套装烤漆、清漆、MS 清漆。

123 催干剂系列是专为“新劲”底漆、底金属色清漆设计的高品质稀释剂溶剂，有快干、慢干、特慢干三种型号，用以配合不同施工温度、面积等场合使用。

123 快干稀释剂适用于局部修补或室温 20℃环境温度以下施工；123 慢干稀释剂适用于全车大面积喷涂，或者室温在 20 ~ 35℃环境温度下施工；123 特慢干稀释剂，适用于全车喷涂及大面积喷涂或室温于 35℃环境温度以上的施工。

三、德国“施必快”系列涂料

德国“施必快”系列涂料也是国内汽车车身维修行业应用较广泛的品种，该系列涂料中主要包括以下几种。

（一）原子粗灰系列产品

原子粗灰系列产品主要有以下几个品种。

（1）立得柔 0920 原子灰　立得柔 0920 原子灰是含有特殊树脂的聚酯底灰腻子，具有质地细腻、化学性能稳定、刮涂后干燥快、易打磨等优点。由于其耐热温度可达 80℃，适用于底层处理后裸露钢铁、合金、铸铁、塑料纤维及已喷涂保丽光底漆或中间漆的旧油漆层表面。立得柔 0920 原子灰与立得柔硬化剂 0909 以 2%~3% 比例混合调匀后，于 20℃环境温度下应在 3 ~ 5min 内用完，20℃环境温度下经 20 ~ 30min 干燥后进行打磨施工。

（2）保美耐硝基合成填眼灰 7700　保美耐硝基合成填眼灰 7700 是一种由硝基合成树脂组成的单组分腻子，其特点是填充性优良、干燥快、易打磨，与裸铁表面有良好的附着力，适用于已打磨处理的裸铁、旧涂层、底漆、中间漆或立得柔原子灰表面。需要连续刮涂薄层两道时，每道需间隔 10min，20℃环境温度下经过 30 ~ 60min 干燥后可进行打磨施工。

（3）立得柔喷涂原子灰 3508　立得柔喷涂原子灰 3508 是一种有特殊填充能力的聚酯填料，适用于钢铁、合金、塑料纤维、立得柔原子灰及保丽光底漆、中间漆等较粗糙的表面，具有干燥快、容易打磨的优点。混合比例是：

原子灰 3508：立得柔硬化剂 9508 = 100：2。

混合并调节均匀后 20℃环境温度下经过 30min 用完即可，干燥时间：20℃环境温度下为 2h，60℃环境温度下经 30min 后可进行下道工序。

（二）保丽光红底漆 8583

保丽光红底漆 8583 是一种适合修补车身或翻新涂装的双组分特殊红底漆，用于钢铁、镀锌铁、铝板或干燥的旧涂层，具有保护防锈或隔绝旧漆层的作用。与保丽光快干型硬化剂

MS3060 比例为 4∶1，调匀后应在 4h 内用完。20℃环境温度下经 15min 后可刮涂原子灰腻子。

（三）保丽光多功能中间漆 8590

保丽光多功能中间漆 8590 是一种高品质的丙烯树脂双组分中间漆，适用于经打磨的钢铁、原子灰腻子、旧涂层等表面修补、全车喷涂，具有流平性好、隔绝性优良、干后容易打磨等许多优点。

保丽光多功能中间漆 8590∶保丽光特殊硬化剂 =2∶1。

混合并调匀后 20℃环境温度下应 1h 用完。干燥时间：60℃烘烤温度下经 20～30min，常温干燥时间为 12h。

（四）保丽光面漆及罩光漆系列

（1）保丽光面漆 257 系列　保丽光面漆 257 系列是一种双组分丙烯氨基异氰酸酯系列面漆，适用于高级轿车局部修补、全车喷涂，具有光泽丰满持久、流平性佳、抗御性强等优点；能在各种环境气候下不褪光、不变色，涂膜干后坚硬、机械性能强、遮盖能力高。混合比例是：

保丽光面漆 257∶保丽光特殊硬化剂 MS3368 =2∶1。

混合并调匀后 20℃环境温度下应 6h 内用完。干燥时间：60℃环境温度下经 30min，70℃环境温度下经 20min；自然干燥后不沾尘时间为 20℃环境温度下 30～40min，完全干燥可进行操作所需时间为 24h。

（2）保丽光银粉漆 293 系列　保丽光银粉漆 293 系列由高品质的丙烯树脂组成，具有使用简便、遮盖力强的特点，喷涂清漆后便可得到高光泽、能抗各种环境和气候、光泽持久不变的漆面适用于轿车修补及全车喷涂，与保丽光特殊剂 3054 约 2∶1 混合后即可喷涂。15min 自然干燥后，喷涂后无须打磨便可喷涂 T308080 或 MS8010 清漆。

（3）保丽光珍珠漆 295 系列　保丽光珍珠漆 295 系列是一种高质量的面漆，有极佳的耐候性和美丽的外观，喷涂清漆后更加具有高光泽，适合于高级轿车的喷涂。使用时与保丽光特殊稀释剂 3054 加 40%～50% 调稀后可喷涂在打好底色的底层上无须打磨，相隔 15～20min 后，直接喷涂清漆即可。

（4）保丽光丙烯氨基清漆 8010　保丽光丙烯氨基清漆 8010 是一种高光泽的双组分丙烯异氰酸酯系列清漆，适用于多工序面漆系统。漆膜光亮、平滑、丰满，覆盖性强，干后坚硬，机械性能高，能够抗各种气候环境，光亮持久，是极佳的高光泽清漆。喷涂时和 MS 系列硬化剂 2∶1 混合，调配均匀后在 20℃环境温度下 4～5h 内用完，60℃环境温度下经 30min 干燥；自然干燥不沾尘时间 20℃环境温度下为 50～60min；5～6h 可进行组装，再经过 5～6h 可全干燥。

四、美国“杜邦”系列涂料

美国“杜邦”系列涂料在国内汽车车身维修行业是比较受欢迎的。该系列涂料中主要包括以下几种。

（一）底漆系列产品

美国杜邦底漆系列产品主要有以下几个常用的品种。

（1）105S 多功能表面平整底漆　105S 多功能表面平整底漆具有涂膜平滑、干燥快、附着力强、防腐性能好等特点，可以作为二道底漆使用。干后易打磨，不能与硝基漆混合。

（2）1020R 底漆　1020R 底漆属于双组分底漆，适用于钢铁、铝金属表面，也可用于旧涂层表面上的喷涂。该底漆附着力强，防腐缓蚀性极佳，还可作为封闭和隔离底层的底漆。混合比例是：

1020R 底漆∶125R 硬化剂∶稀释剂 = 4∶1∶2。

混合并调节均匀后应在 1.5h 用完。20℃温度环境下经 1 ~ 2h 后可干燥。

（二）磁漆系列产品

美国杜邦磁漆系列产品主要有以下几个常用的品种。

（1）IMLAR 汽车磁漆　IMLAR 汽车磁漆是醇酸型磁漆，遮盖能力强并且涂膜光亮，不受相对湿度影响，是一种物美价廉的涂料。混合比例是：

IMLAR 磁漆∶145R 或 110R 稀释剂 = 3∶1。

混合并调匀后应在 8h 内用完，喷涂后 20℃温度环境下经 25min（不粘尘），10h 后可以完全干燥，60℃环境温度下经烘干后 3h 完全干燥。

（2）杜邦丙烯酸型磁漆系列　杜邦丙烯酸型磁漆系列是双组分涂料，涂膜干后表面坚硬光亮，不易倒光，遮盖力强并且成膜可以较厚，不受相对湿度影响。

（3）硝基磁漆　硝基磁漆包括色漆和金属漆，做底色用，干后可喷涂 120S 清漆。

（三）杜邦 120S 清漆

杜邦 120S 清漆是双组分涂料，使用时与硬化剂按规定比例混合，调配均匀后不用稀料即可喷涂。混合比例是：

120S 清漆∶120S 硬化剂 = 2∶1。

（四）硬化剂及稀释剂

丙烯酸磁漆：793S 硬化剂、8093S 稀释剂适于 21℃环境温度以上使用；8022 稀释剂适于 21 ~ 27℃环境温度下使用；8096 稀释剂适于 27℃环境温度以上使用。

500 号欧洲烤漆：AK210 硬化剂 S、AK321 稀释剂、AK330 稀释剂、AK360 稀释剂。

700 号欧洲烤漆：AU270 硬化剂、AU370 稀释剂。

第五节　色漆的调配

大多数车身涂料都要经过适当的调配后才能使用。涂料的调配作业需要解决两个方面的问题：漆的颜色和黏稠度。若要掌握漆色的调配技巧，需要对色彩的基本常识有一个大致的了解。

一、色彩的基本常识

人们所看到的各种颜色是由于光的作用，色是离不开光的。没有光，什么颜色都看不见。人们通常所称的光是电磁波谱中人们的眼睛能看到的那一小段，称为可见光。英国的科学家牛顿于 1666 年在暗室中将一线太阳光通过三棱镜投射到屏幕上，看到了并列着的从红到紫的色带。他又将各种颜色的光线通过三棱镜合在一起，结果又复原成接近太阳的白色光线，从而找到了有彩色光和无彩色光，得出了有光才有色，无光便无色的结论。

光是由眼睛去感受的，眼睛能看到直接光源或看到照射在物体上的反射光，它是靠物体来实现的。如果是什么也没有的空间，光是不可能被看见的。色彩离不开光，也离不开物体，没有具体的物件，就没有具体的色彩。由于光的作用，在人们的视觉上便会出现颜色，因为任何物体对色光都有吸收和反射本能。光线射到物体上，一部分色光被吸收，另一部分色光被反射。全部吸收色光的物质呈现黑色；全部反射光的物质呈现白色；对所有的色光等量地吸收或部分吸收、部分反射的物质呈现灰色；其他各种彩色物体，则是对不同色光进行选择吸收与反射的结果。例如，红色的布是由于它吸收了光线中的橙、黄、绿、青、蓝、紫色而反射出红光，因此我们看到的是红色。绿叶是将其他颜色的光吸入而将绿色的光反射，所以便呈现出绿色。物体呈现的颜色并不是物体本身所具有的颜色，而是根据各种比例入射光反射的结果。

（一）色的三属性

形成千变万化的色彩主要有三要素，即色相、明度、纯度，人们常称其为色的三属性。

1. 色相

色相指各种色彩的相貌，它是区别各种色彩的基本手段。如日光中存在红、橙、黄、绿、青、紫六种色相，再用这六种色相调和，便可以产生很多种色相。即使是同一种颜色也有不同的色相，如：红有大红、朱红等不同色相。色相应是光谱色的本色。色相是一定的，只是照射的光源与物体反射光的波长在一定范围内变化，才会有不同色相。将外表相似的颜色按顺序排列下去，即红、橙、黄、黄绿、绿、青绿、青、紫青、紫、紫红，列到最后又回到红色，这说明有关色相的感觉变化是循环的（图8-11）。不具有色相的无彩色也跟彩色一样，仍是色彩的同类，它与光的情况不同，是以白、灰、黑来区别的。

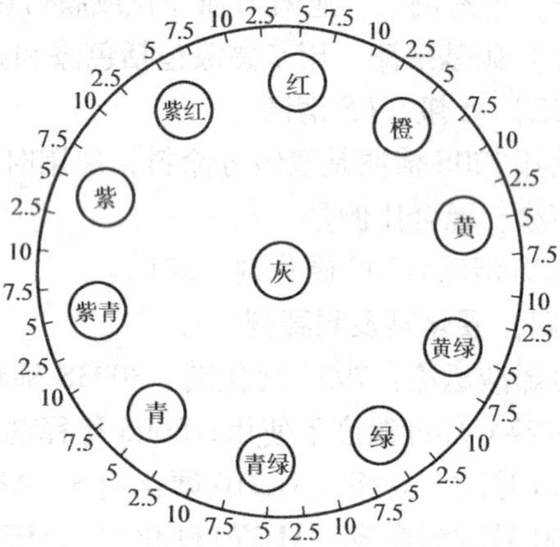

图8-11　色相环

2. 明度

色的明亮程度、颜色的明暗度决定光源的照射与物面的反射光强度。在一个表面，即使涂同样一种颜色，由于光照射角度不同，颜色的明暗也有很大区别。明度与光的反射也有很大关系。同一种色相的颜色由于反射率不同而呈现出很明显的明亮度差别，大红明度最高，紫红次之，深红最暗。

明度是以白为顶点，沿浅灰、灰、深灰、黑的垂直方向延伸来表示，黑的最暗，理想的黑反射率为零。

3. 纯度

纯度指色的饱和度，也称之为色彩的鲜艳程度。明度与纯度并不完全一致。明度强的颜色，纯度不一定高；而明度弱的，纯度就一定差。如蓝色中加白，蓝的明度提高了，相反纯度减弱了。

可用图8-12表示色相、明度、纯度三者的关系。

（二）颜色的感觉

由于人们年龄、性别、地位、环境和地区之间的差别，对颜色的要求也不一样。有的喜欢鲜明的，有的喜欢和谐的，有的喜欢沉着的，也有的喜欢高雅的。颜色的变化，可以使人们的生理和心理产生各种各样的反应，有的颜色使人感到厌烦、沉闷，有的颜色使人感到愉快、兴奋。下面分别阐述一下人们对颜色的感觉规律。

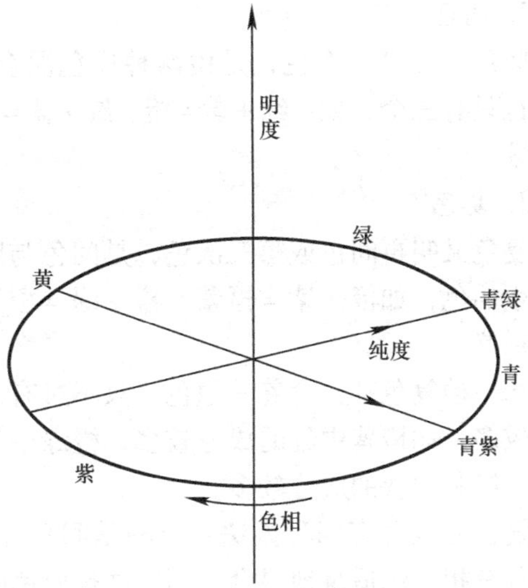

图 8-12　色的三属性关系

1. 颜色的冷暖感

在寒冷的冬天，当一轮红日从东方大地升起，整个大地染上了一层橙红色暖调的时候，人们感到温暖，精神振奋。在炎热的夏天，当人们走到海边看到一望无际的蓝色海洋时，就会感到无比凉爽。从火红的太阳到蓝色的大海，会使人在精神和心理上产生不同的变化。色彩中的红、橙、黄色会使人感到温暖、欢乐、活泼，称为暖色。人们看到红色时，会联想到红旗、火与血，能够催人奋进。蓝色、绿色则会使人感到清晰、安静，引起人们美好的回忆；蔚蓝的天空、绿色的大地和原野都会使人感到心旷神怡，称为冷色。

暖色和冷色是相对的，是相比较而言的。同一种颜色中也有冷暖的区别，如红颜色是暖色，把大红、朱红和玫瑰红进行比较，则朱红比大红暖，玫瑰红又比大红冷。

2. 颜色的轻重感

蒸汽机车的颜色涂黑色，看上去感到很沉重。国际铁路上使用的集装箱，采用明亮的黄绿色，给人以轻松的感觉。可以得出这样的结论：深的颜色感觉重，浅的颜色感觉轻。在涂装工业产品中，一般小型产品都涂装较浅的颜色。

3. 颜色的远近感

纯度高的红、黄、橙使人感到距离近、明显；蓝、绿、青色使人感到距离远，有后退感。画家在作画的时候巧妙地利用色彩的变化规律，把景色画得逼真，远、中、近分明，使人看到后感觉身临其境。

4. 颜色的疲劳感

在红、黄颜色环境下生活工作，人们会感到疲劳，刺激性强，又觉得时间过得慢；而在浅色天蓝、浅绿、水绿等冷色布置的环境中工作生活，会给人以淡雅、清静、舒适的感觉，使人精神舒展、愉快，时间亦显得快，使人不易疲劳。

（三）原色、间色、复色、补色

1. 三原色

在千变万化的色彩中，追根溯源，许许多多的色彩都是由红、黄、蓝三色相互混合变化而来的。而红、黄、蓝三色中任何一色都不能由另外两种原色混合产生，它是最基本的颜色，故称原色，也叫第一次色（图 8-13）。

从三原色的原理来讲，任何颜色都可以由红、黄、蓝三色调出来。但实际上因为颜料成分的不同，有些特殊的颜色群，如青、玫瑰红等色，用三原色是配不出来的。

2. 间色

间色又称第二次色，是由两种原色混合而成的。间色也只有三个，如：红+黄=橙、红+蓝=紫、蓝+黄=绿。

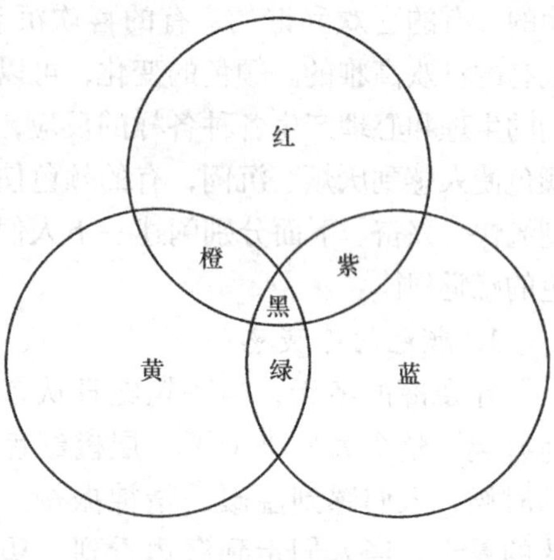

图8-13　三原色混合

3. 复色

复色又叫再间色或第三次色，是间色与间色混合所产生的色，如橙+紫=橙紫、橙+绿=橙绿、绿+紫=绿紫。

每一种复色都包含着三原色，只不过有一种颜色成分较多，如橙紫中红的成分较多，橙绿中黄的成分较多，绿紫中蓝的成分较多。

复色的混合有四种方法：一种是间色互相混合，第二种是相对色适量地混合，第三种是原色或间色与黑色混合，第四种是原色或间色与复色混合。

4. 补色

两个原色混合配成一个间色，而另一个原色则称补色。两个间色相加调成一个复色，而与其对应的另一个间色也称为补色（图8-14）。

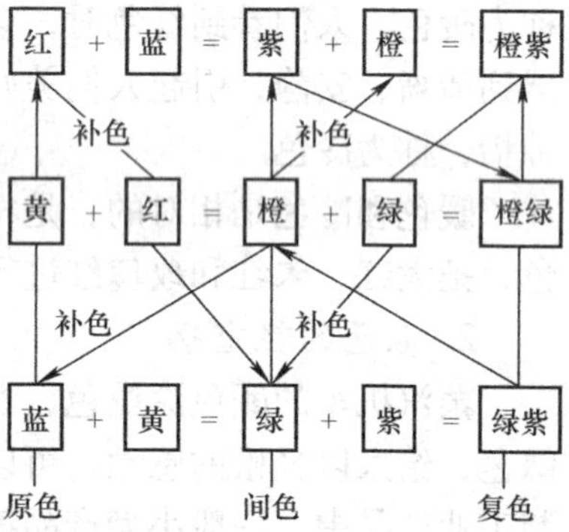

图8-14　原色、间色、复色、补色

5. 消色

原色或间色、复色调对不等量的白，可以调配出许许多多的深浅不一的颜色。如果加入不同比例的黑，则可以调配出很多灰色、暗色，白和黑起到消减作用，因此称为消色。

6. 调和色

凡两种色相较接近，性质相差不远，放在一起使人们看起来较和谐称为调和色。如色环中相邻近的两色为调和色，同类色和类似色都是调和色。如：红与橙红、黄与黄绿；又如：大红、浅红、粉红等。

二、颜色调配

在车身维修中，涂料调色是经常进行的作业。虽然涂料厂家生产的涂料颜色很多，但仍满足不了车身维修中涂装作业的实际需求，其颜色品种对车身维修行业来说还远远不够。当需要对车身局部补漆时，应依原车身颜色进行调配。

涂料调色和绘画调色从理论上是一致的，在实际运用中却有一定的区别。绘画色彩讲的是色调，固有色、环境色、高光、反光等色彩的微妙变化是立体的画卷。涂料调色主要是色相、明度、纯度，以红、紫、黄、蓝、白、黑、绿、银色、金色等涂料颜色为主，还要考虑到清漆和辅料的颜色（如催干剂等）、底层涂料的颜色和色漆颜色上浮下沉等问题。涂料调色是一项复杂的技术，既需要有理论的知识，又要有多年实践经验的积累。

（一）调色前的准备

车身维修涂装一般分为全车涂漆和补漆两大类。全车涂漆又分为用原来颜色涂装和改变原来颜色涂装。整车涂装调配颜色较容易；补漆则要求颜色的误差性小，越接近越好，在没有先进仪器设备的情况下，调配较为困难。

在调色前要对原色漆进行观察、分析、判断。首先观察色相是红色相、蓝色相还是绿色相；然后分析由哪些颜色组成，判断组成的颜色中主色、次色、再次色的大体比例。

掌握旧涂层的性能，了解旧涂层面漆是什么性质，如油基漆、挥发性漆、烘干漆、固化型漆等。在没有条件的情况下，可用打磨的方法做硬度试验，用溶剂润湿的方法做化学试验等，根据试验的结果选用配套色漆。

根据客户的要求，涂装不同档次的涂料颜色，是在车身维修涂装中经常遇到的问题。由于车型多和低、中、高档次不同，对涂装面漆档次的颜色要求也不同。甚至有些档次不很高的汽车，要求涂装涂料的档次较高，颜色也较复杂，如：半金属色、金属色、本身带多种颜色等，要求对底层进行一系列的处理及准备工作。

目前我国涂料工业特别是颜料工业还不够发达，存在着南方、北方，边远地区和开放地区等差别，流通领域的原因使涂料颜色品种不全，以及产品颜色的色度不准确、不稳定等，都给调配涂料颜色增加了一定的难度。

因此涂料颜色的准备不同于颜料配色，要求同类性能涂料颜色调配，不同性质的涂料颜色不能混合，如：醇酸漆颜色不能和硝基漆类颜色混合。

目前涂料工业使用的颜料有八大色系，见表8-12。

表8-12　八大色系颜料表

八大色系名称	各色系的颜料	八大色系名称	各色系的颜料
红色系	大红、铁红、酞青红	白色系	酞白、锌钡蓝
紫色系	甲苯胺紫、酞青紫	黑色系	色素碳黑、硬质碳黑、软质碳黑松烟
黄色系	深、中、浅铬黄，深浅镉黄	绿色系	酞青绿、氧化铬绿
蓝色系	铁蓝、酞青蓝	橙色系	铅铬橙

（二）调色程序

手工调配色漆主要凭实际经验，根据调配色漆的样板（目标）来识别其中由哪几种单色组成，以及各单色所占的比例，据此将色漆调配出来。

手工调配色漆时的操作要点为根据颜色形成的机理仔细分析样板的颜色，基本估计出参配色漆的种类、比例、份量后，再着手试配漆色的小样，以实际比例作为调配大样时的参考依据。调配时应先加入主色（指用量大、着色力小的色漆），再慢慢地间断性地加入副色（用量小、着色力不强的漆色）。分析、调配、检查均应在较好的天气下进行，“灯下不观色”，强烈的阳光直射也会造成色差。参配的色漆其基料必须一致，如：醇酸系列色漆就不能与硝基系列色漆相配；还要考虑到色漆干湿状态下的颜色变化，一般湿时显得浅些，干时会转深些。

具体操作方法：在做好调色准备的情况下，开始进行调色。先调小样，根据掌握的主色和其他副色（次色），先用干净木棒（玻璃板）将涂料搅拌均匀，将主色倒进容器中，再按先浅后深的次序，将其他颜色边加入，边搅拌，边对照。如果涂料较稠，可用该涂料的稀释剂调整。当颜色接近样色时，可涂抹在玻璃片或白铁板上与样色比较，按颜色的三属性分析、查看。观看色相是否正确，然后检查明度、纯度，发现误差后继续调对，一直到符合样板色为止。

当小样对好后，根据小样主色、复色的比例关系进行较大量配色。当颜色配好后根据作业要求，用喷浸等法涂在玻璃板上再次对比样板，如有差别继续调整。

在调配涂料颜色时，要在晴天或光线充足的地方观察颜色才准确，不能在灯光下或阴暗的地方调对，以免产生颜色误差。

比色时，应将新对涂料颜色滴抹在干样板上，或将调对新涂颜色样板与干样相交查看。

查看时，待湿涂料颜色干后与干样板对比，或将干样板用水洒湿查看较为准确，否则会发生涂料颜色过浅或过深。

用来配色的工具、容器一定要干净，如使用喷枪特别是喷涂浅色涂料时，一定要洗净，防止其他颜色混入。

调对同一种涂料颜色时，要注意颜色的上浮与下沉，稠度应调到施工时的要求，以免发生涂装后颜色有差别。

调色时应考虑色漆中有清漆和其他辅料成分，防止涂料干后变色较快。

（三）几种颜料色漆的色相分析

涂料使用的颜料颜色中，由于化学成分、研磨细度、颗粒状态、加工提炼程度等不同，所呈现的色相（色头）也不一样，几种颜料的色相见表8-13。

表8-13 颜料的色相

颜料名称	色相	颜料名称	色相
硬质炭黑	黄、红	钴绿	白、黄
软质炭黑	蓝	钛青蓝	蓝、黄
钛白	黄、蓝、灰	铁红	黑、红、灰
铁蓝	红、青		

由于涂料中含各种不同基料，各种色漆都有基料的颜色，使涂料颜色受到一定的影响。深蓝色涂料中都带有黑的色相，如加白可以调对出不同程度的浅蓝，但这种浅蓝都带有灰色，不如原桶浅蓝鲜艳，如果用这两种浅蓝加黄配成浅绿，其色相一个发灰，另一个较翠。

中黄色涂料加白色对成浅黄和原桶的浅黄相比，其色相前者显红，后者发青。

大红中加入少量的黑或加入少量的蓝，配出的紫红不如原桶的紫红夺目，如果将这两种颜色加入中黄，其色相更为明显。

初学配色者可将每个单色漆分别混入不同的色漆，然后通过对比，查清其色相。如：铁蓝 + 白 = 中蓝、浅蓝、天蓝等；酞青蓝 + 白 = 酞青中蓝、酞青浅蓝等；红 + 白 = 浅红、粉红等；黄 + 白 = 浅黄、米白、奶白等。

另外，以红逐渐加黄、加黑、加蓝等可分别出现很多种色相，通过调对增加调色知识，也可以做些色样，供以后配色时做参考。

三、涂料颜色的调配比例

涂料调色比例，应以颜料比例调色较为准确。由于涂料中含有不同比例的基料，基料带有不同程度的颜色，又由于涂料在包装中搅拌得不十分均匀，而产生颜色和轻重，造成质量的差别，因此涂料按质量配比误差较大。

各种颜色涂料配成其他颜色涂料的配比，见表8-14。

表8-14　用各种颜色涂料配成其他颜色涂料的配比（参考）

数量 / 需配制的色漆	用漆品种						
	绿漆	白漆	黄漆	浅黄漆	蓝漆	铁红漆	黑漆
豆绿色漆	38	25	12	25			
草绿色漆		11	50		4	15	20
深绿色漆	80				20		
海蓝色漆		63		9		23	
天蓝色漆		94			6		
钢灰色漆		88			1		11
中灰色漆		92			0.5		7.5
桔黄色漆			18			80	2
军黄色漆			73			20	3
奶油色漆		97			4		
电机色漆		95	2		0.3		2.7

采用单色硝基漆配制复色漆的配比，见表8-15。

表8-15　单色硝基漆配制复色漆的配比

数量 / 配复色漆	配入单色漆								
	白	蓝	黄	黑	浅黄	绿	铁红	红	紫红
橙色			52.7					47.3	
紫色									100
红色								100	
浅肉红	96.17		3.28					0.55	
铁红							100		
蔷薇红	92.02		4.59					3.39	
浅玫瑰	69.06		5.53					18.03	7.38
浅猩红	43.3		26.7					30.0	
玫瑰红	46.25							29.58	24.17
浅杏红	76.78		20.8					2.42	
浅棕			28.5				71.5		

本章小结

1. 涂层分为保护性涂层与装饰性涂层。

2. 根据车身涂装的施工实际要求合理地选择车身涂料（耐候性，耐腐蚀性，机械强度，耐机油、汽油、公路沥青等，施工性与配套型，货源，价格，污染等）。

3. 车用底漆的合理选用。
4. 中间涂层的合理选用与施工。
5. 进口涂料的合理选用（使用条件、工艺性、配套性、经济性与环保性能）。
6. 正确地进行涂料的颜色调配（手工调漆与电子调漆）。
7. 构件表面及旧涂层的处理方式（手工、机械、化学、火焰等）。

复习思考题

1. 涂层如何进行划分？
2. 如何正确进行涂料的选择？
3. 底漆选择的依据是什么？
4. 如何进行腻子的选用？
5. 色的三属性是什么？
6. 如何进行颜色的调配？
7. 汽车表面棱线涂敷填充剂的要领是什么？
8. 选择中间涂层的注意事项是什么？

第九章

汽车喷涂工艺

学习目标：

1. 掌握整车车身喷涂工艺。
2. 掌握局部补漆的喷涂工艺。
3. 了解涂料在运输与储存期间易出现的问题及对策。
4. 掌握喷涂过程中常见的问题及防治与解决方法。
5. 掌握喷涂后漆面故障的解决方法。

车身维修中的涂装方法主要以空气喷涂为主。这种方法不仅可以获得厚薄均匀、光滑平整的漆膜，而且对缝隙、小孔、倾斜、弯曲等复杂构件，均可将涂料喷施到位。喷涂法的适用性也强，绝大多数漆料都可用此法施工，硝基系列快干漆更加适宜采用喷涂法。这里仅以喷涂法为主，分述车身整体喷涂和局部补漆的基本工艺及其操作要领。

第一节　货车车身喷涂工艺

汽车进入车间拆散解体之前要进行整车清洗。清洗方法是用高压水枪将车厢底、车架、挡泥板、驾驶室、翼子板、前后桥等表面泥沙、脏物清洗干净。高压水枪刷洗不掉的油泥较厚的地方，可用铲刀将其铲掉。车身外表也要用水清洗干净，待车晾干后进入车间拆散。

一、喷涂底漆

驾驶室、翼子板、铁车厢、车架和一些覆盖件拆散后最好进行喷砂处理。喷砂时将上述单件分别用铁砂或河砂从里到外将旧涂层除净，多余砂子收回清扫干净，待组装后进行喷装。

铁车厢和其他覆盖件内、外喷涂 C06—1 铁红醇酸底漆一道，要求喷涂均匀、无流淌、无露底现象。车架可以喷涂 F06—8 铁红、灰酚醛，自然干燥 24h；喷涂 F04—1 黑色酚醛磁漆或 C03—3 黑色醇酸调和漆等。

木车厢表面旧涂层经打磨清理后，与铁车厢一样喷涂 C04—42、C04—2 各色醇酸磁漆或 C04—6 各色半光磁漆，底部根据要求喷涂各色酚醛磁漆或醇酸磁漆等。

驾驶室翼子板、发动机舱盖等一些外露覆盖件，先用风管将里外尘砂吹扫干净，用棉纱蘸点汽油擦净表面油污，用 1 号砂布打磨表面清除残余旧漆层后，再喷涂一道 C06—1 铁红醇酸底漆。喷涂均匀，无流淌，无露底现象，自然干燥 2h 后或 60 ~ 80℃烘烤 0.5h 后刮涂腻子。

二、刮涂腻子

第一道腻子用F07—5醇酸腻子。先将较大坑凹处刮一下，也叫填腻子。由于汽车表面覆盖件破损、刮碰或其他原因造成车况不佳，虽经修复也达不到新车标准，所以涂刮腻子可能局部较厚。第一道醇酸腻子需加入少量石膏和一些漆料调整，这样使腻子厚度可达到5mm，头道腻子刮填后自然干燥或60～80℃烘干。

腻子干后，用铲刀铲平表面干结的腻子块粒，再刮第二道C07—5醇酸腻子，这次可以满刮找平，最大厚度以0.5mm为宜。经自然干燥或60～80℃烘干后，用150～180号水砂纸衬木块打磨。打磨时应以高为准，局部面积找平，磨完后擦净晾干或烘干。

彻底干燥后再刮C07—5腻子，也称第三道醇酸腻子，这道腻子要刮得薄一些。如果腻子过稠，可用X—6醇酸稀料调整。腻子刮完后干燥或烘干，干后用220～240号水砂纸打磨，擦净多余浆沫，晾干或烘干。

再找补第四道腻子，将C07—5醇酸腻子用X—6醇酸稀料调稀，将上道腻子表面处的针眼与砂纸打磨留下的道迹、细小缺陷找平找细，自然干燥或烘干。用240～280号水砂纸将驾驶室的后部、前部、内部砂磨后，晾干或烘干后，喷涂一道指定颜色的C04—2或C04—42醇酸磁漆；自然干燥后，移到下道工序，全车覆盖件组装。

三、全车喷涂

（一）摩擦喷涂方法

对组装调试好的车辆进行全车喷涂面漆，首先将组装时产生的刮碰处用Q07—5或Q07—6各色硝基腻子找补，自然干燥后用240～280号水砂纸全车水磨，一定要磨光磨细，自干或低温烘干。

全车喷涂面漆前，应用胶带纸将塑料布、废报纸等将驾驶室门窗、玻璃彻底遮盖，按指定颜色将C04—18（或C04—2或C04—42或C—4—48）醇酸磁漆用X—6醇酸稀料调到常温25～40s（涂4黏度计），采取湿喷涂方法。

待漆膜干燥后拆去报纸，擦净不应涂漆的部件，修补分清各色之间的界面，喷涂车号和标记。

（二）湿喷湿工艺说明

湿喷湿工艺方法是，将第一道漆喷涂均匀，稍薄些，待一部分溶剂挥发后，漆膜表面没有干时，再连续喷涂2～3道，喷到所需的厚度，使漆膜一次成形。

（1）湿喷湿工艺的优点　涂料连续喷涂，一次成形，减少了中间隔离层次，可缩短工序时间，提高工作效率。一次成形涂膜厚度可达80～100μm，比隔离日期喷涂一次喷涂厚30～50μm。涂膜可溶为一体，结合力强，表面光泽丰满，有良好的耐久性，品质可靠。

（2）湿喷湿工艺要点

1）调整合适的喷涂黏度。涂料由于运输储存时间不同，其黏度有很大变化，在施工中如果黏度过大，喷涂出的涂料雾化较差，会造成涂膜表面流平性差，常出现颗粒形的凹凸不平或桔皮状，失去平滑光亮的表现。但是，如果黏度过低，喷涂的涂膜将较薄，同时也容易流淌，涂膜保光度差。

2）在作业时应将涂料黏度调到常温时的黏度（25℃，25～40s，涂4号黏度计）：当室温低于10℃时，可将涂料隔离加温，恢复涂料的常温黏度。这样可以节省一些稀料，还能保证品质。当温度在15℃以下时，每道涂膜厚度控制在20μm左右。使用PQ—2型喷枪喷涂时，气压应控制在0.45～0.5MPa左右，喷枪嘴与物体面的距离为200～250mm，移动速度为300～600mm/s。

3）掌握不同温度下的隔离时间。这种喷涂方法在不同的温度下需用的间隔时间是不一样的。因为在涂料中含有的一部分溶剂，如二甲苯200号溶剂汽油等，需在一定的时间挥发。喷涂完一道后要让一部分溶剂挥发后，才能喷涂下一道。温度愈高，挥发愈快，间隔时间愈短；温度愈低，挥发愈慢，间隔时间愈长。醇酸漆在不同的温度下的间隔时间见表9-1。

表9-1　喷涂醇酸面漆各层间隔时间

温度/℃	0	5	10	15	20	25	30	35
间隔时间/min	60	45	30	25	20	15	5～10	8

（3）湿喷湿工艺注意事项　喷涂醇酸磁漆湿喷湿的工艺，是近几年来汽车车身涂装中较新的工艺。它要求操作者有丰富的经验和熟练的技能，因地制宜地加以运用，如喷涂湿度，南方湿度大，北方较干燥，这对涂层干燥快慢有很大影响。

通风条件与气温对涂料中的溶剂蒸发速度也有很大影响。当气温较高时，喷涂厚度应薄些，以免表面干燥过快发生起皱现象。当气温达到35℃以上时应降低涂料黏度，或避开炎热时间喷涂。

温度低于5℃时漆膜干燥速度明显放慢，需加温烘干喷涂环境，使温度逐渐升高。当然，如果使用喷涂烘房，则可以灵活地控制喷涂环境温度，使车身喷涂品质大为改善。

第二节　客车车身的喷涂

客车车身整体喷涂的顺序应本着“先内后外、先上后下”的原则。当车身内部也需涂漆时，应先完成内部的涂漆而后再进行车身外表面的喷涂。

一、普通客车氨基烘漆的喷涂

客车车身的整车喷涂，可供使用的面漆品种较多。常用的有各色醇酸磁漆、各色外用硝基漆、过氯乙烯漆、丙烯酸漆和氨基烘漆等。

客车喷涂氨基漆比较适用于客车制造行业，但对于因车检或其他需要整车涂装时，则一般不采用氨基烘漆。这是因为，有很多塑料、橡胶制品，不能经受较高温度的烘烤。

客车骨架经修复除锈后（指黑色金属），喷涂一道F53—3红丹酚醛防锈漆或F53—39硼钡酚醛防锈漆；铝制品骨架可喷涂F53—34锌黄酚醛防锈漆。其他覆盖件内部经除油、除锈后，根据不同金属材质也可喷涂以上两种防锈漆。

客车车身整体涂漆工艺，主要指客车车身外皮和客车内部的涂装。

（一）底层处理

底层处理主要包括用汽油去除经钣金工焊修或更换新铁板后工件上面的油污；接口的焊渣毛刺应用砂轮磨平；然后用1号或1.5号砂布将表面的锈迹打磨干净，吹净尘土、杂物，涂一层X06—1磷化底漆。

经修复的旧铁板上还留有旧涂层的地方，可用T—2或T—3脱漆剂脱掉，或用喷灯烤软，用铲刀除净；然后用1.5或2号砂布打磨，清除杂物再涂X06—1磷化底漆待干。

车内顶部的三合板或纤维板，可单件喷涂，用1号或1.5号砂布打磨，然后喷涂C06—1磷化底漆。

仪表台、发动机舱盖一般用人造革粘贴，不用涂装。车身内侧下部裙板用保丽板安装。椅架经焊修后用1.5号砂布打磨，铲净焊渣，喷C06—1铁红醇酸底漆，干后经打磨喷涂各色醇酸漆或氨基烘漆。

（二）喷底漆和刮磨腻子

外部车身在干燥的磷化底漆表面喷涂H06—2铁红醇酸底漆。静置10min后，在60～80℃烘干60min。

刮第一道H07—34或H07—5环氧腻子最大厚度不超过1mm。腻子过稠时可用二甲苯与丁醇按1∶1混合稀料调整，在80～100℃烘烤90min。干后用150～180号水砂纸垫木块打磨或用1.5～2号砂布干磨，磨完后擦净或吹净粉尘，80℃烘干30min；喷涂H06—2环氧底漆，60～80℃烘烤60min。

干后刮第三道腻子，最大厚度0.5mm，在80～100℃烘烤45min。干后用240～280号水砂纸全车磨光，然后用水冲净腻子浆迹，在60～80℃烘烤30min。

（三）面漆喷涂

根据设计要求的颜色，A04—9氨基烘漆用湿喷湿方法连续喷涂2～3道，最后一道可加入适量A01—10清漆混合喷涂。喷完后需在室温下静置15～20min，让漆膜充分流平并使一部分溶剂挥发后，方能进行烘烤。烘烤时，先低温60～80℃烘烤30min，逐渐升温到100℃（浅色漆）烘烤120～180min。

（四）色带喷涂

浅色漆干后，按指定图案要求，用胶带纸标出色线并用报纸遮盖，使色带图案、颜色线分明、笔直流畅。如几种颜色色带连接过密，则应在每道漆烘干后多次粘贴，喷涂后在100～105℃烘干120～180min。

（五）全车修补喷涂标记车号

当全车覆盖件组装后，进行修补和喷涂标记符号，擦净玻璃，对装饰件除污，并将车身内外清扫干净，交竣工检验人员验收。

二、旅行（面包）车的喷涂

旅行（面包）车属于中型客车的一类，它的涂层品质要求比大货车和普通客车要高一些，不仅要外观美丽，还应有良好的机械强度，其底涂层和面层应具有很强的附着力，要求具有良好的防腐、防锈性和耐久性。

中型面包车采用的面漆种类较多，如：Q04—31、Q04—34、Q04—2各色硝基外用磁漆，Q04—9各色过氯乙烯酸磁漆，A04—15、A04—9各色氯烘漆，B04—9、B04—11各色热塑性丙烯酸磁漆，B04—54各色热固型丙烯烘漆和以上各种类型清漆等。

目前，我国汽车制造行业中大多数采用氨基烘漆和丙稀酸漆做面漆。车身维修行业可根据本地区和本单位的作业条件选择使用。

(一) 喷涂热塑性丙烯酸面漆施工方法

喷涂热塑性丙烯酸面漆施工方法见表9-2。

表9-2 喷涂热塑性丙烯酸面漆施工方法

涂料型号	涂料名称	施工方法	干燥条件	稀料名称	稀料用量
X06—1	磷化底漆	刷涂或喷涂	自干	乙醇: 丁醇 = 3:1	适量
H06—2	铁红环氧底漆	刷喷均可	自干或烘干	二甲苯	5%~10%
H07—5	环氧腻子	刮涂1~3道	自干或烘干	二甲苯或双戊	5%~10%
H06—12	环氧醇酸	喷涂	自干或烘干	二甲苯	5%~10%
H07—5	环氧腻子	刮涂	自干或烘干	二甲苯或双戊	10%~15%
H06—12	铁氧醇酸一道底漆	喷涂	自干或烘干	二甲苯	适量
G06—4	铁红过氯乙烯底漆	喷涂	自干或烘干	X—3过氯乙烯漆稀料	30%~60%
B04—11	各色丙烯酸磁漆	喷涂	自干	X—5丙烯酸稀释剂	适量

1. 脱漆涂锈

用喷砂方法或用T—3脱漆剂脱漆方法将旧涂层除掉，再用1.5~2.5号砂布打磨干净，清除表面油污、锈迹、焊渣等。

2. 喷涂底漆刮磨腻子

在干净的表面用喷涂或刷涂方法涂装一道X06—1磷化底漆，底漆涂层较薄，厚度为8~15μm左右，可用乙醇、丁醇按3:1比例配制稀释剂调节稠度。

磷化底漆在常温下干燥2h后，喷涂H06—2铁红环氧底漆1~2道，常温干燥24h或60℃烘烤2h。

填刮腻子时，用H07—5环氧腻子将全车表面大的坑凹处和焊接处填刮一次，最大厚度1.5mm，自然干燥24h或60~80℃烘烤2h，待腻子干燥后用刮刀铲掉腻子表面硬漆。

刮第二道H07—5环氧腻子时，要求将全车大小凹坑焊缝棱角等满刮一遍，厚度控制在1mm左右，自然干燥24h，60~80℃烘烤2h，干燥后用150~180号水砂纸垫硬胶块打磨，或用2~2.5号砂布借助机械打磨。

打磨时以平整为准，磨完后用水洗净腻子。如果腻子过稠可用二甲苯调节稠度，要求刮到、刮平、刮细，厚度在0.5~1mm左右，腻子刮完后自然干燥24h，烘烤60~80℃干燥1h。

喷涂H06—2环氧底漆一道，要求喷涂均匀，自然干燥24h或60~80℃烘烤干燥1h。

刮第四道腻子时应满刮一次，厚度0.5mm左右，自然干燥24h，或60~80℃烘烤干燥1h。用260~280号水砂纸打磨光滑，边角处注意磨平整光滑，用水洗净晾干。

找补细腻子，用Q07—5硝基腻子或G07—3过氯乙烯腻子，将砂眼细小缺陷填平，常温干燥1~2h。

喷G06—4铁红过氯乙烯底漆一道作为中间层，以增加面漆和底层的配套性，自干12h，60℃环境温度下烘干0.5h。如发现细小砂眼或轻微缺陷，应局部填刮填眼灰予以修平。

用320~400号水砂纸打磨全车，凡应涂漆的地方均应打磨一遍，然后用水冲洗干净，自然干燥4h或60℃环境温度下烘干0.5h。

（二）喷涂面漆

选择指定颜色，将B04—11丙稀酸磁漆用X—5丙烯酸稀释剂调至喷涂黏度，并用120目滤网过滤，然后开始进行喷涂。一般每道间隔30min左右（常温），需喷涂4~6道。喷涂时如出现“拉丝”现象，可用X—5丙稀酸稀释或用X—3过氯乙稀予以调整。喷涂完毕后常温干燥24h。

如需喷色带，先将色带处用320~360号水砂纸磨光，按需要量好尺寸并用胶带纸、废报纸粘贴整齐，用规定的颜色B04—11丙稀酸漆喷完后，去掉胶带、报纸，自然干燥24h。

最后对涂膜表面进行抛光、打蜡。如涂膜表面有桔皮流坠现象，可先用500~800号水砂纸涂肥皂湿磨一遍，使表面十分光滑后，用软布沾上光蜡，全车涂敷一遍。要求涂薄而均匀，待十几分钟后用干净软布或绒布抛光，即可显得光滑如镜。

第三节　轿车的涂装

随着汽车工业的发展，轿车的保有量在不断增加，进口轿车也随之增多，对轿车车身的涂装同样是不可缺少的。由于轿车车身对装饰性的特殊要求，涂装品质便成了车身维修中追求的目标。

一、普通轿车硝基漆的喷涂

轿车车身维修时，其外表涂装属于一级涂层标准，从高保护和高装饰的角度分析，应把高装饰放在首位。因此，轿车车身涂装不仅有优良的底漆层、中间涂层，还要求有高品质的外观。

适用轿车较好的面漆有丙稀酸烘漆和氨基烘漆。这两种涂料优于硝基外用磁漆、过氯乙烯磁漆和醇酸磁漆，但是对干燥条件的要求又不太适合维修时涂装的使用。

轿车涂硝基漆其工艺方法比较传统，近几年来由于中间涂层品种的增加，涂漆工艺也大大改进，其涂装工艺具体程序如下。

（一）旧涂层的处理

1. 脱漆

用碱液脱漆法、溶剂脱漆法、打砂除漆除锈法和火焰除漆法等，将旧漆层除掉；用砂轮钢丝刷将氧化皮、焊渣除掉；将坡口磨光、修平，用1.5号砂布将锈斑彻底打磨干净；用溶剂汽油擦净油污并用压缩空气除净粉尘。

喷C06—1铁红底漆一遍，要求喷涂均匀，自然干燥24h。

2. 刮腻子

刮第一道腻子时，将不饱合聚酯腻子和固化剂按100∶2或100∶4（根据季节温度掌握）的比例调配均匀，刮涂到较大的坑凹处。应造形的地方，可一次填平补齐，需干燥1h左右（20℃）。

用1.5~2号砂布机械打磨，将多涂腻子去掉、找平，吹干净覆盖件上的粉尘。

按刮涂第一道腻子的方法刮二道腻子，刮涂腻子时应将车身表面上需喷涂的部位全部刮平、找齐。自然干燥1h后用1.5砂布机械打磨。

刮第三道腻子时应将砂布道痕迹、微小缺陷、造型线条和棱角边线全部刮细、补齐，自然干燥 1h 后用 240 ~ 280 号水砂纸垫板打磨。圆角和弧形处应用手掌垫砂纸打磨光滑、齐整，然后用水将腻子浆冲净晾干。

喷涂 Q06—5 灰硝基二道底漆，二道底漆应喷涂均匀并自然干燥 2h。

刮第四道不饱合聚酯腻子。按上述方法将腻子调制均匀，将全车细小腻子的砂眼、棱角缺陷刮平、找齐，干燥 1h 后用 280 ~ 320 号水砂纸将全车应涂漆的部分打磨光滑，用水擦洗干净晾干。用风管吹净全车尘渣，用胶带纸及报纸将不该喷涂部分遮严，待喷涂。

（二）喷涂

将 Q04—31 或 Q04—34 硝基磁漆和 X—1 硝基漆稀释剂按 1∶1 ~ 1∶1.5 比例调配均匀，用 120 ~ 180 目丝网过滤，喷涂 2 ~ 3 道，如环境相对湿度大于 70% 时，可按稀释剂比例的 15%~25% 加入 F—1 硝漆防潮剂，常温干燥 4h。

用 Q07—5 硝基腻子或用硝基漆加化石粉，自调腻子将涂膜表面的细微砂眼打平，要求刮涂得很薄并常温干燥 0.5 ~ 1h。

用 320 ~ 400 号水砂纸打磨全车，注意粘贴报纸处不要用水浸坏。将涂膜表面桔皮纹等打磨光滑，擦净表面脏物，常温干燥 1h。

用 Q40—31 或 Q04—34 硝基磁漆按上述方法调制后（硝基漆间隔 10 ~ 20min），最后两道可在磁漆中加入 20%~30% 的 Q01—1 硝基清漆，最后常温干燥 24h。

将粘贴的胶带、报纸部分揭掉，用稀料擦净不涂漆部分，装灯光和其他装饰零部件。如果表面品质要求较高，可进行全车抛光打蜡。

（三）刮涂不饱合聚酯腻子注意事项

1）不饱合聚酯腻子，通称原子灰腻子，因固化干燥较快，调配时一次不得调配过多，随用随配。

2）调配固化剂比例时可参照产品说明书，根据环境温度的高低，在使用范围内酌情调配。

3）调配腻子时，将主剂与固化剂按一定比例调配均匀。不能用不干净的铲刀或带有固化剂的工具搅拌桶内主剂。

4）未用完的腻子不可回收再用。

（四）喷涂硝基磁漆注意事项

1）喷涂第一道硝基漆时，喷涂要薄，涂膜表面不能过于湿润，防止将底层抓起。

2）每喷一道漆之间的间隔时间应根据环境温度的高低来确定，环境温度高，间隔时间短；环境温度低，间隔时间长。

3）喷涂方法可采取纵横交替法进行，喷涂黏度为 16 ~ 18s（用涂 Q—4 黏度计测量），最后一、两道粘度应更低些。

4）根据喷枪口径大小，每道均应掌握枪与工作面的距离和运行速度。一般气压为 392 ~ 490kPa。

5）环境湿度在 70% 时，可根据天气情况加入基漆防潮剂或环乙酮，一般不超过稀释剂的 25% 。

二、高级轿车的喷涂

高级轿车喷涂属于一级涂层，表面要求有美丽的外观，丰满光亮的涂层，耐候性强，机械强度特佳，外表看不到细小的缺陷、砂纸道痕和坠流现象。因此在作业中，除要有较高档次的涂料外，还需具备良好的施工作业环境和合理的工艺流程，以及精益求精的操作技能。

高级轿车全车喷涂从程序上要比普通轿车施工多几道工序，也就是说从操作上更细致一些。按德国“施必快”涂料施工方法列举如下。

（一）底层处理至喷涂底漆

（1）底层处理　要求把全车的旧涂层处理掉，全车露白。根据汽车外皮的材质，如铁板、铝板、玻璃钢硬塑料等，采取不同的处理方法，如喷砂、脱漆、火焰喷射等方法，清除掉表面旧涂层。

用砂布打磨表面锈迹氧化层，用砂轮、钢丝刷等对钣金焊接部分进行打磨、抛光。用溶剂汽油擦净表面油污，清理覆盖件表面积尘。用保美耐除硅清洁剂7799进一步清洁表面。

（2）喷涂底漆　用保丽光红底漆8583与3060快干硬化剂按4:1比例混合后，喷涂1~2道。要求喷涂均匀，并在20℃环境温度下4h用完。喷涂黏度为15~18s（Q—4黏度计量），用3363保丽光稀释剂调节稠度。喷涂后20℃环境温度下经30~40min，可刮涂立得柔原子灰腻子。

（二）刮腻子

刮1~4道原子灰腻子。可选用立得柔原子灰0920聚酯腻子或其他进口、国产原子灰腻子刮涂。

第一道腻子填刮将全车较大的坑凹处全部填平，棱角造形处填补好，待20min干燥后用1~2号砂布（纸）粗磨，或用铲刀铲掉腻子硬渣、凸棱。

吹净（或清水冲洗）腻子灰尘，刮第二道原子灰腻子。这次刮涂要把全车大小坑凹处、棱角造形部位刮齐补平，在20℃环境温度下30~40min后，用1~2号砂布垫硬橡胶块打磨。打磨时以局部高点为准，棱角造形处注意磨顺。

磨光后吹净尘灰，刮第三道腻子。这道腻子要求把前两道腻子的缺陷处理顺、刮齐、刮平，根据表面的平整度，适当掌握腻子的厚度，可在刮涂这道腻子前先用手掌检查一下全车平整情况，然后有目的地进行涂刮。在20℃环境温度下经过30~40min后，用1号砂布或用240~260号水砂纸垫硬橡胶块打磨。应边打磨边检查，造形的边线处应格外注意，防止磨坏。

磨光后擦净灰尘和腻子浆后晾干，刮第四道原子灰腻子。这道腻子应把前几道腻子的细小缺陷、砂纸道痕刮平刮细，在20℃环境温度下经30~40min后，用300~400号水砂纸打磨，要求磨平、磨细，待干后可喷涂保美耐快干中间漆7460（单组分）或多功能中间漆8590（双组分）。

找补腻子时可用保美耐硝基合成填眼灰7700单组分幼灰，填补细小砂眼和微小缺陷，自然干燥30~60min后，用400~500号水砂纸全车通磨一遍。磨光后再用水洗净晾干，用胶带纸、报纸覆盖好不喷涂部分，待喷涂面漆。

使用中间漆时，应添加保丽光特殊快干硬化剂MS3060。方法是按2:1混合后，使用保丽光稀释剂3363调整稠度，喷涂黏度约20s（4号黏度计），喷涂气压约392~490kPa，干膜厚度喷两道约50μm，在60℃环境温度下烘烤20~30min，空气干燥约12h（20℃）。

（三）喷涂 257 系列面漆

保丽光面漆 257 系列是一种双组分丙稀氨基异氰酸酯系列面漆。使用时要与硬化剂按规定比例混合，喷涂后既可常温干燥，也可在 70℃环境温度以下烘烤。烘烤后的涂膜性能优于常温干燥。喷涂后光泽特佳，抗御性强，符合高档轿车车身的喷涂要求。

喷涂面漆也可利用低溶剂含量、高固成分的喷涂方法。该方法遮盖力强，操作简便易行，只需喷涂两层即可达到良好的效果，不需抛光并不受相对温度的影响。

面漆调配比例：257 系列面漆∶保丽光特殊硬化剂 MS3368∶保丽光稀释剂 3363 = 2∶1∶0.05～1。

使用时限：于 20℃环境温度下约 6h。

喷涂黏度：约 17s/DIN4mm/20℃或 19s/福特 4 号杯/20℃。

喷嘴规格：重力式为 0.14mm；吸上式为 1.7mm。

喷涂压力：不少于 490kPa，喷枪嘴与物面垂直距离为 250～300mm。以中等厚度均匀地喷上第一层后，相隔 5～10min（按硬化剂种类而定），以略厚于第一层再均匀喷涂第二层。

干燥时间：60℃环境温度下烘烤 30min，70℃环境温度下烘烤 20min。空气干燥时间约为 30～40min（20℃）。

待面漆干燥后，去掉覆盖部分，安装好装饰件，全车内外擦干净，检验后交车。

（四）喷 293 系列银粉漆

保丽光 293 系列银粉漆是以高品质丙烯树脂组成，遮盖力强，容易喷涂，喷上清漆后便可得到光泽及耐候性极佳的漆层。

施工方法：293 系列银粉漆喷涂时，应与 3054 保丽光特殊稀释剂按 40%～50% 稀释后，以 0.35～0.4MPa 压力为宜，以中等湿润程度均匀地喷涂第一层，间隔片刻后再喷第二层。此道要求喷涂均匀，避免产生任何聚银现象。

银粉漆喷完后，当确认色彩均匀、厚度一致后可喷罩光漆。方法是待干燥后喷涂保丽光清漆 T308080 或 MS8010。

（五）喷涂 T308080 保丽光清漆施工方法

T308080 保丽光丙烯氨基快干清漆，是双组分高光泽丙烯异氰酸酯系列清漆，适合快速及高品质的银粉漆或多工序面漆系统的喷涂工作。该清漆有良好的流平性及填充性，有极佳的耐候性能，不受相对湿度影响，可使用低溶剂含量、高固成分喷涂方法。

混合比例：保丽光 T308080 清漆∶保丽光特殊硬化剂 MS3368∶保丽光稀释剂3363 = 2∶1∶0.1。

使用时限：20℃环境温度下约 6h 用完。

喷涂压力：以 0.4～0.5MPa 为宜。

喷枪移动速度稍快于喷涂硝基漆的喷枪移动速度，漆雾喷涂物面不能过于湿润，以免膜产生流坠。

由于 T308080 清漆高密度极佳，涂膜喷涂两层后厚度较高，不经抛光就能得到较高的密度。大面积喷涂或全车喷涂时，两层厚度大约 50～60μm。第一层喷完后，相隔 5min，可喷涂第二层。

局部修补时，第一层喷完后，无须相隔时间即可喷涂第二层。

如烘烤干燥，喷完后应经过 5～10min（20℃）后再进行烘干。烘烤于 60℃环境温度下

（金属温度）需30～40min；空气干燥于20℃环境温度下，不沾尘时间50～60min，组装配件应经过5～6h，过夜可完全干燥。

MS8010保丽光丙烯氨基清漆是双组分，适用于多工序系统。例如923系列两道工序素色漆、银粉漆及295系列珍珠漆等。该漆喷涂后漆面平滑，覆盖性强，光亮度高及耐候性极佳。喷涂操作时，可以添加保丽光MS系列硬化剂，按2∶1混合，施工方法与T308080清漆相同。

第四节　局 部 喷 涂

汽车在运行中，由于受各种环境的影响，如：风吹、雨淋、盐碱侵蚀、冷热变化或因事故造成破损等，涂层表面发生色裂、粉化、变色、脱落等，均需要进行修补或在新表面上喷涂。

车身修补喷涂的目的是外观完美、颜色基本一致，这需要操作人员有丰富的经验和高超的技术水平。

一、局部喷涂的操作

（一）刮磨腻子

用铲刀、钢丝刷等清除表面涂层、铁锈、焊渣，坡口较大处用砂轮打磨平整，用1.5～2.5号砂布打磨使底层表面无锈和杂物。擦净表面油污，吹净灰尘。

刮1～4道腻子。根据覆盖件修整情况，采用原子灰速干腻子需刮涂3～4道，其中头一道涂厚一些，随着次数的增加，越刮腻子越薄且应更细致。一些大小凹坑处都应刮平，棱线造形需按本车形体修整、补齐。

打磨腻子时，可采用砂布干打磨或水砂纸湿打磨方法。1、2道腻子可用1～2号砂布或150～180号水砂纸打磨；3、4道腻子用1/2～1号砂布或用280～320号水砂纸打磨。打磨时应选用硬橡胶块垫砂纸（木块）找平，磨光，干后用保护罩将不喷涂处盖好，遮严。

（二）喷涂中间层

因修补喷涂要求时间短、速度快，中间涂层一般采用干燥快的底漆或二道底漆，如：Q06—5硝基漆、二道底漆C06—1铁红醇酸底漆、C06—17铁红醇酸底漆、C06—10醇酸二道底漆等，喷涂2～3道，常温干燥或低温烘干均可。

底漆干后应检查涂层表面是否有细小缺陷和砂眼，应用速干腻子仔细找补一次。干后用320～400号水砂纸将修补处磨光，擦净腻子浆后待干。

（三）喷涂面漆

喷涂面漆时先将不涂漆的部位或装饰件用胶带纸、报纸等粘贴、遮盖好，用风管吹净表面灰尘、脏物。

调配色漆应符合原车颜色，注意选用与原车色漆配套的面漆调配颜色。按配色方法进行调色时，应注意颜色的氧化变色，应根据修补车的面积大小估计用料，防止涂料不够或过多造成浪费。

选用合成树脂磁漆或硝基磁漆喷涂时，可连续喷涂2～3遍。硝基过氯乙烯磁漆喷涂4～6遍，操作时可采取湿喷涂方法喷涂，喷完后常温干燥或低温烘干即可。涂层干燥后，去掉保护纸罩，擦净装饰件。具备抛光条件的面漆，可抛光、打蜡。最后组装装饰件，如电镀条、封闭胶条等。

（四）后期作业

后期作业主要是指检查补漆品质和清扫擦净车身。

补漆时应注意的品质问题主要如下。

1）为了达到理想的效果，局部补漆应根据补漆面积，在喷涂时最好以一个局部界面为准作为分界线，如车门、翼子板、发动机舱盖、行李箱盖等。

2）调色时，湿色应比原车色稍浅些，或先配小样待干后与原色对照，防止过浅或过深。

3）局部补漆到达一个界面时，接口处应用600~800号水砂纸磨光，补漆时喷涂面积应稍大些。挥发性涂料的接口处应在末道漆喷完后未干时，用高沸点溶剂（如环乙酮）或其他混合溶剂将接口处喷涂湿润，使新老涂膜溶为一体，干后不易看出补漆痕迹。

二、高级轿车的修补喷涂

高级轿车车身在汽车维修作业中也是很常见的，与普通汽车车身不同的是高级轿车原涂料的构成比较复杂，品质要求更高。修补喷涂的关键技术是平整度和使修补颜色与原车基本一致，竣工后使之难以辨认修补的部位。

（一）底层处理

首先清除损坏部位的旧涂层。用1~2号砂布打磨，除净锈污。接口处的旧涂层有腻子时，应用铲刀铲出一定角度的坡口，然后用砂布磨掉残渣，再用专用清洁剂清洁底层表面。

腻子的刮磨：刮磨原子灰腻子4~5道，应将不平不足处充分刮平磨光，需造形处应与原车形体一致。每道腻子打磨时应正确选用砂布、砂纸。最后一道腻子应使用400号以上水砂纸进行磨光。接口处打磨时的面积应比原补漆部位稍大一些。打磨完后，应充分干燥。

（二）喷涂中间涂层

中间涂层采用进口涂料，如德国施必快，各类配套中间漆喷涂1~2道，可用湿喷湿的方法。

保丽光快干中间漆7460是一种硝基及合成树脂组合的单组分中间底漆，其特点是干燥快、使用方便、表面光滑、容易打磨，适合任何系列面漆和修补用。使用时需用保丽光稀释剂3363添加60%~70%，喷涂1~2道，于20℃环境温度下干燥30min后，选用600~800号水砂纸打磨光滑，接口处打磨面积稍大一些，也可用抛光膏在接口处抛光。

（三）喷涂修补面漆

首先用胶带纸或报纸将不喷涂处粘贴好，用风吹净表面灰尘，准备补漆。

将调对好的金属漆或素色磁漆先喷涂在事先准备好的试板上，待干燥后与原车颜色对比，注意应在光线较充足的地方查看。将喷好的试样贴在原车某一部位，看颜色是否一致，如有差别应及时调对准确。

然后根据漆的品种按比例调对好硬化剂、稀释剂等，调好喷涂系统气压，在补漆部位先喷涂一遍，稍待片刻后再喷涂一遍。第二遍喷涂时其面积应稍大于头遍。

喷金属漆时，要按进口漆的种类调对稀释剂，一般喷涂2~3道。喷完后应间隔一段时间，不需打磨可直接喷涂清漆。

接口处应根据漆的品种用该漆的接口稀料（俗称接口水），在漆未干时再喷涂一道，面积应大些。等待片刻，双组分漆可在80℃以下烘烤20～30min。

（四）计量分色法配漆

进口汽车车身由于漆色种类繁多，特别是金属漆、珍珠系列漆色比较复杂，用肉眼观察很困难，因此一般采用电脑调色方法。

用计量调色机同样可以收到准确、快捷的调配色效果。色漆生产厂家将数百乃至数千种色漆配比，预先印制在若干微缩胶片上并提供相应数量的色卡。用户只要选中其中的一种漆色，就可以按色卡上的漆号找到相应的微缩胶片，再通过微缩胶片阅读器将所需色漆读出，按配比从生产厂家提供的原漆中称量后，用调配机将其搅拌均匀即可。

调色方法是将微缩胶片储存的某种系列涂料色母数据比例在屏幕上显示出来，经过电子秤称出某种色母的精确数据，调出各种颜色。具体步骤如下。

1）查看汽车原厂颜色编号。大部分进口汽车车身上都印有一个颜色编号：汽车资料身份证。该身份证根据车型和厂家的不同，其位置也有差异。

2）根据轿车身份证的颜色编号查找微缩胶片，将微缩胶片放在放大机中，打开开关，屏幕上立即显示出各种色母的种数比例。

3）按照胶片中提供的数据，即调漆比例，用电子秤称出各色母的精确数量，调在一起便成为该颜色。

4）利用色卡调对颜色。有些轿车车身由于某些原因没有原厂颜色编号，只能用色卡对比查色。当色卡的颜色与车身颜色相符时，按色卡上的颜色编号在微缩胶片上查找配比表，然后再按表中推荐的比例调配漆的颜色。

5）汽车修补用漆与大修汽车喷涂或新车喷涂有所区别，大修汽车喷涂可以拆散单件喷涂或总成喷涂。新车喷涂是流水线进行，用漆一般由厂家直接供应，其型号、喷涂条件及性能等对外保密。

6）汽车修补用漆一般情况不能经高温烘烤；又因多数修理厂家喷涂设备不完善，条件较差，因此喷涂时多采用自干型底漆、中间涂层面漆，如：硝基漆、过氯乙烯漆、醇酸磁漆等。

7）挥发性漆干燥快、易抛光，但耐候性较差，固体含量低，经多层次喷涂耗费溶剂量大，费工时，有的品种价格较高，因而喷涂成本过大。

8）醇酸磁漆耐候性优良，一次涂膜较厚，涂层光亮度较好，但干燥较慢，容易粘尘，天气过于湿热时易起皱，喷涂稍厚时易起桔皮，耐水性和装饰性较差，不适合轿车喷涂。

三、塑料件的喷涂

鉴于车身塑料件与金属构件的喷涂方法大致相同，这里仅就其所用涂料的选择和塑料件的漆前处理方法做一简明介绍。

（一）塑料件涂料的选择

由于车身塑料件的材料品种较复杂，加之合成树脂中化学成分不同所带来的影响，塑料件的涂装对漆料有很强的选择性。不过只要掌握了选择塑料件涂料的基本原则，就可以得心应手地在众多涂料中选出更能满足装饰性要求的漆料了。车身常用塑料件所适用的配套性涂料类型见表9-3。

表 9-3　塑料表面涂装的涂料选择

塑料种类	涂料品种	塑料种类	涂料品种
玻璃纤维增强聚酯	醇酸、硝基、乙烯及缩醛涂料	聚乙烯塑料	大部分涂料均可用
酚醛塑料	醇酸、硝基及缩醛涂料	聚丙烯塑料	大部分涂料均可用
环氧塑料	大部分涂料均可使用	尼龙塑料	聚酯、聚氨酯涂料
氨基塑料 聚氨酯塑料	醇酸氨基、乙烯、环氧聚氨酯涂料	涤纶塑料	聚酯、聚氨酯涂料
		缩丁醛塑料	乙烯涂料
醇酸塑料	醇酸、聚氨酯、硝基涂料	氯丁橡胶	聚氨酯、丙烯酸涂料
聚氯乙烯塑料	过氯乙烯、醋酸乙烯涂料	醋酸纤维	醋酸纤维、醋酸丁酸纤维涂料
聚醋酸乙烯及其共聚塑料、丙烯酸塑料	乙烯涂料、硝基、醋酸丁酸纤维涂料	乙基纤维	硝基、乙基纤维涂料
		硝基纤维	硝基、其他纤维涂料
聚苯乙烯塑料	乙基纤维、缩丁醛、乙烯涂料		

(二）塑料件的表面处理

与车身金属构件一样，塑料件在涂漆前也要认真地进行表面处理。如此，才能获得可靠的涂料附着力和满意的覆盖层。

车身塑料件的表面处理应在修补或矫正作业完成之后进行。对于塑料件上存在的表面缺陷，一定要先参照第三章中所述的方法修补完善，并将修补的部位打磨平整。

表面处理旨在使车身塑料件涂漆部位清洁、无污，有些塑料件的表面相当光滑，涂漆前还要将表面打毛以增加涂料的附着力。对于塑料件表面上存在的灰尘、油污、塑料润滑脂及上光蜡等，可用适当的溶剂或乳液（煤油、洗涤剂、清水）加以清洁；需要得到粗糙表面时，可用砂布、砂纸打磨或用喷砂的方法解决；软质或硬质聚氯乙烯塑料，可放入三氯乙烯溶剂中浸几分钟后取出擦净；聚丙烯塑料可用加温三氯乙烯或甲苯、丙酮液处理；对耐溶剂能力差的塑料件，还可以充分利用这一弱点，于涂前喷施一层溶剂使其表面软化。

第五节　常见涂膜病态分析及处理方法

车身构件涂层品质的优劣主要取决于车身喷涂的工艺水平，因为喷涂对象的状态、喷涂的前期处理、涂喷的操作方法、喷涂的环境以及喷涂的干燥条件等，与汽车车身的喷涂品质密切相关。

车身喷涂的品质缺陷可分为两种情况：一种品质缺陷在喷涂过程中或者是干燥后出现；另一种品质缺陷在喷涂后的使用过程中发生。这两种类型的品质缺陷，可根据不同的现象和原因采取相应的对策。

一、涂料储存中易出现的病态及处理方法

涂料在运输、储存中易出现沉淀、变稠、结皮、浑浊等缺陷。

（一）沉淀

涂料在运输、储存过程中常发生沉淀现象，如颜料和填充料下沉，经摇动后仍不见效。

产生原因：颜料或体质颜料颗粒研磨不细，分散不良，填充料较多，颜料与漆层间发生反应或相应吸附，储存静放时间较长。

防治办法：在存放时经常将涂料移动，倒换放桶方法，如横放、倒放。不能储存过久，在使用前反复流动、摇晃，或将全部涂料倒出，充分搅拌均匀。也可加入一些防沉淀剂，如硬脂酸铝、氢氧蓖麻油、改性膨润土等。

（二）浑浊

清漆、清油等出现不透明的乳浊状，透明度较差。

产生原因：在运输和存放时，由于保存不佳，从桶口渗进水分，或储存时温度过低，油中含有的蜡质析出。另外，稀释剂溶解力不足，或里边含有水分也易造成清漆浑浊。

解决办法：库房存放温度应在20℃左右，发现浑浊时应加入溶解性强的溶剂，或采取安全的加热方法解决。

（三）变稠

色漆或清漆在存放过程中失去出厂时的稠度，变稠，变厚，甚至不能使用。

产生原因：色漆变稠主要是因为颜料与漆基发生反应，如锌白、铅白等盐基性颜料与漆基中的有机酸起反应生成金属皂。硝基漆变稠主要是涂料中含有的水分与铁反应，或因桶盖封闭不严，稀释剂蒸发变稠。过氯乙稀漆变稠则是由于过氯乙烯树脂含氮量过低，可能含有水分。

防治办法：涂料存放时间不宜过长，最好在品质保证期限内用完。存放时温度不应过高，更不能在烈日下暴晒或在高温室内存放。打开桶后的涂料应及时用完，用后封闭好桶盖，或加一些溶解力强的稀释剂。

（四）结皮

氧化干燥型的涂料（如油性漆、油基漆等）表面结一层皮膜。

产生原因：涂料桶内漆装不满，桶内存有空气造成结皮。涂料中含有过多的干料（如结干料），或用桐油制的涂料。储存时温度过高也是原因之一。

解决办法：涂料桶尽量装满，涂料与空气接触面积越小越好。用后应封闭好桶盖或在涂料上加一些同类型稀释剂或抗结皮剂，如常用的邻甲基酚、苯酚、邻苯二醛、松节油、丁醇、丁基乙醇酸、环已酮等。

虽然以上化合物可以显著地阻止结皮，但是不容易完全消除结皮。如已结皮，应在使用前进行处理。

（五）胶化

涂料在存放时由液体状态变成固体状态的就不能使用了。

产生原因：双组分涂料，如固化剂（硬化剂）产生胶化是由于桶口封闭不严，空气中的潮气进入桶内。双组分涂料加入固化剂后没有完全用完，过夜后产生胶化。

防治办法：双组分涂料使用的硬化剂用后应将桶盖封闭严密，不接触潮湿空气，盛装硬化剂的容器应用小口嘴，带螺口盖，容易拧紧。使用双组分涂料时，应用多少调配多少，防止一次配料过多。

二、涂装中涂膜产生的病态及解决方法

涂料在施工中由于各种原因使漆膜产生流挂、泛白、渗色、起泡、起皱等病态现象。

(一) 流挂或滴流

垂直或倾斜表面喷涂过量涂料，造成涂料干燥过慢而向下流挂或滴流。

1. 产生原因

1) 喷涂时喷枪距离物面太近，移动速度慢。

2) 各层之间静置时间不足，涂料没有按规定稠度调对稀释剂。

3) 喷涂气压过低或喷涂图样太窄（圆形）。

4) 使用化白水（延干稀料）过量。

2. 预防办法

1) 喷涂时控制喷枪嘴与物面的距离在250~300mm，保持均匀的移动速度。

2) 控制各层之间的静置时间，烤漆在20℃环境温度下5~15min。普通漆如采用湿喷湿方法，喷涂时应根据涂料品种和涂装时的温度，合理掌握并按规定调对稀释剂。

3) 按产品说明书和喷枪嘴的口径，一般喷涂气压控制在0.45~0.5MPa为宜，以气压到达喷枪的压力表指示为准。

4) 使用化白水或慢干稀释剂时应不超过稀释剂的25%为宜。

(二) 泛白

涂料喷涂物面以后产生的白色雾状，该表面严重无光或光亮不均。

1. 产生原因

1) 空气中湿度过大。当空气中相对湿度高于70%时，或者在干燥过程中由于溶剂挥发过快，涂膜表面温度急剧下降时，水汽会凝聚在涂膜表面上，产生发白。这种现象常发生在挥发性涂料中。

2) 涂料或稀释剂中含有水分，或使用低沸点、挥发快的稀释剂。

3) 施工环境差，喷涂气压太高，油水分离器失效，水分的进入使漆膜喷涂后变白。

2. 防治办法

1) 施工环境相对湿度不能过高。如高于70%时应采取措施提高物件温度，如烘烤或在漆中加入10%~20%的防潮剂或化白水。

2) 使用空气压缩机前应检查放水，安装油水分离器，不让水分进入涂料中。

3) 合理使用稀释剂。在稀释剂中加入一些高沸点溶剂，以减慢漆膜干燥速度。

3. 解决办法

1) 已发白的涂膜可待涂膜干燥后进行打蜡工序，削除白雾。如发白严重，可在稀释剂中加入10%~20%的防潮剂，加入少许涂料再喷1~2道。

2) 用红外线喷灯边烤边喷，或将涂料隔离加热后喷涂。

(三) 起泡

涂料喷涂片刻后，表面有不规则的小泡，可分为水泡和气泡两种。

1. 产生原因

1) 空气压缩机排除的水分太多，或供气系统中的油水分离器失效，造成喷涂中水分通过喉管及喷枪出现在物件上。

2）喷涂的底材表面粗糙或有针眼，使空气能藏于空隙中。当喷涂完成后，漆膜下的空气受温度影响产生膨胀，漆面出现气泡，情况严重时表面会出现针孔现象。

2. 解决办法

1）空气压缩机应于每天下班时，将气缸内的水分排放。空气压缩机进气口过滤器如有损坏应立即更换。

2）空气压缩机输气口处安置油水分离器，在喷涂房内还应设有气压调节功能的油水分离器。

3）空气压缩机应放在较干燥地方，并经常排放油水分离器内的水分和油污。

4）确保各层间有足够的静置时间，温度略低时约10min，温度稍高时可间隔5min。

5）使用适当的喷涂气压，约0.45～0.5MPa。挥发性涂料应避免在温度较高、太阳直射的条件下喷涂。

3. 补救办法

1）轻微起泡可待涂膜干燥后用1200～1500号水砂纸轻轻打磨，然后抛光并打蜡，如轻磨后漆膜太薄不适合抛光，必须重新喷涂面漆。

2）打磨后漆面如有针孔存在，可喷涂中间漆。严重情况需补上填眼灰，干燥后再打磨，重新喷面漆。

（四）痱子

涂面呈现许多像“痱子”一样的小凸点。

1. 产生原因

1）涂料本身含有机械杂质或粗料，这是由于在制造涂料过程中，过滤设备不完备或研磨不细所造成的。

2）喷涂环境不清洁，漆室没有及时清理，涂料表面干燥时间过短造成涂膜表面呈“痱子”状。

3）各层之间相隔时间不足。第一道喷完后溶剂没有足够时间挥发便喷上了第二道。

4）由于涂料喷涂过厚，漆膜底层的稀料需较长时间才能完全挥发，或涂料表层结膜前，稀料未能完全挥发。

5）喷涂完成后静置时间过久（双组分烘漆）才进入烘烤，漆膜在常温下表层干燥较快，但加温后，大量稀释剂在极短时间内同时挥发，使得已开始结膜表层发生“痱子”。

2. 解决办法

1）涂料喷涂前应用120～180目纱网过滤后再使用。

2）彻底清洁喷枪内干固的涂料，同时也要清洁盛涂料的容器。

3）车辆进入喷涂房前应冲洗泥尘，然后用风管吹净各部灰尘。

4）每次喷涂完工后，对喷涂房进行清理，表面脏物洗刷干净。喷涂房内不可进行大量打磨或任何抛光工作。

5）喷涂各层之间的间隔时间，应根据产品使用技术条件执行，既不能过长，又不能过短。

6）喷涂气压应调整在0.4～0.5MPa，黏度应根据不同涂料的技术要求用黏度计调整到正确值。喷涂第一道时，注意不宜过厚。

7）使用双组分烘烤干燥涂料，喷完后静置时间应不大于10～15min便可进行加温干燥。

3. 补救办法

1）对于粗料不严重或局部出现粗料的涂膜可用1200～1500号水砂纸轻磨，然后用砂蜡抛光。

2）如粗料严重，待完全干燥后，用细砂纸磨光，重新喷涂。

（五）桔皮

涂层表面出现明显的凹凸不平。

1. 产生原因

1）涂装环境温度过高，稀释剂挥发过快造成涂膜干燥过早，使涂膜不能流平，呈桔皮状。

2）喷枪喷嘴不合格或涂料黏度大，使涂膜较粗难以流平。

3）混合及稀释比例不当。气温达30℃以上时，用快干稀释剂；喷枪运行较快，当涂料喷涂后没有流平时间；干燥过快，也易出现桔皮。

2. 解决办法

1）调整涂料黏度，使用涂料配套稀释剂。

2）选用雾化好的喷枪，正确掌握空气压力、喷枪与物面距离及运行速度。

3）双组分烘漆一定按比例调配稀释剂，并根据温度的变化选用快干、慢干、特慢干的稀释剂。

3. 补救办法

1）桔皮不严重的涂膜，待干后抛光打蜡解决。

2）桔皮严重时，待干后用细砂纸磨光，重新喷涂。

（六）高光泽涂料喷涂后光泽不佳（低光泽）

1. 产生原因

1）双组分烘漆加温前静置时间太短，或低温烘干漆烘烤时温度超过80℃。

2）喷涂金属漆时，银粉漆喷后，未能有足够的静置时间便喷上清漆。

3）添加过量的稀释剂。

4）涂料在干燥过程中缺乏足够的新鲜空气。

5）在单组分旧漆层表面喷上单组分中间漆，但面漆是双组分烤漆。

2. 解决办法

1）双组分烤漆喷涂后必须有足够的置干时间，一般在20℃环境温度下约经过5～15min才能加温干燥。

2）经常检查烤漆房的恒温器，确保烤漆温度正常。

3）喷涂两道工序金属漆时，应有足够的置干时间，才能喷涂清漆。

4）必须按涂料技术要求的配合比例添加稀释剂。

5）涂料在干燥过程中，应有良好的空气流通环境。

3. 补救办法

1）一般情况可通过抛光打蜡实现理想的光泽。

2）失光严重时，应待干后用细砂纸打磨，然后重喷面漆。

（七）灰印

面漆喷涂后，底灰填补范围显现表面。

1. 产生原因

1）旧涂层未完全干燥便刮涂原子灰腻子，或原子灰腻子未完全干燥便喷涂底漆或面漆。

2）原子灰腻子填补于单组分涂料上。

3）稀释剂过多，喷涂黏度过低，或高温沸点溶剂用量大。

4）在同一表层上，如有两种或两种以上的不同类型产品，它们的膨胀和收缩系数不同，漆面出现不规则的收缩情形。

5）当单组分漆膜受到溶剂、稀释剂溶解或渗入后发生膨胀，溶剂挥发后，漆膜表面便出现收缩现象。表面未喷涂二道底漆或中间漆，也会造成灰印现象。

2. 解决办法

1）任何修补工作必须待漆层完全干燥后才能进行。

2）原子灰腻子需完全干燥后才能进行打磨、喷涂底漆或面漆。

3）原子灰腻子不可填补（可溶性）单组分涂膜表面，如需填补，则应在喷涂面漆前喷涂二道底漆或隔离底漆。

4）涂料喷涂时，应按技术要求混合稀释剂，不能过多地使用高沸点溶剂类（如环己酮）。

3. 补救办法

1）待涂膜完全干燥后，用细水砂纸打磨平滑，喷涂中间漆或面漆。

2）在原子灰低凹处刮涂硝基腻子，待干燥后用细水砂纸磨平，喷涂面漆。

（八）水印

水在涂膜表面经蒸发后留下水点痕迹，常发生在平面位置。

1. 产生原因

1）涂层未彻底干燥便接触水分（例如雨淋、露水等）。

2）混合双组分涂料时，加入不适量的硬化剂或硬化剂不配套。

3）烘干涂料加温干燥时，烘烤温度或时间不足。

2. 补救办法

1）轻微情况可使用1200~1500号水砂纸打磨后抛光打蜡。

2）情况严重时，经打磨后重新喷涂面漆。

（九）砂纸道痕

1. 产生原因

1）选用砂纸粗糙，没能按先粗磨后细磨工序施工。涂料过稀，喷涂太薄，砂纸道痕遮盖不彻底。

2）喷涂挥发性涂料时，加入高沸点溶剂较多，使溶剂渗入底层，打磨条纹受到影响膨胀。

3）底漆未完全干燥便进行打磨及喷面漆。

2. 解决办法

1）在打磨底层时应选用较粗砂纸打磨，然后再用细砂纸打磨。

2）添加稀释剂比例应根据涂料品种而定，配套使用，少用高沸点溶剂。

3）底层打磨时应待底漆干燥后方能进行。

3. 补救办法

1）情况不严重时，可通过抛光打蜡工序补救。

2）情况严重时，待涂层完全干燥后，经水砂纸细磨，重新喷涂面漆。

（十）针孔

涂膜表面因受热太快，漆层内溶剂未能完全挥发，表面已开始干燥结膜。当溶剂强制挥发时，穿越结膜的面层，使涂膜表面出现细微小孔（针孔），其原因与气泡相似。

1. 产生原因

1）涂膜黏度高，喷涂过厚，第一道喷完后未待溶剂挥发便喷第二道。

2）底漆或底灰表面有针孔未能解决。

2. 解决办法

1）必须按技术要求调整涂料稠度。

2）烘干漆加温前应让涂层有足够的置干时间。

3）底漆完全干燥后再进行下道工序。

4）底层或中间层经打磨后仍有针孔时，必须用幼灰填平，待干燥经打磨后再喷涂面漆。

3. 补救办法

1）情况较轻时，可采取抛光打蜡工序。

2）情况严重时，应填补腻子，重新磨光后喷涂面漆。

（十一）起皱

涂膜在干燥过程中产生皱纹现象。

1. 产生原因

1）温度较高，涂层一次喷涂过厚，或使用大量桐油制得的涂料便容易起皱。

2）在涂料中过多使用钴、锰催干剂，表面干燥过快容易起皱。

3）溶剂使用不合理，涂料中使用易挥发的溶剂。

4）烘烤温度升温过急过快，造成涂膜表面干燥过快也容易起皱。

2. 解决办法

1）适量控制桐油的用量，少用钴、锰催干剂，多用铅、锌催干剂，对于烘烤型涂料加催干剂，可有效防止起皱。

2）控制涂层一次喷涂厚度，或避开高温时间喷涂。

3）在涂料中使用配套的稀释剂或少量加一些防起皱剂。如：在醇酸磁漆中加入少量（5%）的氨基树脂可防止起皱，一次喷涂厚度达40μm以上也不会起皱。

3. 补救办法

1）对已起皱的涂层，待漆层干透后用水砂纸打磨平滑，重新喷涂。

2）如漆层起皱较严重，应将起皱表面铲除后，刮一层腻子，干后打磨重新喷涂。

（十二）缩膜（鱼眼孔光珠）

局部涂层表面出现许多鱼眼状的凹孔。

1. 产生原因

1）喷涂表面有油脂或油污，喷涂环境受污染，在喷涂房进气处进行抛光打蜡工作。

2）空气压缩机内的油污经气管及喷枪跑到喷涂表面。

2. 预防方法

1）喷涂前必须彻底清洁喷涂表面，所有喷涂物件应先打磨清洁，再进行喷涂。

2）经常排放空气压缩机气缸内的水分及油水分离器的水分、油污。

3）喷涂前留意附近有否污染，如有污染来源立即排除。

3. 补救办法

1）将受影响的漆膜用280~320号水砂纸打磨，然后喷涂2~3道中间漆。

2）待中间层彻底干燥后，经打磨重新喷涂面漆。

3）如再发生光珠现象，可在喷涂最后一道漆时加一些抗光珠剂，经搅拌后喷涂在受影响的范围表面（注：使用抗光珠剂前应详细查阅产品技术资料）。

（十三）渗色

当表面面漆喷涂后，下层漆的颜色透过表面，使面漆的颜色发生被污染现象。

1. 产生原因

1）面漆是强溶剂的涂料，如硝基漆、过氯乙烯漆等，当面漆与底漆颜色不相同时，容易发生渗色现象。

2）在红色底色漆上涂装白色（或其他浅色）漆时，红色易渗透出来。

3）喷枪或储漆罐内残余可溶解的颜料，将涂料沾污。

2. 解决办法

1）可在底层之上先喷涂1~2道底漆，待干后经打磨（不要露底）再喷涂面漆。

2）如在喷涂时发生渗色现象，应立即停工。可在底漆上喷涂相适应的银粉漆或金属粉漆，待干后再喷涂浅色漆。

3. 补救办法

1）可待漆膜干后打磨，喷涂隔离底漆，待底漆干后再喷涂面漆。

2）可待漆干后经打磨喷1~2层面漆（如醇酸漆）。

三、喷涂后涂膜出现的病态及防治

涂料在施工后由于各种原因使漆膜产生粉化、裂纹、生锈起泡等病态现象。

（一）粉化

漆膜喷涂后不久经阳光直射和风吹雨淋，涂膜表面发生分解变化，呈粉面状，经擦洗脱落掉色。

1. 产生原因

1）涂料耐候性差，在大气中紫外线、水分、氧气等作用下，涂膜提前老化，树脂失去作用，颜料被游离出来而脱落掉色。

2）涂料在喷涂时未搅拌均匀，多量清油被甩掉，剩少量清油留在桶上部，底部颜料过多，喷涂后不久，涂膜经不住大气变化而提前粉化。

3）涂层喷涂过薄，在喷涂时温度较低，或喷涂时层次少，涂膜达不到一定的厚度，造成漆膜早期粉化。

2. 预防办法

1）选用耐候性好的涂料，注意涂料的使用范围，如户内涂料不能用于户外。

2）在涂装时将涂料桶搅拌均匀，如发现颜料过多喷涂在最后一层涂膜时，可加入

30%~40%同类产品清漆。

3）涂装时应增加涂装层次，按比例添加稀释剂，涂膜厚度应达50μm以上。

3. 处理办法

根据粉化的等级不同采取相应的处理办法，见表9-4。

表9-4　粉化等级及处理办法

等　级	粉化程度	处理方法
优、无粉化	用手指压擦无颜色	应正常维护涂膜
良、轻微粉化	擦后手指沾有一些颜料，擦痕处颜色无光泽或有一定差异	应根据涂膜情况进行打蜡处理，以延长膜的使用寿命
差、较强粉化	擦后手指有很多颜料，擦痕处颜色无光泽或有很大差异	应用细砂纸打磨，喷涂1~2道色漆、混合清漆
劣、严重粉化	擦后手指满带颜色，涂膜颜料没有粘结力	应彻底打磨，重新涂漆

（二）裂纹

涂装不久漆膜外观产生大小不规则的裂纹，外形各有差异。裂纹有的像龟甲状，称为龟裂；有的像鳄鱼皮；有的像松针状，称松针状裂纹；有的用肉眼能见到裂缝底；有的像玻璃开裂，称玻璃裂纹（图9-1）。

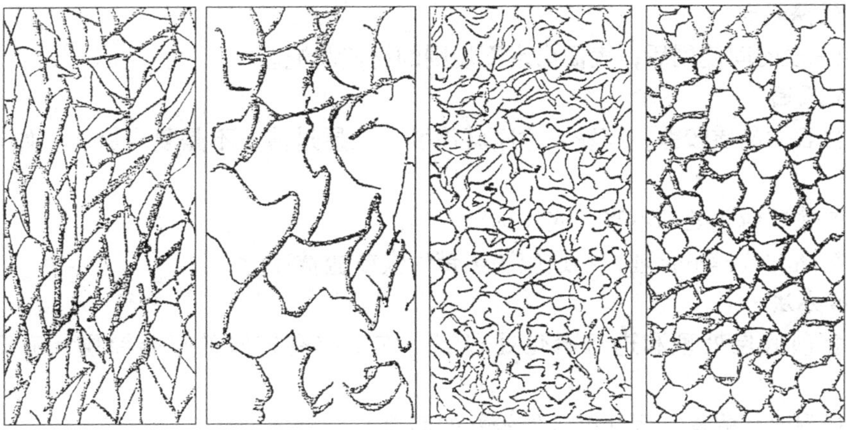

图9-1　几种常见的裂纹形状

1. 产生原因

1）涂层不配套。长油度底漆或腻子上涂短油度的面漆，使面漆弹性不够易开裂。

2）面漆品质不良，涂料中含有过多松香或催干剂混入过量，漆膜失去弹性也易裂纹。

3）底层过厚，干燥不彻底又涂面漆，造成底、面层收缩不均，形成早期裂纹。

4）涂料耐候性差，对热带和寒带气候变化不适应产生裂纹。

2. 预防办法

1）涂装时应选用配套涂料，底层、中间层应配套，涂层不宜过厚，要待底层干燥后再涂面漆。

2）不能随意使用催干剂和稀释剂。

3）选用耐候性优良的涂料产品。

3. 处理办法

根据涂层裂纹情况的不同采用不同处理办法，见表9-5。

表9-5　涂层早期裂纹及处理办法

涂层损坏程度	裂纹形态	产生原因	处理办法
轻度裂纹	涂膜虽有裂纹，但裂纹细小不深，经附着力检验状况良好	底层基础很好，由于面层油漆不配套所造成	用砂布或砂纸磨平磨光，喷涂二道底漆，找补细腻子，磨好后喷涂
局部裂纹	局部涂膜裂纹深，稀疏，细而长，个别裂纹翅起，用铲刀铲除时，裂纹周围附着牢固	腻子刮涂较厚或局部厚薄不均，腻子层次间使用不合理，头道腻子软，二道腻子较硬，底部腾修不牢固，铁皮振动	用铲刀顺裂纹方向铲开，不牢固处铲掉，露底，上下大小形成斜坡，沟状底部，也可重新腾修或垫平，补腻子，涂漆
严重龟裂纹	涂膜裂痕细深，有清角，涂膜底部有腻子，裂纹细深，很杂乱	涂膜老化失修，腻子调制成分不稳定，底层有油污，处理不干净	全部除掉，重新涂装

（三）生锈起泡

涂层经一段时间使用后，表面出现不规则的锈迹凸泡。

1. 产生原因

1）底材表面品质较差，有锈未除净就涂装，涂层过薄，不是复合涂层，如底漆、中间层、面层。

2）漆前底层磷化处理不当，底漆选择不当。

3）涂料品种选择不合理，不适应湿热带气候或盐碱环境。

2. 防治办法

1）涂装前底层处理和进行磷化处理配套施工应有较厚的复合涂层，确保涂层的完整性。

2）选择耐水、耐候、耐盐碱性能较好的面漆。

3. 处理办法

根据锈蚀起泡程度分别进行处理。

1）小泡面积很大，带有锈迹，这是由于涂层过薄，没有配套涂装的原因，应全部砂磨，重新涂装。

2）小泡、大泡不均，泡心锈蚀很严重，这是由于底层没有彻底除锈，或直接喷涂面漆造成的。应全部清除，合理涂装。

3）局部起泡，泡的形状较大，连成一片，这是由于腻子中油料过小，填料里有水分，没有彻底干燥造成的。应将所有起泡部分清除彻底，重新涂装。

本章小结

1. 全车喷涂的过程（表面处理、底漆的喷涂与选用、腻子的刮涂、面漆的选用与喷涂、罩光漆的喷涂）。
2. 补漆的过程（旧涂层的处理，表面处理，底漆的喷涂与选用，腻子的刮涂，面漆的调配、选用与喷涂，罩光漆的喷涂）。
3. 漆料在运输与储存过程中遇到的问题及解决方法（沉淀、浑浊、变稠、结皮与胶化等）。
4. 喷涂过程中常遇到的问题与解决方案（流挂或滴流、泛白、起泡、桔皮、针孔、起皱、砂纸道痕等）。
5. 涂装后产生的问题与解决方法（粉化、裂纹、生锈起泡）。

复习思考题

1. 旧涂层如何进行处理？
2. 用填充剂处理车身棱角的方法是什么？
3. 如何对涂膜的病态进行分析？
4. 涂料在存放中易出现的病态如何进行补救？
5. 如何解决涂装中产生的病态？
6. 如何进行车辆的补漆？

实训项目七　车 身 补 漆

一、实训内容

1. 喷涂表面的处理。
2. 腻子的调和与刮涂。
3. 面漆的喷涂。

二、实训目的与要求

1. 掌握金属与非金属的表面处理。
2. 掌握腻子的调和与刮涂技术。
3. 掌握面漆的喷涂技术。

三、实训设备与工具

序　号	设 备 名 称	数　量	序　号	设 备 名 称	数　量
1	空气压缩机	一台	7	砂布	若干张
2	喷枪	一把	8	水砂纸	若干张
3	刮子	若干把	9	胶带纸	若干卷
4	钢丝刷	若干把	10	报纸或塑料布	若干张
5	刮刀	若干把	11	烤灯	一台
6	锉刀	若干把	12	腻刀	若干把

四、实训内容

（一）喷涂面的处理

清除损坏部位的旧涂层。用1~2号砂布打磨除净锈污，接口处的旧涂层有腻子时，应用铲刀铲出一定角度的坡口，然后用砂布磨掉残渣，用专用清洁剂清洁干净底层表面。注意：表面不应有油污、灰尘和锈迹。

（二）腻子的调和与刮涂

1. 腻子的调和

根据厂家提供的资料，选择与原涂层相配套的腻子，将罐内的填充剂搅拌均匀，应搅拌到光滑均匀的状态，否则，容器上部的填充剂太稀，将造成涂敷时填充剂的流动和下沉、硬化迟缓且质量差；如果用砂轮打磨，会出现发黏、薄边状态差、表面非常发黏；在这种表面上涂底漆或重新喷涂时，会出现气孔和隆起。如果容器下部的填充剂太稠，则会出现表面粗糙，颗粒多的现象。在这样涂敷过的表面上涂底漆或重新喷涂时，会出现粘接强度低、针孔多、薄边不整齐以及颜色不耐久等现象。

松开硬化剂软管的盖子，充分捏合软管，确保在挤出时，硬化剂呈现出均匀一致的膏状。

缓慢打开罐子的盖，按照需要的数量取出填充剂。用一把干净的油灰刀或刮板，将填充剂放在光滑、清洁和没有气孔的刮板表面上，按照罐上说明规定的比例加入硬化剂。

使用干净的油灰刀或刮板在混合板上来回刮，将填充剂和硬化剂完全混合在一起，得到均匀的颜色。

从容器内取出填充剂和将填充剂、硬化剂混合在一起时，都必须使用干净的工具，否则，在金属罐内及涂敷的表面上都可能出现填充剂硬块，这将降低粘接强度并使硬化不均匀。

2. 腻子的刮涂

将经过混合的填充剂迅速涂敷在经过彻底清洁和磨光的表面上，第一层应涂敷得紧密，厚度较薄。压紧填充剂，迫使它进入砂轮打磨时产生的划痕中，以便使结合力达到最大值。利用烤灯对其进行烘烤，硬化后，再根据需要进行较厚的涂敷，使修理的部位得到合适的形状。一层填充剂硬化以后，才可以涂敷下一层。

当填充剂硬化到半硬状态（这个过程一般需要15~20min），用手指甲在涂层上面抓一下，如果出现坚硬的白色痕迹，便可以开始锉平。锉平是得到高质量表面并控制原材料消耗和劳动强度最重要的环节。锉平以后，磨掉所有的锉纹。可以采用垫块或气动锉来打磨。气动锉也可以用于较大的平坦部位，然后，再用80号砂纸打磨，直到清除掉所有的锉纹。

最后，还要用320号砂纸清除所有80号砂纸留下的划痕。最终的打磨结束以后，用高压喷枪吹除表面的灰尘，然后再用黏性的布擦拭。这样可以清除掉所有隐藏在表面针孔和恰好位于表面以下的明孔中的细砂粒（见第八章图8-6），必须用油灰填满这些孔和砂磨划痕。

底漆干燥以后，再用抛光油灰填充微小的针孔和划痕。如果使用聚酯型油灰，可以按照制造厂的规定，将油灰和硬化剂混合在一起。将少量的油灰放在干净的橡胶刮板上，在填充剂上面刮上很薄一层。刮的动作应迅速，而且应是单行程。油灰完全干燥后，使用400号粒度的砂纸磨光。

目前许多轿车在门、后侧板、发动机舱盖等部位都有许多明显的棱边线。如第八章（图8-8）所示为两种常见的带角度的棱边线。涂敷填充剂时，很难将这些棱边线清晰地保留下来，特别是凹进部分的棱边线更难保留。获得整齐、规则的棱边线的最好办法是对各个平面、角或角落分别填充。

沿着一个边缘贴上防护带（图8-8），然后将填充剂涂在邻近的表面上。在填充剂硬化以前，拉掉防护带，并清除掉折缝（或棱边）上多余的填充剂。等第一层填充剂干燥并经过打磨以后，再将另一个边缘贴上防护带。应该在填充剂上面沿着棱边粘贴防护带，然后将邻近的表面涂上填充剂。取下防护带以后，再经过打磨，便可得到整齐、规则的线条或棱角。

（三）面漆的喷涂

首先用胶带纸或报纸将不喷涂处粘糊好，用风吹净表面尘灰，准备补漆。然后进行面漆颜色的调配，将微缩胶片储存的某种系列涂料色母数据比例在屏幕上显示出来。利用电子秤称出某种色母的精确数据，调出各种颜色。具体步骤如下。

1）查看汽车原厂颜色编号。大部分进口汽车车身上都印有一个颜色编号：汽车资料身份证。而该身份证根据不同的车型和不同的厂家其位置也有差异。

2）根据汽车身份证的颜色编号查找微缩胶片，将微缩胶片放在放大机中，打开开关，屏幕上立即显示出各种色母的种数比例。

3）按照胶片中提供的数据，即调漆比例，用电子秤称出各色母的精确数量，调在一起便成为该颜色。

4）利用色卡调对颜色。有些轿车车身由于某些原因没有原厂颜色编号，只能用色卡对着查色。当色卡的颜色与车身颜色相符时，按色卡上的颜色编号在微缩胶片上查找配比表，然后再按表中推荐的比例调配漆的颜色。

将调对好的金属漆或素色磁漆先喷涂在事先准备好的试板上，待干燥后与原车颜色对比。注意应在光线较充足的地方查看。将喷好的试样贴在原车某一部位，看颜色是否一致，如有差别应及时调对准确。

根据漆的品种按比例调对好硬化剂、稀释剂等，调好喷涂系统气压，在补漆部位先喷涂一遍，稍待片刻后再喷涂一遍。第二遍喷涂时其面积应稍大于第一遍。

喷金属漆时，要按进口漆的种类调对稀释剂，一般喷涂2~3道。喷完后应间隔一段时间，不需打磨可直接喷涂清漆。接口处应根据漆的品种用该漆的接口稀料（俗称接口水），在漆未干时再喷涂一道，面积应大些。待片刻，双组分漆可在80℃以下烘烤20~30min。

车身补漆
实训报告

参 考 文 献

[1] A. G. Deroche. 汽车车身修理与漆面修复［M］. 李军，郭海涛，边明远，译. 北京：北京理工大学出版社，2000.

[2] 罗伯特·斯卡福. 汽车车身修复［M］. 李富勤，等译. 北京：机械工业出版社，1998.

[3] 顾建国. 汽车车身维修［M］. 北京：人民交通出版社，1999.

[4] 张洪源. 汽车钣金［M］. 北京：人民交通出版社，1997.

[5] 刘廷振. 汽车油漆喷涂［M］. 哈尔滨：黑龙江科学技术出版社，1991.

[6] 吴兴敏. 汽车车身修复与美容［M］. 北京：机械工业出版社，2002.

[7] 李春渠. 涂装工艺学［M］. 北京：北京理工大学出版社，1993.

[8] 姚时俊. 汽车美容与装饰［M］. 沈阳：辽宁科学技术出版社，2001.

[9] 张吉国. 汽车车身修复技术［M］. 北京：高等教育出版社，2005.

[10] 吴兴敏. 汽车涂装技术［M］. 北京：高等教育出版社，2005.

[11] Michael Crandell. 事故汽车修理评估［M］. 许洪国，等译. 北京：高等教育出版社，2003.